V&R unipress

Beiträge zu Grundfragen des Rechts

Band 44

Herausgegeben von

Stephan Meder

Lennard Hermann Oonk

Influencer als Handelsvertreter

Eine Bewährungsprobe für § 84 HGB

V&R unipress

FAZIT-STIFTUNG

MIX
Papier aus verantwortungsvollen Quellen
FSC® C083411
FSC www.fsc.org

Bibliografische Information der Deutschen Nationalbibliothek
Die Deutsche Nationalbibliothek verzeichnet diese Publikation in der Deutschen Nationalbibliografie; detaillierte bibliografische Daten sind im Internet über https://dnb.de abrufbar.

Gedruckt mit freundlicher Unterstützung der FAZIT-Stiftung und des Vereins zur Förderung der Steuerrechtswissenschaft an der Leibniz Universität Hannover e.V.

Druck und Bindung: CPI books GmbH, Birkstraße 10, D-25917 Leck
Printed in the EU.

Vandenhoeck & Ruprecht Verlage | www.vandenhoeck-ruprecht-verlage.com

ISSN 2198-5405
ISBN 978-3-8471-1783-4

meiner Mutter

Inhalt

Abkürzungsverzeichnis

a. A.	andere Ansicht
ABl.	Amtsblatt der Europäischen Union
ACM	Association for Computing Machinery
Ad	Advertisement
ADHGB	Allgemeines Deutsches Handelsgesetzbuch
a. F.	alte Fassung
AG	Amtsgericht
AI	Artificial Intelligence
ABl.	Amtsblatt
Abs.	Absatz
Alt.	Alternative
AO	Abgabenordnung
AP	Arbeitsrechtliche Praxis
App	Application
ArbRAktuell	Arbeitsrecht Aktuell
ArbSchG	Arbeitsschutzgesetz
Art.	Artikel
BAG	Bundesarbeitsgericht
BB	Der Betriebs-Berater
Bd.	Band
BFH	Bundesfinanzhof
BGB	Bürgerliches Gesetzbuch
BGH	Bundesgerichtshof
BGHZ	Die Entscheidungen des Bundesgerichtshofes in Zivilsachen
BKR	Zeitschrift für Bank- und Kapitalmarktrecht
BMJ	Bundesministerium für Justiz
BSG	Bundessozialgericht
Bspr.	Besprechung
bspw.	beispielsweise
BT	Bundestag
BVDW	Bundesverband Digitale Wirtschaft
BVerwG	Bundesverwaltungsgericht

BVerfG	Bundesverfassungsgericht
bzgl.	bezüglich
bzw.	beziehungsweise
ca.	circa
COVID-19	Coronavirus Disease 2019
CR	Computer und Recht
DB	Der Betrieb
DStR	Deutsches Steuerrecht
DStRE	Deutsches Steuerrecht Entscheidungsdienst
E-Commerce	Electronic Commerce
EFTA	Europäische Freihandelsassoziation
EG	Europäische Gemeinschaft
EMRK	Europäische Menschenrechtskonvention
EntgFG	Entgeltfortzahlungsgesetz
ePerson	elektronische Person
EstG	Einkommensteuergesetz
etc.	et cetera
EU	Europäische Union
EuCML	Journal of European Consumer and Market Law
EuGH	Gerichtshof der Europäischen Gemeinschaft
EuGVVO	Verordnung über die gerichtliche Zuständigkeit und die Anerkennung und Vollstreckung von Entscheidungen in Zivil- und Handelssachen
EuZW	Europäische Zeitschrift für Wirtschaftsrecht
e.V.	eingetragener Verein
EWG	Europäische Wirtschaftsgemeinschaft
EWR	Europäischer Wirtschaftsraum
f.	folgende
FamRZ	Zeitschrift für das gesamte Familienrecht
FAQs	Frequently Asked Questions
FAZ	Frankfurter Allgemeine Zeitung
ff.	fortfolgende
Fn.	Fußnote
FTC	Federal Trade Commission
gem.	gemäß
GewO	Gewerbeordnung
GG	Grundgesetz
GmbH	Gesellschaft mit beschränkter Haftung
GRUR	Gewerblicher Rechtsschutz und Urheberrecht
GRUR-Prax	Gewerblicher Rechtsschutz und Urheberrecht, Praxis im Immaterialgüter- und Wettbewerbsrecht
GWR	Zeitschrift für Gesellschafts- und Wirtschaftsrecht
HandelsR	Handelsrecht
HdB	Handbuch
HGB	Handelsgesetzbuch
HK	Handkommentar

HRefG	Gesetz zur Neuregelung des Kaufmanns- und Firmenrechts und zur Änderung anderer handels- und gesellschaftsrechtlicher Vorschriften
Hs.	Halbsatz
HVG VAE	Handelsvertretergesetz der Vereinigten Arabischen Emirate
IHK	Industrie- und Handelskammer
i. H. v.	in Höhe von
insb.	insbesondere
i. S. d.	im Sinne des
IT	Informationstechnik
i. V. m.	in Verbindung mit
jM	Juris: die Monatszeitschrift
JMStV	Staatsvertrag über den Schutz der Menschenwürde und den Jugenschutz in Rundfunk und Telemedien
KI	Künstliche Intelligenz
KMU	Kleine und mittlere Unternehmen
K&R	Kommunikation & Recht
Kap.	Kapitel
KG	Kammergericht
KSchG	Kündigungsschutzgesetz
KSVG	Gesetz über die Sozialversicherung der selbständigen Künstler und Publizisten
LAG	Landesarbeitsgericht
LG	Landgericht
lit.	littera
m.	mit
MarkenG	Markengesetz
MDR	Monatsschrift für Deutsches Recht
MMR	Multimedia und Recht
MoPeG	Gesetz zur Modernisierung des Personengesellschaftsrechts
MStV	Medienstaatsvertrag
m. w. N.	mit weiteren Nachweisen
n. F.	neue Fassung
NJOZ	Neue Juristische Online-Zeitschrift
NJW	Neue Juristische Wochenschrift
NJW-RR	Neue Juristische Wochenschrift, Rechtsprechungs-Report
No.	Number (Nummer)
Nr.	Nummer
NVwZ	Neue Zeitschrift für Verwaltungsrecht
NZA	Neue Zeitschrift für Arbeitsrecht
NZG	Neue Zeitschrift für Gesellschaftsrecht
NZFam	Neue Zeitschrift für Familienrecht
NZS	Neue Zeitschrift für Sozialrecht
OLG	Oberlandesgericht
OVG	Oberverwaltungsgericht
PharmR	Pharmarecht
ProdHaftG	Produkthaftungsgesetz

ProdSG	Produktsicherheitsgesetz
PWC	PricewaterhouseCoopers
Q&A	Questions and Answers
RdA	Recht der Arbeit
RDi	Die neue Zeitschrift zur Digitalisierung in der Rechts- und Wirtschaftspraxis
RdTW	Recht der Transportwirtschaft
RegE.	Regierungsentwurf
RL	Richtlinie
Rn.	Randnummer
RStV	Rundfunkstaatsvertrag
S.	Seite
SAM	Steueranwaltsmagazin
sog.	sogenannte(r/s)
TKP	Tausender-Kontakt-Preis
TMG	Telemediengesetz
u. a.	unter anderem
URL	Uniform Resource Locator
U.S.	United States
UAbs.	Unterabsatz
UrhG	Urhebergesetz
UWG	Gesetz gegen den unlauteren Wettbewerb
VersR	Versicherungsrecht
VG	Verwaltungsgericht
vgl.	vergleiche
VO	Verordnung
Vorbem.	Vorbemerkung
Wahlp.	Wahlperiode
WM	Wertpapiermitteilungen – Zeitschrift für Wirtschafts- und Bankrecht
WRP	Wettbewerb in Recht und Praxis
z. B.	zum Beispiel
ZEuP	Zeitschrift für Europäisches Privatrecht
ZfPW	Zeitschrift für die gesamte Privatrechtswissenschaft
ZHR	Zeitschrift für das gesamte Handels- und Wirtschaftsrecht
ZIP	Zeitschrift für Wirtschaftsrecht
ZPO	Zivilprozessordnung
ZRP	Zeitschrift für Rechtspolitik
ZUM	Zeitschrift für Urheber- und Medienrecht, früher: Film und Recht
ZVertriebsR	Zeitschrift für Vertriebsrecht

Vorwort

Die vorliegende Arbeit wurde im Sommersemester 2024 von der Juristischen Fakultät der Gottfried Wilhelm Leibniz Universität Hannover als Dissertation angenommen. Rechtsprechung und Literatur wurden bis Oktober 2023 berücksichtigt.

Zunächst möchte ich mich ganz herzlich bei meinem Doktorvater Herrn Prof. Dr. Stephan Meder bedanken, der stets – auch kurzfristig – Zeit gefunden hat, die vorliegende Arbeit mit seinen wertvollen Ratschlägen zu fördern. Der immer hilfreiche und gewinnbringende Austausch mit ihm wirkte stets motivierend und hat die Zeit der Anfertigung vorliegender Arbeit sehr bereichert. Eine bessere Betreuung hätte man sich nicht vorstellen können. Ein besonderer Dank gilt auch Herrn Prof. Dr., Dr. h.c. Bernd H. Oppermann, Prof. h.c. (UMCS), LL.M. (UCLA) für die äußerst zügige Erstellung des Zweitgutachtens, sowie Frau Prof. Dr. Susanne Beck, LL.M. (LSE) für die angenehme Prüfungsatmosphäre während der Disputation.

Ein ganz besonderer Dank gilt Herrn Rechtsanwalt Henning Schröder, der mich von der Themenfindung über die Erstellung des Exposés bis hin zum Abschluss der vorliegenden Arbeit mit seinen Ratschlägen und wertvollen Anmerkungen stets tatkräftig unterstützt hat. Der persönliche und fachliche Diskurs mit ihm hat maßgeblich zum Gelingen dieser Arbeit beigetragen.

Des Weiteren möchte ich dem Team des Lehrstuhls für Zivilrecht und Rechtsgeschichte sowie meinen Kollegen rund um die Kanzlei Henning Schröder und der Wirtschaftsprüfungs- und Steuerberatungsgesellschaft WTR Huskamp Bredel | Partnerschaft mbB Hannover für die tolle Zusammenarbeit danken.

Der FAZIT-STIFTUNG Gemeinnützige Verlagsgesellschaft mbH sowie dem Verein zur Förderung der Steuerrechtswissenschaft an der Leibniz Universität Hannover e.V. (VFS Hannover) danke ich sehr herzlich für die gewährten Druckkostenzuschüsse.

Dank gebührt im Übrigen meiner gesamten Familie, speziell meinen beiden Brüdern, meiner Patentante sowie meinen Freunden, die mir unentwegt und unbedingt unterstützend zur Seite standen.

Von Herzen danke ich letztlich meinen Eltern, die mich während meiner juristischen Ausbildung permanent hingebungsvoll unterstützt haben. Ich widme diese Arbeit meiner Mutter, denn ohne ihre stets bedingungslose und liebevolle Unterstützung wäre mein Werdegang und die Entstehung dieser Arbeit schlicht undenkbar.

Hannover, Juni 2024 Lennard Oonk

1. Kapitel: Einleitung

I. Zum Thema

»Influencer« sind in aller Munde. »Traumberuf Influencer?«[1] oder »Wie Influencer in den stationären Handel eindringen«[2] sind nur ein Bruchteil der Schlagzeilen, die in letzter Zeit über die neuartige Berufsgruppe kursieren. Bei Influencern handelt es sich um bekannte oder einflussreiche Persönlichkeiten, die – primär in sozialen Medien – Videoclips oder Bilddateien hochladen, in denen sie ihr zum Teil aufregendes, zum Teil aber auch ganz gewöhnliches Leben zur Schau stellen.[3] Dabei sprechen sie eine Vielzahl von Empfehlungen für bestimmte Produkte und Dienstleistungen aus und fungieren so als Meinungsführer, die einen besonderen Einfluss auf das Verhalten und vor allem die Kaufentscheidungen[4] ihrer Follower[5] ausüben.[6] Damit treten sie nicht mehr nur als semiprofessionelle Video- und Fotokünstler auf, die ihr Privatleben mit ihren Followern teilen, sondern entwickeln sich zu einer Werbestrategie, die von großen Modemarken bis hin zu stationären Einzelhändlern in Anspruch genommen wird. Diese Werbestrategie wird als Influencer-Marketing bezeichnet. Der Begriff beschreibt den Prozess, bei dem Unternehmen mit dem Ziel, ihren Umsatz zu steigern und das Markenimage positiv zu beeinflussen, für sie relevante Influencer engagieren, damit diese ihrer Community bestimmte Produkte empfeh-

1 Maier-Sohn, Stuttgarter Zeitung vom 09.09.2022, abrufbar unter: https://www.stuttgarter-zeitung.de/inhalt.traumberuf-influencerin-mein-letzter-urlaub-ist-vier-fuenf-jahre-her.3ba70cdf-c546-4af8-8ee7-b9d52cb00b66.html?reduced=true (zuletzt abgerufen am 14.07.2023).

2 Cayir/Nohn, Handelsblatt vom 25.06.2019, abrufbar unter: https://www.handelsblatt.com/unternehmen/handel-konsumgueter/kosmetikprodukte-wie-influencer-in-den-stationaeren-handel-eindringen/24487762.html?ticket=ST-5280738-xvbKoLbyRrFIf3SR4QKq-ap1 (zuletzt abgerufen am 14.07.2023).

3 Willems, MMR 2018, 707.

4 Heine/Trinks, Influencer-Besteuerung, Rn. 4.

5 Unter einem Follower versteht man den Abonnenten eines bestimmten Profils in den sozialen Medien.

6 Kost/Seeger, Influencer Marketing, S. 36; Weiden, GRUR 2020, 361, 362.

len.[7] Doch wer kann überhaupt zum Influencer werden? Das Wort »influence« (dt. »Einfluss« oder »beeinflussen«) impliziert doch augenscheinlich in aller Offensichtlichkeit, dass die Qualifikation vom »Beeinflussen« als zentralem Merkmal abhängen soll. In diesem Fall wäre der Begriff »Influencer« jedoch völlig unabhängig von der spezifischen Werbeform des Influencer-Marketings, was bedeuten würde, dass sich jedermann über kurz oder lang zu einem Influencer gerieren könnte.[8] Sollte stattdessen allein die Anzahl der Follower oder die Interaktionsrate der Posts entscheidend sein? Auch das scheint dem Begriff nicht hinreichend gerecht zu werden. Daher sei bereits hier vorweggenommen, dass die Einstufung als Influencer von mehr Faktoren abhängt als nur einem vage definierten Begriff des Einflusses oder einer bestimmten Anzahl von Followern.

In jüngster Zeit sind virtuelle Influencer, die zum Teil sogar von künstlicher Intelligenz (im Folgenden KI) gespeist werden, in den Blickpunkt der Öffentlichkeit gerückt. Dabei handelt es sich nicht um natürliche Personen, sondern um computergenerierte, eigens für Marketingzwecke geschaffene Persönlichkeiten, die lukrative Werbekampagnen übernehmen und dabei ein beachtliches Wachstum verzeichnen. Beliebt ist diese Form des Influencer-Marketings vor allem wegen der vermeintlich unbegrenzten Kontrollierbarkeit dieser Influencer. Etwaige Skandale, die dann mit einer Marke in Verbindung gebracht werden und ihr nachhaltig Schaden zufügen könnten, sollen so von vornherein verhindert werden. Doch auch diese Art von Influencern birgt zahlreiche Probleme in sich. Ist es überhaupt möglich, »Künstliche Intelligenz« einheitlich und adäquat zu definieren? Oder was ist der Grund dafür, dass manche gänzlich auf diesen Begriff verzichten wollen?[9] Und kann man bei einem »Avatar«, der am PC konstruiert wurde, überhaupt von »Intelligenz« sprechen? Werden KI-Influencer in naher Zukunft gar in der Lage sein, autonom zu agieren und ihre eigenen »Posts« verfassen, wie es einige Unternehmen planen? Wie verhält es sich dann wiederum mit der doch vermeintlich uneingeschränkten Kontrollierbarkeit des Inhalts dieser Beiträge? Ist dies bei KI-gesteuerten Systemen überhaupt technisch möglich? Erst im März 2017 musste »Tay«, ein Microsoft-Chatbot mit KI, vom Netz genommen werden. Eigentlich sollte Tay lernen, wie junge Menschen im Internet kommunizieren, indem er mit Texten und Fragen trainiert wurde.[10] Innerhalb von nur 24 Stunden entwickelte sich der Chatbot jedoch zu einem für Microsoft nicht mehr tragfähigen Projekt, da er Twitter-Nutzer imitierte, von

7 Kost/Seeger, Influencer Marketing, S. 53.
8 Vgl. Kilian, absatzwirtschaft 7/8 2016, S. 78.
9 So Herberger, NJW 2018, 2825, 2826.
10 Beuth, Zeit Online vom 24.03.2016, abrufbar unter: https://www.zeit.de/digital/internet/2016-03/microsoft-tay-chatbot-twitter-rassistisch?utm_referrer=https%3A%2F%2Fwww.google.de (zuletzt abgerufen am 22.08.2023).

welchen er sich diffamierende und volksverhetzende Aussagen aneignete.[11] Damit wäre bereits an dieser Stelle die Frage beantwortet, ob außer Kontrolle geratene KI-Systeme lediglich ein Problem theoretischer Natur sind. Doch wie gestaltet sich dann die Haftung dieser Systeme und der dahinterstehenden Unternehmen? Sind KI-Systeme gar rechtsfähig, sodass Ansprüche unmittelbar gegen sie geltend gemacht werden können? Und kann eine KI Kaufempfehlungen aussprechen? Wie verhält es sich dann mit der ohnehin schon angeschlagenen Glaubwürdigkeit der Influencer? Schließlich kann eine KI ein zu bewerbendes Produkt nicht im echten Leben auf Herz und Nieren überprüfen.

Vermehrt basiert die Vermarktung von Produkten durch Unternehmen auf Social-Media-Plattformen wie Instagram, YouTube und Snapchat auf dem Einsatz dieser natürlichen wie virtuellen Influencer. Kausale Folge ist eine zunehmende Fokussierung von Literatur, Rechtsprechung und Beratungspraxis auf rechtliche Fragen im Zusammenhang mit dieser Marketingstrategie. Dabei stößt man nicht nur auf Probleme, die die allgegenwärtigen Kennzeichnungspflichten beheimaten. Auch Grundsatzfragen wie solche nach der rechtlichen Einordnung des Vertrags zwischen dem Influencer und einem Unternehmen gewinnen an Relevanz: Vom Dienst-[12] über Werkvertrag,[13] bis hin zur Anwendung der Maklervorschriften[14] sind verschiedene Tendenzen ersichtlich. Darüber hinaus sind Influencer derweil auch im Steuerrecht angekommen. Verschiedene Autoren haben die Art der Einkünftequalifikation von Influencern untersucht und sind überwiegend zu dem Ergebnis gelangt, dass es sich um Einnahmen aus Gewerbebetrieb gemäß § 15 EStG handeln würde. Dies erweckt den Anschein, dass die Literatur die wichtigsten Streitstände, die sich in Bezug auf Influencer stellen können, bereits identifiziert, analysiert und beantwortet hat. Teile der Literatur behaupteten daher jüngst, dass es sich bei Influencern um ein »umfassend geklärtes Phänomen«[15] handeln würde. Doch darf dem beigepflichtet werden? Schließlich ist das Geschäft der Influencer in hohem Maße von Trends sowie dem aktuellen Geschmack der Social-Media-Nutzer abhängig und unterliegt daher Schwankungen wie kaum eine andere Branche.[16] Wie also soll eine solch trendbasierte und sich ständig verändernde Marketingstrategie umfassend geklärt sein?

11 Guggenberger, NVwZ 2019, 844, 847.
12 Zipfel, GRUR-Prax 2022, 163, 164.
13 So BGH, NJW 1984, 2406 bezüglich des Anbringens von Werbeplakaten an bestimmte Werbeflächen; so auch AG Oldenburg, NJOZ 2010, 1343, 1344 m.w.N.; ebenso BGH, MDR 2018, 656 bezüglich der Platzierung einer elektronischen Werbeanzeige unter einer Domain.
14 Benz/Kohler, ZfPW 2020, 490, 504 Fn. 11; für Affiliates Schirmbacher/Ihmor, CR 2009, 245, 247; so wiederum auch Schirmbacher, Online-Marketing- und Social-Media-Recht, Kap. 9, S. 500.
15 So Scherer, GRUR 2022, 1555, 1556.
16 Zipfel, GRUR-Prax 2022, 163, 164.

Im Handelsrecht – und speziell im Vertriebsrecht – lässt sich ein Desiderat der Forschung kaum leugnen. Dabei hat sich das Vertriebsrecht als das Vertrags- und Wirtschaftsrecht des Vertriebs von Waren und Dienstleistungen mittlerweile zu einem eigenen Rechtsgebiet mit einer enormen praktischen Bedeutung konsolidiert.[17] Ausgangs- und Orientierungspunkt des Vertriebsrechts ist vielfach das Handelsvertreterrecht mit seinem in Deutschland einzigartigen gesetzlich geregelten Vertriebsvertrag: dem Handelsvertretervertrag.[18] Im Vertrieb tätige Unternehmen stellen sich deshalb früher oder später regelmäßig die Frage, ob die Handelsvertreterregelungen der §§ 84–92c HGB – insbesondere im Hinblick auf den Ausgleichsanspruch des § 89b HGB – nicht auch auf ihre Vertragsbeziehungen zu Dritten Anwendung finden könnten.[19] Nunmehr ist die Frage nach einer Handelsvertretertätigkeit auch im Hinblick auf Influencer aufgekommen. Überraschenderweise jedoch nicht innerhalb der juristischen Fachliteratur, Rechtsprechung oder der besagten Vertriebsunternehmen.[20] Mit claudiabella ist eine Influencerin höchstpersönlich auf die – von Juristen bisher kaum beachtete – Problematik aufmerksam geworden, dass Influencer, die auf der Social-Media-Plattform Instagram agieren, sich langsam »von Markenbotschaftern zu Handelsvertretern wandeln würden.«[21] Zwar entnahm besagte Influencerin die Fragestellung zugegebenermaßen einem wenige Tage zuvor veröffentlichten Artikel von Sabrina Prumbs auf der Online-Plattform t3n.de,[22] die damit als erste die »Lücke im System, die rechtlich erst noch gefüllt werden muss«[23] bemerkte. Die Reaktion von claudiabella auf den Artikel zeigt jedoch zumindest, dass auch im Dunstkreis der Influencer ein gewisses Problembewusstsein sowie eine thematische Sensibilität heranwachsen. Prumbs hatte die Frage nach dem Handelsvertreterstatus aufgeworfen, da Instagram zum Zeitpunkt der Veröffentlichung des Artikels mit ausgewählten Marken eine Funktion testete, die einen Kauf zwischen Instagram-Nutzer und Marke ermöglichte, ohne dass der Nutzer die Instagram-Applikation (kurz »App«) verlassen musste. Damit sollten erlesene Produkte direkt auf Instagram bestellt werden können, ohne den bis dahin üblichen Umweg über einen externen Onlineshop gehen zu müssen. Diese sogenannte »Checkout-Funktion« wird mittlerweile von zahlreichen Marken auf

17 Martinek, ZVertriebsR 2012, 2, 15.

18 Martinek, ZVertriebsR 2012, 2, 4.

19 Drossart, ZVertriebsR 2018, 71.

20 Erst im Mai 2023 erschien der erste juristische Beitrag über Influencer als Handelsvertreter, vgl. Höving, ZVertriebsR 2023, 158.

21 claudiabella, Blog, abrufbar unter: https://www.claudiabella.de/checkout-on-instagram-wird-die-app-jetzt-zum-onlineshop/ (zuletzt abgerufen am 04.02.2022).

22 t3n.de ist die Online-Plattform des t3n Magazins. Den inhaltlichen Schwerpunkt des Magazins bildet die digitale Wirtschaft.

23 So Prumbs, t3n Ratgeber vom 29.04.2019, abrufbar unter: https://t3n.de/news/checkout-instagram-neue-feature-1159202/ (zuletzt abgerufen am 10.10.2023).

ihren Kanälen angeboten. Damit wird es Verwendern zunehmend erleichtert, die von Influencern beworbenen Produkte direkt über Instagram käuflich zu erwerben.

Eine besondere Relevanz erfährt die Checkout-Funktion durch sogenannte »Affiliate-Links«. Denn diese Links lösen die Checkout-Funktion, die den Nutzer zu einem externen Webshop innerhalb einer App führt, überhaupt erst aus. Dies wiederum scheint vor allem im Hinblick auf die Frage interessant zu werden, ob auch Influencer als Handelsvertreter fungieren können. Denn bei Affiliate-Marketing-Kooperationen zwischen Influencern und Unternehmen bestehen zahlreiche Anhaltspunkte, die auf ein Handelsvertreterverhältnis schließen lassen. Beim »Affiliate-Marketing« handelt es sich um ein von einem entsprechenden Anbieter betriebenes Online-Netzwerk, an dem der Merchant (Werbetreibender, Händler) und der Affiliate (Partner, hier Influencer) teilnehmen, indem der Affiliate die Angebote der Merchants auf seiner Website oder – im Fall der Influencer – auf seinem Social-Media-Profil bewirbt. Dies geschieht durch die Installation von Hyperlinks, den sogenannten Affiliate-Links, die es den Besuchern der Affiliate-Website ermöglichen, auf den Onlineshop des jeweiligen Unternehmens zu gelangen.[24] Verschiedene Social-Media-Plattformen bieten ihren Nutzern diese Möglichkeit an. Eine eigene Website des als Affiliate agierenden Influencers ist in diesem Fall nicht erforderlich. Ausreichend ist es, ein Instagram-Profil zu unterhalten, auf dem man im Rahmen seiner Handlungsmöglichkeiten eine beliebige Anzahl von Links einfügen kann. Die Kooperationspartner (Händler und Influencer) profitieren dabei insbesondere von der Anwendung per App auf einem Smartphone. Denn angesichts der Technikaffinität der meist jungen Verwender und der Benutzerfreundlichkeit von Apps stellen diese eine lukrative Möglichkeit dar, Produkte über Affiliate-Links zu vermarkten. Allerdings ist die Nutzung dieser Links grundsätzlich an bestimmte Kriterien gebunden und somit einer überschaubaren, aber wachsenden Zahl von Personen vorbehalten. Auf der Plattform Instagram beispielsweise benötigte man bis zuletzt 10.000 Follower oder eine Verifizierung, um die sogenannte »Upswipe-Funktion«, die auf Affiliate-Links basiert, nutzen zu können. Dieses mittlerweile von »Link-Stickern«[25] abgelöste Feature gab Influencern unter anderem die Möglichkeit, innerhalb einer von ihnen hochgeladenen »Story« einen Link zu setzen, der einen Nutzer durch einen Fingerwisch auf dem Smartphone-Display zu einer externen Anbieter-Website, in den meisten Fällen direkt zu dem beworbenen Produkt, führte. Gleiches gilt auch für die »Link-Sticker«. Diese er-

24 Ernst/Seichter, WRP 2006, 810.

25 Theile, FAZ vom 24.08.2021, abrufbar unter: https://www.faz.net/aktuell/wirtschaft/digitec/instagram-entfernt-swipe-up-funktion-fuer-externe-links-17499053.html (zuletzt abgerufen am: 10.10.2023).

setzen lediglich das Wischen mit dem Finger durch ein einmaliges Tippen auf den Sticker, der wiederum einen klickbaren Link zu einer Unternehmenswebsite öffnet. Aufgrund dieser Kooperationsmöglichkeit wird in der Literatur teilweise davon gesprochen, dass die Akteure im Affiliate-Marketing als »Vermittler« zwischen den Beteiligten fungieren würden.[26] Interessant wird diese Wortwahl, wenn man sich vergegenwärtigt, dass insbesondere Handelsvertreter damit betraut sind, Geschäfte zu »vermitteln« (§ 84 Abs. 1 S. 1 HGB).

Doch sind die §§ 84–92c HGB geeignet, neuartige und ausschließlich online agierende Berufsgruppen und deren Aktivitäten interessengerecht zu erfassen? Um die Frage beantworten zu können, ob mit dieser mehr als 120 Jahre alten und seither nahezu unverändert gebliebenen Vorschrift überzeugende Ergebnisse erzielt werden können, müssen zunächst die Voraussetzungen des § 84 HGB kumulativ erfüllt sein. Ein Blick in den § 84 Abs. 1 S. 1 HGB verrät dabei, was erforderlich ist, um ein Handelsvertreterverhältnis in Betracht ziehen zu können. Nach der Vorschrift ist Handelsvertreter, »wer als selbständiger Gewerbetreibender ständig damit betraut ist, für einen anderen Unternehmer Geschäfte zu vermitteln oder in dessen Namen abzuschließen.« Sind Influencer also selbständig tätig und betreiben ein Gewerbe? Sind sie ständig mit der Vermittlung von Geschäften betraut oder alternativ dazu berufen, im Namen eines Unternehmers Geschäfte für diesen abzuschließen? Und behält claudiabella mit ihrem laienhaften Verständnis von Handelsvertretern damit am Ende tatsächlich Recht? Oder ist § 84 HGB nach seinem Sinn und Zweck auf solche atypischen Vermittlungstätigkeiten nicht anwendbar, weil vielleicht ein historisch gewachsenes Leitbild dem entgegensteht?

Auf Rechtsfolgenseite hätte die Einstufung von Influencern als Handelsvertreter weitreichende Auswirkungen auf die Vertragsgestaltung. Zudem würde die Eröffnung des Handelsvertreterrechts eine Aktivierung von Schutzrechten bedeuten. So sehen die §§ 84–92c HGB nicht nur folgenreiche Provisionsansprüche für Handelsvertreter vor. Die darüber hinaus existierenden Hilfsansprüche auf Bucheinsicht oder Buchauszug gemäß § 87c HGB stellen einen tiefen Einschnitt in die Unternehmenssphäre dar und werden aus Unkenntnis über die mögliche Anwendbarkeit des Handelsvertreterrechts zumeist nicht bedacht. Eine besondere Hervorhebung verdient ferner der praktisch hoch relevante, aber nicht unumstrittene Ausgleichsanspruch des § 89b HGB. Mit diesem könnte ein Influencer auch nach Beendigung des Vertragsverhältnisses den von ihm zugunsten des Unternehmens geworbenen Kundenstamm zu einem monetären Ausgleich bringen. Kann dies vom Gesetzgeber gewollt sein? Oder sollten die §§ 84 ff. HGB dahingehend ausgelegt werden, einzig Personengruppen vom Normbereich umfasst zu wissen, die in der analogen Welt auftreten? Und würde die fort-

26 Ernst/Seichter, WRP 2006, 810.

schreitende Digitalisierung dann dazu führen, dass sich der Berufsstand vorerst abschafft?

> »Die zukünftige Entwicklung des Berufs des Handelsvertreters wird weitgehend davon abhängen, ob es der Handelsvertretung als Handelsunternehmen gelingt, sich ihre Beweglichkeit und Anpassungsfähigkeit in einer sich ständig verändernden wirtschaftlichen Welt zu erhalten.«[27]

So schätzte Boris Bromm die Zukunft des Handelsvertreterberufs bereits zur Jahrtausendwende ein. Das war zu einer Zeit, als der E-Commerce[28] bereits Massencharakter erlangte und die Rechtswissenschaft sich dem Problem annahm. Mehr als 20 Jahre später lässt sich konstatieren: Bromm hat Recht behalten. Tatsächlich ist seine Einschätzung heute vielleicht relevanter als je zuvor.

II. Ziel der Untersuchung

Literatur und Rechtsprechung haben sich in der Vergangenheit regelmäßig mit vermeintlich handelsvertreteruntypischen, ungewöhnlichen oder seltenen Tätigkeiten verschiedener Berufsgruppen auseinandersetzen müssen.[29] Dies lässt sich vor allem damit erklären, dass der Warenabsatz unter Zuhilfenahme von Handelsvertretern nicht nur als Grundform des Vertriebs mit selbständigen Mittlern bezeichnet werden kann, sondern in der Praxis auch besonders häufig auftritt.[30] Rechtswissenschaftliche Abhandlungen der Fachliteratur über Influencer als Vertriebsmittler im Sinne der §§ 84ff. HGB sind bisher jedoch kaum ersichtlich. Dabei spricht sogar die Industrie- und Handelskammer München von »Vermittlungsprovisionen«, die Influencer auf Basis von Affiliate-Links verdienen.[31] Auch die juristische Literatur bedient sich typischer handelsvertreterrechtlicher Termini: Der Influencer sei – nicht selten durch die Zuweisung von Affiliate-Links – »verpflichtet« (§ 86 HGB) ein Produkt auf seiner Social-Media-Seite zu bewerben und für jeden »vermittelten« (§§ 84, 87 HGB) Kaufvertrag würde er eine »Provision« (§§ 87–87c HGB) erhalten.[32] Im Hinblick auf den

---

27 Bromm, Die Entstehungsgeschichte des Berufs des Handelsvertreters, 2000, S. 137.

28 Der Electronic Commerce (kurz: E-Commerce) ist der Kauf und Verkauf von Waren und Dienstleistungen über elektronische Verbindungen, vgl. Gabler Wirtschaftslexikon, Stichwort E-Commerce, abrufbar unter: https://wirtschaftslexikon.gabler.de/definition/e-commerce-34215 (zuletzt abgerufen am 10.10.2023).

29 Küstner/Thume/*Küstner* VertriebsR-HdB I Rn. 134; vgl. auch die Untersuchung von Reinshagen, ZVertriebsR 2012, 281, ob Galeristen als Handelsvertreter tätig werden können.

30 Emde, ZIP 2022, 106.

31 IHK München und Oberbayern, Ratgeber Recht & Steuern, abrufbar unter: https://www.ihk-muenchen.de/de/Service/Recht-und-Steuern/Influencer-und-Steuern/ (zuletzt abgerufen am 10.10.2023).

32 Benz/Kohler, ZfPW 2020, 490, 492.

Handelsvertreterstatus von Affiliates, die Influencer in zahlreichen Kooperationen letztlich darstellen, lassen sich zumindest vereinzelt Publikationen identifizieren. So hat unter anderem Martin Bahr anlässlich eines Urteils des LG Düsseldorf[33] aus dem Jahr 2015 – das sich mit der Frage des Ausgleichsanspruchs eines Affiliates nach § 89b HGB befasste – zur potentiellen Handelsvertretereigenschaft von Affiliates Stellung genommen.[34] Zuvor nahmen sich dieser Frage lediglich Martin Schirmbacher und Markus Ihmor im Jahr 2009 an.[35] Die Autoren kommen übereinstimmend, jedoch auf Basis unterschiedlicher Argumentation zu dem Ergebnis, dass Affiliates keine Handelsvertreter im Sinne des § 84 HGB darstellen würden. Zum einen wäre es nicht möglich, die Spur der Kunden im Internet zu verfolgen. In diesem Fall wäre ein Nachweis der Vermittlertätigkeit ausgeschlossen, was eine Auszahlung etwaiger Provisionsansprüche sehr unwahrscheinlich machen würde. Zum anderen würde die vom BGH geforderte[36] und auch in § 86 HGB vorgesehene Pflicht ständiger Bemühungen um die Vermittlung von Geschäften nicht bestehen. Aus diesem Grund wäre eine Einordnung als Zivilmakler im Sinne der §§ 652–656d BGB naheliegender, da diese ohne Tätigkeitsverpflichtung auskommen würden. Die vorliegende Arbeit wird jedoch aufzeigen, aus welchen Gründen die vorstehende Argumentation nicht ohne weiteres auf Influencer in Affiliate-Marketing-Kooperationen übertragen werden kann. Dabei werden Unterschiede zwischen originären Affiliates und neuartigen Influencern herausgearbeitet, die ein divergierendes Ergebnis rechtfertigen.

Für ein abweichendes Ergebnis und damit für eine Handelsvertretertätigkeit spricht zumindest der Konsens von Literatur und Rechtsprechung, dass Influencer geschäftliche Handlungen gemäß § 2 Abs. 1 Nr. 2 UWG vornehmen. Eine geschäftliche Handlung im Sinne des Gesetzes gegen den unlauteren Wettbewerb (UWG) ist

> »jedes Verhalten einer Person zugunsten des eigenen oder eines fremden Unternehmens vor, bei oder nach einem Geschäftsabschluss, das mit der Förderung des Absatzes oder des Bezugs von Waren oder Dienstleistungen oder mit dem Abschluss oder der Durchführung eines Vertrags über Waren oder Dienstleistungen unmittelbar und objektiv zusammenhängt.«

Kurz gesagt: Eine geschäftliche Handlung erfordert das Verhalten einer Person, das objektiv mit der Förderung des Absatzes eines anderen Unternehmens zusammenhängt. Ein derartiges Verhalten, das den Absatz eines anderen Unter-

33 LG Düsseldorf, MMR 2015, 804.
34 Bahr, Affiliate & Recht, Nr. 2, abrufbar unter: https://www.affiliateundrecht.de/aufsaetze/sind-affiliates-handelsvertreter/ (zuletzt abgerufen am 10.10.2023).
35 Schirmbacher/Ihmor, CR 2009, 245.
36 BGH, NJW 1972, 251.

nehmers fördert, ist auch in Bezug auf die Handlungen von Influencern wiederholt bejaht worden.[37] Dies verdient Hervorhebung, da eine »Förderung« von Geschäftsabschlüssen auch die Definition der dem § 84 HGB immanenten »Vermittlung« voraussetzt.[38] Letztere sieht vor, dass die Handelsvertretertätigkeit den Vertragsschluss zumindest »fördern« muss.[39] Fraglich erscheint jedoch, ob eine »Förderung« im Sinne des UWG ausreicht, um auch eine »Vermittlung« nach dem HGB annehmen zu können. Sollte dies zu bejahen sein, läge es nahe, Influencer als Handelsvertreter zu qualifizieren und somit vom Schutzzweck der §§ 84ff. HGB umfasst zu sehen.

Die Schnelllebigkeit des Rechts des Influencer-Marketings und der sozialen Medien sowie die weitreichenden neuen Funktionen, die Apps wie Instagram ihren Verwendern bieten, werfen folglich neue Fragen im Vertriebsrecht auf, deren Beantwortung Juristen vorbehalten bleibt.[40] Insofern kommt Renate Schaub zurecht zu dem Schluss:

> »Bis zur Rechtssicherheit für Influencer – falls eine solche mit Blick auf die sich stets wandelnden Möglichkeiten sozialer Netzwerke[41] überhaupt erreichbar sein sollte – sind […] noch einige Schritte erforderlich.«[42]

Einer dieser Schritte in Richtung Rechtssicherheit soll mit vorliegender Arbeit unternommen werden. So soll aus rechtswissenschaftlicher Sicht ein Beitrag zu der zunehmend an Fahrt gewinnenden Influencer-Debatte mit besonderem Fokus auf das Handels- und Vertriebsrecht geleistet werden, mit dem Ziel, zu-

---

37 OLG Frankfurt am Main, MMR 2020, 195, 196; LG München I, MMR 2019, 544, 545; vgl. dazu auch Klickermann, MMR 2020, 150; Leeb/Maisch, ZUM 2019, 29, 32f.

38 Vgl. EBJS/*Löwisch* HGB § 84 Rn. 110; Hopt/*Hopt* HGB § 84 Rn. 22.

39 Hopt/*Hopt* HGB § 84 Rn. 22; Koller/Kindler/Drüen/*Roth/Kindler* HGB § 84 Rn. 4.

40 Vgl. Jaworski/Kraetzig, GRUR-Prax 2020, 302, 304.

41 Zur Abgrenzung sozialer Medien (Social-Media) und sozialer Netzwerke (Social Networks) lassen sich verschiedene Ansätze feststellen. Nach einer Auffassung wäre eine Abgrenzung nicht zweifelsfrei möglich, generell sollen sich die Begriffe jedoch in einem Grundgedanken unterscheiden: Bei sozialen Medien soll es darum gehen, es jedermann zu ermöglichen, Inhalte zu erstellen und zu verbreiten, wohingegen soziale Netzwerke in erster Linie der Vernetzung der Nutzer dienen (wie zum Beispiel Xing), vgl. Jessen, qundg vom 05.12.2011, abrufbar unter: https://qundg.de/web-2-0-social-web-und-social-media-wording-der-online-kommunikation/ (zuletzt abgerufen am 10.10.2023). Gleichzeitig wird vertreten, dass sich soziale Medien in Messenger und soziale Netzwerke unterscheiden lassen würden, wonach soziale Netzwerke eine Unterart sozialer Medien darstellen würden, vgl. Kopp, Aufgesang vom 02.08.2022, abrufbar unter: https://www.sem-deutschland.de/online-marketing-glossar/social-media/ (zuletzt abgerufen am 10.10.2023). Die Bundeszentrale für politische Bildung verwendet die Begriffe sogar synonym, vgl. Schneider/Toyka-Seid, bpb 2023, abrufbar unter: https://www.bpb.de/kurz-knapp/lexika/das-junge-politik-lexikon/321140/soziale-medien-soziale-netzwerke-social-media/ (zuletzt abgerufen am 10.10.2023). Diese synonyme Verwendung erscheint insbesondere bei den Begriffen »soziale Netzwerke« sowie »Social-Media-Plattformen« möglich, weshalb auch im Folgenden eine synonyme Verwendung stattfindet.

42 Schaub, GRUR 2021, 1358, 1364.

mindest eine Lücke in diesen Bereichen schließen zu können. Konkret wird intendiert die Rechtsfrage zu klären, ob die hierzulande geltenden Handelsvertreterregelungen um den im Jahr 1900 implementierten § 84 HGB im Stande sind, Problemstellungen einer neuartigen Berufsgruppe – am Beispiel der Influencer – interessengerecht zu erfassen und adäquat zu lösen. Ist dies der Fall, stellen die §§ 84ff. HGB also wirksame Vehikel zur Bewältigung der hier aufgeworfenen neuen Rechtsfragen dar, bedürfte es keines revolutionären Regelungskonzeptes. Sind die Untersuchungsergebnisse hingegen nicht in der Lage, die materielle Interessenlage abzubilden, unter Umständen, weil der technische Fortschritt das Gesetz überholt hat, oder ergeben sich gar Regelungsdefizite, erscheint eine Gesetzesänderung obligatorisch. Erfolgt diese nicht, kann kaum seriös ausgeschlossen werden, dass die §§ 84–92c HGB durch die fortschreitenden Veränderungen in der Werbewelt nicht in der Bedeutungslosigkeit versinken werden.

Der noch immer aktuellen, aber bereits ausführlich behandelten[43] wettbewerbsrechtlichen Frage nach der Kennzeichnungspflicht von Influencern wird nur in gebotener Kürze nachgegangen. Auch die Frage ihrer Einkommens-, Gewerbe- und Umsatzsteuerpflicht wird nicht im Detail untersucht.[44] Demgegenüber bedarf es einer zumindest exkursartigen Grundlagenbetrachtung der erst seit kurzer Zeit zu beobachtenden, aber immer erfolgreicher werdenden virtuellen KI-Influencer. Denn juristische Publikationen,[45] die über die bloße Feststellung der Existenz virtueller Influencer[46] hinausgehen und rechtliche Fragen zu diesen innovativen Avataren aufwerfen oder sogar beantworten, sind bislang nicht aufzufinden. Auf den ersten Blick scheinen sich Christine Riefa und Laura Clausen mit ihrem Beitrag »Towards Fairness in Digital Influencers Marketing Practices« im Journal of European Consumer and Market Law dieser Thematik angenommen zu haben.[47] Doch der Schein trügt. In der englischsprachigen Literatur werden auch menschliche Influencer mitunter als »Digital Influencer« bezeichnet. Eine fundierte systematische Behandlung durch die Zivilrechtswissenschaft steht also noch aus. Im Zusammenhang mit diesen virtuellen Influencern wird auch auf Haftungsfragen einzugehen sein, die sich naturgemäß sowohl für KI-basierte als auch für autonome Systeme stellen. Die bis dato ersichtlichen allgemeinen Untersuchungen der juristischen Fachliteratur

43 Vgl. nur Alexander, ZUM 2022, 77; Brtka/Witzmann, GRUR-Prax 2021, 657; Glöckner, NJW 2021, 3427; Schaub, GRUR 2021, 1358; Schaub, NJW 2022, 2510.

44 Zu steuerrechtlichen Fragestellungen vgl. Beck'sches Steuer- und Bilanzrechtslexikon/*Arendt*, Influencer, Rn. 1ff.; Brunckhorst/Sterzinger, DStR 2018, 1689; Brunckhorst/Sterzinger, DStR 2018, 1743; Busemann/Gilson, DStR 2019, 2178; Hemmerich/Günther, DStR 2021, 2321; Rozanski/Oonk, SAM 2023, 78; Scheerer/Wionzeck, DStR 2021, 1449; Schmidt/Kollmann/Karl, DStR 2021, 765.

45 Vgl. zu virtuellen Influencern in der Marketingliteratur Jahnke, Influencer Marketing, S. 17.

46 So Lettmann, GRUR 2018, 1206, 1211.

47 Riefa/Clausen, EuCML 2019, 64.

werden daher kritisch beleuchtet und die Ergebnisse anschließend zusammengefasst und auf KI-Influencer übertragen. Häufig wird die Frage diskutiert, ob KI-basierten Systemen eine eigene Rechtsfähigkeit zuzubilligen ist. Diese Frage ist durchaus beantwortungswürdig, würde aber den Rahmen der vorliegenden Arbeit sprengen.

III. Gang der Darstellung im Überblick

Ziel des nachfolgenden Kapitels ist es, die Werbung mit Influencern zu beleuchten. Dabei wird ein besonderes Augenmerk auf die Definition der Werbung, aber auch auf deren historische Entwicklung gelegt. Ferner wird die Marketingstrategie des Influencer-Marketings und ihre Relevanz konzeptionell diskutiert. Hier verbergen sich nicht nur Chancen, sondern auch Risiken. Als ein Beispiel sei der Jugendschutz genannt, der gerade im Hinblick auf die fortschreitende Entwicklung der »Neuen Medien« online kaum noch vollständig gewährleistet werden kann. Diese »Neuen Medien« nehmen im Zuge der partiellen Unkontrollierbarkeit des grenzenlosen Internetzugangs eine immer bedeutendere Rolle für Minderjährige ein. Darüber hinaus wird die neue Gruppierung der Influencer als rechtliches Phänomen greifbar gemacht, indem ihre Erscheinungsformen und Darbietungsmöglichkeiten aufgezeigt werden. Die Distinktion der Handlungsmöglichkeiten von Influencern spielt eine elementare Rolle für ihre potentielle Einordnung in das Handelsvertreterrecht. Um einen vollständigen Überblick über das Influencer-Marketing und seine rechtlichen Konsequenzen verschaffen zu können, muss in diesem Kapitel auch – zumindest in gebotener Kürze – die Abgrenzung zwischen Influencer-Werbung und reiner Meinungsäußerung skizziert und anschließend die zugrundeliegende Problematik der Kennzeichnungspflichten dargestellt werden.

Im dritten Kapitel werden die Entwicklung des Berufsbildes »Handelsvertreter« und die damit verbundenen Rechtsquellen eingehend erörtert. Nach einem allgemeinen, unter anderem in die Systematik des Handelsvertreterrechts einführenden Teil, wird in diesem Zusammenhang der Handelsvertreter von anderen Berufen im Vertrieb abgegrenzt. Um kritisch prüfen zu können, ob Influencer Handelsvertreter sein können und ob § 84 HGB zu adäquaten Lösungen führt, darf die bisherige obergerichtliche und höchstrichterliche Rechtsprechung zur Einordnung von verschiedenen Berufsgruppen in das Handelsvertreterrecht nicht außer Acht gelassen werden. Auf diese Weise kann deutlich gemacht werden, welcher Maßstab an § 84 HGB anzulegen ist. Darüber hinaus kann so eruiert werden, welche für die analoge Welt geltenden Bewertungsmaßstäbe auch auf digital auftretende Berufsgruppen anwendbar scheinen.

Im vierten und fünften Kapitel soll die Frage beantwortet werden, ob die tatbestandlichen Voraussetzungen des § 84 HGB erfüllt und – falls ja – in der Lage sind, Influenceraktivitäten interessengerecht zu erfassen und dabei nachvollziehbare Ergebnisse zu erzielen. Konkret wird im vierten Kapitel untersucht, ob Influencer als selbständige Gewerbetreibende ständig damit betraut sind, für einen anderen Unternehmer tätig zu werden. Für die Handlung, auf die sich die ständige Betrauung beziehen muss, sieht § 84 HGB zwei Alternativen vor: Die Vermittlung auf der einen und den Abschluss von Geschäften im Namen des Unternehmers auf der anderen Seite. Während sich das vierte Kapitel auf Letzteres konzentriert, werden im fünften Kapitel die Anforderungen an den Begriff der »Vermittlung« dargelegt. Diese werden anhand eines Rechtsvergleichs und der Auslegung der Handelsvertreterrichtlinie deutlich gemacht. Darüber hinaus wird untersucht, welchen Anspruch Literatur und Rechtsprechung an Onlineshops und -plattformen sowie an die bisherige Einordnung von originären Affiliates als Handelsvertreter und insbesondere ihre Vermittlungstätigkeit stellen. Anhand dieser beiden Kapitel lässt sich auch der Titel der Dissertation beurteilen, nämlich ob Influencer als Handelsvertreter tätig werden können und ob die Handelsvertretervorschriften diese Bewährungsprobe de lege lata bestehen können. Das wäre insbesondere der Fall, wenn die Einordnung von Influencern in den Tatbestand des § 84 HGB zweckmäßig erscheint und auch auf Rechtsfolgenseite billige Ergebnisse erzielt werden. Anderenfalls wäre de lege ferenda ein revolutionäres Regelungskonzept notwendig, um die digitale Transformation des Vertriebs auch in Zukunft überzeugend erfassen zu können.

Anschließend werden im nicht minder relevanten sechsten Kapitel praktische Implikationen und rechtliche Stolpersteine, die bei der Zusammenarbeit mit Influencern vorhanden oder zu erwarten sind, untersucht und rechtlich bewertet. Die Darstellung soll die Chronologie einer potentiellen Influencer-Kooperation abbilden, bei welcher der Influencer als Handelsvertreter agiert: Vom Abschluss eines Handelsvertretervertrags über rechtliche Implikationen während der Vertragslaufzeit bis zur Haftung des Unternehmers für den Handelsvertreter. Dabei werden sowohl die zu erwartenden Umgehungsversuche der §§ 84ff. HGB von Unternehmen durch Nuancen im Vertrag untersucht als auch die Frage beantwortet, ob Influencer sich zu einem »gewillkürten« Handelsvertreter »hinaufschwingen« können, wenn sie über die vertraglich vereinbarte Tätigkeitspflicht hinausgehen. Dabei sorgen insbesondere Affiliate-Links schon jetzt für Kontroversen in der Praxis. Nicht nur werden sie vom überwiegenden Teil der steuerrechtlichen Literatur als Abgrenzungskriterium zwischen Einkünften aus Gewerbebetrieb gemäß § 15 EStG und Einkünften aus selbständiger Arbeit nach § 18 EStG herangezogen. Auch die Künstlersozialkasse nimmt sie zum Anlass, keine Künstlersozialabgabe zu erheben, wenngleich sie Influencer dem Grunde nach als Künstler anerkennt.[48] Die Begründung ist dieselbe: Provisionszahlungen im Rahmen von Affiliate-Marketing-Kooperationen würden nicht direkt für eine künstlerische oder publizistische Leistung gezahlt, sondern für die Gewährung von Werbemöglichkeiten durch die Einbettung von Affiliate-Links.[49] Sich hieraus erschöpfende Einkünfte würden dementsprechend nicht unmittelbar aus der Influencer-Tätigkeit resultieren um als Einkünfte aus selbständiger Arbeit gelten zu können, sondern aus erfolgsbasierten Affiliate-Marketing-Kooperationen.[50] Während die ertragsteuerrechtliche Behandlung von Influencer-Einkünften einem gesonderten Beitrag[51] vorbehalten ist, findet die in der Praxis höchst relevante und bereits zu beobachtende Problemstellung der Künstlersozialabgabe Eingang in das sechste Kapitel. Darüber hinaus werden die Rechtsfolgen, die das HGB für Handelsvertreter bereithält, umfassend erörtert. Nicht nur Provisions- und Ausgleichsansprüche, auch mögliche Hilfsmittel zur Geltendmachung dieser Ansprüche werden untersucht. Nachdem in diesem Kapitel auch die Kündigung des Handelsvertretervertrags sowie die Haftung des Unternehmers für den Handelsvertreter beleuchtet werden, folgt ein Exkurs über die Behandlung der zahlenmäßig und in ihrer Relevanz wachsenden virtuellen KI-Influencer. Die Beiträge dieser Influencer werden derzeit noch von Tech-Unternehmen im Hintergrund am PC erstellt. Auch Werbeverträge kommen mit diesen Unternehmen zustande. Schenkt man ihnen jedoch Glauben, werden die KI-Influencer schon in naher Zukunft fähig sein, selbst Beiträge zu verfassen. Auch Kooperationsanfragen, die monetär sehr lukrative Werbekampagnen beinhalten können, sollen direkt über die KI-basierten Influencer abgewickelt werden. Ein besonderes Augenmerk wird deshalb auf die Haftung der dahinterstehenden Unternehmen gelegt.

Im siebten Kapitel werden schließlich die Erkenntnisse und Ergebnisse in einem Fazit thesenartig dargestellt.

---

48 Vgl. FAQ Unternehmen und Verwerter der Künstlersozialkasse, Nr. 25, abrufbar unter: https://www.kuenstlersozialkasse.de/unternehmen-und-verwerter/faq-unternehmen-und-verwerter (zuletzt abgerufen am 10.10.2023).

49 Vgl. FAQ Unternehmen und Verwerter der Künstlersozialkasse, Nr. 25, abrufbar unter: https://www.kuenstlersozialkasse.de/unternehmen-und-verwerter/faq-unternehmen-und-verwerter (zuletzt abgerufen am 10.10.2023).

50 Vgl. nur Brunckhorst/Sterzinger, DStR 2018, 1689, 1691; Brandis/Heuermann/*Valta* EStG § 18 I; Schmidt/Kollmann/Karl, DStR 2021, 765, 766.

51 Rozanski/Oonk, SAM 2023, 78.

2. Kapitel: Werbung mit Influencern – Eine Modeerscheinung oder nachhaltige Marketingstrategie?

Unternehmen kooperieren vermehrt mit Influencern, um ihre Werbebotschaften »maßgeschneidert« in den sozialen Medien verbreiten zu können.[52] Der Hype um Influencer geht so weit, dass immer mehr semiprominente Internetnutzer ungefragt für die Produkte eines Unternehmens werben um den Anschein zu erwecken, Influencer zu sein. Unlängst hat sich die Literatur verstärkt mit diesen sogenannten »angemaßten«[53] oder »Fake«-Influencern[54] beschäftigt. Kennzeichnend für diese neuartigen Influencer ist, dass sie in keinerlei Rechtsbeziehung zu den beworbenen Unternehmen stehen und ohne deren Wissen und Wollen handeln. Die Motivation dieser zumeist erst aufstrebenden Influencer ist es, Aufmerksamkeit zu generieren und als wichtiger eingestuft zu werden, als sie tatsächlich sind.[55] Kann man den Kaufempfehlungen von Influencern in Anbetracht dessen noch trauen? Erst im Jahr 2021 ging ein Youtuber dem Vorurteil nach, dass Influencer für Geld beinahe alles bewerben würden und entwickelte eine Fake-Hautcreme, deren Inhaltsstoffe laut Etikett unter anderem Uran und Asbest aufwiesen. Zahlreiche – wenn auch nicht alle – angefragten Influencer bewarben die Creme, ohne einen Blick auf die angeblichen Ingredienzen zu werfen.[56] Experimente wie dieses können auch positives nach sich ziehen: Die Nutzer sozialer Medien entwickeln ein Bewusstsein dafür, dass Influencer zum Teil überflüssige, überteuerte oder minderwertige Produkte bewerben. Diese Vermutung wird auch durch den Umstand gestützt, dass auf TikTok derzeit Beiträge über das »Deinfluencing« viral gehen.[57] Die Videos, in denen vom Kauf

52 Herberger, NZA 2022, 238.

53 Borsch, MMR 2018, 127; Leeb/Maisch, ZUM 2019, 29, 39; Mach, WRP 2018, 1166, 1170; Terhaag/Schwarz, Influencer-Marketing, § 2 Rn. 182–185.

54 So Scherer, GRUR 2022, 1555.

55 Benz/Kohler, ZfPW 2020, 490, 498.

56 Doberer, Stuttgarter Zeitung vom 20.05.2021, abrufbar unter: https://www.stuttgarter-zeitung.de/inhalt.streich-von-youtuber-marvin-wildhage-reingefallen-influencer-bewerben-fake-produkt.5aa6e465-8f8f-437a-a25f-d26dc32aaad2.html (zuletzt abgerufen am 10.10.2023).

57 Eisenbrand, OMR vom 31.01.2023, abrufbar unter: https://omr.com/de/daily/tiktok-deinfluencing/ (zuletzt abgerufen am 10.10.2023).

bestimmter, von Influencern beworbener Produkte abgeraten wird, haben bereits über 50 Millionen Klicks generiert.[58] Kann die Bewerbung von Produkten durch Personen, die junge Menschen indirekt dazu motiviert, etwas vorzugeben, was sie überhaupt nicht sind, mehr als eine Modeerscheinung sein? Und kann eine Marketingstrategie nachhaltig Bestand haben, die von der Vermarktung mitunter minderwertiger oder überflüssiger Produkte lebt und Persönlichkeiten einsetzt, die sich mit dem Produkt das sie bewerben teilweise überhaupt nicht auseinandersetzen? Ist dies der Fall, kann die Untersuchung der Handlungs- und Darsbietungsmöglichkeiten von Influencern auf Instagram erste Rückschlüsse auf die für ihr Handeln in Betracht kommenden Vertragstypen geben.

I. Influencer-Marketing

Um die vorstehenden Fragen jedoch zuverlässig beantworten zu können, ist zunächst eine Beleuchtung der hinter Influencern stehenden Marketingstrategie, dem »Influencer-Marketing«, vorzunehmen.

1. Ursprünge und Definitionsversuch

Zwar handelt es sich beim Influencer-Marketing um eine neue Art von Marketingstrategie, Ziel und Vorgehensweise sind dagegen keinesfalls revolutionär. Ihre Wurzeln gehen auf die US-amerikanische Bloggerszene zurück, die sich einst praktischen Tipps für Mütter widmete, etwa Rezepten oder der Organisation von Kindergeburtstagen.[59] Schnell erkannten erste Marken und Unternehmen das Werbepotential der Blogger und ließen eigene Produkte von den Protagonisten präsentieren und empfehlen.[60] Ursprünglich starteten auch die heute erfolgreichsten Influencer – zu einer Zeit, als die sozialen Netzwerke noch nicht annähernd so kommerzialisiert waren wie heute – nicht mit der Motivation, populär zu werden, sondern vielmehr, um ihre Kreativität auszuleben und andere zu unterhalten.[61] Faktoren wie das wachsende Potential, eine immer größere Community zu beeinflussen und die daraus resultierende plötzliche Identifikation als attraktiver Werbepartner werden von der Mehrheit der Influencer beim anfänglichen Bespielen ihrer Accounts nicht bedacht worden sein.[62] Den-

58 Eisenbrand, OMR vom 31.01.2023, abrufbar unter: https://omr.com/de/daily/tiktok-deinfluencing/ (zuletzt abgerufen am 10.10.2023).
59 Lammenett, Praxiswissen Online-Marketing, S. 132.
60 Lammenett, Praxiswissen Online-Marketing, S. 132.
61 Kost/Seeger, Influencer Marketing, S. 38; Rozanski/Oonk, SAM 2023, 78, 83.
62 Deges, Quick Guide Influencer Marketing, S. 21.

noch ist der werbliche Einsatz von Persönlichkeiten, die über eine starke Präsenz und hohe Reichweite in sozialen Netzwerken verfügen für das heutige Verständnis des Influencer-Marketings charakteristisch.[63] Eine allgemeingültige Definition ist aufgrund der Wandelbarkeit des Begriffs zwar schwer zu finden. In der Marketingliteratur existieren jedoch zahlreiche Versuche, die Marketingstrategie weitergehend zu typisieren und zu konkretisieren. In einem Fall wird Influencer-Marketing als der Versuch eines Unternehmens angesehen,

> »wichtige Meinungsmacher im Internet zu identifizieren und deren Einfluss und Reichweite zum eigenen Zweck zu nutzen, indem es diese dazu motiviert oder dafür entlohnt, Markenbotschaften mit ihren Zielgruppen zu teilen.«[64]

Andere bleiben abstrakter, wenn sie es als »die Zusammenarbeit mit individuellen Personen, welche eine relevante Menge an Zuschauern, Zuhörern oder Followern ansprechen können«[65] beschreiben. Weiter wird die Marketingstrategie als die

> »Planung, Steuerung und Kontrolle des gezielten Einsatzes von Social-Media-Meinungsführern und - Multiplikatoren, um durch deren Empfehlungen die Wertigkeit von Markenbotschaften zu steigern und das Kaufverhalten der Zielgruppe positiv zu beeinflussen«, definiert.[66]

2. Spezifikation des Influencer-Marketings

Influencer sind also Multiplikatoren, die den Bekanntheitsgrad von Produkten – in selteneren Fällen auch von Dienstleistungen – sowie von Marken über verschiedene Kommunikationskanäle im Internet erhöhen.[67] Vielfach wird der Lebensstil der vermeintlich authentischen, nahbaren Influencer noch nicht als so abgehoben empfunden, als dass sich ihre Follower nicht mehr mit ihnen identifizieren könnten.[68] Auch aus diesem Grund gelten erfolgreiche Influencer in ihrer Community als vertrauenswürdig und sind teilweise als Experten in ihrem Themengebiet anerkannt, wodurch sie ein Umfeld schaffen können, das die Wahrnehmung auf bestimmte Marken positiv beeinflusst.[69] Bei systematischem Vorgehen können sich Influencer in der digitalen Welt so eine Reputation auf-

63 Suwelack, MMR 2017, 661.
64 Kost/Seeger, Influencer Marketing, S. 53.
65 Jahnke, Influencer Marketing, S. 9.
66 Deges, Quick Guide Influencer Marketing, S. 35.
67 Jahnke, Influencer Marketing, S. 9.
68 Kilian, absatzwirtschaft 7/8 2016, S. 78; Langner/Esch/Bruhn/*Kilian*, Handbuch Techniken der Kommunikation, S. 365.
69 Brown/Hayes, Influencer Marketing, S. 49; Langner/Esch/Bruhn/*Kilian*, Handbuch Techniken der Kommunikation, S. 365.

bauen, die ihnen so schnell nicht streitig gemacht werden kann.[70] Die Identifikation der Follower mit einem – teilweise als Vorbild angesehenen – Influencer schafft eine Atmosphäre, die aufgrund des einseitigen Vertrauens nicht reziprok und vor allem durch Nachahmungsversuche geprägt ist und durch den Verkauf von Produkten monetarisiert werden soll.[71] Diesen Vertrauensvorschuss und die Reichweite eines Multiplikators zu nutzen stellt deshalb eine strategische Marschroute dar, um die Werbebotschaft eines Unternehmens in sozialen Medien zu platzieren.[72]

Im Kern geht es beim Influencer-Marketing folglich darum, eine möglichst authentische, vertrauenswürdige dritte Partei zu rekrutieren, die vor allem durch eine monetäre Motivation[73] dazu gebracht werden soll, sich in der Öffentlichkeit (ausschließlich) positiv über Produkte oder Dienstleistungen eines Unternehmens zu äußern, um Kaufentscheidungen potentieller Kunden zu beeinflussen.[74] Die Intention der Unternehmen ist es, Wertigkeit und Glaubwürdigkeit der eigenen Markenbotschaft durch das Vertrauen der Zielgruppe in die Influencer zu steigern.[75] Die gezielte Inszenierung eines Produkts soll als gut gemeinte, altruistische Empfehlung eines Freundes wahrgenommen werden.[76] Rein technisch gesehen schaffen Influencer so einen (Werbe-)Wert, der ihre Entlohnung übersteigt und den das kooperierende Unternehmen durch Aneignung realisieren kann.[77] Ziel der Influencer ist es dagegen, ihren Kanal – auf dem sie sich verschiedensten Themen widmen und vermeintliche Erfahrungen mit ihren Followern teilen[78] – als Werbefläche[79] zu vermarkten und ihre Reichweite in Einnahmen, insbesondere in Gestalt von Provisionen, Umsatzbeteiligungen, Sachwerten oder Dienstleistungen zu kapitalisieren.[80] Primär kommt es Influencern folglich nicht darauf an, uneigennützige Empfehlungen auszusprechen, sondern durch

---

70 Kilian/Langner, Online-Kommunikation, S. 135.

71 Vgl. Köhler/Bornkamm/Feddersen/*Köhler* UWG § 5a Rn. 4.90.

72 Nirschl/Steinberg, Einstieg in das Influencer Marketing, S. 11.

73 A. A. Firsching/Bersch, Influencer Marketing für Unternehmen, S. 8, abrufbar unter: https://www.futurebiz.de/wp-content/uploads/2016/03/Influencer-Marketing-White-Paper-Futurebiz.pdf (zuletzt abgerufen am 10.10.2023). Danach würde es Influencern vordergründig um Reichweite und Reputation gehen, »der schnelle Rubel« würde nicht in ihrem Interesse liegt. Diese Ansicht erscheint für das Jahr 2016, in dem der Beitrag publiziert wurde, noch vertretbar, scheint jedoch inzwischen überholt.

74 Brown/Hayes, Influencer Marketing, S. 50; Heine/Trinks, Influencer-Besteuerung, Rn. 4; Lammenett, Praxiswissen Online-Marketing, S. 130.

75 Hemmerich/Günther, DStR 2021, 2321; Klickermann, MMR 2020, 150; Mach, WRP 2018, 1166, 1167.

76 Benz/Kohler, ZfPW 2020, 490, 500; Köberlein, ZVertriebsR 2020, 221.

77 Nymoen/Schmitt, Influencer, S. 57.

78 Köberlein, ZVertriebsR 2020, 221.

79 Nirschl/Steinberg, Einstieg in das Influencer Marketing, S. 22.

80 Kleebinder, Marketing Review St. Gallen 2/2018, 58, 59; Zipfel, GRUR-Prax 2022, 163, 164.

ihre Auseinandersetzung mit Produkten eine möglichst große Anzahl von Followern zu einem Kauf zu inspirieren.[81] Diese zunehmende Kapitalisierung der Marketingdisziplin hat dazu geführt, dass sich vermehrt eigens gegründete Management-Agenturen um die Belange der Influencer kümmern. Das Management dieser Influencer beinhaltet vier Schritte: identifizieren, hofieren, motivieren und monetarisieren.[82]

3. Einordnung in den Marketingmix

Beim Influencer-Marketing handelt es sich um eine wirtschaftlich bedeutsame Unterform des »Native Advertising«, bei der Werbung möglichst unauffällig in ein vertrautes Textumfeld eingebettet wird.[83] Diese Methode, Multiplikatoren durch Kooperationen in die unternehmenseigene Marketingstrategie einzubinden,[84] ist unter anderem aus dem Content-, dem Social-Media- und dem Empfehlungsmarketing abzuleiten.

a) Content-Marketing

Das Content-[85]Marketing beschreibt die in Werbung eingebettete Hervorbringung von unterhaltsamen aber zeitgleich nützlichen Informationen über ein Produkt.[86] Intention ist es, die Interessen potentieller Kunden zunächst losgelöst von konkreten Produkten, Marken oder Unternehmen zu befriedigen.[87] Dies ist ein nachhaltiger Ansatz Produkte oder Dienstleistungen zu verkaufen, indem über einen langen Zeitraum hinweg das Vertrauen der Konsumenten aufgebaut wird.[88]

---

81 Auer-Reinsdorff/Conrad/*Kremer*, § 28 Rn. 96; Kost/Seeger, Influencer Marketing, S. 53.
82 Kreutzer/Land, Digitale Markenführung, S. 213.
83 Ahrens, GRUR 2018, 1211.
84 Ott, Apps effektiv managen und vermarkten, S. 100.
85 Als »Content« in juristischer Hinsicht werden nichtkörperliche Daten oder Inhalte bezeichnet, vgl. Nolte, BB 2014, 1155.
86 Faßmann/Moss, Instagram als Marketing-Kanal, S. 16; Zurstiege, Medien und Werbung, S. 142.
87 Lammenett, Praxiswissen Online-Marketing, S. 337.
88 Faßmann/Moss, Instagram als Marketing-Kanal, S. 16.

b) Social-Media-Marketing

Hauptziel des Social-Media-Marketings ist die Bindung von Kunden an das eigene Unternehmen.[89] Diese Marketingstrategie, die sich auf Marketingaktivitäten unter Einbeziehung sozialer Medien bezieht, ist eine Ausprägung des Web 2.0.[90] Als soziale Medien gelten dabei alle von Interaktivität geprägten digitalen Medien, die ihre Nutzer zur Kommunikation verwenden.[91] Jeder Social-Media-Plattform liegt eine Registrierung, einschließlich der Erstellung eines Profils – meist mit der Angabe persönlicher Daten – zugrunde.[92] Die verschiedenen Plattformen eint die Möglichkeit, Bild-, Text- oder Videomaterial zu veröffentlichen und subjektiv mehr oder minder interessante Profile zu abonnieren (»folgen«) oder wieder zu deabonnieren (»entfolgen«).[93] In einem Newsfeed werden dem Nutzer gepostete Inhalte derjenigen Personen angezeigt, denen er folgt, die er sodann anschauen, liken, kommentieren oder sharen (teilen) kann.[94] Mehr als ein Drittel der Nutzer verwenden soziale Medien auch zur Suche nach Produkten und Dienstleistungen, weshalb sie für die direkte Kommunikation mit Unternehmen immer beliebter werden.[95] Über die verschiedenen Plattformen besteht für diverse Unternehmen deshalb die Möglichkeit, mit geringen Kommunikationsbudgets in kürzester Zeit zahlreiche Nutzer zu erreichen.[96] Nicht nur in der breiten Masse lässt sich dadurch Popularität generieren, auch Nischen-Communities können so angesprochen werden.[97] Diese zu adressieren wäre über traditionelle Werbekanäle kaum möglich gewesen.[98] Erstaunlich ist in diesem Zusammenhang, dass die Altersgruppe der 35- bis 44-Jährigen mit einem Anteil von 25 % die aktivste Klientel der sozialen Netzwerke darstellt.[99] Bei dieser Personengruppe wäre es naheliegend gewesen, anzunehmen, dass konservative Medienkanäle sie besser erreichen würden. Doch weit gefehlt. Auch sie lassen sich durch soziale Medien beeinflussen, sogar in ihrem Kaufverhalten.

---

89 Freiling/Kollmann/*Pöppelbuß/Bur am Orde*, Entrepreneurial Marketing, S. 526.

90 Bernecker/Beilharz, Social Media Marketing, S. 23; Lammenett, Praxiswissen Online-Marketing, S. 458. Vgl. zur weiteren Erläuterung des Web 2.0 Kap. 2 II. 2.

91 Gabler Wirtschaftslexikon, Stichwort Soziale Medien, abrufbar unter: https://wirtschaftslexikon.gabler.de/definition/soziale-medien-52673 (zuletzt abgerufen am 10.10.2023).

92 Lettmann, GRUR 2018, 1206, 1207.

93 Lettmann, GRUR 2018, 1206, 1207.

94 Leeb/Maisch, ZUM 2019, 29, 32; Lettmann, GRUR 2018, 1206, 1207; Spindler/Schuster/*Micklitz/Namysłowska* UWG § 5a Rn. 75.

95 Remmertz, MMR 2018, 507.

96 Freiling/Kollmann/*Bruhn*, Entrepreneurial Marketing, S. 555.

97 Ott, Apps effektiv managen und vermarkten, S. 119.

98 Lammenett, Praxiswissen Online-Marketing, S. 457 f.

99 Lammenett, Praxiswissen Online-Marketing, S. 458.

c) Empfehlungsmarketing

Das Empfehlungsmarketing weist weitgehende Parallelen zum Social-Media-Marketing auf. Wie der Name bereits andeutet, basiert es auf der Weitergabe einer Empfehlung durch Mundpropaganda.[100] Laut einer Nielsen Studie aus dem Jahr 2015 vertrauten 78 % der Befragten in erster Linie persönlichen Empfehlungen, wenn es um Werbung geht.[101] Von bestehenden Kontakten ausgesprochen, erscheinen solche Empfehlungen glaubwürdiger als die konservativen Formen der Werbung, weshalb sie einen erheblichen Einfluss auf die Meinungsbildung und Kaufentscheidungen haben können.[102]

d) Kumulation von Social-Media-Marketing und Empfehlungsmarketing: Das Influencer-Marketing

Ein Teil der Literatur sieht in der Nutzung von Social-Media-Kanälen ein wesentliches Kriterium zur Unterscheidung von Influencer-Marketing und Empfehlungsmarketing.[103] Letzteres müsse nicht zwangsläufig über eine Social-Media-Plattform erfolgen, sondern sei unter anderem auch durch die Arbeit mit Gütesiegeln möglich.[104] Damit würde sich das Influencer-Marketing klar vom Empfehlungsmarketing oder der Werbung mit Testimonials – auf die noch zurückzukommen ist – abgrenzen.[105] Nach einer anderen in der Literatur vertretenen Auffassung ist eine Unterscheidung zwischen Influencer- und Empfehlungsmarketing nicht vorzunehmen. Nach dieser Ansicht würde das Empfehlungsmarketing durch die sozialen Medien bloß neu dimensioniert werden: Demnach könne eine Empfehlung durch die beträchtliche Reichweite eines Social-Media-Nutzers eine unermessliche Anzahl von Menschen erreichen.[106] Diese Sichtweise der Neudimensionierung des Empfehlungsmarketings durch die sozialen Medien entspricht wohl am ehesten dem Zeitgeist der sich wandelnden Werbewelt und der Transformation des Marketings. Empfehlungsmarketing und Influencer-Marketing schließen sich folglich nicht gegenseitig aus, vielmehr wird

---

100 Spörer, Onlinemarketing-Praxis, abrufbar unter: https://www.onlinemarketing-praxis.de/social-media/empfehlungsmarketing-online-im-internet (zuletzt abgerufen am 10.10.2023).

101 Nielsen, Trust in Advertising Studie Oktober 2015, abrufbar unter: https://www.nielsen.com/de/de/insights/report/2015/trust-in-advertising/ (zuletzt abgerufen am 10.10.2023); Kilian, absatzwirtschaft 7/8 2016, S. 78; vgl. auch Lammenett, Praxiswissen Online-Marketing, S. 130, 141.

102 Onlinemarketing-Praxis, Glossar, Definition Word-of-Mouth-Marketing, abrufbar unter: https://www.onlinemarketing-praxis.de/glossar/word-of-mouth-marketing-empfehlungsmarketing-mundpropaganda (zuletzt abgerufen am 10.10.2023).

103 Lammenett, Praxiswissen Online-Marketing, S. 135.

104 Lammenett, Praxiswissen Online-Marketing, S. 135.

105 Lammenett, Praxiswissen Online-Marketing, S. 135.

106 Nirschl/Steinberg, Einstieg in das Influencer Marketing, S. 9.

durch die Hinzunahme der sozialen Medien aus dem Empfehlungsmarketing das Influencer-Marketing.

4. Herkunft und Hintergrund des »Influencer«-Begriffs

Der Begriff »Influencer« leitet sich vom englischen Verb »to influence« ab, was wörtlich »beeinflussen« bedeutet. Die dem Begriff Influencer innewohnende Beeinflussung potentieller Kunden manifestiert sich in vielfältiger Weise, von der direkten Kaufberatung bis hin zu subtilen Verschiebungen in der Wahrnehmung der Glaubwürdigkeit eines Anbieters.[107] Sie blickt auf eine lange Tradition zurück,[108] der Begriff selbst entstand jedoch erst um das Jahr 2007 herum.[109] Zuvor hatte lediglich der Sozialpsychologe Robert Cialdini[110] in seinem Sachbuch »Die Psychologie des Überzeugens« (Erstauflage 2001) Einflussgrößen des »influencing« beschrieben und festgestellt, dass sich Menschen in der »außerordentlich komplizierten Welt, zweifelsohne der schnelllebigsten und komplexesten, die es je gegeben hat« immer seltener selbst über Themenfelder informieren, sondern sich bei ihren alltäglichen Entscheidungen verstärkt auf Ratschläge von »Experten« und »Autoritäten« verlassen würden.[111] Folglich wurden Personen auch schon vor dem Aufkommen von Plattformen, Netzwerken und Technologien als vertriebsbeschleunigende Maßnahmen instrumentalisiert.[112] Heutzutage dürfte das »Influencing« breiteren Bevölkerungskreisen in erster Linie im Zusammenhang mit den sozialen Medien bekannt sein.[113] Entscheidend für das »influencen« ist hingegen nicht per se die Reputation einer Person in den sozialen Medien, sondern inwiefern diese Person Werbebotschaften an eine größere Gruppe von Menschen herantragen und dabei noch entscheidungsbeeinflussend wirken kann.[114] Prinzipiell kann somit jeder Social-Media-Nutzer, unabhängig von seiner soziodemografischen Prägung, zum Influencer werden, wenn es ihm gelingt, durch interessante Beiträge eine treue Fangemeinde aufzubauen und

107 Brown/Hayes, Influencer Marketing, S. 49.
108 Brown/Hayes, Influencer Marketing, S. 49.
109 Lammenett, Praxiswissen Online-Marketing, S. 132.
110 Robert Beno Cialdini ist ein US-amerikanischer Psychologe und emeritierter Professor für Psychologie und Marketing der Arizona State University und Geschäftsführer des Beratungsunternehmens Influence at Work. Sein hier zitiertes Werk »Die Psychologie des Überzeugens« wurde über drei Millionen Mal verkauft und in 30 Sprachen übersetzt.
111 Cialdini, Die Psychologie des Überzeugens, S. 27–29.
112 Fließ/Haase/Jacob/Ehret/*Schmäh/GutscheMeyer-Gossner*, Kundenintegration und Leistungslehre, S. 419.
113 Fries, Influencer-Marketing, S. 6; vgl. auch Kost/Seeger, Influencer Marketing, S. 35.
114 Nirschl/Steinberg, Einstieg in das Influencer Marketing, S. 12.

nachhaltig zu begeistern.[115] Die anfängliche Intention, soziale Medien zu verwenden, um der Kreativität freien Lauf zu lassen, hat sich angesichts der hohen Verdienstmöglichkeiten bei verhältnismäßig wenig Aufwand inzwischen jedoch in eine wohl primär monetäre Motivation verkehrt. Dabei sorgte doch gerade die Tatsache, dass die ursprünglichen Social-Media-Nutzer noch keine Gegenleistung erhielten, für die hohe Glaubwürdigkeit bei ihren Followern.[116] Insofern dürfte es heute zumindest beschwerlicher als zu Gründungszeiten der sozialen Medien sein, den Status eines Influencers mit Millionen-Gefolgschaft (sogenannte »Celebrity-Influencer«) ohne vorherigen Prominentenstatus zu erreichen.

5. Typisierung von Influencern

Influencer sind in sämtlichen gesellschaftlichen Strukturen und sozialen Schichten aufzufinden.[117] Sie lassen sich nach verschiedenen Ansätzen klassifizieren und typisieren, woraus Unternehmen eine erste Orientierung über den für sie idealen Typus ableiten können.[118] Für die Qualifikation einer Person als Influencer sowie für die Segmentierung von Influencer-Typen stehen verschiedene Methoden zur Verfügung, von der Einteilung nach Reichweite über Themenspektren und Soziodemographie bis hin zu der Absicht, durch die Social-Media-Präsenz überhaupt zu Vertragsabschlüssen beitragen zu wollen.

a) Einteilung nach Reichweite

Vor allem die Anzahl von Followern ist ein Indikator dafür, ob es sich bei einer Person um einen Influencer handelt oder nicht.[119] Denn insbesondere mit einer steigenden Zahl an Followern werden Influencer zu bedeutenden Vermittlern von Werbeinhalten für Unternehmen.[120] Doch nicht nur die größten deutschen Influencerinnen wie Caro Daur oder BibisBeautyPalace alias Bianca Claßen erfreuen sich besonderer Beliebtheit für Kooperationen, auch Nischen-Influencer, die zwar mit deutlich weniger Followern einhergehen, dafür aber über eine vermeintlich höhere Authentizität verfügen, gewinnen an Relevanz.[121] Von diesen

115 Deges, Quick Guide Influencer Marketing, S. 20f.
116 Kost/Seeger, Influencer Marketing, S. 38f.
117 Deges, Quick Guide Influencer Marketing, S. 20.
118 Deges, Quick Guide Influencer Marketing, S. 21.
119 Lammenett, Praxiswissen Online-Marketing, S. 132.
120 Spindler/Schuster/*Micklitz/Namysłowska* UWG § 5a Rn. 75.
121 Bundesverband Digitale Wirtschaft e.V., Umfrage Influencer Marketing 2018, S. 8–10, abrufbar unter: https://www.bvdw.org/fileadmin/bvdw/upload/publikationen/full-service-di

Akteuren erhoffen sich die beteiligten Unternehmen eine größere Übereinstimmung zwischen den Interessen der Follower und denjenigen der Influencer, was sich auch auf Käufe der beworbenen Produkte übertragen soll. Aktuelle Daten von Upfluence verzeichnen zudem bessere Interaktionsraten bei kleineren Influencern.[122] Während in Deutschland bislang keine einheitliche Kategorisierung von Influencern hinsichtlich ihrer Reichweite existiert, werden sie in der englischsprachigen Literatur häufig in Nano-, Micro-, Mid-Level-, Top-Tier- (oder Macro-) und Celebrity- (oder Mega-) Influencer unterteilt.[123] Dabei ist zu beachten, dass die Einteilung nicht statisch, sondern die geforderte Anzahl an Followern – je nach Literaturstimme – flexibel ist.[124] Dies resultiert daraus, dass die Größe der Followerschaft je nach Plattform und Themengebiet unterschiedlich gewichtet werden kann.[125]

Influencer mit 50 bis 10.000 Followern werden gelegentlich und nicht flächendeckend als »Nano-Influencer« bezeichnet. Ihnen wird nachgesagt, über einen großen Erfahrungsschatz in einem sehr speziellen Themengebiet zu verfügen. Je spezialisierter ein Influencer dabei in seiner Nische ist, desto höher ist sein Wert für Marketingaktivitäten innerhalb der Zielgruppe.[126] Zudem sind Nano-Influencer für Unternehmen finanziell erschwinglich bei gleichzeitig maximaler Interaktionsrate ihrer Beiträge.[127] Denn ihre im Verhältnis geringe Reichweite kompensieren sie durch eine besonders ausgeprägte Glaubwürdigkeit unter ihren – häufig noch persönlich bekannten – Followern, was diese mit besonderer Loyalität honorieren.[128]

»Micro-Influencer«[129] haben mit 10.001 bis 25.000 Followern bereits eine größere, im Verhältnis aber noch immer überschaubare Fangemeinde. Sie wirken häufig regional, pflegen einen intensiven Austausch mit ihren Followern und

---

gital- agentur/BVDW_Umfrage_Influencer_Marketing_11.2018.pdf. (zuletzt abgerufen am 05.03.2023); Weiden, GRUR 2020, 361, 362.

122 Alain, Upfluence Blog vom 31.01.2023, abrufbar unter: https://www.upfluence.com/influencer-marketing/influencer-engagement-everything-you-need-to-know (zuletzt abgerufen am 10.10.2023).

123 Lammenett, Praxiswissen Online-Marketing, S. 136.

124 Geyser, Influencer Marketing Benchmark Report 2021, S. 13, abrufbar unter: https://influencermarketinghub.com/influencer-marketing-benchmark-report-2021/ (zuletzt abgerufen am 10.10.2023). Danach wäre das Muster bei Instagram, YouTube, TikTok und den meisten anderen sozialen Plattformen das gleiche.

125 Jahnke, Influencer Marketing, S. 15.

126 Jahnke, Influencer Marketing, S. 16.

127 Jahnke, Influencer Marketing, S. 16.

128 Jahnke, Influencer Marketing, S. 16.

129 Da die Ebene »Macro-Influencer« nicht allgemein anerkannt ist, kann die Ebene »Micro-Influencer« – je nach Literaturstimme – auch bereits bei 50 Followern beginnen.

genießen eine stark ausgeprägte Authentizität.[130] Durch die direkte Kommunikation mit ihrer Gefolgschaft können sie einen großen Einfluss auf diese ausüben.[131] Die verhältnismäßig kleine, von persönlichem Kontakt geprägte Community, suggeriert beinahe eine Art »Freundeskreis«.[132] Nicht zuletzt kann der Status als Micro-Influencer auch durch die Spezialisierung auf ein Nischenthema begründet werden.[133] Ihre als glaubwürdig wahrgenommenen Aussagen und ihr vermeintlicher Expertenstatus sorgen dazu für eine hohe Interaktionsrate. Für Unternehmen ist diese Gruppierung besonders attraktiv, da als Vergütung häufig noch das unentgeltliche Zusenden von Produktproben (sogenannte Produktüberlassungen) ausreicht.[134] Auch Einladungen zu Events oder Veranstaltungen stellen in diesem Zusammenhang besonders beliebte Gegenleistungen dar.[135]

Auf der nächsten Reichweitenstufe befinden sich die sogenannten »Mid-Level-Influencer« mit 25.001 bis 100.000 Followern. Auf dieser Ebene verlagert sich das Auftragsinteresse der Unternehmen deutlich von der Glaubwürdigkeit zur Reichweite. Mid-Level-Influencer gelten meist als Experten ihrer Branche und sind auf mehreren Social-Media-Plattformen aktiv, was einer der Gründe für ihre stattliche Reichweite ist.

»Top-Tier-« oder »Macro-Influencer« mit regelmäßig mehreren hunderttausend (100.001 bis 499.999) Followern garantieren eine noch höhere Reichweite ihrer Beiträge. Sie heben sich durch hohe Abonnentenzahlen und Verifizierungen wie dem »blauen Haken«[136] von anderen Accounts ab.[137] Die Motivation von Unternehmen, diese teureren Influencer für Kooperationen zu gewinnen, liegt in der hohen Professionalität und dem Vertrauen der Follower in die teils als Vorbilder angesehenen Influencer.[138] Sie agieren meist länderübergreifend und beschäftigen sich im Gegensatz zu Micro-Influencern mit breiteren Themenfeldern. Die hohe Frequenz von Beiträgen soll den Followern ein Gefühl der

130 Deges, Quick Guide Influencer Marketing, S. 24; Harte-Bavendamm/Henning-Bodewig/*Keller* UWG § 2 Rn. 32a.

131 Lettmann, GRUR 2018, 1206, 1211.

132 Lettmann, GRUR 2018, 1206, 1211.

133 Deges, Quick Guide Influencer Marketing, S. 24.

134 Fries, Influencer-Marketing, S. 11; Jahnke, Influencer Marketing, S. 146.

135 BeckOGK/*Voigt* BGB § 311 Rn. 1136.

136 Der »blaue Haken« wies bis Mitte 2023 auf eine interessante Person oder ein glaubwürdiges Unternehmen auf Instagram hin. Hierdurch sollte signalisiert werden, dass es sich um ein echtes Konto und keinen Fan- oder Fake-Account handelt, vgl. Stoll, Hubspot vom 23.02.2022, abrufbar unter: https://blog.hubspot.de/marketing/blauer-haken-instagram (zuletzt abgerufen am 10.10.2023). Mittlerweile lässt sich der blaue Haken für einen niedrigen zweistelligen Betrag im Monat abonnieren.

137 Janning/Mäder/Hebbinghaus, PharmR 2021, 49, 50.

138 Benz/Kohler, ZfPW 2020, 490, 498; Jahnke, Influencer Marketing, S. 16.

Aktualität vermitteln.[139] Das auftraggebende Unternehmen muss bei dieser Größenordnung jedoch mit höheren Streuverlusten und geringeren Interaktionsraten rechnen.[140]

»Mega-« bzw. »Celebrity-Influencer« mit über 500.000 oder sogar über 1.000.000 Followern sind die reichweitenstärksten Influencer. Wie der Name »Celebrity« bereits vermuten lässt, kann ihnen Prominentenstatus zugesprochen werden. Sie posten täglich Beiträge auf ihren Kanälen, sind vielfach weltweit bekannt und erreichen so ein größtmögliches Publikum. Aufgrund ihres Prominentenstatus war es für sie einfacher, auch ohne einen besonders strategischen Ansatz plattformübergreifend hohe Reichweiten zu erzielen.[141]

b) Einteilung nach Themenspektrum, Social-Media-Plattform und Soziodemografie

Den Fokus einzig und allein auf die Anzahl der Follower zu richten, um eine Person als Influencer zu qualifizieren, wird dem Begriff jedoch nicht gerecht. Schließlich beeinflusst jeder Mensch zumindest sein direktes Umfeld.[142] Auch Influencer mit einer geringeren Reichweite können in ihrer Nische zahlreiche Follower zum Kauf bewegen. Gleichzeitig kann nicht jede Person mit mehr als 50 Followern in sozialen Medien bereits als (Nano-)Influencer bezeichnet werden. Die Charakterisierung eines Influencers muss sich daher auch an anderen Faktoren orientieren, wie zum Beispiel der Affinität zu einer bestimmten Thematik.[143] Insofern kann eine Kategorisierung auch anhand eines Themenspektrums, dem bevorzugtem Social-Media-Kanal und soziodemografischen Faktoren erfolgen. Unter anderem ist in der Praxis eine Unterteilung in Fashion, Gaming, Beauty, Lifestyle, Food und Politik, YouTube, Facebook und Instagram, oder Alter, Geschlecht, Nationalität und Sprache festzustellen.[144] Produkte und Dienstleistungen aus den Bereichen Food, Reisen und Mode werden am häufigsten in sozialen Medien beworben, vermutlich aufgrund der hohen Ästhetik der Bilder.[145] In jüngster Zeit verzeichnet sogar der Pharmasektor eine steigende Anzahl an Kooperationen zwischen Influencern und Pharmaunternehmen.[146]

---

139 Marketinginstitut, Blogbeitrag vom 30.08.2021, abrufbar unter: https://www.marketinginstitut.biz/blog/influencer-marketing/#1_definition_influencer_marketing (zuletzt abgerufen am 31.08.2023).

140 Jahnke, Influencer Marketing, S. 16.

141 Jahnke, Influencer Marketing, S. 147.

142 Kost/Seeger, Influencer Marketing, S. 40.

143 Kost/Seeger, Influencer Marketing, S. 40.

144 Glöckner, NJW 2021, 3427; Hoeren/Sieber/Holznagel MultimediaR-Hdb/*Holznagel/Hartmann* Teil 3 Rn. 212; Lammenett, Praxiswissen Online-Marketing, S. 136.

145 Nufer/Beck, Reutlinger Diskussionsbeiträge zu Marketing und Management 2/2020, S. 7.

146 Janning/Mäder/Hebbinghaus, PharmR 2021, 49.

Aber auch der Einfluss sogenannter »Financial Influencer« oder kurz »Finfluencer« nimmt zu, was besonders Anfang 2021 am Beispiel GameStop zu beobachten war, als Finfluencer durch ihre Empfehlungen von Finanzinstrumenten den Markt maßgeblich beeinflussten.[147] Diese Konzentration auf spezielle Themenbereiche erleichtert es den Nutzern, sich mit dem jeweiligen Influencer zu identifizieren.[148]

c) An das Steuerrecht angelehnte Gewinnerzielungsabsicht

Schließlich muss noch ein weiterer Umstand hinzukommen, um Influencer als solche für die Zwecke der nachfolgenden Untersuchungen zu qualifizieren. Unabhängig von der Möglichkeit, Menschen durch Posts zu beeinflussen, müssen Influencer auch die Absicht verfolgen, tatsächlich Kooperationen einzugehen, mit denen sie Gewinne erzielen. Hierbei kann eine Parallele zu dem im Steuerrecht höchst bedeutungsvollen Begriff der »Gewinnerzielungsabsicht« gezogen werden. Die Gewinnerzielungsabsicht ist das »Streben nach Betriebsvermögensmehrung in Gestalt eines Totalgewinns.«[149] Sie ist eine innere Tatsache, die sich einzig anhand äußerer Merkmale feststellen lässt.[150] Die Erforderlichkeit einer – an das Steuerrecht angelehnten – Gewinnerzielungsabsicht ist hervorzuheben, da auch Profile von Personen in sozialen Netzwerken kursieren, die zwar eine zahlenmäßig beachtliche Community unterhalten, doch dabei überhaupt nicht die Absicht verfolgen, damit ihren Lebensunterhalt zu verdienen. Auch wenn diese Personen durch ihre Beiträge Andere beeinflussen können, bezieht sich ihr Einfluss im konkreten Fall allenfalls indirekt auf den Kauf bestimmter Produkte oder die Inanspruchnahme einzelner Dienstleistungen. Tatsächlich sollte sich zumindest zu einer »beruflichen« Qualifikation einer Person als Influencer die dem Begriff immanente Beeinflussung – insbesondere aufgrund der Kapitalisierung der Marketingstrategie – explizit auf die Kaufentscheidungen seiner Follower beziehen.[151] Denn was wäre ein Influencer ohne Einflussnahme auf Kaufentscheidungen seiner Follower? Er wäre nicht mehr als ein durchschnittlicher Social-Media-Nutzer.

147 Laoutoumai/Cobe, WRP 2022, 290, 291.

148 Alexander, ZUM 2022, 77.

149 BFH, NJW 1985, 93, 95; Heine/Trinks, Influencer-Besteuerung, Rn. 38.

150 Brandis/Heuermann/*Bode* EStG § 15 Rn. 45.

151 Auch nach Heine/Trinks, Influencer-Besteuerung, Rn. 4, geht es Influencern primär darum, die Meinungen und Kaufentscheidungen von anderen Nutzern zu beeinflussen.

6. Die Interaktionsrate und Identifikation von werberelevanten Influencern

Wenn klar ist, dass jemand tatsächlich als Influencer agiert, also – um erneut einen Terminus aus dem Steuerrecht als Abgrenzungskriterium heranzuziehen – mit seinem Social-Media-Auftritt nicht nur eine »Liebhaberei«[152] betreibt, hinter der keine Gewinn- oder Überschusserzielungsabsicht oder generell eine Einkünfteerzielungsabsicht steht,[153] rückt die Frage in den Vordergrund, wie Unternehmen einen für sie relevanten Influencer identifizieren können. Die Beantwortung dieser Frage erfährt eine besondere praktische Relevanz, da Unternehmen, die nach einer Möglichkeit suchen, ihre Zielgruppe zu erreichen, die mit Influencer-Marketing verbundenen Chancen kaum ignorieren können.[154] Marketing über Influencer ist vornehmlich für Unternehmen, die im Online-Handel und speziell dem Social-Commerce[155] tätig sind, ein wesentlicher Bestandteil ihres Geschäftsmodells. Dabei spielen Faktoren der direkten Kommunikation mit Endverbrauchern, zielgruppenorientierte Inhalte und überdurchschnittlich hohe Reichweiten eine elementare Rolle.[156] Letztere stellen den zentralen Erfolgsindikator der in den sozialen Medien agierenden Meinungsmacher dar.[157] Doch wer glaubt, der messbare Erfolg eines Influencers würde sich allein an der Anzahl an Followern messen, der irrt. Auch der Grad der eigenen Aktivität und Assoziation im präferierten Themengebiet ist von erhöhter Bedeutung.[158] Von besonderer Relevanz ist deshalb auch die Interaktionsrate der Influencer, die ebendiese Aktivität verlässlich misst. 39 % der für den Influencer-Marketing Benchmark Report 2021 vom Influencer Marketing Hub – der sich selbst als »führende Social-Media-Informationsquelle« bezeichnet[159] – Befragten bewerteten Engagement oder Klicks als wichtigstes Kriterium bei der Auswahl eines geeigneten Influencers.[160] Ein beliebtes Vehikel, welches das Auffinden eines vielversprechenden Influencers unterstützen soll, ist das sogenannte »Social

152 In Anbetracht dessen, dass nur ein zahlenmäßig begrenzter Anteil an Influencern nennenswerte Followerzahlen erreicht, bleiben die meisten Social-Media-Nutzer auf Dauer an der Schnittstelle zur steuerlich unbeachtlichen Liebhaberei haften, Heine/Trinks, Influencer-Besteuerung, Rn. 39.

153 Hübner, DStR 2013, 1520.

154 Pastor, kommunikation.medien 10/2019, S. 2.

155 Social-Commerce ist eine spezielle Form des elektronischen Handels unter aktiver Beteiligung der Kunden sowie ihrer Kommunikation untereinander.

156 Nufer/Beck, Reutlinger Diskussionsbeiträge zu Marketing und Management 2/2020, S. 3.

157 Nirschl/Steinberg, Einstieg in das Influencer Marketing, S. 40.

158 Kost/Seeger, Influencer Marketing, S. 152.

159 Vgl. Startseite des Influencer Marketing Hub, abrufbar unter: https://influencermarketinghub.com (zuletzt abgerufen am 04.09.2023).

160 Geyser, Influencer Marketing Benchmark Report 2021, S. 54, abrufbar unter: https://influencermarketinghub.com/influencer-marketing-benchmark-report-2021/ (zuletzt abgerufen am 31.08.2023).

Scoring«. So bezeichnet man die auf Algorithmen basierende Methode, welche die Meinungsmacht eines Internetnutzers anhand seiner Aktivitäten in den sozialen Medien errechnet.[161] Anhand von Followerzahl, Likes, Kommentaren und geteilten Beiträgen wird der Erfolg des Profils mithilfe eines »Scores« ermittelt.[162] Auf dieser Basis kommen zahlreiche Kooperationen zwischen Unternehmen und Influencern zustande, wodurch das jeweilige Unternehmen einen Zugang zu einer Zielgruppe erhält, die sie nur schwerlich aus eigenen Mitteln hätte erreichen können.[163]

II. Werbung

Nachdem das Influencer-Marketing einer näheren Betrachtung unterzogen wurde, scheint es lohnenswert zu untersuchen, wie sich die Marketingstrategie in die verschiedenen Interpretationen von »Werbung« einfügt und ob sich eine für das Handelsvertreterrecht charakteristische Vermittlungstätigkeit und eine werbende Tätigkeit gegenseitig ausschließen. Als aufschlussreich dürfte sich auch die Etymologie des Wortes »Werbung«, besonders in Anbetracht des Umstands erweisen, dass vielfach von »Influencer-Werbung« die Rede ist, wenn Meinungsführer in ihren Kooperationen positiv über Produkte berichten. Aus diesem Grund ist seit geraumer Zeit eine deutliche Verunsicherung unter Influencern zu spüren, wenn es um das Thema Werbung geht. Immer häufiger werden Beiträge als solche deklariert, ohne dass sich der Influencer sicher ist, ob sein Handeln tatsächlich unter den Begriff fällt. Das liegt daran, dass bei der Einordnung des Begriffs selten auf die Definition oder die für Werbung geltenden Rechtsquellen abgestellt wird, sondern ein laienhaftes Alltagsverständnis vorherrscht. Einen ersten informativen Anhaltspunkt dahingehend, was tatsächlich unter »Werbung« zu verstehen ist, kann ein Blick in die Marketingliteratur liefern.

1. Verständnis der Marketingliteratur

»Werbung« wird verschieden typisiert und interpretiert. Teile der Literatur definieren sie allgemein als

> »die Verbreitung von Informationen in der Öffentlichkeit, also an eine unbestimmte Vielzahl von Adressaten oder an ausgesuchte Zielgruppen, zwecks Bekanntmachung,

161 Auer-Reinsdorff/Conrad/*Conrad/Hausen*, § 36 Rn. 244.
162 Auer-Reinsdorff/Conrad/*Conrad/Hausen*, § 36 Rn. 244.
163 Ott, Apps effektiv managen und vermarkten, S. 98.

Verkaufsförderung oder Imagepflege von Unternehmen bzw. deren Produkten und Dienstleistungen, gleich ob diese entgeltlich sind.«[164]

Andere stellen primär auf die beeinflussende Wirkung von Werbung ab und sehen sie als den »Versuch, das Wissen, die Meinungen, die Emotionen oder das Verhalten, kurz die Einstellungen anderer in einer ganz bestimmten Weise zu beeinflussen.«[165] Manche konzentrieren sich auf einen weiteren Ansatzpunkt, indem sie vier prägende Elemente voraussetzen, die kumulativ vorliegen müssen, um von Werbung sprechen zu können. Diese Elemente bestehen aus einem Werbenden, mindestens einem Adressaten, einer Information und der werblichen Zwecksetzung dieser Information.[166] Einen gemeinsamen Nenner dieser Ansichten bildet die Absicht, andere zu beeinflussen. Denn Werbung hat stets die Aufgabe, bestimmte Angebote bekannt und begehrenswert zu machen.[167] Sie erhöht mittels Informationen den Wissensstand ihrer Adressaten und versucht, durch die positive Veränderung ihrer Meinung und Einstellung hinsichtlich eines Produkts, einen Kaufimpuls herzustellen.[168] Dabei setzt Werbung gar kein spezifisches Interesse, sondern lediglich eine Identifikation mit dem beworbenen Produkt voraus.[169] Ziel ist es also, das beworbene Produkt attraktiv erscheinen zu lassen und damit zumindest mittelbar die Umsatz- und Verkaufszahlen zu steigern.[170]

Anders als bei klassischer Werbung treten Influencer als externe Dritte, also außerhalb eines Unternehmens auf, erstellen werbliche Inhalte und verbreiten diese auf ihren eigenen Kanälen.[171] Dennoch scheinen sich Influencer und die dahinterstehende Marketingstrategie in die unterschiedlichen Interpretationsversuche von Werbung nahtlos einzufügen. Einerseits sind bei Kooperationen mit ihnen die vier prägenden Elemente der Werbung erfüllt, nämlich ein Werbender (der Influencer), mindestens ein Adressat (der Follower), eine Information (über ein Produkt oder eine Dienstleistung) und die werbliche Zwecksetzung (Influencer-Tätigkeit soll den Absatz fördern) dieser Information. Anderseits ist die Verbreitung von Informationen an eine unbestimmte Vielzahl von Adressaten oder an ausgewählte Zielgruppen (jeweils die Follower) zum Zweck der Absatzförderung oder der Imagepflege von Unternehmen oder deren Produkten, unabhängig davon, ob diese entgeltlich sind, gegeben. Zuletzt liegt auch der Versuch vor, das Wissen, die Meinungen, die Emotionen oder das Verhalten

164 Barth, Der Kampf um die Werbung, S. 42.
165 Zurstiege, Medien und Werbung, S. 9.
166 Barth, Der Kampf um die Werbung, S. 42.
167 Busch/Dögl/Unger, Integriertes Marketing, S. 355.
168 Siegert/Brecheis, Werbung in der Medien- und Informationsgesellschaft, S. 8.
169 Felser, Werbe-und Konsumentenpsychologie, S. 3.
170 Felser, Werbe-und Konsumentenpsychologie, S. 5f.
171 Kost/Seeger, Influencer Marketing, S. 54.

anderer in einer ganz bestimmten Weise (nämlich kaufbestimmend) zu beeinflussen. Damit sind sämtliche hier untersuchten Definitionen der Marketingwissenschaften von Werbung bei Influencer-Tätigkeiten erfüllt.

2. Begriff, Geschichte und Entwicklung

Doch wie kam es überhaupt zur Influencer-Werbung? Und würden auch Juristen Influencer-Kooperationen unter den Begriff subsumieren? Um das Telos der werberechtlichen Regelungen sowie die Folgen, die eine Annahme als Werbung hätte, nachvollziehen zu können, wird im Folgenden zunächst die historische Entwicklung der Werbung betrachtet, bevor eine Einordnung in relevante Rechtsquellen stattfindet.

Bis zum Jahr 1930 wurde der Begriff »Werbung« als Synonym von »Reklame« verwendet.[172] Dabei weisen die Begriffe »Werbung« und »Reklame« durchaus unterschiedliche Charakteristika auf: Reklame dient in direkter und offensichtlicher Weise – man vergleiche nur die Beilagen in Zeitungen und Fachmagazinen, die deutlich vom redaktionellen Teil getrennt sind – der Ansprache von Konsumenten.[173] Werbung hingegen ist »sanfter« und versucht auch emotionale Aspekte zu bedienen, wie die – primär Bedürfnisse und Begehren weckenden – Werbespots unter anderem in Fernsehunterbrechungen zeigen.[174] Der Ausdruck »Reklame« leitet sich vom lateinischen »reclamere« ab und bedeutet so viel wie »ausrufen«.[175] Bei Ergründung der Ursprünge von Werbung wird deshalb deutlich, dass bereits die Tätigkeit der stimmgewaltigen Marktschreier auf mittelalterlichen Märkten im weitesten Sinne als Werbung angesehen werden kann.[176] Neben den marktschreierischen Aktivitäten können auch einzelne Erscheinungsformen wie Plakate und Flugschriften unter den Begriff der Werbung subsumiert werden.[177] Diese, sowie Schaufenster- und Anzeigenwerbung – vor allem an Litfaßsäulen – dominierten die Werbewelt des 19. Jahrhunderts.[178] Die Liberalisierung des staatlichen Anzeigenwesens, der Aufschwung der Presse und

172 Advidera, Glossar, Reklame, abrufbar unter: https://www.advidera.com/glossar/reklame/ (zuletzt abgerufen am 11.09.2023).
173 Advidera, Glossar, Reklame, abrufbar unter: https://www.advidera.com/glossar/reklame/ (zuletzt abgerufen am 11.09.2023).
174 Advidera, Glossar, Reklame, abrufbar unter: https://www.advidera.com/glossar/reklame/ (zuletzt abgerufen am 11.09.2023).
175 Mediasmart vom 16.03.2020, abrufbar unter: https://www.mediasmart.de/2020/03/geschichte-der-werbung/ (zuletzt abgerufen am 11.09.2023).
176 Jahnke, Influencer Marketing, S. 42; Siegert/Brecheis, Werbung in der Medien- und Informationsgesellschaft, S. 71.
177 Siegert/Brecheis, Werbung in der Medien- und Informationsgesellschaft, S. 71.
178 Siegert/Brecheis, Werbung in der Medien- und Informationsgesellschaft, S. 74.

die damit einhergehende Verankerung der Pressefreiheit im Jahr 1849 markierten den Beginn der Etablierung und Verbreitung des heutigen Verständnisses von Werbung.[179] Dies ist unter anderem darauf zurückzuführen, dass die Entwicklung der Werbung auf eine wettbewerbsorientierte Wirtschafts- und freiheitliche Gesellschaftsordnung angewiesen ist, in der Meinungs- und Informationsfreiheit gewährleistet werden.[180] Mit der Pressefreiheit entstanden zahlreiche gedruckte Zeitungen und Zeitschriften.[181] Dabei war die aufstrebende Presse auf Werbung zur Finanzierung ihrer Geschäftstätigkeit angewiesen, umgekehrt benötigte die Werbung die Presse als Werbeträger.[182] Thematiken, die nicht Gegenstand von Zeitungen und Zeitschriften waren, konnten einer öffentlichen Diskussion dagegen kaum zugänglich gemacht werden.[183]

Systematische Werbung wurde erst in Folge von Massenproduktion und -konsum notwendig, als naturgemäß mehr Produkte und Dienstleistungen angeboten wurden, als zum Überleben von Nöten waren.[184] Von da an hat die Entstehung neuer Medien – in den letzten Jahren vor allem solcher digitaler und sozialer Natur – den tiefgreifenden Wandel der Werbung maßgeblich beeinflusst.[185] Communitys und Blogs[186] gingen bereits in den 1990er Jahren erste Schritte in Richtung sozialer Netzwerke.[187] Nun war es auch Privatpersonen möglich, selbst Inhalte zu publizieren und ein größeres Publikum zu erreichen.[188] Das sogenannte »Web 2.0« mit den zahlreichen Perspektiven des Internets ermöglichte die kontinuierliche Entwicklung und Etablierung verschiedenster Werbearten[189] und beschleunigte den Trend sozialer Netzwerke. Der Begriff »Web 2.0« steht für die allgemeingültige Entwicklungsstufe des Internets und trat erstmals in einer Publikation von Eric Knorr im Jahr 2003 auf.[190] Zu dieser Zeit wurden mit Facebook (2004) und YouTube (2006) die ersten heute noch bekannten und weit verbreiteten sozialen Netzwerke gegründet.[191] Aus diesem

179 Siegert/Brecheis, Werbung in der Medien- und Informationsgesellschaft, S. 74.
180 Siegert/Brecheis, Werbung in der Medien- und Informationsgesellschaft, S. 71.
181 Heun, Werbung, S. 4.
182 Siegert/Brecheis, Werbung in der Medien- und Informationsgesellschaft, S. 74.
183 Kost/Seeger, Influencer Marketing, S. 23.
184 Siegert/Brecheis, Werbung in der Medien- und Informationsgesellschaft, S. 71 f.; Zurstiege, Medien und Werbung, S. 35.
185 Vgl. Zurstiege, Medien und Werbung, S. 22.
186 Blogs sind online einsehbare Tagebücher, in denen Blogger vornehmlich ihre Gedanken niederschreiben, vgl. Beck'sches Steuer- und Bilanzrechtslexikon/*Arendt*, Influencer, Rn. 1.
187 Kost/Seeger, Influencer Marketing, S. 23.
188 Kost/Seeger, Influencer Marketing, S. 23.
189 Vgl. zu verschiedenen Werbearten Siegert/Brecheis, Werbung in der Medien- und Informationsgesellschaft, S. 86.
190 Polyas Wahllexikon, Web 2.0, abrufbar unter: https://www.polyas.de/wahllexikon/web20 (zuletzt abgerufen am 11.09.2023).
191 Kost/Seeger, Influencer Marketing, S. 23 f.

Grund werden die Begriffe »Web 2.0« und »Social-Media« mitunter sogar synonym verwendet.[192] Die im Web 2.0 aktiven Nutzer verhalten sich ausgesprochen kommunikativ, vernetzen sich mit anderen und produzieren eigene Inhalte.[193] Durch die Kombination von Kommunikation, Informationen und Beziehungen wurde dieses Publikum auch für die Werbung relevant.[194] Mit dem Begriff »Social-Commerce« wurde der Kombination des elektronischen Handels (E-Commerce) unter aktiver Beteiligung der Kunden sowie ihrer Kommunikation untereinander, insbesondere auf sozialen Medien (Social-Media), sogar eine eigene Bezeichnung zugesprochen.

Im Zuge der Weltwirtschaftskrise 2008 gingen die Nettowerbeeinnahmen der Medien in Deutschland zwar zunächst um ein Vielfaches zurück.[195] Zeitgleich entwickelte sich die Online-Werbung jedoch sukzessive weiter, was die Nutzung kommunikationsintensiver, auf Eigenproduktionen ausgelegter Netzwerke weiter vorantrieb.[196] Die fortschreitende Digitalisierung sowie die endgültige Etablierung von sozialen Netzwerken – auch durch die Gründung von Instagram im Oktober 2010[197] – führten zu entscheidenden Veränderungen innerhalb der Werbung.[198] Das zeigt auch die Entstehung neuartiger Werbeträger wie mobiler Endgeräte (Tablets, Smartphones) und Werbeformen (Anzeigen, beispielsweise auf Instagram), gepaart mit der ständigen – sich über räumliche Distanzen hinwegsetzenden – Verfügbarkeit dieser Werbeformen.[199] Insbesondere Fernsehwerbespots waren in der Vergangenheit nur temporär und auf einem beschränkten Kreis von Endgeräten abrufbar, wohingegen heutige Werbeformen flexibel über eine Vielzahl von Video- oder Streaming-Diensten zeitlich annähernd unbegrenzt konsumiert werden können.[200]

Eine dieser einst neuartigen Werbeformen stellte zu ihrer Geburtsstunde die heute noch immer populäre Testimonial-Werbung dar. Dabei spricht sich eine glaubwürdige Person für ein Produkt oder eine Dienstleistung aus und bezeugt dessen Nutzen und Vorteile.[201] Zumeist handelt es sich bei Testimonials um prominente Fürsprecher in Gestalt von Personen des öffentlichen Lebens, die neben ihrer Bekanntheit ein möglichst hohes Ansehen in der Bevölkerung ge-

192 So Bernecker/Beilharz, Social Media Marketing, S. 23.
193 Siegert/Brecheis, Werbung in der Medien- und Informationsgesellschaft, S. 86.
194 Siegert/Brecheis, Werbung in der Medien- und Informationsgesellschaft, S. 86.
195 Siegert/Brecheis, Werbung in der Medien- und Informationsgesellschaft, S. 86.
196 Vgl. Siegert/Brecheis, Werbung in der Medien- und Informationsgesellschaft, S. 86.
197 Faßmann/Moss, Instagram als Marketing-Kanal, S. 13.
198 Vgl. Heun, Werbung, S. 13.
199 Heun, Werbung, S. 13.
200 Heun, Werbung, S. 13.
201 Vgl. Felser, Werbe-und Konsumentenpsychologie, S. 6; Heun, Werbung, S. 103.

nießen.[202] Testimonial-Werbung versucht, einen Sympathie- und Kompetenztransfer vom Fürsprecher zur Marke herzustellen, möglichst viel Aufmerksamkeit zu generieren und die Glaubwürdigkeit des Werbeversprechens zu maximieren.[203] Bei einer langfristigen Zusammenarbeit mit einem Testimonial kann dies eine Marke – bei entsprechender Authentizität und Vertrauenswürdigkeit – nachhaltig prägen.[204] Das wohl prominenteste deutsche Beispiel für einen Testimonial ist Thomas Gottschalk, der von 1991 bis 2014 das Erscheinungsbild der Goldbären-Marke »Haribo« dominierte.[205]

Mit der Verbreitung von Social-Media-Plattformen wurde sodann die Grundlage für eine neue beziehungsweise verwandte[206] Form der Testimonial-Werbung geschaffen: Die Werbung mit Influencern. Abgrenzungskriterien[207] zwischen Testimonial und Influencer sind zum einen die Prominenz ersterer außerhalb der sozialen Medien und zum anderen die damit einhergehende (scheinbare) Nahbarkeit der Influencer, da diese mitnichten bereits über eine millionenschwere Gefolgschaft außerhalb der digitalen Welt verfügen müssen.[208] Die sozialen Medien, primär Instagram, haben das Phänomen der Empfehlungen durch vertrauenswürdige Fürsprecher verbreitet, beschleunigt und vergrößert und eröffnen im Gegensatz zu Testimonials auch denjenigen die Möglichkeit zu Influencern zu werden, die zuvor keinen Zugang zu einer nennenswerten Öffentlichkeit hatten.[209] Influencer stellen somit die erste Generation Prominenter dar, die ihren Bekanntheitsgrad und ihre Reputation ohne Zugang zu traditionellen Medien, sondern ausschließlich über das Internet und soziale Netzwerke aufgebaut haben.[210] Das Testimonial hingegen ist der breiten Masse zwar von vornherein aus den klassischen Medien bekannt, muss selbst jedoch weder über

202 Fries, Influencer-Marketing, S. 40; Langner/Esch/Bruhn/*Kilian*, Handbuch Techniken der Kommunikation, S. 356.

203 Heun, Werbung, S. 103.

204 Langner/Esch/Bruhn/*Kilian*, Handbuch Techniken der Kommunikation, S. 359.

205 Fries, Influencer-Marketing, S. 40; Langner/Esch/Bruhn/*Kilian*, Handbuch Techniken der Kommunikation, S. 359.

206 Heun, Werbung, S. 105; ähnlich Henning-Bodewig, WRP 2017, 1415, 1420, die das Influencer-Marketing als eine an das Medium Internet angepasste Spielart der Testimonial-Werbung ansieht.

207 Teilweise werden Influencer auch als die »Testimonials der neuesten Generation« angesehen, sodass eine Abgrenzung nicht zwangsläufig stattfinden muss. So bspw. Kilian, absatzwirtschaft 7/8 2016, S. 76.

208 Jahnke, Influencer Marketing, S. 274f.; Lettmann, GRUR 2018, 1206, 1209.

209 Kost/Seeger, Influencer Marketing, S. 19.

210 Harte-Bavendamm/Henning-Bodewig/*Keller* UWG § 2 Rn. 32a; Kilian, absatzwirtschaft 7/8 2016, S. 77; Kost/Seeger, Influencer Marketing, S. 38; Langner/Esch/Bruhn/*Kilian*, Handbuch Techniken der Kommunikation, S. 365.

eine enorme Reichweite in den sozialen Medien verfügen, noch Experte einer bestimmten Thematik sein.[211]

Infolgedessen lässt sich feststellen, dass sich die Werbung derweil insgesamt von Printmedien auf die häufig kostengünstigere und interaktive Alternative des Internets verlagert.[212] Soziale Netzwerke, Suchmaschinen und Empfehlungssysteme gewinnen für die Verbreitung von Werbung an Bedeutung, während die traditionellen, redaktionellen Medien trivialer werden.[213] Für eine fortwährende Weiterentwicklung traditioneller Prozesse und Strukturen in der Werbewelt sorgten zuletzt Algorithmen und Künstliche Intelligenz. Insbesondere durch das »Behavioral Targeting«, bei dem werberelevante Einkaufsmuster von Konsumenten auf Basis von Big Data[214] ausgewertet werden, zeigt sich, dass im Zeitalter des Web 3.0[215] nahezu sämtliche Bereiche der Werbung von KI betroffen sind.[216] Digitale Werbeformate erleichtern die Profilierung von Werberezipienten durch die Analyse und Speicherung des individuellen Kaufverhaltens, was zu einer Personalisierung von Werbung führt.[217] Aber auch bei der automatisierten Kommunikation zwischen zwei Maschinen,[218] die eigenständig Bestellungen aufgeben, um die Bedürfnisse ihrer Eigentümer zu erfüllen, erscheint eine auf diese Maschinen zugeschnittene Werbung möglich.[219] KI unterstützt darüber hinaus auch die suchmaschinenoptimierte Textgenerierung und die Verbesserung oder Anreicherung von Werbebotschaften.[220] Aus diesem Grund nimmt es nicht Wunder, dass KI auch in der Werbung mit Influencern angekommen ist, worauf noch zu rekurrieren ist. Die Werbung begegnet diesen neuartigen Möglichkeiten, die auf soziale Medien und neuerdings auch auf KI zurückzuführen sind, aufgeschlossen, ist folglich nicht auf klassische Formen beschränkt.[221]

---

211 Jahnke, Influencer Marketing, S. 274.

212 Ahrens, GRUR 2018, 1211.

213 Vgl. Brtka/Witzmann, GRUR-Prax 2021, 657; Siegert/Brecheis, Werbung in der Medien- und Informationsgesellschaft, S. 88.

214 Als Big Data wird die Analyse großer Datenmengen aus vielfältigen Quellen in hoher Geschwindigkeit mit dem Ziel, einen wirtschaftlichen Nutzen zu erzeugen bezeichnet, vgl. Ohrtmann/Schwiering, NJW 2014, 2984.

215 Als Web 3.0 werden eine Reihe Prinzipien und technische Anwendungen wie Dezentralisierung, Künstliche Intelligenz, Blockchain und Konnektivität bezeichnet, die ein neues Zeitalter des Internets einläuten, vgl. Burdova, Avast vom 08.12.2022, abrufbar unter: https://www.avast.com/de-de/c-web-3-0 (zuletzt abgerufen am 11.09.2023).

216 Siegert/Brecheis, Werbung in der Medien- und Informationsgesellschaft, S. 87.

217 Heun, Werbung, S. 13.

218 Diese Vernetzung von Alltagsgegenständen wird auch unter dem Terminus Internet of Things (IoT) diskutiert, vgl. Zech, ZfPW 2019, 198, 203.

219 Barth, Der Kampf um die Werbung, S. 83.

220 Siegert/Brecheis, Werbung in der Medien- und Informationsgesellschaft, S. 88.

221 EuGH, GRUR Int. 2013, 937, 940; Borsch, MMR 2018, 127, 128.

3. Juristisches Verständnis von Werbung und praktische Folgen für Influencer

Juristen haben – wie so oft – ein eigenes Verständnis von Werbung. Dies wirkt sich insbesondere auf die Beitragsgestaltung von Influencern aus, die verschiedenen rechtlichen Vorgaben entsprechen muss.

a) Werbung im Sinne der Richtlinie über irreführende und vergleichende Werbung

Eine erste Legaldefinition findet sich in Art. 2 lit. a) der Richtlinie über irreführende und vergleichende Werbung.[222] Danach ist Werbung

> »jede Äußerung bei der Ausübung eines Handels, Gewerbes, Handwerks oder freien Berufs mit dem Ziel, den Absatz von Waren oder die Erbringung von Dienstleistungen, einschließlich unbeweglicher Sachen, Rechte und Verpflichtungen, zu fördern.«

Diese Förderung muss zumindest mittelbarer Natur sein.[223] Die hierauf bezogene Absicht wird bereits durch die Zahlung eines Entgelts oder ähnlicher Zuwendungen wie Rabatte oder die kostenlose Überlassung eines Produkts indiziert.[224] Dabei verdient Hervorhebung, dass der Anwendungsbereich der Richtlinie über irreführende und vergleichende Werbung grundsätzlich auf den Business-to-Business (»B-to-B«) Bereich beschränkt ist, also auf das Verhältnis zwischen Unternehmern im Sinne des § 14 BGB.[225] Dies ergibt sich bereits aus der Existenz der »Richtlinie 2005/29/EG über unlautere Geschäftspraktiken im binnenmarktinternen Geschäftsverkehr zwischen Unternehmen und Verbrauchern« (Business-to-Consumer (»B-to-C«)). In der Folge obliegt die Begriffsbestimmung im Bereich des Geschäftsverkehrs mit Verbrauchern grundsätzlich der Rechtsprechung. Der BGH wendet die Legaldefinition des Art. 2 lit. a) der Richtlinie über irreführende und vergleichende Werbung mitsamt EuGH-Rechtsprechung jedoch auch auf den »B-to-C«-Bereich an.[226] Auch für durchschnittliche Influencer liegt es nahe anzunehmen, dass diese sich in Ausübung ihres Gewerbes mit dem Ziel äußern, den Absatz von Waren zumindest mittelbar zu fördern, wie es Art. 2 lit. a) der Richtlinie über irreführende und vergleichende Werbung verlangt.

---

222 Richtlinie 2006/114/EG des Europäischen Parlaments und des Rates vom 12. Dezember 2006.
223 BeckOK InfoMedienR/*Martini* RStV 31. Edition § 2 Rn. 30.
224 Fries, Influencer-Marketing, S. 10; Mallick/Weller, WRP 2018, 155, 158; Spindler/Schuster/*Holznagel*, RStV § 2 Rn. 63.
225 Barth, Der Kampf um die Werbung, S. 42.
226 Vgl. BGH, NJW 2016, 3445; Barth, Der Kampf um die Werbung, S. 43.

b) Werbung im Sinne des Rundfunkstaatsvertrags

Darüber hinaus enthielt bereits der – mittlerweile abgelöste – Rundfunkstaatsvertrag eine Definition der Werbung. Dieser definierte Werbung in § 2 Abs. 2 Nr. 7 RStV[227] als

> »jede Äußerung bei der Ausübung eines Handels, Gewerbes, Handwerks oder freien Berufs, die im Rundfunk von einem öffentlich-rechtlichen oder einem privaten Veranstalter oder einer natürlichen Person entweder gegen Entgelt oder eine ähnliche Gegenleistung oder als Eigenwerbung gesendet wird, mit dem Ziel, den Absatz von Waren oder die Erbringung von Dienstleistungen, einschließlich unbeweglicher Sachen, Rechte und Verpflichtungen, gegen Entgelt zu fördern«.

Erhält der Werbende im Rahmen seiner Tätigkeit von einer Agentur oder einem Unternehmen eine Vergütung in Geld, beispielsweise für die Veröffentlichung bestimmter Posts, ist das Merkmal der Werbung nach dem Rundfunkstaatsvertrag unproblematisch erfüllt.[228] In diesem Sinne würde Influencer-Marketing dann Werbung darstellen, wenn ein Influencer in seinen Beiträgen bestimmte Produkte oder Marken explizit nennt oder verlinkt und dafür im Gegenzug finanzielle Zuwendungen erhält.[229] Erhält der Influencer dagegen Sachleistungen, bekommt er beispielsweise ein Testprodukt unentgeltlich zugesandt und darf es nach seiner Probe behalten, muss dies mit gewissen Vorgaben hinsichtlich

---

227 Die in § 2 Abs. 2 Nr. 7 RStV a. F. enthaltene Definition der Werbung bezog sich auf den Rundfunk, also einen sehr speziellen Bereich der Medien, vgl. Barth, Der Kampf um die Werbung, S. 43 Fn. 54. Für diesen Bereich der Medien galt, dass zumindest das inzwischen abgeschaltete Instagram-TV (IG-TV), bei dem Videos mit einer Länge von bis zu einer Stunde über das eigene Profil geteilt werden konnten, vgl. auch Lettmann, GRUR 2018, 1206, 1207, unter § 2 Abs. 2 Nr. 7 RStV a. F. fallen dürfte, vgl. BeckOK InfoMedienR/*Martini* RStV 31. Edition § 2 Rn. 29b; Hoeren/Sieber/Holznagel MultimediaR-Hdb/*Holznagel/Hartmann* Teil 3 Rn. 213; vgl. auch Heins, MMR 2018, 794. Die Videobeiträge im Rahmen des IG-TV waren in Inhalt und Form fernsehähnlich, konnten demnach unter den § 58 Abs. 3 RStV a. F. subsumiert werden, vgl. BeckOK InfoMedienR/*Martini* RStV 31. Edition § 2 Rn. 29b; zumindest Stories fallen jedoch nicht unter die Vorschrift, Troge, GRUR-Prax 2018, 87; so auch Suwelack, MMR 2017, 661, 662, der bei Instagram Stories von »fernsehuntypischen Internet-Kurzvideos« ausgeht, »die lediglich Momentaufnahmen wiedergeben und sich darüber hinaus nach kurzer Zeit von selbst wieder löschen und damit nicht ›zum individuellen Abruf zu einem vom Nutzer gewählten Zeitpunkt‹ i. S. d. § 58 Abs. 3 Satz 1 RStV (nunmehr § 22 Abs. 1 S. 1 MStV) angeboten werden.«; so auch Mallick/Weller, WRP 2018, 155, 156, die bei kurzen Videosequenzen nicht von fernsehähnlichen Telemedien ausgehen, da sie insbesondere nicht mit dem Fernsehen in einen relevanten Wettbewerb treten. Instagram-Profile als solche unterfallen nach der überwiegenden Auffassung grundsätzlich ebenfalls nicht den Regelungen des Rundfunkstaatsvertrags, vgl. Leeb/Maisch, ZUM 2019, 29, 30; Mallik/Weller, WRP 2018, 155, 156; a. A. Suwelack, MMR 2017, 661, 662; vgl. zu journalistischen Sorgfaltspflichten für Influencer unter Beachtung der Ablösung des Rundfunkstaatsvertrags durch den Medienstaatsvertrag Heins/Lefeldt, MMR 2021, 126.

228 Gerecke, GRUR 2018, 153, 154.

229 Suwelack, MMR 2017, 661, 662.

der Bewertung verbunden sein, um von Werbung im Sinne des Rundfunkstaatsvertrags sprechen zu können.[230] Denn erst wenn solche bestimmten Vorgaben feststellbar sind, würde ein Influencer im Namen oder Auftrag eines Unternehmens werben.[231]

c) Werbung im Sinne des Medienstaatsvertrags

Zum 01.11.2020 löste der Medienstaatsvertrag den Rundfunkstaatsvertrag von 1991 ab. Der Medienstaatsvertrag versteht unter Werbung nunmehr gemäß § 2 Abs. 2 Nr. 7 MStV

> »jede Äußerung, die der unmittelbaren oder mittelbaren Förderung des Absatzes von Waren und Dienstleistungen, einschließlich unbeweglicher Sachen, Rechte und Verpflichtungen, oder des Erscheinungsbilds natürlicher oder juristischer Personen, die einer wirtschaftlichen Tätigkeit nachgehen, dient und gegen Entgelt oder eine ähnliche Gegenleistung oder als Eigenwerbung im Rundfunk oder in einem Telemedium aufgenommen ist. Werbung ist insbesondere Rundfunkwerbung, Sponsoring, Teleshopping und Produktplatzierung [...].«

Der Wortlaut des § 2 Abs. 2 Nr. 7 MStV bezieht Telemedien[232] nunmehr ausdrücklich mit ein. Diese suchte man in der Definition des § 2 Abs. 2 Nr. 7 RStV a. F. noch vergeblich, obwohl der Rundfunkstaatsvertrag gemäß § 1 Abs. 1 RStV a. F. zwei seiner Abschnitte sowie den § 20 Abs. 2 RStV a. F. auch auf Telemedien anwandte. Damit wird deutlich, dass auch der Gesetzgeber bereits vor mehreren Dekaden ein Regelungsbedürfnis von Werbung erkannt hat und bewusst mit Gesetzesänderungen auf den Wandel der Technik reagiert. Da Influencer im Rahmen ihres Gewerbes regelmäßig Äußerungen tätigen, die den Absatz von Waren fördern sollen, dafür ein Entgelt oder eine ähnliche Gegenleistung erhalten und Profile in sozialen Medien wie Instagram elektronische Informations- und Kommunikationsdienste im Sinne von § 1 Abs. 1 Satz 1 TMG Telemedien darstellen,[233] vermögen Influencer auch unter die Bestimmungen des Medienstaatsvertrags zu fallen.

---

230 Gloy/Loschelder/Danckwerts/*Bruhn*, UWG-HdB § 59a Rn. 31, 32.

231 Gerecke, GRUR 2018, 153, 155.

232 Telemedien sind gemäß § 1 Abs. 1 TMG »alle elektronischen Informations- und Kommunikationsdienste, soweit sie nicht Telekommunikationsdienste nach § 3 Nummer 61 des Telekommunikationsgesetzes, telekommunikationsgestützte Dienste nach § 3 Nummer 63 des Telekommunikationsgesetzes oder Rundfunk nach § 2 des Rundfunkstaatsvertrages sind.«

233 BGH, ZVertriebsR 2022, 120, 123.

4. Abgrenzung zur reinen Meinungsäußerung

Nicht unter den Begriff »Werbung« fallen laut Bundesministerium der Justiz und für Verbraucherschutz[234] Äußerungen von Influencern in sozialen Medien, die vorrangig der Information und Meinungsbildung dienen und ohne Gegenleistung getätigt werden.[235] Private Bloggeraktivitäten auf nicht gewerblich genutzten Social-Media-Accounts sind daher nicht unter den Begriff der Werbung zu subsumieren.[236] Gleiches gilt für die Verlinkung und Präsentation von selbst gekauften Produkten ohne jegliche Gegenleistung oder Vereinbarung mit dem betreffenden Unternehmen.[237]

5. Praktische Auswirkungen für werbetreibende Influencer: Die Kennzeichnungspflicht

Die Absatzförderung durch Influencer kann folglich in der überwiegenden Anzahl an Fällen unter den Begriff der Werbung subsumiert werden.[238] Dies gilt unabhängig von der Frage, ob ein Influencer im Rahmen einer bestimmten Kooperation als Handelsvertreter auftritt. Insofern stehen die vermittelnde Tätigkeit des Handelsvertreters und die werbende Tätigkeit des anderweitig agierenden Influencers nicht in einem Exklusivitätsverhältnis. Vielmehr läge auch bei einer vermittelnden Tätigkeit regelmäßig »Werbung« vor. Doch welche Auswirkungen hat das auf ihr Handeln? Diese Frage lässt sich anhand zahlreicher Gerichtsentscheidungen zu Kennzeichnungspflichten für Influencer beantworten. Sinn und Zweck der Kennzeichnungspflichten ist es zu vermeiden, dass die meist junge Nutzergruppe auf Instagram zu Impulskäufen verleitet wird.[239] Die Kennzeichnungspflicht stellt folglich sicher, dass sich der Nutzer der Subjektivität und Intention der Aussagen bewusst ist, um einer Beeinflussung durch die Werbung aus dem Weg gehen zu können.[240] Aus verschiedenen Gründen wurden diese Kennzeichnungspflichten von Influencern in der Vergangenheit nur sehr

234 Heute nur noch Bundesministerium der Justiz. Mittlerweile ist das Bundesministerium für Umwelt, Naturschutz, nukleare Sicherheit und Verbraucherschutz für letzteren federführend.

235 BMJ, Regelungsvorschlag zur Abgrenzung nichtkommerzieller Kommunikation zur Information und Meinungsbildung von geschäftlichen Handlungen vom 13.02.2020, abrufbar unter: https://www.bmj.de/SharedDocs/Downloads/DE/Gesetzgebung/RefE/Regelungsvorschlag_Influencer.pdf?__blob=publicationFile&v=4 (zuletzt abgerufen am 10.10.2023).

236 Gerecke, GRUR 2018, 153, 154.

237 Hoeren/Sieber/Holznagel MultimediaR-Hdb/*Holznagel/Hartmann* Teil 3 Rn. 217.

238 So auch Borsch, MMR 2018, 127, 128.

239 Vgl. Leeb/Maisch, ZUM 2019, 29, 33.

240 Gerecke, GRUR 2018, 153, 154.

unzureichend beachtet. Dies mag zum einen an mangelnden rechtlichen Grundkenntnissen oder an einer Fehleinschätzung der Tragweite ihres Handelns liegen.[241] Andererseits ist der Werbewert einer Anpreisung ohne den aufdringlichen Hinweis »Achtung Werbung!« bedeutend höher als mit diesem Hinweis, denn so erscheint eine Aussage zu einem Produkt tatsächlich wie ein persönliches, unabhängiges Urteil.[242]

a) Kennzeichnungspflicht nach dem Gesetz gegen den unlauteren Wettbewerb

Das UWG bezieht sich zwar auf den Begriff »geschäftliche Handlung«, doch ein Blick in den § 7 UWG verrät auch diesbezüglich die Relevanz des Begriffs »Werbung«. § 7 Abs. 1 S. 1 UWG besagt zunächst, dass »eine geschäftliche Handlung, durch die ein Marktteilnehmer in unzumutbarer Weise belästigt wird«, unzulässig ist. § 7 Abs. 1 S. 2 UWG stellt sodann klar, dass dies »insbesondere für Werbung« gelte. Voraussetzung ist also zuerst einmal, dass überhaupt eine »geschäftliche Handlung« eines Influencers vorliegt. Diese ist in § 2 Abs. 1 Nr. 2 UWG legaldefiniert und stellt

> »jedes Verhalten einer Person zugunsten des eigenen oder eines fremden Unternehmens vor, bei oder nach einem Geschäftsabschluss, das mit der Förderung des Absatzes oder des Bezugs von Waren oder Dienstleistungen oder mit dem Abschluss oder der Durchführung eines Vertrags über Waren oder Dienstleistungen unmittelbar und objektiv zusammenhängt [...]« dar.

Nach vorzugswürdiger Auffassung – die nun auch vom BGH bestätigt wurde[243] – soll dies bei Influencer-Tätigkeiten insbesondere der Fall sein, wenn ein Influencer für einen werblichen Beitrag eine Gegenleistung erhält,[244] die auch in Form einer kostenfreien Produktüberlassung erfolgen kann.[245] Für die Annahme reicht es auch aus, wenn dem Influencer Vorteile in Form von Rabatten, Zugaben oder Ähnlichem gewährt werden.[246] Erhält ein Influencer keine Gegenleistung von dem Unternehmen, stellt die Veröffentlichung dennoch eine geschäftliche Handlung dar, wenn der Beitrag nach seinem Gesamteindruck übermäßig werblich ist, das heißt wenn die Förderung des Wettbewerbs Dritter eine mehr als nur untergeordnete Rolle spielt.[247]

241 Mach, WRP 2018, 1166, 1167.
242 Mach, WRP 2018, 1166, 1167.
243 BGH, ZVertriebsR 2021, 385.
244 Zur weiteren Vertiefung: Köberlein, ZVertriebsR 2022, 102; Laoutoumai, MMR-Aktuell 2022, 449138.
245 Timmermann/Berndt, WRP 2020, 996, 998.
246 Lehmann, WRP 2017, 772, 773.
247 BGH, ZVertriebsR 2021, 385, 391.

Demgegenüber soll eine neutrale und unabhängige Auseinandersetzung mit Produkten eines Unternehmens auch dann nicht unter eine geschäftliche Handlung im Sinne des § 2 Abs. 1 Nr. 1 UWG fallen, wenn das Unternehmen zwar eine finanzielle oder sonstige Gegenleistung erbringt, aber keine bestimmten Anforderungen an die Bewertung stellt, da es sich dann nicht um einen »werblichen« Beitrag handeln würde.[248] Auch Beiträge, die ausschließlich privat und ohne die Absicht der Verkaufsförderung erfolgen, fallen nicht unter eine geschäftliche Handlung.[249]

Die Kennzeichnungspflicht des Gesetzes gegen den unlauteren Wettbewerb für Werbung respektive bestimmte geschäftliche Handlungen ist in § 5a Abs. 4 S. 1 UWG[250] verankert. Danach handelt unlauter,

> »wer den kommerziellen Zweck einer geschäftlichen Handlung nicht kenntlich macht, sofern sich dieser nicht unmittelbar aus den Umständen ergibt, und das Nichtkenntlichmachen geeignet ist, den Verbraucher oder sonstigen Marktteilnehmer zu einer geschäftlichen Entscheidung zu veranlassen, die er andernfalls nicht getroffen hätte.«

Folglich spricht das Gesetz von einem »kenntlich machen« des kommerziellen Zwecks einer geschäftlichen Handlung, wenn es um die prominenten Kennzeichnungspflichten von Influencern geht. Dabei darf sich – dem Wortlaut des § 5a Abs. 4 S. 1 UWG folgend – aus dem Umständen nicht ergeben, dass ein Beitrag als geschäftliche Handlung im Sinne des § 2 Abs. 1 Nr. 2 UWG einen kommerziellen Zweck verfolgt.

Mit den Kennzeichnungspflichten von Influencern gemäß § 5a Abs. 4 UWG haben sich bereits verschiedene Gerichte befassen müssen. Die vorstehend skizzierte Erkennbarkeit des kommerziellen Zwecks einer geschäftlichen Handlung wird von den Instanzgerichten überwiegend abgelehnt, unter anderem mit der Begründung, es würde in der Natur des Influencer-Marketings liegen, dass sich werbliche und nicht-werbliche Beiträge gezielt vermischen würden.[251] Entspre-

248 Gerecke, GRUR 2018, 153, 157; Hoeren/Sieber/Holznagel MultimediaR-Hdb/*Holznagel/Hartmann* Teil 3 Rn. 217.

249 Gerecke, GRUR 2018, 153, 155; Köhler/Bornkamm/Feddersen/*Köhler* UWG § 2 Rn. 2.65; ausführlich zur geschäftlichen Handlung bei kostenlosen Produktüberlassungen Mallick/Weller, WRP 2018, 155, 158.

250 § 5a Abs. 4 UWG ersetzt aufgrund des Gesetzes zur Stärkung des Verbraucherschutzes im Wettbewerbs- und Gewerberecht vom 10.08.2021, in Kraft getreten am 28.05.2022, den § 5a Abs. 6 UWG. Zum vorher uneinheitlichen Bild der rechtlichen Behandlung des Influencer-Marketings vgl. Gerecke, GWR 2021, 44. Zu den seit Mai 2022 geltenden Informationsvorschriften des UWG vgl. Köberlein, ZVertriebsR 2021, 299; Peifer, GRUR 2021, 1453.

251 Vgl. OLG Frankfurt am Main, WRP 2020, 97, 98; OLG Braunschweig, MMR 2020, 779; OLG Karlsruhe, WRP 2020, 1467; Köberlein, ZVertriebsR 2022, 102, 106; a. A. LG München I, MMR 2019, 544, 545, wenn der kommerzielle Zweck der Handlung, wie im Fall von Verlinkungen, bereits unmittelbar aus den Umständen erkennbar ist, so insbesondere, wenn

chend entschied beispielsweise das Landgericht Hagen über einen Modeblog, auf dem die Beklagte Produktfotos von Markenartikeln verschiedenster Gegenstände zusammen mit einem Link zur Homepage des jeweiligen Herstellers hochgeladen hatte.[252] Ein Hinweis darauf, dass es sich bei ihrem Beitrag um Werbung handeln würde, konnte nicht festgestellt werden. Das Gericht sah darin einen Verstoß gegen § 5a Abs. 6 UWG a. F., dem heutigen § 5a Abs. 4 UWG. Ein Nichtkenntlichmachen des kommerziellen Zwecks eines Instagram-Posts liege vor, wenn »das äußere Erscheinungsbild der geschäftlichen Handlung so gestaltet wird, dass die Follower den kommerziellen Zweck nicht klar und eindeutig erkennen können.« Das Kammergericht Berlin entschied in einem ähnlichen Fall, welcher von Modeartikeln und Kosmetika handelte, die ebenfalls in einem Blog vorgestellt wurden.[253] Der Antragsteller konnte glaubhaft machen, dass die Antragsgegnerin (Influencerin) ihre Beiträge nicht hinreichend als Werbung gekennzeichnet hatte. Wer auf Instagram »sprechende Links«[254] zu Unternehmenswebsites für Modeartikel und Kosmetika postet und dafür Entgelte oder Surrogate erhält, könne wettbewerbsrechtlich dazu verpflichtet sein, den kommerziellen Zweck eines Posts zu kennzeichnen.[255] In seinen beiden Verfügungsentscheidungen untersagte das Gericht daher den Instagram-Auftritt der betroffenen Influencer wegen Irreführung über die Tarnung ihrer Posts als Werbung mangels Kennzeichnung als solche.

Mittlerweile entschied der BGH in einem hochaktuellen Judikat in drei Verfahren um die bekannten Influencerinnen Cathy Hummels,[256] Leonie Hanne[257] sowie Luisa-Maxime Huss.[258] In allen drei Fällen klagte der Verband Sozialer Wettbewerb e.V. und wandte sich gegen die Verwendung von sogenannten »Tap Tags«. »Tap Tags« sind anklickbare Bereiche auf einem Fotobeitrag, die erst beim Anklicken visibel werden und insbesondere Verknüpfungen zu anderen Instagram-Konten enthalten können.[259] Das »getaggte« Unternehmen erhält eine entsprechende Benachrichtigung.[260] So wird Nutzern die Möglichkeit gewährt, auf einen veröffentlichten Beitrag zu klicken, um beispielsweise die beworbene Kleidung einer Marke direkt auf dem Profil des Unternehmens anzuschauen.[261]

---

das fragliche Profil öffentlich ist, von einer großen Anzahl an Nutzern abonniert wurde und es sich um einen verifizierten, bekannten Influencer handelt.

252 LG Hagen, MMR 2018, 106.
253 KG, MMR 2018, 98.
254 Diese entsprechen den hier untersuchten Affiliate-Links.
255 KG, MMR 2018, 98.
256 BGH, MMR 2021, 892.
257 BGH, MMR 2021, 886.
258 BGH, GRUR 2021, 1400.
259 OLG Karlsruhe, MMR 2021, 159.
260 Leeb/Maisch, ZUM 2019, 29, 32.
261 Brtka/Witzmann, GRUR-Prax 2021, 657, 658; Lichtnecker, MMR 2018, 512, 515.

Der klagende Verband sah in der Verwendung von Tap Tags eine unzulässige Schleichwerbung und verklagte die Influencerinnen auf Unterlassung und Ersatz von Abmahnkosten. Der BGH kam jedoch zu dem Ergebnis, dass nur im Fall Huss ein Unterlassungsanspruch aus § 8 Abs. 1 S. 1 und Abs. 3 Nr. 2, § 3 Abs. 1, § 5a Abs. 6 UWG a. F. resultiert. Im Gegensatz zu Hummels und Hanne erhielt Huss von dem verlinkten Unternehmen eine Gegenleistung für die Verwendung der Tap Tags. Nach Ansicht des BGH stellt das Hochladen eines Beitrags ohne Gegenleistung nur dann eine geschäftliche Handlung im Sinne des UWG dar, wenn dieser Beitrag

> »nach seinem Gesamteindruck übertrieben werblich ist, also einen werblichen Überschuss enthält, so dass die Förderung fremden Wettbewerbs eine größere als nur eine notwendigerweise begleitende Rolle spielt. Danach ist zu berücksichtigen, ob der Beitrag ohne jede kritische Distanz allein die Vorzüge in einer Weise lobend hervorhebt, die bei dem Verkehr den Eindruck erweckt, dass das Produkt oder die Dienstleistung von Seiten des Influencers geradezu anempfohlen werde, oder ob die fremden Produkte oder Dienstleistungen namentlich genannt und angepriesen werden und die Darstellung damit den Rahmen einer sachlich veranlassten Information verlässt.«[262]

Die Verlinkung eines Produkts über Tap Tags reiche für sich genommen dagegen nicht für die Annahme eines werblichen Überschusses aus.[263]

b) Kennzeichnungspflicht nach dem Medienstaatsvertrag und dem Telemediengesetz

Darüber hinaus sehen der Medienstaatsvertrag sowie das Telemediengesetz eine Kennzeichnungspflicht zum Schutz der Verbraucher vor. So verlangt beispielsweise der § 8 Abs. 7 S. 5 MStV für Produktplatzierungen in Rundfunk und Telemedien, dass eine Produktplatzierung »zu Beginn und zum Ende einer Sendung sowie bei deren Fortsetzung nach einer Werbeunterbrechung [...] angemessen zu kennzeichnen« ist. Hierdurch soll die zulässige Produktplatzierung von der unerlaubten Schleichwerbung abgegrenzt werden.[264] Um Schleichwerbung nach § 2 Abs. 2 Nr. 9 MStV, die gemäß § 8 Abs. 7 S. 1 MStV unzulässig ist,

262 BGH, ZVertriebsR 2021, 385, 391.

263 So BGH, ZVertriebsR 2021, 385, 392; dagegen gehen Brtka/Witzmann, GRUR-Prax 2021, 657, 660 davon aus, dass durch den ersten Klick, wodurch sich die Tap Tags erst anzeigen lassen, noch keine geschäftliche Handlung vorliegt. Beim zweiten Klick, der auf das verlinkte Unternehmensprofil führt, würde es sich dagegen um eine solche handeln, da sich der Verbraucher dann mit dem jeweiligen Unternehmen und seinen Produkten auseinandersetze.

264 Spindler/Schuster/*Holznagel*, RStV § 2 Rn. 84.

kann es sich handeln, wenn ein werblicher Beitrag durch eine übermäßig positive Inszenierung keine sachliche Information mehr darstellt.[265]

Nicht zuletzt sieht auch § 6 Abs. 1 Nr. 1 TMG eine Kennzeichnungspflicht vor. Nach dieser Vorschrift müssen kommerzielle Kommunikationen, die Telemedien oder Bestandteile von Telemedien sind, klar als solche zu erkennen sein. Nach der in § 2 Nr. 5 TMG aufzufindenden Legaldefinition ist kommerzielle Kommunikation

> »jede Form der Kommunikation, die der unmittelbaren oder mittelbaren Förderung des Absatzes von Waren, Dienstleistungen oder des Erscheinungsbilds eines Unternehmens, einer sonstigen Organisation oder einer natürlichen Person dient, die eine Tätigkeit im Handel, Gewerbe oder Handwerk oder einen freien Beruf ausübt [...].«

Damit Instagram-Posts als kommerzielle Kommunikation gelten, ist insbesondere zu beachten, dass dafür eine Gegenleistung erbracht wird.[266]

c) Verhältnis der Vorschriften untereinander

Die Bestimmungen des Medienstaatsvertrags und des Telemediengesetzes gehen denjenigen des Gesetzes gegen den unlauteren Wettbewerb als Spezialvorschriften vor.[267] § 6 Abs. 5 TMG bestimmt zwar ausdrücklich, dass die Vorschriften des UWG unberührt bleiben. Jedoch resultiere laut BGH aus der Vorschrift gleichermaßen,

> »dass nach § 6 Abs. 1 bis 4 TMG ordnungsgemäß gekennzeichnete kommerzielle Kommunikation unter anderen lauterkeitsrechtlichen Gesichtspunkten als dem der Erkennbarkeit kommerzieller Kommunikation durchaus (etwa als irreführend im Sinne des § 5 UWG) verboten werden kann.«[268]

Infolgedessen geht der BGH davon aus, dass ein Verstoß gegen § 5a Abs. 6 UWG a. F. respektive § 5a Abs. 4 UWG nicht in Betracht kommt, wenn das Verhalten des Influencers die Voraussetzungen des § 6 Abs. 1 Nr. 1 TMG oder des § 22 Abs. 1 S. 1 MStV erfüllt, was insbesondere dann der Fall sein soll, wenn der Influencer keine Gegenleistung für seine Produktpräsentation erhält.[269] Liegt jedoch eine

---

265 Gerecke, GRUR 2018, 153, 155; vgl. zur Schleichwerbung gemäß Heilmittelwerbegesetz, welches aufgrund zunehmender Kooperationszahlen zwischen Influencern und Pharmaunternehmen eine steigende Relevanz aufweist Janning/Mäder/Hebbinghaus, PharmR 2021, 49.

266 Vgl. BGH, ZVertriebsR 2022, 120, 124.

267 BGH, ZVertriebsR 2022, 120, 125; Köberlein, ZVertriebsR 2022, 102, 107.

268 BGH, ZVertriebsR 2022, 120, 125.

269 BGH, ZVertriebsR 2022, 120, 124; Köberlein, ZVertriebsR 2022, 102, 107f.

solche Gegenleistung vor, ist eine parallele Anwendung des § 5a Abs. 6 UWG a. F. respektive § 5a Abs. 4 UWG in Betracht zu ziehen.[270]

d) Keine Kennzeichnung bei reinen Meinungsäußerungen

Bei der Werbekennzeichnung ist deutlich zwischen werbenden Inhalten und redaktioneller Berichterstattung zu unterscheiden.[271] Reine Meinungsäußerungen als eine Tätigkeit, die nicht unter die Begriffe »Werbung« oder »geschäftliche Handlung« fällt, müssen folgerichtig nicht gesondert gekennzeichnet werden. So ist eine Kennzeichnung als Werbung nicht erforderlich, wenn ein Nutzer ein Produkt kauft und dieses auf seinem geschäftlichen Social-Media-Kanal objektiv-neutral und ohne Vorgaben Dritter im Rahmen eines Produkttests präsentiert.[272]

e) Anforderungen an die Kennzeichnung

Liegt eine Pflicht zur Kenntlichmachung vor, muss diese den Verbraucher zweifelsfrei darauf hinweisen, dass es sich nicht um die neutrale Berichterstattung eines Dritten, sondern um eine geschäftliche Aussage handelt.[273] Nach dem Leitfaden der Wettbewerbszentrale zur Kennzeichnungspflicht sollte der werbliche Hinweis in deutscher Sprache als »Werbung« oder »Anzeige« immer unmittelbar am Anfang eines jeden Beitrags platziert werden.[274] Dabei kann der Begriff als Hashtag verwendet werden, solange er optisch – etwa durch einen Absatz oder ein Leerzeichen – von übrigen Hashtags abgesetzt ist.[275] Der bloße Zusatz »#ad« am Ende eines Beitrags reicht hingegen nicht aus: So judizierte das OLG Celle, dass die Kennzeichnung als Werbung nicht ausreicht, wenn der Hashtag innerhalb des Beitrags nicht deutlich und auf den ersten Blick erkennbar ist.[276] Das Gericht befand die Ankündigung eines preiswerten Einkaufs von Kosmetika als Verschleierung des kommerziellen Zwecks. Nach dem LG München I genügt ferner der Hinweis »sponsored« oder »sponsored by« einer ausreichenden Kennzeichnung nicht: Er mache dem durchschnittlich aufmerksamen Nutzer nicht hinreichend deutlich, dass es sich um Werbung und nicht

270 BGH, ZVertriebsR 2021, 385, 396.
271 Gloy/Loschelder/Danckwerts/*Altmann*, UWG-HdB § 62 Rn. 34.
272 Gerecke, GRUR 2018, 153, 156.
273 Gloy/Loschelder/Danckwerts/*Bruhn*, UWG-HdB § 59a Rn. 31, 32.
274 Kiel/Solf, Leitfaden zur Kennzeichnung von Werbung auf Instagram, S. 9, abrufbar unter: https://www.ihk.de/blueprint/servlet/resource/blob/4791424/14df5079138283d4dd914afea8fd900c/leitfaden-werbung-auf-instagram-data.pdf (zuletzt abgerufen am 06.10.2023).
275 Gloy/Loschelder/Danckwerts/*Altmann*, UWG-HdB § 62 Rn. 40.
276 OLG Celle, MMR 2017, 769.

lediglich um einen redaktionellen Beitrag handele.[277] Das Gericht beanstandete insbesondere, dass der Hinweis nicht in deutscher Sprache verfasst war. Leser, die der englischen Sprache nicht hinreichend mächtig sind, würden ihn nicht verstehen können. Auch der BGH bestätigte in seiner »Good-News 2«-Entscheidung, dass der Hinweis »sponsored by« nicht ausreicht, um auf den Charakter der Werbung hinzuweisen, da der Hinweis nicht in deutscher Sprache erfolgte.[278] Außerdem dürfe die Kennzeichnung nicht nur durch Anklicken oder Scrollen sichtbar werden.[279] Mittlerweile bietet Instagram die Möglichkeit an, bezahlte Werbeposts mit dem Hinweis »bezahlte Partnerschaft mit…« zu kennzeichnen, was das Problem zumindest teilweise entschärft.[280]

f) Zwischenergebnis

Letztlich lässt sich feststellen, dass die Einordnung von Influencer-Beiträgen als Werbung im Wesentlichen Auswirkungen auf die Beitragsgestaltung in Form der Werbekennzeichnung hat. Einem Kenntlichmachen als Werbung bedarf es stets, wenn sich der werbliche oder kommerzielle Charakter des Beitrags nicht unmittelbar aus dem Kontext der Veröffentlichung ergibt.[281] Die Rechtsprechung steht damit im Einklang mit der U.S. Federal Trade Commission, die ebenfalls feststellte, dass jede Art von gesponserten Online-Inhalten durch eine dritte Quelle die Sponsoring-Informationen klar offenlegen muss, um eine Irreführung der Verbraucher zu vermeiden.[282]

III. Relevanz des Influencer-Marketings

Die Tatsache, dass das Influencer-Marketing selbst den BGH bereits beschäftigte, verdeutlicht, dass es sich nicht um eine für die Rechtswissenschaften völlig unbedeutende Marketingstrategie handelt. Daneben existieren zahlreiche weitere Anhaltspunkte und Indizien, die auf eine steigende Relevanz des Influencer-Marketings schließen lassen. Obwohl sich beispielsweise klassische Prominente ununterbrochen einer höheren Bekannt- und Beliebtheit als Influencer erfreuen,

277 LG München I, WRP 2016, 132, 134.
278 BGH, GRUR 2014, 879.
279 Klickermann, MMR 2020, 150, 153.
280 Lichtnecker, MMR 2018, 512, 516.
281 Gloy/Loschelder/Danckwerts/*Bruhn*, UWG-HdB § 59a Rn. 31, 32.
282 Federal Trade Commission (FTC), Disclosures 101 for Social Media Influencers, abrufbar unter: https://www.ftc.gov/business-guidance/resources/disclosures-101-social-media-influencers (zuletzt abgerufen am 10.10.2023); Stubb/Nystrom/Colliander, Journal of Communication Management 2019, 109.

befindet sich das Werbeinteresse beider Prominententypen mittlerweile auf einem Gleichlauf.[283] Werbung, die auf Mund-zu-Mund-Propaganda in den sozialen Medien basiert, hat in der digitalen Marketinglandschaft enorm an Bedeutung gewonnen, sodass sozialer Wert und Einfluss auch für die Online-Werbung von Unternehmen unerlässlich geworden ist.[284] Das verdeutlicht eine repräsentative Umfrage der Wirtschaftsprüfungsgesellschaft Pricewaterhouse-Coopers (PwC). Nach dieser haben bereits 29 % der Deutschen ein Produkt aufgrund von Influencer-Marketing gekauft.[285] Im Durchschnitt geben Konsumenten dabei 101,00 Euro für ein Produkt aus.[286] Dies ist jedoch nur einer der Gründe, warum die Inanspruchnahme von Influencern für das Wachstum einer Marke und die Steigerung des Geschäftsvolumens immer wichtiger wird.[287]

Darüber hinaus nutzen aufgrund der allgegenwärtigen Penetranz von Online-Werbung mittlerweile mehr als 20 Millionen Deutsche sogenannte »Ad-Blocker«, also Filterprogramme, die Werbung auf Internetseiten blockieren.[288] Anders als Werbung in konventionellen Medien, die das redaktionelle Programm unterbricht, werden Influencer-Werbebotschaften nicht als werblich oder sogar störend empfunden.[289] Bereits das Abonnieren eines werbenden Influencers ist freiwillig. Zudem werden Inhalte bewusst und gewollt konsumiert, weshalb es für diese Form der Werbung schon sinngemäß keine Vermeidungsstrategie geben kann, die einem Ad-Blocker ähnelt. Die Follower folgen nur denjenigen Personen, die sie sympathisch finden, die ihnen authentisch erscheinen oder die unter Umständen sogar als Vorbilder dienen.[290] Seine Anhänger nehmen Beiträge des Influencers nicht als lästige Werbung wahr, sondern vertrauen darauf, dass der jeweilige Influencer nur die für seine Follower relevanten Produkte bewirbt.[291] Aus diesem Grund werden Influencer von ihren Followern oft als ähnlich glaubwürdig wahrgenommen wie die Familie, Freunde oder Bekannte, was auch

283 Kilian, absatzwirtschaft 7/8 2016, S. 78; Langner/Esch/Bruhn/*Kilian*, Handbuch Techniken der Kommunikation, S. 365.

284 Lagrée/Cappé/Cautis/Maniu, ACM Transactions on Knowledge Discovery from Data, 2019, 1.

285 PwC, Zwischen Influencer und Werber – Wie Influencer unser Kaufverhalten beeinflussen, S. 3, abrufbar unter: https://store.pwc.de/de/publications/zwischen-entertainer-und-werbe r-wie-influencer-unser-kaufverhalten-beeinflussen (zuletzt abgerufen am 21.09.2023).

286 PwC, Zwischen Influencer und Werber – Wie Influencer unser Kaufverhalten beeinflussen, S. 3, abrufbar unter: https://store.pwc.de/de/publications/zwischen-entertainer-und-werbe r-wie-influencer-unser-kaufverhalten-beeinflussen (zuletzt abgerufen am 21.09.2023).

287 Riefa/Clausen, EuCML 2019, 64.

288 Lammenett, Praxiswissen Online-Marketing, S. 139.

289 Peifer, GRUR 2018, 1218, 1219.

290 Suwelack, MMR 2017, 661.

291 Kleebinder, Marketing Review St. Gallen 2/2018, 58, 59.

Entscheidungsprozesse für Kaufabsichten positiv beeinflussen kann.[292] Als Influencer sollte man ausschließlich Kooperationen eingehen, bei denen man tatsächlich von dem jeweiligen Produkt überzeugt ist, um eine einmal erlangte Authentizität nicht wieder einbüßen zu müssen.[293] Für desinteressierte Follower bleibt neben der Möglichkeit des »Entfolgens« die Funktion sich »weniger Beiträge wie diesen anzeigen« zu lassen, somit zumindest das »mentale ad-blocken«.[294] Die übrigen, interessierten Follower werden zu Adressaten der Empfehlungen, die der Influencer tagtäglich ausspricht. Dies ist wohl einer der Gründe, warum Influencer-Marketing derzeit einen der präsentesten Trends in der digitalen Geschäftswelt darstellt und die Zahl der Unternehmen, die es in Anspruch nehmen, überproportional wächst.[295] Durch die Verbreitung von Social-Media-Kanälen hat es sich von einer Nische zu einem Mainstream-Thema und einem ernstzunehmenden Werbeinstrument entwickelt und erfährt eine anhaltende dynamische Verbreitung.[296] Zuletzt sorgte der Lockdown im Rahmen der COVID-19-Pandemie für einen starken Anstieg der Nutzung sozialer Medien und damit zu einer noch höheren Reichweite für Influencer.[297]

Zwar schwebten zu dieser Zeit zahlreiche Unternehmen in Existenznöten, dennoch ergibt sich eine wachsende Bedeutung des Influencer-Marketings auch für diese Unternehmen. Laut einer Befragung des Daten- und Technologieunternehmens Launchmetrics gaben bereits im Jahr 2015 84 % der 600 befragten Marketing- und Kommunikationsverantwortlichen in 32 Ländern an, innerhalb des nächsten Jahres eine Influencer Kampagne zu lancieren.[298] Dass das Influencer-Marketing auch in den Folgejahren nicht an Signifikanz und Wirtschaftskraft einbüßte, impliziert eine neuere Umfrage des Bundesverbands Digitale Wirtschaft (BVDW) e.V. unter werbetreibenden Unternehmen[299] sowie die

292 Grabs/Bannour/Vogl, Follow me!, S. 54; vgl. Nufer/Beck, Reutlinger Diskussionsbeiträge zu Marketing und Management 2/2020, S. 3; Suwelack, MMR 2017, 661.

293 Nufer/Kaps, Reutlinger Diskussionsbeiträge zu Marketing und Management 4/2017, S. 16.

294 So nennen es zutreffend Firsching/Bersch, Influencer Marketing für Unternehmen, S. 2f., abrufbar unter: https://www.futurebiz.de/wp-content/uploads/2016/03/Influencer-Marketing-White-Paper-Futurebiz.pdf (zuletzt abgerufen am 28.08.2023).

295 Nirschl/Steinberg, Einstieg in das Influencer Marketing, S. 5.

296 Marketinginstitut, Blogbeitrag vom 30.08.2021, abrufbar unter: https://www.marketinginstitut.biz/blog/influencer-marketing/#1_definition_influencer_marketing (zuletzt abgerufen am 31.08.2023).

297 Jahnke, Influencer Marketing, S. 2f.

298 Roy, Launchmetrics Blog vom 18.06.2015, abrufbar unter: https://www.launchmetrics.com/resources/blog/state-influencer-engagement (zuletzt abgerufen am 21.09.2023); Kreutzer/Land, Digitale Markenführung, S. 225.

299 Bundesverband Digitale Wirtschaft e.V., Umfrage Influencer Marketing 2018, S. 8–10, abrufbar unter: https://www.bvdw.org/fileadmin/bvdw/upload/publikationen/full-service-digital- agentur/BVDW_Umfrage_Influencer_Marketing_11.2018.pdf. (zuletzt abgerufen am 05.03.2023).

allein im Jahr 2019 mehr als 240 neu gegründeten und einzig auf das Influencer-Marketing spezialisierten Agenturen und Plattformen.[300] Nach besagter Umfrage des BVDW waren für 2019 steigende Budgets für Social-Media- und Influencer-Marketing geplant.Die befragten Unternehmen, die ihre Budgetplanung für das Jahr bereits abgeschlossen hatten, bezifferten ihre Ausgaben für Influencer wie folgt: 28 % der Befragten gaben an, im besagten Jahr bis zu 10.000,00 Euro zu investieren. Für 26 % lagen die geplanten Ausgaben bei 10.000,00 Euro bis 50.000,00 Euro. Weitere 19 % zeigten an, 50.000,00 Euro bis 100.000,00 Euro zu investieren. 6 % der befragten Unternehmen teilten mit, 100.000,00 Euro bis 250.000,00 Euro auszugeben und weitere 6 % führten an, sogar über 250.000,00 Euro zu investieren. Damit geben Unternehmen für Internetwerbung inzwischen mehr Geld aus, als für TV-Werbung.[301] Die Ausgaben für Influencer-Marketing sind zwar von März bis Juli 2020 aufgrund der Pandemie stark zurückgegangen, es folgte jedoch ein Anstieg der Influencer-Kampagnen ab August.[302]

Im Jahr 2021 ist das Marktvolumen der Branche auf 13,8 Milliarden US-Dollar angewachsen.[303] Für 2023 wurde prognostiziert, dass die Marketingdisziplin die Schwelle von 21 Milliarden US-Dollar erreichen würde,[304] was sich bewahrheitet hat. Dem Influencer-Marketing ist also schon heute eine Relevanz beizumessen, die kaum ein Marketingexperte noch vor wenigen Jahren hätte vorhersagen können.

IV. Chancen und Risiken des Influencer-Marketings

Der Erfolg des Influencer-Marketings beruht auf der Suche nach mehr Authentizität in den Beziehungen, die eine Marke mit ihren Kunden aufzubauen versucht.[305] Die Reichweite und Marktdurchdringung,[306] die zunehmende Pro-

300 Geyser, Influencer Marketing Benchmark Report 2021, S. 6, 12 f., abrufbar unter: https://influencermarketinghub.com/influencer-marketing-benchmark-report-2021/ (zuletzt abgerufen am 31.08.2023).

301 Suwelack, MMR 2017, 661.

302 Geyser, Influencer Marketing Benchmark Report 2021, S. 4, abrufbar unter: https://influencermarketinghub.com/influencer-marketing-benchmark-report-2021/ (zuletzt abgerufen am 31.08.2023).

303 Geyser, Influencer Marketing Benchmark Report 2021, S. 9, abrufbar unter: https://influencermarketinghub.com/influencer-marketing-benchmark-report-2021/ (zuletzt abgerufen am 31.08.2023).

304 Geyser, Influencer Marketing Benchmark Report 2021, S. 5, abrufbar unter: https://influencermarketinghub.com/influencer-marketing-benchmark-report-2021/ (zuletzt abgerufen am 31.08.2023).

305 Riefa/Clausen, EuCML 2019, 64, 65.

306 Gloy/Loschelder/Danckwerts/*Altmann*, UWG-HdB § 62 Rn. 37.

fessionalität der Influencer sowie die höheren Werbebudgets der Unternehmen sorgen dafür, dass immer häufiger Influencer in Anspruch genommen werden.[307] Dennoch bergen Influencer gleichermaßen Chancen und Risiken: So können sie durch ihren Einfluss ideal als Multiplikatoren wirken[308] und die Markenbekanntheit als eines der wichtigsten Unternehmensziele steigern.[309] Eine vermeintlich vertrauensvolle Person werben zu lassen ist für Unternehmen mittlerweile wirkungsvoller als selbst werbend in Erscheinung zu treten.[310] Der Vorteil für Unternehmen gegenüber traditioneller Werbemaßnahmen liegt in der eigenen Auswahl des Werbeträgers durch den Konsumenten.[311] So können sie die Skepsis der Verbraucher gegenüber traditionellen Werbemitteln umsegeln und ihre Zielgruppe durch die Auswahl eines auf diesen Bereich spezialisierten Influencers exakt ansteuern.[312] Durch Influencer lassen sich Vertriebsprozesse so auch dahingehend beeinflussen, dass Reichweite und Qualität von Kundenmeinungen gezielt in die Vertriebsprozesse integriert werden können,[313] da Influencer durch Interaktionen wie Likes und Kommentare unmittelbar und ohne größere zeitliche Zäsur ein Feedback zur Produktakzeptanz erhalten.[314]

Neben weiteren mittelbaren positiven Auswirkungen, wie viralen Effekten und dem Zugewinn von Fans für das eigene Unternehmen, die mit dem Einsatz von sozialen Medien und Influencern einhergehen können,[315] darf auch der Kostenfaktor nicht außer Acht gelassen werden: Influencer inszenieren Produkte und Marken in ihren Beiträgen nach einem Briefing eigenständig, weshalb die Kostenposition der Werbeproduktion gänzlich entfällt.[316] Außerdem können sich Influencer und Unternehmer auf den Tag und die Uhrzeit der Veröffentlichung eines Beitrags verständigen, damit dieser die bestmögliche Reichweite erzielen kann. Ein weiterer Vorteil – der jedoch auch Unwägbarkeiten enthält – ist die vertraglich häufig vereinbarte »Zweitverwertbarkeit«.[317] Nicht selten ent-

---

307 Nufer/Beck, Reutlinger Diskussionsbeiträge zu Marketing und Management 2/2020, S. 30; Stubb/Nystrom/Colliander, Journal of Communication Management 2019, 109.

308 Langner, Zentrale Determinanten sozialer Beeinflussung und wesentliche Wirkungszusammenhänge mit Blick auf konsumentenseitige Wahrnehmungs- und Verhaltensprozesse, S. 2.

309 Nirschl/Steinberg, Einstieg in das Influencer Marketing, S. 37.

310 Köberlein, ZVertriebsR 2020, 221.

311 Suwelack, MMR 2017, 661.

312 Henning-Bodewig, WRP 2017, 1415; Mallick/Weller, WRP 2018, 155, 156; Nirschl/Steinberg, Einstieg in das Influencer Marketing, S. 38.

313 Fließ/Haase/Jacob/Ehret/*Schmäh/GutscheMeyer-Gossner*, Kundenintegration und Leistungslehre, S. 419.

314 Henning-Bodewig, WRP 2017, 1415.

315 Lammenett, Praxiswissen Online-Marketing, S. 145.

316 Lammenett, Praxiswissen Online-Marketing, S. 145f.; Nirschl/Steinberg, Einstieg in das Influencer Marketing, S. 38.

317 Lammenett, Praxiswissen Online-Marketing, S. 145.

halten Verträge mit Influencern eine Klausel, in der sich das auftraggebende Unternehmen die Rechte zur Nutzung der vom Influencer erstellten Inhalte übertragen lässt. Bei der Einräumung solcher Rechte ist jedoch Vorsicht geboten. Nach § 11 S. 2 UrhG und § 32 UrhG ist die Einräumung von Nutzungsrechten angemessen zu vergüten. Bei einer pauschalen Einräumung »aller« Nutzungs- und Verwertungsrechte zu einem unangemessen Pauschalhonorar hat der Influencer gemäß § 32a S. 1 UrhG einen Anspruch auf Vertragsanpassung.[318] Darüber hinaus begründet die Erstellung eines Beitrags in sozialen Medien – sofern der Beitrag eine hinreichende Schöpfungshöhe erreicht und damit urheberrechtlichen Schutz genießt – einen Anspruch des Influencers auf Namensnennung, § 13 S. 2 UrhG.[319] Nicht unerwähnt bleiben soll ferner die Langlebigkeit eines von einem Influencer hochgeladenen Beitrags. Von Influencern entwickelte und veröffentlichte Inhalte bleiben entsprechend der vertraglichen Vereinbarung in der Regel eine lange Zeit – häufig ein Jahr, teilweise sogar dauerhaft – auf ihren Profilen auffindbar, welches konventionelle Werbeformen nicht von sich behaupten dürfen.[320] Zwar löschen sich Stories nach 24 Stunden bekanntlich von selbst, jedoch kann auch diesbezüglich vereinbart werden, dass die Story nach Ablauf dieser Zeit als »Highlight« auf dem Profil des Influencers verbleiben soll. Aber auch das Löschen eines Beitrags sorgt nicht zwangsläufig dafür, dass eine Werbebotschaft vollständig aus dem Internet verschwindet. Beiträge werden als Screenshots und Bildschirmaufnahmen weitergeleitet und bleiben auf Dauer erhalten. So hat bereits das Bundesverfassungsgericht in seinem prominenten »Recht auf Vergessen I«-Beschluss festgestellt, dass Informationen, die sich einmal im Netz befinden, dauerhaft auffindbar bleiben würden.[321]

Doch ist dieser Wandel im Marketing allein positiv zu werten? Oder birgt der allgegenwärtige Zugang zum Internet auch Risiken, vor allem für junge Menschen? Dass die virale Verbreitung von Informationen binnen weniger Sekunden zu einer weitgehenden Unkontrollierbarkeit der Kommunikation über soziale Medien führt, ist kaum zu bestreiten.[322] In der jüngeren Rechtsprechung hat daher unter anderem das Amtsgericht Bad Hersfeld in verschiedenen Entscheidungen auf die mit der Nutzung der digitalen Medien verbundenen Gefahren hingewiesen.[323] Bereits die Verwendung eines einfachen Messenger-Dienstes könne, so das Gericht, eine Gefahr für die Entwicklung und die Privatsphäre von

318 Vgl. weitergehend zu urheberrechtlichen Problemstellungen im Influencer-Marketing Gerecke, GRUR 2019, 1120.
319 Rauer/Kempf, WRP 2022, 817, 825.
320 Lammenett, Praxiswissen Online-Marketing, S. 145.
321 BVerfG, NJW 2020, 300, 309.
322 Hauschka/Moosmayer/Lösler/*Gilch*, Corporate Compliance, § 41 Rn. 2.
323 AG Bad Hersfeld, NJW-Spezial 2017, 710; vgl. auch Johannsen/Henrich/Althammer/*Jokisch* BGB § 1666 Rn. 74.

Kindern unter 16 Jahren darstellen, wenn vor der Nutzung keine umfassende Aufklärung über die Funktionen und Risiken erfolgt ist.[324] In diesem Zusammenhang ist bemerkenswert, dass man nach den Richtlinien von Instagram eigentlich mindestens das zwölfte Lebensjahr vollendet haben muss, um ein Konto erstellen zu können. Umstritten ist, ob es sich dabei um eine absolute Altersgrenze handelt oder ob sie mit Einwilligung der Eltern unterschritten werden kann.[325] In der Realität nutzen jedenfalls zahlreiche Kinder soziale Medien, die diese Altersgrenze noch nicht erreicht haben.[326] In diesen Medien können Influencer als Filter fungieren und Marketingbotschaften konterkarieren.[327] Und besonders Jugendliche können dabei leicht in ihrer Ansicht beeinflusst werden, woraus unüberlegte Kaufentscheidungen resultieren können.[328] Denn die Kaufabschlussquote aufgrund einer Influencer-Empfehlung ist bei minderjährigen Followern deutlich höher als bei reiferen Erwachsenen.[329] Nicht zuletzt aus diesem Grund muss in der Bundesrepublik Deutschland de lege lata die Werbung an Minderjährige über Social-Media-Präsenzen zumindest den besonderen Anforderungen des § 6 JMStV genügen.[330] Die Norm enthält Verbote und Beschränkungen, die Kinder und Jugendliche vor den oft manipulativen Wirkungen von Werbung schützen sollen.[331] Nach § 2 Abs. 1 JMStV ist § 6 JMStV auch auf Telemedien anwendbar. § 6 Abs. 2 JMStV ist daher für soziale Medien und damit auch für das Influencer-Marketing von besonderer Relevanz.[332] Denn Angebote von Influencern in sozialen Medien sind mitnichten grundsätzlich vom Anwendungsbereich der Vorschrift ausgenommen.[333] Selbst die Installation eines Affiliate-Links kann von ihm umfasst sein, wenn der Installateur – über den bloßen Hinweis auf dessen Existenz hinaus – gezielt das Interesse anderer Nutzer an seinem Angebot fördern oder erwecken will.[334] Praktische Auswirkungen hat dabei vor allem § 6 Abs. 2 Nr. 1, 2 JMStV, wonach Werbung Kinder und Jugendliche »weder körperlich noch seelisch beeinträchtigen« und dabei unter

324 AG Bad Hersfeld, NJW-Spezial 2017, 710; vgl. auch Johannsen/Henrich/Althammer/*Jokisch* BGB § 1666 Rn. 74.

325 Herberger, jM 2020, 442, 444; zur Art der Ermächtigung von Eltern für ihre Kinder, die als Influencer tätig werden wollen vgl. Herberger, CR 2022, 32.

326 Herberger, jM 2020, 442, 444.

327 Langner, Zentrale Determinanten sozialer Beeinflussung und wesentliche Wirkungszusammenhänge mit Blick auf konsumentenseitige Wahrnehmungs- und Verhaltensprozesse, S. 2.

328 Nufer/Beck, Reutlinger Diskussionsbeiträge zu Marketing und Management 2/2020, S. 8.

329 Scherer, WRP 2019, 277, 278.

330 Bräutigam/Rücker/*Müller-Riemenschneider*, 7. Teil, Kap. B Rn. 43.

331 HmbKommMedienR/*Liesching* 80/16.

332 Scherer, WRP 2019, 277, 282.

333 BeckOK JMStV/*Liesching* JMStV § 6 Rn. 3.

334 BeckOK JMStV/Liesching JMStV § 6 Rn. 3; Hoeren/Sieber/Holznagel MultimediaR-Hdb/*Altenhain* Teil 20 Rn 118.

anderem nicht »direkte Aufrufe zum Kaufen oder Mieten von Waren oder Dienstleistungen an Kinder oder Jugendliche enthalten, die deren Unerfahrenheit und Leichtgläubigkeit ausnutzen« (Nr. 1), oder »Kinder oder Jugendliche unmittelbar auffordern, ihre Eltern oder Dritte zum Kauf der beworbenen Waren oder Dienstleistungen zu bewegen« darf (Nr. 2). Die durch § 6 Abs. 2 Nr. 1 JMStV angedeuteten Kaufapelle sind alle unmittelbaren Aufforderungen zum entgeltlichen Erwerb von Waren oder Dienstleistungen, die dem Verbraucher durch Worte, Gesten oder sonstige Darstellungen übermittelt werden.[335] Darunter fallen auch Aussagen wie »Hol Dir!«, »Nicht verpassen« oder »Noch heute besorgen«.[336] Dagegen unterfallen dem Verbot der Motivationswerbung im Sinne des § 6 Abs. 2 Nr. 2 JMStV nur unmittelbare Aufforderungen an Kinder und Jugendliche, die das Bewegen der Eltern oder Dritter zum Kauf des beworbenen Produkts intendieren, sodass die Darstellung von Kindern, die ihre Eltern bloß darum bitten, ein bestimmtes Produkt zu kaufen, dieser Verbotsvorschrift nicht unterliegen.[337] Ob sich die jeweilige Werbung tatsächlich an Kinder und Jugendliche richtet, muss im Rahmen einer Gesamtwürdigung festgestellt werden. Dabei spielen unter anderem Faktoren wie der Inhalt der Werbung, die Affinität von Kindern und Jugendlichen zu dem beworbenen Produkt und insbesondere das Werbeumfeld eine Rolle.[338] Zugleich ist hervorzuheben, dass Influencer in ihrer Follower-Liste oft eine große Anzahl von Minderjährigen haben, auch dann, wenn sie selbst volljährig sind.[339] Eine Exkulpation mit der Aussage, man könne nicht kontrollieren, wie alt der durchschnittliche Follower ist, sollte deshalb nicht stattfinden können. Auch aus diesem Grund sind Influencer daher gut beraten, gerade bei Produkten, die besonders Minderjährige ansprechen, ihre Follower nicht direkt zu einem Kauf aufzufordern.[340]

Neben den Influencern können auch die eigenen Eltern zur Gefahr für Minderjährige werden. So etwa, wenn Eltern ihre Kinder zu kommerziellen Zwecken vermarkten, um durch Beiträge ihrer Sprösslinge Einnahmen zu generieren.[341] Für Eltern stellt das kommerzielle Posten von Fotos und Videos ihrer Kinder eine flexible Tätigkeit dar: Statt wie im Kleinkindalter Windeln, können sie im Grundschulalter einfach Stifte und Schulranzen bewerben.[342] Teilweise werden

335 HmbKommMedienR/*Liesching* 80/22.

336 HmbKommMedienR/*Liesching* 80/22; Scherer, WRP 2019, 277, 282.

337 HmbKommMedienR/*Liesching* 80/23.

338 Bräutigam/Rücker/*Müller-Riemenschneider*, 7. Teil, Kap. B Rn. 45.

339 Scherer, WRP 2019, 277.

340 Diese Empfehlung besteht trotz der Auffassung, dass § 6 Abs. 2 JMStV beim Influencer-Marketing tatbestandlich nicht erfüllt sei, da zudem die Unerfahrenheit und die Leichtgläubigkeit von Jugendlichen ausgenutzt werden müsste, dies jedoch nicht zutreffen würde. So Scherer, WRP 2019, 277, 282.

341 Herberger, jM 2021, 398, 403.

342 Nymoen/Schmitt, Influencer, S. 114.

diese Onlineauftritte Minderjähriger bereits als eine »neue Form der Kinderarbeit« bezeichnet, die »kaum überwacht wird und die rechtlich schwer einzuhegen ist.«[343] Frankreich hat in dem Bemühen, diese ernste Gefahr für Minderjährige zumindest abzuschwächen, kürzlich einen begrüßenswerten Schritt gewagt. Das Parlament verabschiedete ein Gesetz zum Schutz von Kinder-Influencern.[344] Ziel ist es, einen einheitlichen Rechtsrahmen auf Social-Media-Plattformen wie Instagram, TikTok und YouTube zu schaffen.[345] Das Gesetz sieht unter anderem vor, dass Kinder-Influencer den gleichen rechtlichen Schutz genießen sollen wie Kinder, die in der Unterhaltungsbranche tätig sind, und ihr Recht auf Löschung digitaler Inhalte ohne Zustimmung der Eltern durchsetzen können.[346] Ein solches Gesetz wäre auch in Deutschland praktikabel und könnte den »Ausverkauf der Kindheit«, wie die Tätigkeit von Kinder-Influencern in der familienrechtlichen Literatur jüngst beschrieben wurde,[347] zumindest eindämmen.

Negative Folgen können jedoch nicht nur für die minderjährigen Social-Media-Verwender entstehen. Die Marketingstrategie kann auch nachteilige Auswirkungen für volljährige Influencer, das Unternehmen, das sie einsetzt, und die gesamte Online-Handelsbranche haben. Durch eine ungeeignete Auswahl von Markenbotschaftern kann beispielsweise einem Unternehmen langfristig ein negativer Ruf anhaften.[348] In der digitalen Welt wird die Anzahl der Follower oft als Indikator für die Relevanz eines Influencers gesehen, was zu Versuchen führt, Rückschlüsse auf die beabsichtigte Werbewirkung zu ziehen.[349] Aus diesem Grund erschwert das vermehrte Aufkommen von sogenannten »Fake-Influencern«, die durch gekaufte Follower nur vermeintlich eine hohe Reichweite haben, die Auswahl geeigneter Influencer.[350] Dadurch entsteht auch die Gefahr, dass Verbraucher, die ihre Kaufentscheidungen auf Empfehlungen von Influencern stützen, und Wettbewerber, die unter der künstlich aufgeblähten Publicity leiden, geschädigt werden.[351] Fake-Influencer tragen auch zu einer Erosion des für den Erfolg des E-Commerce so wichtigen Vertrauens bei.[352] Deshalb forderte beispielsweise das Unternehmen Unilever bereits 2018 mehr Vertrauen und

343 Nymoen/Schmitt, Influencer, S. 116.
344 Vgl. Loi 2020–1266 visant à encadrer l'exploitation commerciale de l'image d'enfants de moins de seize ans sur les plateformes en ligne.
345 Dannecker, NZFam 2020, 1093.
346 Vgl. Article 4 Abs. 6 Loi 2020–1266 visant à encadrer l'exploitation commerciale de l'image d'enfants de moins de seize ans sur les plateformes en ligne; Dannecker, NZFam 2020, 1093, 1094.
347 Götz, FamRZ 2019, 573.
348 Nufer/Beck, Reutlinger Diskussionsbeiträge zu Marketing und Management 2/2020, S. 10.
349 Lichtnecker, MMR 2018, 512, 516.
350 Nufer/Beck, Reutlinger Diskussionsbeiträge zu Marketing und Management 2/2020, S. 16.
351 Riefa/Clausen, EuCML 2019, 64, 65.
352 Riefa/Clausen, EuCML 2019, 64, 65.

Transparenz im Marketing mit Influencern: Das Unternehmen erklärte, dass es nicht mit Influencern zusammenarbeiten würde, die Follower kaufen, sondern Werbepartner bevorzuge, die die Transparenz erhöhen und fragwürdige Praktiken im System bekämpfen würden.[353] Inzwischen wurde gerichtlich geklärt, dass der Kauf von Followern einen Verstoß gegen das Verbot der Irreführung gemäß §§ 3, 5 Abs. 1 UWG darstellt.[354] Obwohl diese Entscheidung zur Social-Media-Plattform Facebook ergangen ist, scheinen die Erkenntnisse des Gerichts aufgrund der strukturellen Vergleichbarkeit der Plattformen auf Instagram übertragbar zu sein.[355] Es bleibt abzuwarten, ob diese Pönalisierung dazu führen kann, dass Fake-Influencer in der Bedeutungslosigkeit versinken.

Eine weitere Negativfolge für Unternehmen stellt die Möglichkeit dar, einen »Kontrollverlust« zu erleiden, sobald ein Beitrag im Internet veröffentlicht wird.[356] Denn Influencer äußern sich mitunter nicht ausschließlich positiv über ein Produkt und können so potentielle Kunden auf kritische Merkmale eines Angebots aufmerksam machen, was einen Geschäftsabschluss erschweren oder sogar unmöglich machen kann.[357] Für den jeweiligen Influencer kann ferner die Zusammenarbeit mit Unternehmen, die mutmaßlich nicht mit dem eigenen Social-Media-Auftritt kompatibel sind, zu einem Imageschaden und damit zu einem Verlust an Glaubwürdigkeit führen.[358] Daraus könnte wiederum resultieren, dass die Follower des Influencers weniger auf Kaufempfehlungen reagieren, was die Anzahl neuer Kooperationen deutlich reduzieren dürfte.

Darüber hinaus spielt der Instagram-Algorithmus eine immer bedeutendere Rolle bei der Sichtbarkeit von geposteten Beiträgen. Interaktionen werden vom Algorithmus positiv gewertet, sodass der Beitrag höher gerankt und mehr Nutzern angezeigt wird.[359] Aus diesem Grund kommentieren Influencer zunehmend untereinander ihre Beiträge. Was als Lob und Kompliment ausgedrückt wird, dient in Wirklichkeit meist nur einem besseren Ranking in Bezug auf die Interaktionen, die vom Instagram-Algorithmus gemessen werden. Dies kann Missgunst in Influencer-Kreisen säen und dürfte zu eher oberflächlichen Beziehungen zwischen ihnen führen.

353 Unilever, Pressemitteilung vom 18.06.2018, abrufbar unter: https://www.unilever.com/news/press-releases/2018/unilever-calls-on-industry-to-increase-trust-transparency-and-measurement-in-influencer-marketing.html (zuletzt abgerufen am 25.09.2023); Riefa/Clausen, EuCML 2019, 64, 73.

354 LG Stuttgart, BeckRS 2015, 3267; Lichtnecker, MMR 2018, 512, 516.

355 Leeb/Maisch, ZUM 2019, 29, 38; Lichtnecker, MMR 2018, 512, 516.

356 Nirschl/Steinberg, Einstieg in das Influencer Marketing, S. 38.

357 Leinemann, IT-Berater und soziale Medien, S. 19.

358 Vgl. das Beispiel des Bifi-Werbespots bei Nufer/Beck, Reutlinger Diskussionsbeiträge zu Marketing und Management 2/2020, S. 10.

359 Lammenett, Praxiswissen Online-Marketing, S. 161; Nymoen/Schmitt, Influencer, S. 125.

Doch nicht nur durch oberflächliche Kommentare und die Werbung für ungeeignete Produkte können Influencer ihre Glaubwürdigkeit verlieren. Auch die Anzahl ihrer Kooperationen und vermarkteten Produkte kann sich negativ auf ihre Authentizität auswirken. Denn wie vertrauenswürdig sind Empfehlungen von Personen, die durch die Präsentation von Produkten zahlloser Marken ein teilweise siebenstelliges Jahreseinkommen erzielen?[360] Man sollte meinen, dass Kaufempfehlungen nur dann glaubwürdig sein können, wenn der Influencer selbst nicht von seiner Aussage profitiert.[361] In der Praxis ist dies jedoch keineswegs der Fall, da Werbung naturgemäß auftragsgebunden stattfindet.[362] Influencer erteilen ihre Ratschläge in erster Linie aus Eigeninteresse, nämlich um ihre werbevertraglichen Verpflichtungen zu erfüllen.[363] Wenn sich herausstellt, dass die Ratschläge der Influencer mehr davon geleitet werden, wie viel Umsatz sie mit einem Beitrag generieren können, als von einer wirklichen Bewertung des Produkts, kann der Einfluss auf ihre Anhängerschaft abnehmen, wodurch sich nicht nur die Einkünfte des Influencers, sondern auch die vom Unternehmen kalkulierten Einnahmen mindern können.[364] Dabei macht insbesondere die Vertragsgestaltung zwischen Influencern und Unternehmen deutlich, wie kritisch mit Empfehlungen eines Influencers tatsächlich umgegangen werden sollte. Eine Vielzahl von Verträgen sieht vor, dass nur eine besonders positiv konnotierte Präsentation des Produkts seitens des Influencers gestattet ist. Es findet also keine objektive, sondern eine Bewertung im Sinne des Vertrags statt. Etwaige Nachteile oder Eigenschaften, die dem Produkt negativ anhaften, müssen häufig vertraglich unerwähnt bleiben. Hinzu kommt, dass Influencer teilweise überhaupt keinen Einfluss darauf haben, für welches Produkt sie werben. Die Frage, wie glaubwürdig eine Empfehlung eines bezahlten Werbetreibenden sein kann, der sich das Produkt, das er möglichst positiv darstellen muss, nicht aussuchen und negative Aspekte nicht erwähnen darf, sollte durchaus erlaubt sein. Doch wie oft stellen sich Follower diese Frage? Die hohen Absätze, die Influencer-Marketing-Kooperationen nach sich ziehen, zeigen, dass eine solch kritische Hinterfragung äußerst selten zu erfolgen scheint. Dies resultiert daraus, dass das Vertrauen in eine positive Aussage über ein Produkt wesentlich höher und die Sichtweise des Adressaten deutlich unkritischer ist, wenn die betreffende Person – in diesem Fall der Influencer – geradezu als »befreundet« gilt und deshalb als

360 Nirschl/Steinberg, Einstieg in das Influencer Marketing, S. 2.

361 Leinemann, IT-Berater und soziale Medien, S. 15f.

362 Benz/Kohler, ZfPW 2020, 490, 500; anders Brown/Hayes, Influencer Marketing, S. 110, die einen klaren Unterschied zwischen der Bezahlung eines Influencers für die Äußerung seiner eigenen Ansichten und der Bezahlung eines Influencers, damit er die Ansichten eines Auftraggebers äußert sehen.

363 Benz/Kohler, ZfPW 2020, 490, 499.

364 Riefa/Clausen, EuCML 2019, 64, 73.

unabhängig eingestuft wird.[365] Da der Influencer seinen Followern jedoch selbst gerade kein gesteigertes Vertrauen entgegenbringt, ist diese Beziehung nicht reziprok, sondern einseitig.[366] Aus diesen Gründen stehen verschiedene Autoren den neuen Meinungsführern zu Recht kritisch gegenüber. Manche sehen in ihnen sogar eine »ernst zu nehmende Gefahr«, da sie »antiaufklärerisch agieren und ihre Follower manipulieren«.[367] Influencer würden zu einem Leben auf Pump animieren, nicht zuletzt dadurch, dass sie ihre Posts immer häufiger mit Rabattcodes versehen, die teilweise innerhalb weniger Stunden eingelöst werden müssten: »Der Follower soll sich zur Not verschulden, keinesfalls aber darf er sich die Chance auf ein einmaliges Angebot entgehen lassen.«[368] Am Ende eines Beitrags stehe immer der obligatorische Hinweis, dass jeder die potentielle Kaufentscheidung für sich selbst treffen müsse, was aber nur eine pseudodemokratische Wahlfreiheit darstellen würde, in dem Wissen, dass die treuen Follower der Kauf-»Empfehlung« schon werden Folge leisten.[369]

Betrachtet man eine in Bezug auf den Verwendungs- und Bekanntheitsgrad von Instagram erschienene Studie von [m]Science aus dem Jahr 2019, mag man deshalb zumindest einen negativen Trend in Bezug auf die Glaubwürdigkeit, die Influencern entgegengebracht wird, vermuten können. Zwar hat sich der prozentuale Wert derjenigen Befragten, die Influencer als »sehr glaubwürdig« wahrnehmen, mit 4 % im Vergleich zum Vorjahr 2018 nicht verändert, der Wert der Personen, die sie als »eher glaubwürdig« wahrnehmen, ist dagegen bereits von 19 auf 15 Prozentpunkte gesunken.[370] Dass die Social-Media-Nutzer einstweilen kritischer im Umgang mit Influencern werden, zeigt auch der Personenkreis, der Influencer in der Studie als »überhaupt nicht glaubwürdig« wahrnahm: Dies waren 25 % der Befragten und damit 9 % mehr als im Vorjahr.[371] Parallel dazu gaben 14 % an, dass Influencer »nicht authentisch« seien, im Vergleich zu 5 % im Jahr 2018.[372]

Letztlich haben die hier skizzierten Faktoren also bereits zu einer positiven Veränderung geführt: Die Follower von Influencern begegnen der Authentizität

365 Harte-Bavendamm/Henning-Bodewig/*Keller* UWG § 2 Rn. 32a; Scherer, WRP 2019, 277.

366 Benz/Kohler, ZfPW 2020, 490, 499.

367 So Nymoen/Schmitt, Influencer, S. 10.

368 Nymoen/Schmitt, Influencer, S. 24.

369 Nymoen/Schmitt, Influencer, S. 120.

370 [m]Science, Spotlight Influencer 4.0, S. 29, abrufbar unter: https://www.schau-hin.info/fileadmin/content/Downloads/Sonstiges/_m_SCIENCE_Spotlight_Influencer_4.0.pdf (zuletzt abgerufen am 26.09.2023).

371 [m]Science, Spotlight Influencer 4.0, S. 29, abrufbar unter: https://www.schau-hin.info/fileadmin/content/Downloads/Sonstiges/_m_SCIENCE_Spotlight_Influencer_4.0.pdf (zuletzt abgerufen am 26.09.2023).

372 [m]Science, Spotlight Influencer 4.0, S. 37, abrufbar unter: https://www.schau-hin.info/fileadmin/content/Downloads/Sonstiges/_m_SCIENCE_Spotlight_Influencer_4.0.pdf (zuletzt abgerufen am 26.09.2023).

letzterer mit einem ausgeprägteren Realismus. In einer von der Fakultät für Sozialwissenschaften und Wirtschaft der Abo Akademi Universität in Turku, Finnland und dem Center for Retailing der schwedischen Stockholm School of Economics durchgeführten Studie wurde festgestellt, dass auch die Offenlegung von Sponsoring-Vergütungen zu einer positiveren Einstellung gegenüber bezahlten Influencern führt.[373] Wenn Influencer nicht über den entgeltlichen Charakter einer Zusammenarbeit informieren oder in gesponserten Blogbeiträgen vage Begriffe über das Sponsoring verwenden, kann dies bei den Lesern Misstrauen erwecken und zu einer geringeren Glaubwürdigkeit des Influencers führen.[374] Ob sich die Offenlegung von Einkünften aus Influencer-Aktivitäten in Deutschland etablieren wird, kann in diesem Zusammenhang guten Gewissens bezweifelt werden. Dennoch wäre es für die Authentizität von Influencern wünschenswert, offen mit dem Thema Vergütung umzugehen. Auf diese Weise lässt sich ein Erklärungsbedarf vermeiden, der sich im Zweifelsfall deutlich negativer auf die Reputation und Authentizität der Influencer auswirkt, als ein transparenter Umgang mit ihren Kooperationen.

V. Die Bedeutung von neuen Medien und sozialen Netzwerken wie Instagram

Die Entwicklung des Influencer-Marketings, die zu einer Zunahme der Vertriebs- und Marktmacht führte und gleichzeitig die oben genannten Chancen und Risiken hervorbrachte, ist insbesondere der Entwicklung der sogenannten »Neuen Medien« zu verdanken. Der Terminus »Neue Medien« wurde erstmals in den 1970er Jahren als Oberbegriff für Verfahren und technische Mittel verwendet, die mit Hilfe innovativer oder erweiterter Technologien neue Nutzungsformen für bestehende Massen- und Speichermedien wie Kabel- und Satellitenfernsehen oder Videografie ermöglichten.[375] Auch der Hörfunk sowie Buch- und Zeitungsdruck stellten zu ihrer jeweiligen Geburtsstunde neue Medien dar.[376] In seiner jüngsten Bedeutung steht der Begriff für die digitale Datenübertragung mit Hilfe elektronischer Geräte wie Computer, Smartphones und Tablets, die den Nutzern durch den – mittlerweile als Teil der Grundversorgung anerkannten[377] – Internetzugang eine schier unbegrenzte Interaktivität garantieren.[378] Die »Neuen Medien« stellen folglich einen Eckpfeiler der digitalen Revolution sowie einen

373 Stubb/Nystrom/Colliander, Journal of Communication Management 2019, 112.
374 Stubb/Nystrom/Colliander, Journal of Communication Management 2019, 112f.
375 BeckOK MietR/*Hitpaß* BGB § 535 Rn. 1105.
376 BeckOK MietR/*Hitpaß* BGB § 535 Rn. 1104.
377 BGH, NJW 2013, 1072.
378 BeckOK MietR/*Hitpaß* BGB § 535 Rn. 1101.

elementaren Gegenstand der gesellschaftlichen Zukunftsdebatte dar.[379] Durch ihren Einsatz wird der Informationszugang zu Produkten und Dienstleistungen deutlich erleichtert und vereinfacht es, das Interesse der Kunden an diesen Produkten und Dienstleistungen zu wecken.[380] Der Begriff selbst kann als dynamisch bezeichnet werden, in dem Sinne, dass er sich regelmäßig revolutioniert und neu definiert.

Die Entwicklung der neuen Medien geht mit einer Abkehr von den klassischen Sender-Empfänger-Strukturen in Fernsehen, Radio und Presse einher; ein weiterer Faktor, der die Verbreitung des Influencer-Marketings begünstigt.[381] Mittlerweile spielen traditionelle Sender-Empfänger-Konstellationen nur noch eine untergeordnete Rolle, da sich sowohl das Kommunikations- als auch das Meinungsbildungs- und Kaufverhalten der Verbraucher grundlegend verändert hat.[382] Zunehmend rückt der – primär in den sozialen Medien anzutreffende – »User generated Content« in den Vordergrund, bei dem die jeweiligen Internet-Nutzer Inhalt, Intensität und Dauer der Kommunikation selbst bestimmen und Inhalte eigenständig gestalten können.[383] Die jeweiligen sozialen Netzwerke setzen in diesem Zusammenhang insbesondere auf mobile Anwendungen durch Apps, die meist kostenlos in den jeweiligen App-Stores zum Download bereitstehen. Generell enthalten derartige Apps regelmäßig nicht solch umfangreiche Eigenschaften wie die browserbasierte Desktop-Version, ermöglichen jedoch die Nutzung der wichtigsten Funktionen.[384] Anders sieht es bei sozialen Netzwerken aus. Hier konzentrieren sich die Anbieter zunehmend auf die App-Anwendung, die Browserversion wird stets nur nachrangig aktualisiert.[385] Diese Verlagerung auf mobile Anwendungen hat dazu geführt, dass der heimische PC für einige internetbasierte Tätigkeitsbereiche weitgehend obsolet geworden ist. Denn auch der Internetbrowser auf dem Smartphone stellt mittlerweile ein zuverlässiges Einfallstor zum Internet dar und ist keineswegs mit dem Browser der ersten internetfähigen Handys vergleichbar. Dank Flatrates und Datenvolumina ist die ständige Internetnutzung fast ununterbrochen gewährleistet, sodass das Smartphone Aufgaben übernehmen kann, die früher allein dem PC vorbehalten waren.

---

379 BeckOK MietR/*Hitpaß* BGB § 535 Rn. 1101.

380 Busch/Dögl/Unger, Integriertes Marketing, S. 330.

381 Vgl. Pastor, kommunikation.medien 10/2019, S. 2.

382 Kost/Seeger, Influencer Marketing, S. 25.

383 Bräutigam/Rücker/*Müller-Riemenschneider*, 7. Teil, Kap. C Rn. 10; vgl. auch Kost/Seeger, Influencer Marketing S. 186.

384 Bräutigam/Rücker/*Müller-Riemenschneider*, 7. Teil, Kap. F Rn. 1.

385 Vgl. nur Metzger, Allround-PC vom 20.04.2020, abrufbar unter: https://www.allround-pc.com/news/2020/instagram-neue-funktionen-fuer-die-dekstop-browser-version (zuletzt abgerufen am 26.09.2023).

Influencer und die dahinterstehenden Unternehmen können auf eine breite Auswahl an Social-Media-Plattformen zurückgreifen, die über eine eigene App verfügen, wie zum Beispiel TikTok, Snapchat und Instagram. In der Regel handelt es sich bei den Plattformen um unentgeltliche Dienste, die sich über Einblendung personalisierter Werbung finanzieren.[386] Sie gehören zu den Medien und Technologien, die es den Internetnutzern vornehmlich ermöglichen sollen, online Informationen auszutauschen.[387] Charakteristisch für jegliche soziale Netzwerke sind interaktive und kollaborative Elemente, wie das Liken, Teilen und Kommentieren von Beiträgen sowie das Abonnieren von Nutzern.[388] Instagram beispielsweise ist eine Foto- und Video-Sharing Plattform, die im Oktober 2010 gelauncht wurde.[389] Seit der Übernahme durch den Facebook-Konzern im Jahr 2012, nur zwei Jahre nach der Gründung, wuchs die Plattform organisch weiter und entwickelte sich zur optimalen Bühne für das Influencer-Marketing, vor allem weil Produkte hier unkompliziert vorgestellt werden und so ihre volle Wirkung entfalten können.[390] Damit dienen Social-Media-Plattformen mittlerweile nicht mehr nur dem Austausch von persönlichen Informationen und vermeintlich alltäglichen Banalitäten,[391] sondern wandeln sich mehr und mehr zu Werbeplattformen. Dies bestätigt insbesondere die bereits beschriebene Checkout-Funktion der Instagram-App, mit der Einkäufe getätigt werden können, ohne die App verlassen zu müssen. Werbung in sozialen Medien wird so zunehmend zu einem Erlebnis für die Konsumenten und beeinflusst deren Kaufentscheidungen positiv.[392] Doch nicht nur aufgrund der Checkout-Funktion erfreut sich die Plattform Instagram besonderer Beliebtheit bei Influencern, Unternehmen und durchschnittlichen Nutzern. Die Plattform fördert die Präsentation von hochwertigen und ästhetischen Fotos und Videos, die mit zahlreichen Filtern bearbeitet werden können und nicht unregelmäßig professionell mit hohem Aufwand produziert werden.[393] Aufgrund dieser Fokussierung auf fachmännisch aufgenommene Bewegt- beziehungsweise Standbilder eignet sich Instagram besonders für die Profilierung der aufstrebenden Social-Media-Stars. Bereits im Jahr 2017 wurde ein Budget von mehr als 560 Millionen Euro auf Instagram investiert und die Plattform selbst generierte im Vergleich zu anderen Social-Media-Plattformen den höchsten Umsatz.[394] Mittlerweile zählt sie weltweit

386 Bräutigam/Rücker/*Müller-Riemenschneider*, 7. Teil, Kap. B Rn. 13.
387 Kreutzer/Land, Digitale Markenführung, S. 52.
388 Faßmann/Moss, Instagram als Marketing-Kanal, S. 14.
389 Faßmann/Moss, Instagram als Marketing-Kanal, S. 13.
390 Jahnke, Influencer Marketing, S. 5.
391 Hauschka/Moosmayer/Lösler/*Gilch*, Corporate Compliance, § 41 Rn. 1.
392 Nufer/Beck, Reutlinger Diskussionsbeiträge zu Marketing und Management 2/2020, S. 3.
393 Ahrens, GRUR 2018, 1211, 1212; Grabs/Bannour/Vogl, Follow me!, S. 317.
394 Lettmann, GRUR 2018, 1206, 1207; Nufer/Beck, Reutlinger Diskussionsbeiträge zu Marketing und Management 2/2020, S. 6.

über eine Milliarde Nutzer, davon über 18 Millionen in Deutschland.[395] 250 Millionen Menschen sind täglich aktiv.[396] Dabei konnte Instagram den Anteil seiner Nutzer, die die Plattform mindestens einmal pro Woche verwenden, laut der bereits erwähnten Studie von [m]Science von 43 % im Jahr 2018 auf 51 % im Jahr 2019 steigern.[397] Auch die Bekanntheit der Plattform konnte noch einmal deutlich ausgebaut werden: Von 83 % der Befragten im Jahr 2018 auf 93 % in 2019, so die Studie.[398] Bei den 13- bis 17-Jährigen ist Instagram am weitesten verbreitet.[399] 72 % der Deutschen in dieser Altersgruppe haben ein eigenes Profil, gefolgt von den 18- bis 29-Jährigen, von denen immerhin 64 % die Plattform nutzen.[400] Laut der »State of Influencer Marketing Survey 2018«, im Rahmen derer 181 Marketing-Entscheider über die Relevanz der einzelnen Plattformen befragt wurden, hielten 92 % Instagram für die wichtigste aller Social-Media-Plattformen.[401] Obwohl das Videoportal TikTok laut einer Umfrage des Influencer Marketing Hub im Jahr 2021 einen kolossalen Anstieg der Kooperationen verzeichnete, gaben auch hier noch immer 67 % der befragten Unternehmen an, unter allen Plattformen Instagram für Influencer-Marketing-Kooperationen zu präferieren.[402] Gerade einmal 15 % der Nutzer nehmen die Plattform als Werbefläche wahr.[403] Ebendieser Umstand bietet Unternehmen den großen Vorteil, ihre Botschaften über einen Influencer so passgenau zu platzieren, dass vor allem junge Zielgruppen – die teilweise immun gegen konservative Werbemöglich-

395 Lohmeier, statista vom 05.05.2023, abrufbar unter: https://de.statista.com/statistik/daten/studie/795086/umfrage/anzahl-der-nutzer-von-instagram-weltweit/ (zuletzt abgerufen am 26.09.2023); Lettmann, GRUR 2018, 1206, 1207.

396 Pastor, kommunikation.medien 10/2019, S. 2.

397 [m]Science, Spotlight Influencer 4.0, S. 7, abrufbar unter: https://www.schau-hin.info/fileadmin/content/Downloads/Sonstiges/_m_SCIENCE_Spotlight_Influencer_4.0.pdf (zuletzt abgerufen am 26.09.2023).

398 [m]Science, Spotlight Influencer 4.0, S. 14, abrufbar unter: https://www.schau-hin.info/fileadmin/content/Downloads/Sonstiges/_m_SCIENCE_Spotlight_Influencer_4.0.pdf (zuletzt abgerufen am 26.09.2023).

399 Lohmeier, statista vom 05.05.2023, abrufbar unter: https://de.statista.com/statistik/daten/studie/795086/umfrage/anzahl-der-nutzer-von-instagram-weltweit/ (zuletzt abgerufen am 26.09.2023).

400 Kost/Seeger, Influencer Marketing, S. 140.

401 Linquia, The State of Influencer Marketing 2018, S. 8, abrufbar unter: https://www.linqia.com/wp-content/uploads/2017/12/Linqia-The-State-of-Influencer-Marketing-2018.pdf (zuletzt abgerufen am 26.09.2023).

402 Geyser, Influencer Marketing Benchmark Report 2021, S. 5, abrufbar unter: https://influencermarketinghub.com/influencer-marketing-benchmark-report-2021/ (zuletzt abgerufen am 31.08.2023).

403 Nufer/Beck, Reutlinger Diskussionsbeiträge zu Marketing und Management 2/2020, S. 6; Nier, statista vom 14.12.2017, abrufbar unter: https://de.statista.com/infografik/12073/produktwahrnehmung-auf-social-media/ (zuletzt abgerufen am 26.09.2023).

keiten scheinen – einen Beitrag bewusst konsumieren.[404] Wählt ein Unternehmen in der Folge einen Influencer aus, der seine Follower und entsprechende Reichweite auf einer Social-Media-Plattform wie Instagram aufgebaut hat, wird diese Plattform mitsamt der ihr innewohnenden Reichweite unmittelbar mitgebucht.[405] Dies geht so weit, dass beispielsweise manche Werbeverträge mit Profifußballern heutzutage unweigerlich die Präsenz des Sportlers in den sozialen Medien beinhalten.[406] Die Erfolgsgeschichte von Instagram hat daher maßgeblich zum rasanten Aufstieg des Influencer-Marketings beigetragen.[407] Aus diesem Grund wird sich die folgende Untersuchung auf Instagram konzentrieren, insbesondere auf die Anwendung via App. Diejenigen Wertungen und Grundsätze, die für diese Plattform im Folgenden aufgestellt werden, lassen sich jedoch dem Grunde nach auch auf andere soziale Netzwerke übertragen.

VI. Handlungsoptionen und Darbietungsmöglichkeiten von Influencern auf Instagram

Influencer verfügen über verschiedene Möglichkeiten, auf Instagram mit ihren Followern zu interagieren. Ihre wesentlichen Optionen sind auf der einen Seite sogenannte »Beiträge«, beziehungsweise »Post(ing)s«, und auf der anderen Seite sogenannte »Stories« hochzuladen. Ein »Beitrag« oder »Post« in Gestalt eines Fotos oder Videos wird auf dem eigenen Profil veröffentlicht und den Followern im Newsfeed angezeigt, weshalb er mitunter auch als »Feed-Beitrag« bezeichnet wird. Er ist solange sichtbar, bis der Schöpfer des Beitrags ihn von seinem Profil entfernt. In einem Beitrag können Nutzer unter anderem den Hersteller-Account eines Produkts verlinken oder Tap Tags installieren. Ferner lassen sich in der Beschreibung eines Beitrags Texte mit bis zu 2.200 Zeichen verfassen, was häufig unter der Verwendung von (bis zu 30) Hashtags (#) geschieht. Hashtags unterstreichen die Erkennbarkeit von charakteristischen Begriffen oder kurzen Sätzen in blauer Schrift und verstärken so den Aussagegehalt eines Beitrags.[408]

Neben diesen Feed-Beiträgen existieren die Instagram Stories. Dabei handelt es sich ebenfalls um Foto- oder Videosequenzen, die jedoch grundsätzlich nicht dauerhaft sichtbar sind. Der Hauptunterschied zwischen Beitrag und Story ist also die zeitliche Begrenzung der Visibilität. Die Videosequenzen haben grund-

404 Barth, Der Kampf um die Werbung, S. 98; Laoutoumai/Dahmen, K&R 2017, S. 30; Nirschl/Steinberg, Einstieg in das Influencer Marketing, S. 21; Vgl. auch Nufer/Beck, Reutlinger Diskussionsbeiträge zu Marketing und Management 2/2020, S. 3, 8.

405 Laoutoumai/Dahmen, K&R 2017, S. 30.

406 Kilian, absatzwirtschaft 7/8 2016, S. 77.

407 Jahnke, Influencer Marketing, S. 5.

408 Lichtnecker, MMR 2018, 512, 515.

sätzlich eine Länge von jeweils bis zu 20 Sekunden, wobei ein aktuelles Update auch sogenannte »Longer Stories« von längerer Dauer zulässt, um ein Video nicht an unpassenden Stellen zu unterbrechen.[409] Nach 24 Stunden werden die Stories automatisch von Instagram gelöscht. Ab diesem Zeitpunkt sind sie auf dem Profil nur noch sichtbar, wenn sie als »Highlight« gespeichert oder »archiviert« werden.[410]

Weitere Optionen für die Veröffentlichung von Beiträgen waren bis vor kurzem das »Instagram TV« (IGTV). Mittlerweile haben die sogenannten »Reels« das IGTV abgelöst. Diese erfreuen sich seitdem großer Beliebtheit. Während im IGTV noch Videos mit einer Länge von bis zu 60 Minuten gepostet werden konnten, handelt es sich bei Reels um Sequenzen mit einer Länge von bis zu 90 Sekunden, die zumeist unterhaltsame, zeitweise aber auch informative Kurzvideos enthalten.[411]

Für die Zwecke vorliegender Arbeit lassen sich die Handlungen der Protagonisten im Wesentlichen in drei Marketinginstrumente einordnen: Die Produktinszenierung, die Produktplatzierung und die zuzügliche Installation eines Affiliate-Links in einen Beitrag oder eine Story.

1. Produktinszenierung

Eine der praktisch relevantesten Darbietungsmöglichkeiten ist die Produktinszenierung, wobei die Bezeichnung für diese Aktion in den sozialen Medien nicht einheitlich erfolgt. So wird sie neben der Produktinszenierung,[412] als Produkttest,[413] Produktbewertung,[414] oder, wie im Marketing bei YouTube, als gesponserte Videos[415] bezeichnet. Aus Konsistenzgründen wird vorliegend der Begriff der Produktinszenierung verwendet. Hierbei steht das Produkt, mit welchem sich

409 Lewanczik, onlinemarketing.de vom 26.09.2022, abrufbar unter: https://onlinemarketing.de/social-media-marketing/videos-instagram-stories-60-sekunden-nicht-unterteilt (zuletzt abgerufen am 26.09.2023).

410 Leeb/Maisch, ZUM 2019, 29, 32.

411 Vgl. Doliner, t3n Ratgeber vom 06.08.2022, abrufbar unter: https://t3n.de/news/instagram-reels-wissen-erstellst-1488120/ (zuletzt abgerufen am 26.09.2023).

412 Kost/Seeger, Influencer Marketing, S. 98f.

413 Firsching/Bersch, Influencer Marketing für Unternehmen, S. 12f., abrufbar unter: https://www.futurebiz.de/wp-content/uploads/2016/03/Influencer-Marketing-White-Paper-Futurebiz.pdf (zuletzt abgerufen am 28.08.2023).

414 Firsching/Bersch, Influencer Marketing für Unternehmen, S. 12f., abrufbar unter: https://www.futurebiz.de/wp-content/uploads/2016/03/Influencer-Marketing-White-Paper-Futurebiz.pdf (zuletzt abgerufen am 28.08.2023).

415 Nufer/Kaps, Reutlinger Diskussionsbeiträge zu Marketing und Management 4/2017, S. 9.

ausführlich und in ganzer Tiefe auseinandergesetzt wird, im Mittelpunkt eines speziell für die Inszenierung erstellten Beitrags.[416]

2. Produktplatzierungen

Im Gegensatz zur Produktinszenierung handelt es sich bei der Produktplatzierung um eine scheinbar beiläufige und nicht explizite Erwähnung eines Produkts über auditive, visuelle oder audiovisuelle Medien, meist innerhalb eines Videos.[417] Durch die Platzierung eines Markenartikels als reale Requisite wird dabei ein Firmenname oder -logo, ein Produkt oder eine Dienstleistung für eine Gegenleistung gezielt und zweckgebunden in eine Produktion integriert, in der es um etwas völlig anderes gehen kann.[418] Von Produktplatzierungen im engeren Sinne wird grundsätzlich erst dann gesprochen, wenn das Produkt in einer Weise gezeigt wird, die über das hinausgeht, was zur Darstellung einer natürlichen Situation notwendig ist.[419] Die Markenartikelhersteller erhoffen sich von solchen Produktionen einen positiven Effekt auf die Bekanntheit und Attraktivität ihres Produktes.[420]

In juristischer Hinsicht liefert der inzwischen abgelöste Rundfunkstaatsvertrag erste Anhaltspunkte für eine juristische Typisierung der Produktplatzierung. In § 2 Abs. 2 Nr. 11 RStV definiert er sie als

> »die gekennzeichnete Erwähnung oder Darstellung von Waren, Dienstleistungen, Namen, Marken, Tätigkeiten eines Herstellers von Waren oder eines Erbringers von Dienstleistungen in Sendungen gegen Entgelt oder eine ähnliche Gegenleistung mit dem Ziel der Absatzförderung. Die kostenlose Bereitstellung von Waren oder Dienstleistungen ist Produktplatzierung, sofern die betreffende Ware oder Dienstleistung von bedeutendem Wert ist.«

Der auf den Rundfunkstaatsvertrag gefolgte Medienstaatsvertrag definiert die Produktplatzierung in § 2 Abs. 2 Nr. 12 wie folgt:

> »Im Sinne des Staatsvertrages ist Produktplatzierung jede Form der Werbung, die darin besteht, gegen Entgelt oder eine ähnliche Gegenleistung ein Produkt, eine Dienstleis-

416 Vgl. Firsching/Bersch, Influencer Marketing für Unternehmen, S. 13, abrufbar unter: https://www.futurebiz.de/wp-content/uploads/2016/03/Influencer-Marketing-White-Paper-Futurebiz.pdf (zuletzt abgerufen am 28.08.2023).

417 Gloy/Loschelder/Danckwerts/*Bruhn*, UWG-HdB § 59a Rn. 31, 32; Schumacher, Effektivität von Ausgestaltungsformen des Product Placement, S. 8.

418 Berndt/*Berndt/Uebelhart*, Managementkonzepte für kleine und mittlere Unternehmen, S. 222; Bräutigam/Rücker/*Müller-Riemenschneider*, 7. Teil, Kap. D Rn. 17; Rathmann, Medienbezogene Effekte von Product Placement, S. 15.

419 Felser, Werbe- und Konsumentenpsychologie, S. 15.

420 Busch/Dögl/Unger, Integriertes Marketing, S. 365.

tung oder die entsprechende Marke einzubeziehen oder darauf Bezug zu nehmen, sodass diese innerhalb einer Sendung oder eines nutzergenerierten Videos erscheinen. Die kostenlose Bereitstellung von Waren oder Dienstleistungen ist Produktplatzierung, sofern die betreffende Ware oder Dienstleistung von bedeutendem Wert ist.«

Typisches Merkmal der Produktplatzierung ist folglich die Einbeziehung oder Bezugnahme auf ein Produkt oder einer Dienstleistung gegen Entgelt, welches von der Zahlung eines Geldbetrags über die kostenfreie Überlassung eines Produkts[421] bis hin zur freien Gewährung von Dienstleistungen reichen kann,[422] sofern die Ware oder Dienstleistung einen bedeutenden Wert hat.[423] Von einem bedeutenden Wert gehen die Landesmedienanstalten bei 1 % der Produktionskosten ab einer Untergrenze von 1.000,00 Euro aus.[424] Im Influencer-Marketing dient die Produktplatzierung dazu, Follower überhaupt erst auf ein Produkt aufmerksam zu machen und ihre Neugierde zu wecken.[425] Das beauftragende Unternehmen legt die Gestaltung des Beitrags in die Hände des Influencers, der über die Art und Weise der Produktpräsentation entscheidet.[426] Bei der Produktplatzierung muss besonders darauf geachtet werden, die Präsentation der Marke in einem passenden Rahmen erscheinen zu lassen, da sonst die Glaubwürdigkeit der Marke unter der erkennbaren Absicht der Präsentation leiden kann.[427] Im Idealfall platziert der Influencer das Produkt deshalb im Rahmen seiner Story, die zum einen spannende Inhalte für die Follower enthält, und zum anderen die Marke glaubwürdig erscheinen lässt.[428]

421 Vgl. zur steuerlichen Behandlung von Produktüberlassungen an ausländische Influencer Scheerer/Wionzeck, DStR 2021, 1449.

422 Berndt/*Berndt/Uebelhart*, Managementkonzepte für kleine und mittlere Unternehmen, S. 222f.

423 Rathmann, Medienbezogene Effekte von Product Placement, S. 15.

424 Spindler/Schuster/*Holznagel*, RStV § 2 Rn. 84; hierzu kritisch Mallick/Weller, WRP 2018, 155, 158, die zurecht darauf hinweisen, dass weder das UWG noch das TMG eine Wertgrenze kennen; kritisch auch Gerecke, GRUR 2018, 153, 158, der vorschlägt, im Bereich audiovisueller Telemedien eine gesonderte Grenze für den bedeutenden Wert der Produktplatzierung festzulegen.

425 Firsching/Bersch, Influencer Marketing für Unternehmen, S. 13, abrufbar unter: https://www.futurebiz.de/wp-content/uploads/2016/03/Influencer-Marketing-White-Paper-Futurebiz.pdf (zuletzt abgerufen am 28.08.2023).

426 Nufer/Kaps, Reutlinger Diskussionsbeiträge zu Marketing und Management 4/2017, S. 9.

427 Busch/Dögl/Unger, Integriertes Marketing, S. 365.

428 Kost/Seeger, Influencer Marketing, S. 98.

3. Affiliate-Marketing-Kooperationen

Ein in der Praxis besonders beliebtes Mittel, um ein Produkt oder eine Dienstleistung durch einen Influencer präsentieren zu lassen, ist die Zusammenarbeit im Rahmen einer Affiliate-Marketing-Kooperation. Die Bezeichnung »Affiliate-Marketing« stammt aus dem Englischen und setzt sich aus den Begriffen »Affiliate« (Partner) und »Marketing« (Vermarktung) zusammen, tritt in Deutschland aber auch unter der Bezeichnung »Partnerprogramm« auf.[429] Es handelt sich dabei um die Vermarktung von Produkten eines Produktanbieters (Merchant) über Werbepartner im Internet, wobei der Produktanbieter Werbemittel zur Verfügung stellt, die der Affiliate beispielsweise auf seiner Website platziert.[430] Primär zielt der Merchant hierbei darauf ab, seine Reichweite durch die Gewinnung neuer Kunden zu vergrößern und den Umsatz zu steigern.[431] Der Affiliate strebt die Generierung von zusätzlichen Werbe- und Provisionserlösen an.[432] Der Produktanbieter kann direkt vertraglich an den Affiliate gebunden sein oder einen Affiliate-Systembetreiber (sogenanntes Netzwerk) einschalten, der das Affiliate-Marketing koordiniert.[433] Vereinzelt wird behauptet, die goldenen Wachstumsjahre des Affiliate-Marketings seien vorbei.[434] Doch dank Influencern erlebt diese vermeintlich überholte Form des Marketings derzeit eine Renaissance. Denn in der Praxis werden Kooperation zwischen Unternehmen und Influencern immer häufiger mit einer Betätigung des Influencers als Affiliate kombiniert.[435]

Beim Affiliate-Marketing mit Influencern wird grundsätzlich kein Netzwerk zwischengeschaltet. Die Kommunikation wie auch die Abrechnung einer Zusammenarbeit findet unmittelbar zwischen Influencer und Merchant, beziehungsweise zwischen Merchant und Management des Influencers statt. Erstaunliche 59 % der im Benchmark Report 2021 befragten Unternehmen gaben an, Influencer in ihren Affiliate-Kampagnen einzusetzen.[436] Dabei kreieren die Influencer zunächst wie üblich beispielsweise eine werbewirksame Story. Diesen Stories können Hyperlinks, die sogenannten Affiliate-Links, zugrunde gelegt

429 Norbert, Urheberrecht.de, zuletzt aktualisiert am 19.07.2023, abrufbar unter: https://www.urheberrecht.de/affiliate-marketing/ (zuletzt abgerufen am 10.10.2023).
430 Renner/Schmidt, GRUR 2009, 908, 910.
431 Freiling/Kollmann/*Kollmann/Suckow/Peschl*, Entrepreneurial Marketing, S. 169; Fries, Influencer-Marketing, S. 44.
432 Freiling/Kollmann/*Kollmann/Suckow/Peschl*, Entrepreneurial Marketing, S. 169.
433 Renner/Schmidt, GRUR 2009, 908, 910.
434 Lammenett, Praxiswissen Online-Marketing, S. 76.
435 Fries, Influencer-Marketing, S. 47.
436 Geyser, Influencer Marketing Benchmark Report 2021, S. 30, abrufbar unter: https://influencermarketinghub.com/influencer-marketing-benchmark-report-2021/ (zuletzt abgerufen am 31.08.2023).

werden.[437] Beim Influencer-Marketing verweisen die Affiliate-Links direkt vom Kanal eines Influencers auf die Homepage eines werbenden Unternehmens.[438] Dies geschah bis vor kurzem durch die sogenannte »Upswipe«-Funktion in Instagram-Stories. Durch einem Wisch auf dem Bildschirm eines Smartphones wurde man direkt auf den Onlineshop des werbetreibenden Unternehmens weitergeleitet,[439] wo sofort Bestellungen getätigt werden konnten. Die Upswipe-Funktion wurde zum 30. August 2021 durch sogenannte »Link-Sticker« ersetzt, die den Nutzern mehr »kreative Kontrolle« zur Verfügung stellen sollen, da die Nutzer nun die Optik dieser Sticker verändern können.[440] Zwei Klicks auf den Sticker führen zu einer externen Internetseite. Ein erster Klick öffnet einen Link, mit einem zweiten Klick auf den Link gelangt man zu dem besagten Onlineshop. Die Funktion der Links bleibt damit dieselbe wie beim »upswipen«. Die zweite Möglichkeit Affiliate-Links zu nutzen, besteht darin einen Beitrag hochzuladen, auf dem ein Produkt »getaggt« wird. Beim Anklicken eines Produkts auf einem Beitrag führt ein hierin gesetzter Link zu dem Social-Media-Auftritt des Anbieterunternehmens[441] oder erneut auf den jeweiligen Onlineshop, der wiederum den Erwerb von Waren ermöglicht.[442] So haben potentielle Käufer die Möglichkeit, sich durch Antippen eines Fotos zunächst über den Preis des Produkts zu informieren und durch einen erneuten Klick auf den Link auf eine externe Website zu gelangen, auf der das Produkt dann erworben werden kann.

Den Ablauf eines Affiliate-Programms bis zum Kauf eines Produkts unter Zuhilfenahme eines Influencers als Affiliate beschreibt das Influencer Marketing Hub wie folgt:

> »Ein Influencer wird Mitglied eines bestimmten Partnerprogramms.[443] Das Programm gibt dem Mitglied eine eindeutige ID und eine angepasste URL, die es für die Werbung für Produkte verwenden kann. Der Partner sieht sich die Website oder den Katalog des Unternehmens an, um die Produkte auszuwählen, für die er oder sie werben möchte. Er oder sie erstellt dann Werbung für das Produkt in Blogbeiträgen, YouTube-Videos und in sozialen Netzwerken. Der Partner fügt einen individuellen Link in jeden Beitrag ein.

437 Leeb/Maisch, ZUM 2019, 29, 32.

438 Schmidt/Kollmann/Karl, DStR 2021, 765.

439 Leeb/Maisch, ZUM 2019, 29, 32.

440 Theile, FAZ vom 24.08.2021, abrufbar unter: https://www.faz.net/aktuell/wirtschaft/digitec/instagram-entfernt-swipe-up-funktion-fuer-externe-links-17499053.html (zuletzt abgerufen am: 10.10.2023).

441 Vgl. dazu Erläuterung von Tag Tags unter Kap. 2, II., 5.

442 Köhler/Bornkamm/Feddersen/*Köhler* UWG § 5a Rn. 4.90.

443 Ein Partnerprogramm stellt die hier so bezeichnete Kooperation zwischen Influencer/Affiliate und einem Unternehmen dar. Der Partner ist demgemäß der Affiliate.

Ein potenzieller Käufer klickt auf einen der Affiliate-Links. Dadurch wird er auf die Website des Verkäufers weitergeleitet.«[444]

Das Affiliate-Marketing verfolgt damit eine auf nachweisbare Erfolge bezogene Zielrichtung, was sich auch in den Vergütungsmodellen widerspiegelt.[445] So erhält der Affiliate eine Provision für jeden Klick (»Pay-per-Click«), für jeden Verkauf (»Pay-per-Sale«) oder für jede Registrierung (»Pay-per-Lead«).[446] Beim »Pay-per-Click«-Modell vermittelt der Affiliate den Besuch eines Internetnutzers auf der Website des Produktanbieters gegen eine Vergütungspauschale.[447] Der Begriff »Pay-per-Sale« beschreibt das Abrechnungssystem des Affiliate-Marketings, bei dem der Affiliate erst dann eine festgelegte Provision vom Merchant erhält, wenn durch seine Bemühungen Umsätze generiert wurden.[448] Beim Abrechnungsverfahren »Pay-per-Lead« wird der Affiliate dafür entlohnt, dass ein Besucher seiner Website eine bestimmte Aktion durchführt, sich zum Beispiel für einen Newsletter anmeldet.[449] Ein »Lead« ist somit ein potentieller Neukunde, der sein Interesse an einem Produkt oder einer Dienstleistung bekundet hat, was er vornehmlich durch die Eintragung und Absendung seiner persönlichen Kontaktdaten tut.[450]

Um nachvollziehen zu können, wie viele solcher Besuche, Bestellungen oder Registrierungen auf der Handlung des Affiliates beruhen, wird ein sogenanntes Trackingwerkzeug, also eine Nachverfolgungssoftware, benötigt.[451] In Fortführung zur oben genannten Darstellung des Ablaufs einer Affiliate-Marketing-Kooperation ergänzt das Influencer Marketing Hub die Nachverfolgung am Beispiel des Cookie-Trackings wie folgt:

»Die Website wird wahrscheinlich ein Cookie anlegen. Damit wird der Besuch aufgezeichnet, so dass nachvollziehbar ist, welcher Partnerlink den Kunden zum Kauf veranlasst hat. Der Käufer tätigt den Kauf. Nun überprüft der Händler das Cookie, damit er weiß, wer den Kunden auf die Website geschickt hat. Er schreibt den Verkauf dem entsprechenden Partner gut. In regelmäßigen Abständen stellt der Händler den Partnern Unterlagen zur Verfügung, in denen die Verkäufe und die geschuldeten Provi-

---

444 Geyser, Influencer Marketing Hub vom 25.03.2022, abrufbar unter: https://influencermarketinghub.com/influencers-affiliate-marketing/ (zuletzt abgerufen am 27.09.2023).

445 Fries, Influencer-Marketing, S. 44.

446 Renner/Schmidt, GRUR 2009, 908, 910.

447 Bahr, Affiliate & Recht, Nr. 2, abrufbar unter https://www.affiliateundrecht.de/aufsaetze/sind-affiliates-handelsvertreter/ (zuletzt abgerufen am 27.09.2023).

448 affiliatedeals Lexikon, Pay-per-Sale, abrufbar unter: https://www.affiliate-deals.de/lexikon/pay-per-sale/ (zuletzt abgerufen am 10.10.2023).

449 Unternehmer.de, Lexikon, Pay-per-Lead, abrufbar unter: https://unternehmer.de/lexikon/online-marketing-lexikon/pay-per-lead (zuletzt abgerufen am 10.10.2023).

450 Advidera, Glossar, Pay-per-Lead, abrufbar unter: https://www.advidera.com/glossar/pay-per-lead/ (zuletzt abgerufen am 27.09.2023).

451 Kilian/Langner, Online-Kommunikation, S. 73.

sionen aufgeführt sind. Zu einem vereinbarten Zeitpunkt zahlt der Händler dem Partner eine Provision zu einem bestimmten Satz.«[452]

Mittels Tracking können Transaktionen nahezu lückenlos dokumentiert werden. Ist ein Netzwerk zwischengeschaltet, wird der potentielle Käufer für den Bruchteil einer Sekunde auf den Server des Affiliate-Netzwerks geleitet, nachdem er dem Link des Affiliates gefolgt ist.[453] Dabei wird beim Käufer ein »Post-Click-Cookie« gesetzt, das die eindeutige Information enthält, über welchen Affiliate der Käufer auf die Unternehmenswebsite gelangt ist.[454] Wenn der Interessent anschließend tatsächlich einen Kauf abschließt, bezahlt und nicht retourniert, ist der Kauf valide.[455] Dieser wird »getrackt« und nach erfolgreichem Abschluss werden die entsprechenden Daten an das Affiliate-Netzwerk übermittelt, wo der Verkauf, die Provisionshöhe und relevante Parameter wie der Umsatz erfasst werden.[456] Das Netzwerk übermittelt die Trackingdaten an den Unternehmer, der sie mit seinem Warenwirtschaftssystem abgleichen kann und dem Affiliate sofort, am Monatsende oder am Ende einer Kooperation, seine Provision auskehrt.[457] Wird auf ein Netzwerk verzichtet, muss das Unternehmen selbst über die Möglichkeit verfügen, Trackingdaten zu erheben, um die Verkäufe einem Affiliate zuordnen zu können. Dies kann unter anderem durch das sogenannte »URL-Tracking« geschehen, bei dem der jeweilige Affiliate eine individuelle Kennung erhält, die in dem zur Produktseite des Merchants führenden Affiliate-Link enthalten ist.[458] Ferner kommt die Speicherung der Partner-ID des Affiliates in der Kundendatenbank des Merchants oder auch hier die Verwendung eines Cookies in Betracht.[459] Auf Instagram haben sich Cookies und personalisierte Gutscheincodes als Tracking-Tools etabliert, worauf noch zurückzukommen ist.

VII. Einordnung in einen Vertragstypus

Die Rechtsnatur von Verträgen, die die Präsentation eines Produkts oder einer Dienstleistung durch einen Influencer zum Gegenstand haben, richtet sich nach dem übereinstimmenden Willen der Parteien und ihren Vereinbarungen. Gerade bei Verträgen über eine Produktinszenierung oder -platzierung scheint man

452 Geyser, Influencer Marketing Hub vom 25.03.2022, abrufbar unter: https://influencermarketinghub.com/influencers-affiliate-marketing/ (zuletzt abgerufen am 27.09.2023).
453 Theobald/Haisch, Brand Evolution, S. 296.
454 Theobald/Haisch, Brand Evolution, S. 296.
455 Theobald/Haisch, Brand Evolution, S. 297.
456 Theobald/Haisch, Brand Evolution, S. 297.
457 Schirmbacher/Ihmor, CR 2009, 245, 246.
458 Fries, Influencer-Marketing, S. 44.
459 Lammenett, Praxiswissen Online-Marketing, S. 51.

durch die Anwendung der allgemeinen Regeln des BGB zu gerechten Ergebnissen zu kommen. Wie bereits erörtert, unterscheiden sich Produktplatzierung und Produktinszenierung vor allem in einem Punkt: Im ersten Fall erscheint das von der Marketingkampagne erfasste Produkt eher zufällig und im Hintergrund eines Beitrags. Bei der Produktinszenierung steht das betreffende Produkt im Mittelpunkt des Beitrags, der allein zu dem Zweck erstellt wurde, eben dieses Produkt zu präsentieren und zu bewerben. Bei einem Unternehmen, das einen Influencer mit der Erstellung eines Posts zur beiläufigen Erwähnung oder geschickten Inszenierung beauftragt, kann davon ausgegangen werden, dass es in erster Linie das Ziel verfolgt, den Bekanntheitsgrad eines Produkts zu steigern und die gesteigerte Bekanntheit in Geschäftsabschlüssen mit den Followern des Influencer zu monetarisieren. Der Influencer, der sich vertraglich zu einer dieser Optionen verpflichtet hat, verfolgt mit seinen Posts in diesem Fall hingegen ausschließlich das Ziel, seine vertragliche Verpflichtung zu erfüllen. Ob aus seinen Beiträgen Geschäfte resultieren oder nicht, kann ihm für die Vertragserfüllung zunächst gleichgültig sein. Denn er erhält in diesem Szenario regelmäßig eine einmalige, nicht erfolgsabhängige Vergütung, womit er kein eigenes wirtschaftliches Interesse an konkreten Geschäftsabschlüssen hat. In der Regel werden zwischen dem Auftraggeber und dem Influencer deshalb sogenannte Anzeigenwerbeverträge für Kampagnenwerbung geschlossen, die grundsätzlich als Werkverträge im Sinne des § 631 BGB ausgestaltet sind.[460] Nach § 631 Abs. 1 BGB wird der Unternehmer zur Herstellung des versprochenen Werks verpflichtet. Die geschuldete Leistung besteht regelmäßig in der Erstellung und Veröffentlichung eines Werbebeitrags.[461] Konkret wäre dies im Influencer-Marketing die Gestaltung von ansehnlichen Fotos oder Videos, die hochgeladen werden, wobei die ausdrückliche Gestaltung von den individuellen Vereinbarungen der Parteien abhängt. Verpflichtet sich der Influencer, für ein Unternehmen in sozialen Netzwerken zu werben, ohne dass ein tatsächlicher Erfolg geschuldet wird, kommt ein Dienstvertrag im Sinne des § 611 BGB zustande.[462] Daneben besteht die Möglichkeit, einen Dienstleistungsvertrag mit Geschäftsbesorgungscharakter abzuschließen. Die §§ 84ff. HGB sind als leges speciales zum Geschäftsbesorgungsvertrag mit dienst- oder werkvertraglichen Elementen zu qualifizieren, sodass aufgrund seiner Spezialität ein Handelsvertretervertrag vorliegt, wenn dessen sonstige Voraussetzungen erfüllt sind.[463] Insbesondere bei

460 So BGH, NJW 1984, 2406 bezüglich des Anbringens von Werbeplakaten an bestimmte Werbeflächen; ebenso BGH, MDR 2018, 656 bezüglich der Platzierung einer elektronischen Werbeanzeige unter einer Domain; Jahnke, Influencer Marketing, S. 339 mit Verweis auf AG Oldenburg, NJOZ 2010, 1343.

461 Terhaag/Schwarz, Influencer-Marketing, § 8 Rn. 7.

462 Zipfel, GRUR-Prax 2022, 163, 164.

463 Reinshagen, ZVertriebsR 2012, 281, 282.

den zuletzt beleuchteten Affiliate-Marketing-Kooperationen mit Influencern erscheint eine Einordnung von Influencern in die Typologie des Handelsvertreterrechts naheliegend, weshalb im weiteren Verlauf der Untersuchung auf eine detaillierte Erläuterung der übrigen Handlungsmöglichkeiten verzichtet wird.

VIII. Resümee

Das Influencer-Marketing bleibt facettenreich. Kaum eine andere Marketingstrategie hat sich so rasant etabliert. Besonders für Unternehmen birgt es ein enormes Potential. Im Gegensatz zu herkömmlichen Werbemöglichkeiten können Influencer potentielle Kunden deutlich präziser ansteuern, wodurch einerseits Streuverluste minimiert werden, andererseits durch »Likes« und »Shares« sofort ein Feedback zur Produktakzeptanz wahrnehmbar ist.[464] Auf diese Weise können mit einem einzigen Werbebeitrag bis zu mehrere Millionen Konsumenten angesprochen werden, die mit einem hohen Maß an Glaubwürdigkeit auf die Aussagen des Trägers einer Werbebotschaft reagieren. Die zunehmende Fokussierung der Unternehmen auf die Kommunikation über soziale Medien nimmt daher nicht Wunder. Auch der Zukunft des Influencer-Marketings scheint keine Grenzen gesetzt. Oder?

Unternehmer und Influencer unterliegen wettbewerbsrechtlichen Pflichten, weshalb der Werbecharakter von Äußerungen oder Posts von Influencern hervorgehoben werden muss. Der BGH konnte mit seinem Urteil das Problem der Kennzeichnungspflichten nicht vollumfänglich ausräumen, was Influencer stark verunsichert. Hier wäre eine klarere Linie wünschenswert gewesen. Um die beschriebenen Risiken zu minimieren und das Potential des Influencer-Marketings bestmöglich auszuschöpfen, sollten Unternehmer und Influencer die Informations- und Kennzeichnungspflichten deshalb besser einmal zu oft als einmal zu selten beachten.[465] Darüber hinaus sollten sich Social-Media-Nutzer – insbesondere vor einem Kauf über ein von Influencern beworbenes Produkt – bewusst sein, dass Influencer letztlich nur ihr eigenes Kapital realisieren und niemandem außer sich selbst helfen wollen.[466] Die meisten Nutzer sind sich nicht im Klaren darüber, für welchen Preis sie Leistungen im Social-Commerce in Anspruch nehmen.[467] Denn neben den positiven Effekten für werbetreibende Unternehmen sind etwaige Risiken und Nachteile, die mit der neuartigen und weiterhin wachsenden Marketingstrategie einhergehen, nicht zu unterschätzen. Gerade für

464 Grabs/Bannour/Vogl, Follow me!, S. 269; Henning-Bodewig, WRP 2017, 1415.
465 Lehmann, WRP 2017, 772, 775.
466 Nymoen/Schmitt, Influencer, S. 35.
467 Bräutigam/Rücker/*Müller-Riemenschneider*, 7. Teil, Kap. A Rn. 3.

die zahlreichen minderjährigen Nutzer von sozialen Netzwerken ist oftmals nicht sofort ersichtlich, ob ein Influencer tatsächlich nur eine altruistische und persönliche Empfehlung abgibt oder ob ein solventer Kunde hinter ihm steht, der für die getätigte Aussage ein fürstliches Honorar entrichtet. Risiken in diesem relativ jungen, rasant wachsenden Bereich des Marketings entstehen dabei auch durch fehlende rechtliche Rahmenbedingungen oder zumindest Branchenstandards.[468] Influencer sind deshalb gut beraten, die zumindest spärlich vorhandenen rechtlichen Rahmen zu beachten. Dazu zählt insbesondere der § 6 JMStV. Demgemäß sollten sie von unmittelbaren Kaufaufrufen absehen, wenn diese sich speziell an den minderjährigen Anteil ihrer Follower richten. Die Werbung für ein Produkt ist auch ohne Kaufanimierungen möglich. Daneben sind die Eltern von minderjährigen Social-Media-Nutzern dazu aufgerufen, sich mit den Risiken der sozialen Medien[469] zu beschäftigen und das Konsumverhalten ihrer Kinder in gebotener Weise zu überwachen, insbesondere um ihrer Aufsichtspflicht aus § 1631 Abs. 1 BGB nachzukommen.[470] Von den – nicht nur minderjährigen – Nutzern kann letztlich erwartet werden, sich mit dem Anforderungsprofil von Empfehlungen durch Influencer kritisch auseinanderzusetzen,[471] damit die Marketingstrategie auch in Zukunft erfolgreich bestehen kann und nicht in einem Imageschaden für sämtliche Beteiligte mündet.

Regelmäßig werden Verträge mit Influencern von den zivilrechtlichen Vorschriften des BGB erfasst. Die Untersuchung ihrer Handlungs- und Darbietungsmöglichkeiten hat jedoch offenbart, dass eine Kooperationsmöglichkeit existiert, die weitgehend auf selbständigen und provisionsbasierten Elementen beruht. Bei näherer Betrachtung drängt sich dabei die Frage nach der Eröffnung des Handelsvertreterrechts geradezu auf. Das Influencer-Marketing birgt folglich noch immer nahezu unbeachtete Problemfelder für die beteiligten Personen. Diese Problemfelder beschäftigen vornehmlich die rechtsberatende Praxis und werden sie auch zukünftig anhaltend herausfordern, weshalb sie in den folgenden Kapiteln beleuchtet werden sollen.

468 Kost/Seeger, Influencer Marketing, S. 191.

469 Vgl. zur Gefährdung des Kindeswohls durch die Nutzung neuer Medien Johannsen/Henrich/Althammer/*Jokisch*, § 1666 Rn. 74. Hiernach ließe das in Art. 8 EMRK niedergelegte Recht auf Achtung des Familienlebens Eingriffe des Staates nur unter engen gesetzlichen Voraussetzungen zu. Insbesondere könne Eltern unter dem Aspekt bestmöglicher Sorgerechtsausübung keine konkrete Lebensführung vorgeschrieben werden. Aus diesem Grund liege die Verantwortung des Kindeswohls in den Händen der Eltern, nicht des Staates.

470 Herberger, jM 2020, 442.

471 Scherer, WRP 2019, 277, 283.

3. Kapitel: Influencer und die §§ 84–92c HGB: Von der Historie der Handelsvertretervorschriften zur heutigen Rechtsprechung

Um zu untersuchen, ob der Anwendungsbereich der §§ 84–92c HGB für Influencer eröffnet ist, wird im Folgenden auf die Ursprünge des Berufs des Handelsvertreters und die historische Entwicklung seiner relevanten Rechtsquellen eingegangen. Denn auch die Entstehungsgeschichte einer Norm kann relevante Anhaltspunkte für ihre Auslegung liefern. In diesem Zusammenhang fällt durch einen Blick auf die Entstehungsgeschichte der Handelsvertretervorschriften ein Licht auf eine spannende Kontroverse, da am 1. Januar 1900, als das HGB in Kraft trat, niemand ahnen konnte, dass der Handelsvertreter 12 Dekaden später durch die Werbeaktivitäten in sozialen Netzwerken möglicherweise eine Renaissance erleben würde. Ist also eine über 120 Jahre alte Vorschrift, die für Gewerbetreibende konzipiert wurde, die fremde Waren von Tür zu Tür anpriesen, um sie gegen Provision zu verkaufen, in der Lage, die neu entstandenen Influencer adäquat zu erfassen? Und wenn der Beruf des Handelsvertreters für Influencer nicht in Betracht kommt, kann man sie dann als einen der anderen klassischen Absatzmittler im Rechtssinne einstufen?

I. Hintergrund und rechtliche Grundlagen

Jede Volkswirtschaft lebt davon, dass Waren produziert und verkauft werden.[472] Und auch jeder Unternehmer verfolgt das Ziel, seine Produkte abzusetzen. Je nach Maßgabe der Produkteigenschaften, der Voraussetzungen des jeweiligen Marktes sowie anfallender Kosten wird er denjenigen Verkaufsweg wählen, der ihm in wirtschaftlicher Hinsicht die erfolgreichste Vermarktung bietet.[473] Dieser als Vertrieb bezeichnete Verkaufsprozess eines Produkts oder einer Dienstleistung erfolgt in erheblichem Umfang durch die Zwischenschaltung marktkundiger selbständiger Unternehmer, die als Absatz- beziehungsweise Vertriebs-

472 BeckOK HGB/*Lehmann* HGB § 84 Rn. 1.
473 Drossart, ZVertriebsR 2018, 71.

mittler tätig werden.[474] Nicht nur in Europa, sondern global ist der Trend zu beobachten, dass zunehmend Handelsvertreter oder handelsvertreterähnliche Formen wie Vertragshändler oder Franchisenehmer mit dem Absatz beauftragt werden.[475] So vermittelten im Jahr 2000 rund 64.000 Handelsvertreter einen Warenumsatz von circa 400 Milliarden D-Mark.[476] Acht Jahre später waren bereits mehr als 200.000 Personen in etwa 60.000 Handelsvertretungen beschäftigt, die einen Warenumsatz von rund 178 Milliarden Euro vermittelten.[477] Bis 2020 ging die Zahl der Handelsvertretungen zwar auf rund 34.000 mit über 90.000 Mitarbeitern zurück, diese konnten ihre Effektivität mit einem Warenumsatz von über 200 Milliarden Euro jedoch steigern.[478] Interessant ist die Frage nach der Tätigkeit von Influencern als Handelsvertreter in diesem Zusammenhang also auch mit Blick darauf, ob die Zahl der Handelsvertreter durch die Qualifikation von Influencern als solche in Deutschland von einem erneuten, spürbaren Anstieg betroffen sein wird.

Mit den §§ 84–92c gehört den Handelsvertretern der 7. Abschnitt im 1. Buch des HGB. Der § 84 HGB kann als »Grundnorm« des Handelsvertreterrechts, der Handelsvertreter als Prototyp der Vertriebsmittler angesehen werden.[479] Der § 84 Abs. 1 S. 1 HGB enthält die Begriffsbestimmung des Handelsvertreters, womit zeitgleich der Anwendungsbereich der das Handelsvertreterverhältnis als Vertragsverhältnis bestimmenden Regelungen der §§ 85 ff. HGB abgesteckt wird.[480] Die Vorschriften gelten für alle Absatz- und Vertriebsmittler, die die Voraussetzungen an einen Handelsvertreter nach § 84 HGB erfüllen.[481] Insoweit gilt der Grundsatz der Einheitlichkeit des deutschen Vertriebsrechts und der Gleichbehandlung aller Vertriebsmittler, die von den §§ 84 ff. HGB erfasst werden.[482] Wenn und soweit sich aus dem Vertrag oder aus der Rechtsnatur des Vertrags nichts divergierendes ergibt, ist ergänzend auf § 675 BGB i. V. m. §§ 611–630 BGB, §§ 665–670 BGB sowie §§ 672–674 BGB zurückzugreifen, da die §§ 84–92c HGB das Recht der Handelsvertreter nicht abschließend normieren.[483]

---

474 HK-HGB/*J. Keßler* § 84 Rn. 1.

475 BeckOK HGB/*Lehmann* HGB § 84 Rn. 1.

476 Westphal, Handelsvertretervertrag, S. VII.

477 Wolf, WiM 12/2008, S. 14, abrufbar unter: https://www.ihk-nuernberg.de/de/IHK-Magazin-WiM/WiM-Archiv/WIM-Daten/2008-12/Berichte-und-Analysen/Mehr-als-nur-Warenvermittler.jsp (zuletzt abgerufen am 28.09.2023).

478 CDH, Vertriebsweg Handelsvertreter, Daten und Fakten, abrufbar unter: https://cdh.de/institutionen/ (zuletzt abgerufen am 10.10.2023).

479 Martinek/Semler/Flohr/*Martinek* VertriebsR-Hdb § 3 Rn. 13.

480 HK-HGB/*J. Keßler* § 84 Rn. 10; Koller/Kindler/Drüen/*Roth/Kindler* HGB § 84 Rn. 1; MüKoHGB/*Ströbl* HGB § 84 Rn. 4.

481 EBJS/*Löwisch* HGB § 84 Rn. 1.

482 EBJS/*Löwisch* HGB § 84 Rn. 1, 4.

483 Flohr/Wauschkuhn/*Billing* Vertriebsrecht Vor §§ 84 ff. HGB Rn. 22; HK-HGB/*J. Keßler* § 84 Rn. 12; Hopt/*Hopt* HGB § 86 Rn. 4; MüKoHGB/*Ströbl* HGB § 84 Rn. 5.

Handelsvertreter konzentrieren sich auf Markterschließungs-, Marktbeobachtungs- und Kundenberatungsfunktionen; vom unternehmerischen Risiko sind sie entbunden.[484] Sie suchen Abnehmer für die Produkte des Unternehmers - ihres Geschäftsherrn - und vermitteln dafür Verträge zwischen Kunden und Unternehmer oder schließen sie in dessen Namen selbst ab.[485] Die Zwischenschaltung eines Handelsvertreters bietet dem Unternehmer einen entscheidenden Vorteil bei der Bemühung um eine Risikodiversifikation: Er kann an der Sachkunde, der Arbeitskraft sowie an Beziehungen des Handelsvertreters partizipieren, ohne den Belangen ausgesetzt zu sein, die eine Arbeitnehmerstellung mit sich bringt, wie Urlaubsansprüchen oder Sozialabgaben.[486]

In der Praxis lässt sich eine Vielschichtigkeit und Variationsbreite der Erscheinungsformen von Handelsvertretern feststellen, abhängig von der Anzahl und dem Tätigkeitsbereich der vertretenen Unternehmen, der Eigenschaft als Kaufmann oder Nicht-Kaufmann und auch im Hinblick auf die unterschiedlichen Vertriebsformen, die an den Handelsvertreter angelehnt sind.[487] Dem vermeintlichen gesetzlichen Leitbild der §§ 84ff. HGB - auf dessen Existenz noch einzugehen sein wird[488] - entspricht primär der hauptberuflich tätige Mehrfirmenvertreter, der zeitgleich für verschiedene Unternehmer tätig wird.[489] Daneben sind jedoch auch Handelsvertreter im Nebenberuf sowie Einfirmenvertreter[490] anzutreffen. Auch über ein Jahrhundert nach dem Inkrafttreten das HGB lässt sich insoweit noch immer kein homogenes Berufsbild erkennen.[491] Dergestalt existieren die vom Geschäftsherren abhängigen Kleinunternehmen ebenso wie Konzerne, die im Verhältnis zum Geschäftsherren über eine beträchtliche Marktmacht verfügen können.[492]

484 Martinek/Semler/Flohr/*Martinek* VertriebsR-Hdb § 3 Rn. 13.
485 EBJS/*Löwisch* HGB § 84 Rn. 1.
486 Emde, Vertriebsrecht, Vor § 84 Rn. 3; Heymann/*Sonnenschein/Weitemeyer* HGB Vor § 84 Rn. 1.
487 BeckOK HGB/*Lehmann* HGB § 84 Rn. 12; Canaris, HandelsR § 15 Rn. 3; Hopt, Handelsvertreterrecht, § 84 Rn. 1.
488 Vgl. Kap 5 V. 4.
489 Vgl. MüKoHGB/*Ströbl* HGB § 84 Rn. 17; Oetker/*Busche* HGB § 84 Rn. 5.
490 Dieser vertritt nur einen einzelnen Unternehmer, vgl. MüKoHGB/*Ströbl* HGB § 84 Rn. 17.
491 Martinek/Bergmann, WRP 2006, 1047, 1053.
492 Canaris, HandelsR § 15 Rn. 4; Heymann/*Sonnenschein/Weitemeyer* HGB Vor § 84 Rn. 1; Hopt/*Hopt* HGB § 84 Rn. 1; Oetker/*Busche* HGB § 84 Rn. 5.

II. Influencer als selbständige Absatzmittler? – Eine Abgrenzung zwischen den Vertriebsberufen

Der Handelsvertreter unterscheidet sich von weiteren Personengruppen, die im Vertrieb tätig werden können. Um von vornherein ausschließen zu können, dass neben dem Handelsvertreter ein oder mehrere andere Vertriebsberufe für Influencer in Frage kommen oder sogar naheliegender sind, müssen diese daher voneinander abgegrenzt werden. Dabei kann auf der ersten Ebene nach Selbständig- beziehungsweise Abhängigkeit und auf der nächsten Ebene nach spezifisch geschuldeter Tätigkeit unterschieden werden.

1. Arbeitnehmer

Zunächst ist der Handelsvertreter von dem im Vertrieb tätigen Arbeitnehmer zu unterscheiden. Der »angestellte Handelsvertreter«[493] ist zwar gemäß § 84 Abs. 2 HGB auch ständig damit betraut, für einen Unternehmer Geschäfte zu vermitteln oder in dessen Namen abzuschließen, ist dabei aber unselbständig und damit Arbeitnehmer im Sinne der arbeitsrechtlichen Vorschriften.[494] Die Abgrenzung zum abhängig beschäftigten Arbeitnehmer erfolgt auf der Grundlage des § 84 Abs. 1 S. 2 HGB, der die Selbständigkeit für das Handelsvertreterrecht legaldefiniert. Danach ist selbständig, »wer im wesentlichen frei seine Tätigkeit gestalten und seine Arbeitszeit bestimmen kann.« Regelmäßig trifft das auf Influencer zu.[495] Diese sind im Zweifelsfall schon deshalb keine Arbeitnehmer, da sie für mehrere Unternehmen mit unterschiedlichen Produktbereichen zeitgleich tätig werden können. Die einzige Ausnahme bilden die sogenannten »Corporate Influencer«, die entweder im offiziellen Auftrag des Unternehmens strategisch oder aus eigenem Antrieb über Social-Media-Kanäle Einblicke in ihren Arbeitsalltag geben oder Produkte ihres Arbeitgebers vorstellen.[496] Diese stellen in der Praxis bislang jedoch eine unbedeutende Minorität dar. In Anbetracht des lediglich punktuellen Auftretens von Corporate-Influencern lässt sich

493 Zum Verhältnis selbständiger und angestellter Handelsvertreter sowie dem Verhältnis des § 611a BGB zu § 84 HGB vgl. Wank, ZVertriebsR 2022, 207.

494 Auer-Reinsdorff/Conrad/*Wiesemann*, § 24 Rn. 5; MüKoHGB/*Ströbl* HGB § 84 Rn. 138; vertiefend Küstner VertriebsR-HdB III Kap. I insbesondere Rn. 1–30.

495 Vgl. dazu ausführlich Kap. 4 II.

496 Heine/Trinks, Influencer-Besteuerung, Rn. 13, 72; Hoffmann/Lex, RDi 2021, 242; Laoutoumai, RDi 2022, 340; Zipfel, GRUR-Prax 2022, 163, 164. So bspw. die »ALDICreators«, vgl. ALDI Nord, Newsroom vom 10.10.2019, abrufbar unter: https://www.aldi-nord.de/unternehmen/presse/aldi-nord-praesentiert-eigenes-influencer-team.html (zuletzt abgerufen am 10.10.2023).

konstatieren, dass eine signifikante Mehrheit der Influencer selbständig und damit kein Arbeitnehmer im Sinne der arbeitsrechtlichen Vorschriften ist.[497]

2. Vertragshändler

Soweit feststeht, dass eine Person nicht abhängig beschäftigt ist und damit keinen Arbeitnehmer darstellt, ist ein Blick auf weitere im Vertrieb vorzufindende Berufsgruppen zu richten. Für die rechtliche Zuordnung eines Absatzmittlungsverhältnisses zu einem bestimmten Rechtstypus kommt es nicht in erster Linie auf die von den Parteien gewählte Vertragsbezeichnung an, sondern auf das Gesamtbild der vertraglichen Gestaltung und deren tatsächlichen Durchführung.[498] Das deutsche Recht kennt neben dem Handelsvertreter mannigfaltige weitere Absatzmittler, insbesondere den Vertragshändler, den Kommissionär, den Kommissionsagenten und den Handelsmakler.

Wie der Handelsvertreter ist auch der Vertragshändler durch ein Dauerschuldverhältnis an einen anderen Unternehmer gebunden.[499] Jedoch handelt es sich bei der Tätigkeit des Vertragshändlers um zwei deutlich voneinander zu trennende Geschäftsvorgänge: Zum einen werden Einkaufsgeschäfte zwischen dem Vertragshändler und einem Hersteller und zum anderen Verkaufsgeschäfte zwischen dem Vertragshändler und seinen Kunden abgeschlossen.[500] Konträr zur Tätigkeit des Handelsvertreters entstehen durch diejenige des Vertragshändlers also keine vertraglichen Beziehungen zwischen dem Hersteller einerseits und den Kunden andererseits, da sie etwaige Erzeugnisse des Herstellers vom Vertragshändler beziehen.[501] Der Vertragshändler kauft folglich Waren ein und verkauft sie auf eigene Rechnung und in eigenem Namen an Dritte,[502] ist damit weit weniger eng in das Vertriebsnetz des Prinzipals eingegliedert als der Handelsvertreter.[503] Dennoch wird das Handelsvertreterrecht im Einzelfall[504] – zumindest soweit der Vertragshändler vertraglich handelsvertretertypische Rechte und

497 Vgl. Kap. 4 II.

498 Oetker/*Busche* HGB § 84 Rn. 7.

499 Flohr/Wauschkuhn/*Billing* Vertriebsrecht Vor §§ 84ff. Rn. 12; Westphal, Handelsvertretervertrag, Rn. 17.

500 Küstner/Thume/*Küstner* VertriebsR-HdB I Rn. 97.

501 Küstner/Thume/*Küstner* VertriebsR-HdB I Rn. 97.

502 Hopt, Handelsvertreterrecht, § 84 Rn. 10; Kampf, Handelsvertreter und Insolvenz, S. 13.

503 Rödl & Partner/*Saueracker*, Handbuch internationales Handelsvertreterrecht, S. 83.

504 Dieser Einzelfall besteht insbesondere bezüglich der analogen Anwendung des § 89b HGB bei der Verpflichtung des Vertragshändlers, dem Unternehmer ihren Kundenstamm zu übertragen, vgl. BGH, BB 1994, 241; 2015, 1357; Emde, Vertriebsrecht, Vor § 84 Rn. 358; kritisch Thume, BB 2016, 578.

Pflichten übernommen hat – analog angewandt.[505] Denn bislang fehlt es an einer Konstituierung von Vorschriften über den Vertragshändlervertrag im HGB. Für Influencer spielt dies jedoch eine bloß untergeordnete Rolle. Zwar können sie im Einzelfall Waren einkaufen und auf eigene Rechnung weiterverkaufen. In der Praxis ist dies jedoch eine zu vernachlässigende Ausnahme und wird deshalb fortan nicht weiter thematisiert.

3. Kommissionär und Kommissionsagent

Im Gegensatz zum Vertragshändler wird der Kommissionär in der Regel nicht Eigentümer der Kommissionsware. Vielmehr bleibt die Ware bis zur Übergabe durch den Kommissionär an den Kunden im Eigentum des Kommittenten.[506] Zivilrechtlich stellt die Übereignung des Kommissionärs die Verfügung eines Nichtberechtigten dar, in welche der Kommittent nach § 185 BGB einwilligt.[507] Im Gegensatz zum Handelsvertreter schließt der Kommissionär gemäß §§ 383–406 HGB Geschäfte im eigenen Namen, aber auf fremde Rechnung gegen Provision ab.[508] Mit der Erledigung seines Auftrags endet seine Tätigkeit in der Regel.[509] Typischerweise ist der Kommissionär für eine Vielzahl von Auftraggebern auf Zeit tätig.[510] Ist er dagegen dauerhaft mit dieser Aufgabe betraut, und zwar zu Preisen und Konditionen, die der Auftraggeber vorgibt,[511] ist er kein Kommissionär, sondern Kommissionsagent: Letzterer ist ständig damit betraut, gewerbsmäßig für einen anderen Geschäfte abzuschließen und handelt dabei im Gegensatz zum Handelsvertreter wie ein Kommissionär im eigenen Namen für fremde Rechnung.[512] Auf den ersten Blick erscheint eine solche Tätigkeit auch für Influencer nicht abwegig, wenn eine längerfristige Zusammenarbeit mit einem Unternehmer besteht. Allerdings schließen sie in aller Regel keine Geschäfte

505 BGH, NJW 1962, 1107; 1984, 2101; Hopt, Handelsvertreterrecht, § 84 Rn. 11; Drossart, ZVertriebsR 2018, 71, 73; Emde, BB 2022, 2563, 2564; Thume, BB 2004, 2473, 2474; Westphal, Handelsvertretervertrag, Rn. 18. Vgl. zur entsprechenden Anwendung des § 89b HGB auf Vertragshändler auch die ausführliche Untersuchung bei Küstner/v. Manteuffel/Evers VertriebsR-HdB II Kap. II Rn. 81–109.

506 Vögele/Borstell/Bernhardt/*Elbert/von Jesche*, Dienstleistungen, Rn. 599.

507 Schmidt, Handelsrecht, § 31 Rn. 104; Vögele/Borstell/Bernhardt/*Elbert/von Jesche*, Dienstleistungen, Rn. 599.

508 Auer-Reinsdorff/Conrad/*Wiesemann*, § 24 Rn. 7; Oetker/*Busche* HGB § 84 Rn. 9; Drossart, ZVertriebsR 2018, 71, 72.

509 Reinshagen, ZVertriebsR 2012, 281, 285.

510 Vögele/Borstell/Bernhardt/*Elbert/von Jesche*, Dienstleistungen, Rn. 599.

511 Vögele/Borstell/Bernhardt/*Elbert/von Jesche*, Dienstleistungen, Rn. 599.

512 Hopt, Handelsvertreterrecht, § 84 Rn. 19; Küstner/v. Manteuffel/Evers VertriebsR-HdB II Kap. II Rn. 125; Rödl & Partner/*Saueracker*, Handbuch internationales Handelsvertreterrecht, S. 84.

unmittelbar mit ihren Followern ab. Und wenn doch, würden Influencer bei ihrer Tätigkeit nicht im eigenen, sondern im fremden Namen agieren. Aus demselben Grund scheidet auch ein Kommissionsvertrag aus. Dieser könnte zunächst bei einer einmaligen oder kurzfristigen Kooperation vorliegen, was aber ebenfalls an einer Tätigkeit in eigenem Namen scheitert. In der Praxis kommt eine Abschlusstätigkeit von Influencern bislang nur dann vor, wenn der Influencer bereits über eigene Marken und Produkte verfügt. In diesem Fall liegt jedoch kein für Kommissionsagenten und Kommissionäre erforderliches Drei-Personen-Verhältnis vor, da der beauftragende Unternehmer entfällt. Influencer würden dann unmittelbar mit ihren Followern Geschäfte abschließen. Die typische Tätigkeit des Influencers findet also jenseits von Kommissions- oder Kommissionsagentenverträgen statt.

4. Makler und Handelsmakler

Darüber hinaus ist die Abgrenzung eines Handelsvertreters zum (Handels-) Makler von entscheidender Bedeutung. Zivilmakler (§§ 652–656d BGB) und Handelsmakler (§§ 93–104 HGB) folgen demselben Leitbild:[513] Sie schließen gewerbsmäßig Geschäfte im Namen eines Dritten ab, ohne damit – wie der Handelsvertreter – ständig betraut zu sein.[514] Die Vorschriften über Zivilmakler gemäß §§ 652–656d BGB sind subsidiär auch auf Handelsmakler anwendbar.[515] Seit der Schuldrechtsmodernisierung sind diese lückenhaften Vorschriften jedoch einzig um Bestimmungen zur Darlehensvermittlung sowie zu Vermittlung von Kaufverträgen über Wohnungen und Einfamilienhäuser ergänzt worden und damit wesentlich vom Richterrecht geprägt.[516] Für Markus Roth bleibt das Maklerrecht aus diesem Grund »mit einer umfangreichen Kasuistik eine Domäne der Rechtsprechung.«[517] Die provisionierte Handlung des Zivilmaklers ist der Nachweis der Gelegenheit zum Abschluss eines konkreten Vertrags.[518] Die des Handelsmaklers bezieht sich auf eine finale Einwirkung auf die Parteien, um den Abschluss des Vertrags mitursächlich vorwärts zu bringen.[519] Der Handelsmakler ist regelmäßig Kaufmann im Sinne des § 1 Abs. 2 HGB. Nach § 93 Abs. 1 HGB beschränkt sich seine Vermittlungstätigkeit auf »Verträge über Anschaf-

513 Oetker/*Kotzian-Marggraf* HGB § 93 Rn. 4.
514 Hopt, Handelsvertreterrecht, § 84 Rn. 20; Küstner/Thume/*Küstner* VertriebsR-HdB I Rn. 91; Rödl & Partner/*Saueracker*, Handbuch internationales Handelsvertreterrecht, S. 84.
515 HK-BGB/*Alexander Scheuch* BGB § 652 Rn. 1.
516 HK-BGB/*Alexander Scheuch* BGB § 652 Rn. 1; Hopt/*Roth* HGB § 93 Rn. 1.
517 Hopt/*Roth* HGB § 93 Rn. 1.
518 Oetker/*Kotzian-Marggraf* HGB § 93 Rn. 4.
519 Oetker/*Kotzian-Marggraf* HGB § 93 Rn. 4.

fung oder Veräußerung von Waren oder Wertpapieren, über Versicherungen, Güterbeförderungen, Schiffsmiete oder sonstige Gegenstände des Handelsverkehrs.« Als »sonstige Gegenstände des Handelsverkehrs« haben sich insbesondere Beteiligungen an Abschreibungsgesellschaften, die Vermittlung von Bankkrediten oder von Filmaufführungsrechten sowie Gegenstände des gewerblichen Rechtsschutzes herausgebildet.[520] Dagegen finden die Handelsmaklervorschriften gemäß § 93 Abs. 2 HGB »auf die Vermittlung anderer als der bezeichneten Geschäfte, insbesondere auf die Vermittlung von Geschäften über unbewegliche Sachen, auch wenn die Vermittlung durch einen Handelsmakler erfolgt« keine Anwendung. Selbst wenn die Vermittlung also durch einen Handelsmakler erfolgt, gelten die Zivilmaklervorschriften des BGB.[521] So kommt es, dass ein und derselbe Makler – je nach Art des Geschäfts – Zivil- als auch Handelsmaklerverträge abschließen kann.[522] Damit bleiben dem Zivilmakler im Wesentlichen Grundstücksgeschäfte, die Vermittlung von Eigentumswohnungen, Finanzierungen, Dienst- und Leasingverträgen sowie die Ehemakelei.[523] Neben diesem unterschiedlichen Anwendungsbereich besteht ein weiterer wesentlicher Unterschied zwischen den beiden Maklerberufen: Die Doppeltätigkeit für Auftraggeber und Geschäftsgegner. Während diese beim Handelsmakler den Regelfall darstellt, ist es beim Zivilmakler die absolute Ausnahme, als Vermittler und Schlichter zwischen den widerstreitenden Parteien aufzutreten.[524]

Die Abgrenzung der Rechtsinstitute des Handelsvertretervertrags der §§ 84 ff. HGB und des auf die einzelfallspezifische Vermittlung angelegten Maklervertrags – unabhängig davon, ob es sich um ein Zivil- oder um ein Handelsmaklerverhältnis handelt – bereitet im Grundsatz kaum Schwierigkeiten.[525] Gemäß § 93 Abs. 1 HGB stellt es für den Handelsmakler keine Obligation dar, ständig im Interesse des Unternehmers tätig zu werden.[526] Auch der Zivilmakler wird grundsätzlich nicht zum Tätigwerden verpflichtet.[527] Folglich ist der Maklervertrag kein gegenseitiger, sondern ein einseitiger Vertrag, der den Auftraggeber nur im Falle einer erfolgreichen Vermittlung verpflichtet.[528] Demgegenüber ist der Handelsvertretervertrag ein gegenseitiger, nämlich ein Dienstvertrag mit Geschäftsbesorgungscharakter, für den die Pflicht zum Tätigwerden schon gemäß § 86 Abs. 1 Hs. 1 HGB ein wesentliches Merkmal darstellt.[529] Unterschiede zwi-

520 MüKoBGB/*Althammer* BGB § 652 Rn. 18.
521 MüKoBGB/*Althammer* BGB § 652 Rn. 18.
522 BeckOK BGB/*Kneller* BGB § 652 Rn. 9; MüKoBGB/*Althammer* BGB § 652 Rn. 18.
523 BeckOK BGB/*Kneller* BGB § 652 Rn. 10.
524 BeckOK HGB/*Lehmann* HGB § 93 Rn. 16; Hopt/*Roth* HGB § 93 Rn. 33.
525 Martinek/Bergmann, WRP 2006, 1047, 1050.
526 Auer-Reinsdorff/Conrad/*Wiesemann*, § 24 Rn. 6.
527 HK-BGB/*Alexander Scheuch* BGB § 652 Rn. 2.
528 Kampf, Handelsvertreter und Insolvenz, S. 14; Oetker/*Busche* HGB § 84 Rn. 11.
529 Martinek/Bergmann, WRP 2006, 1047, 1050.

schen Makler- und Handelsvertretertätigkeit ergeben sich auch aus der Objektbezogenheit ihrer Handlungen. Im Gegensatz zur Tätigkeit des Handelsvertreters bezieht sich die Maklertätigkeit typischerweise auf ein bestimmtes Objekt,[530] für das der Makler einen abschlussbereiten Käufer benennen (Zivilmakler) oder den Abschluss des Kaufvertrags fördern (Zivil- und Handelsmakler) muss,[531] um den Provisionsanspruch auszulösen. Typisch für ein Handelsvertreterverhältnis ist dagegen die Absicht des Unternehmers, mit Unterstützung des Handelsvertreters eine unbestimmte Anzahl von neu hergestellten Gegenständen wiederholt zu verkaufen.[532] In einem theoretischen Einzelfall kann ein Influencer zum Beispiel als Makler agieren, wenn sich seine Tätigkeit nur auf die einmalige Vermittlung eines bestimmten Produkts bezieht und er zu keiner Tätigkeit verpflichtet ist. Jüngst verkaufte beispielsweise Marcel Remus eine Wohnung auf der Urlaubsinsel Mallorca allein aufgrund eines Social-Media-Beitrags. Am 19. Juli 2021 lud Remus Fotos sowie eine Beschreibung der Immobilie auf Instagram hoch. Einen Tag später, am 20. Juli 2021, äußerte er sich erneut in einem Beitrag. Vier Stunden nach dem Hochladen des ersten Posts seien ihm bereits sechs Kaufzusagen zugegangen und der schnellste Bieter habe (ohne Besichtigung!) schon eine Anzahlung geleistet.[533] Somit handelte Remus in diesem Fall als Zivilmakler im Sinne der §§ 652ff. BGB und entfaltete seine Tätigkeit auf Instagram. Allerdings übt er den Beruf des Immobilienmaklers auch seit jeher im realen Leben der analogen Welt aus. Damit stellt er keinen hauptberuflich tätigen Influencer dar, sondern experimentierte in erster Linie, ob ein Immobilienverkauf über die sozialen Medien tatsächlich möglich erscheint. Das hat sein Experiment zwar bewiesen, es wird jedoch nicht dazu führen, dass Immobilieneigentümer die Vermittlung ihres »Grund und Bodens« vermehrt Influencern überlassen werden.

Die Interessenlage in Influencer-Marketing-Kooperationen ist eine andere als die einzelfallspezifische Vermittlungstätigkeit. In einer Vielzahl dieser Kooperationen beabsichtigen Influencer und Unternehmen – entgegen der ersten Erwartung – langfristig voneinander zu profitieren. Dann liegt das Interesse beider Parteien darin, immer wieder neu hergestellte Produkte zu veräußern. In der Regel wird der Influencer daher aufgrund seiner vertraglichen Handlungspflicht zur Bewerbung verschiedener Produkte nicht als Makler tätig, wobei Ausnahmen wiederum die Regel bestätigen können. Eine zeitgleiche Tätigkeit als Handelsvertreter und Makler ist jedenfalls nicht möglich, da der Handelsvertreter bei

530 BGH, NJW 1992, 2818, 2819; Emde, Vertriebsrecht, § 84 Rn. 82.
531 BGH, NJW 1992, 2818, 2819.
532 BGH, NJW 1992, 2818, 2819; Heymann/*Sonnenschein/Weitemeyer* HGB Vor § 84 Rn. 9.
533 Vgl. Marcel Remus, Instagram-Beiträge vom 19. und 20. Juli 2021, abrufbar unter: https://www.instagram.com/p/CRhHCTBD0wF/ (zuletzt abgerufen am 30.09.2023).

Verhandlungen die Interessen seines Auftraggebers wahren muss und nicht zugleich die Belange Dritter vertreten kann.[534]

Dies bestätigt, dass Influencer als Absatzmittler ihrem Wesen nach zuvörderst Handelsvertreter als Angehörige einer von ihnen zu unterscheidenden Berufsgruppe sein können. Die Einstufung als Arbeitnehmer, Vertragshändler, Kommissionär, Kommissionsagent oder Makler liegt eher fern.

III. Die Entstehung des Handelsvertreterberufs und die Entwicklung seiner Rechtsquellen

Das vermittelnde Gewerbe, wie das der Handelsvertreter, existiert bereits seit jeher auf Märkten, in Börsen, in Häfen und wo sonst gleichartige Geschäfte regelmäßig abgeschlossen wurden.[535] Dabei pflegte speziell der Handelsvertreter, sich möglichst vielen Interessenten gleichermaßen zur Verfügung zu halten und sich gerade nicht an einen oder einige wenige fest zu binden.[536] Im Wesentlichen hat sich das Handelsvertretergewerbe in der zweiten Hälfte des 19. Jahrhunderts – vor allem aufgrund des industriellen Fortschritts ab Mitte des 18. Jahrhunderts – ausgeprägt.[537] Es entstand in der Phase des Kapitalismus, als Folge jener Transformation der Produktionsverhältnisse, die von der Manufaktur zur industriellen Produktion führte.[538] Der so genannte Lokalhandel, das heißt der Handel mit bereitliegenden, sichtbaren Produkten, bei dem der Vertragsabschluss buchstäblich neben der Ware stattfand, wurde ab etwa 1850 durch den Lieferhandel auf Probe abgelöst, bei dem Verträge auf der Grundlage von Warenmustern geschlossen wurden.[539] Eine rasch expandierende Produktion zu immer niedrigeren Preisen sowie die Erschließung ferner Absatzmärkte durch ein wachsendes, leistungsfähiges Verkehrsnetz führte zu einer steigenden Nachfrage verbunden mit höheren Ansprüchen der Menschen.[540] Immer seltener konnten die vielfältigeren Bedürfnisse der Kunden und ihr sich wandelnder Geschmack durch die einheimischen Produzenten befriedigt werden.[541] Der daraus resultierende harte Wettbewerb führte dazu, dass sich sporadische Be-

534 Heymann/*Sonnenschein/Weitemeyer* HGB § 84 Rn. 19.
535 Duden, Recht der Handelsvertreter, S. 1.
536 Duden, Recht der Handelsvertreter, S. 1.
537 Schmidt, Die Reform des Rechts der Handelsvertreter von 1953, S. 38.
538 Meyer, Handelsvertreterrecht, S. 26.
539 Meyer, Handelsvertreterrecht, S. 26f.
540 Schmidt, Die Reform des Rechts der Handelsvertreter von 1953, S. 38.
541 Bromm, Die Entstehungsgeschichte des Berufs des Handelsvertreters, S. 43.

suche bei Interessenten als unzureichend erwiesen.[542] Die intensive Betreuung potentieller Kunden gewann an Bedeutung.[543] Anfangs verließen sich die Produzenten dafür noch auf eigene »(Handlungs-)Reisende«, also Angestellte.[544] Mit fortschreitender Entwicklung empfanden sie es jedoch als einfacher, rationeller und häufig wirkungsvoller, mit ihrer Vertretung Selbständige zu betrauen,[545] die ihre Kosten selbst trugen und nur im Erfolgsfalle – also bei ausgeführten Verträgen – in Form einer Provision bezahlt werden mussten.[546] Diese selbständigen Vertreter entsprechen unserer heutigen Vorstellung von Handelsvertretern. Bis zum Ende des 19. Jahrhunderts ermangelte es ihnen jedoch an einem ausgeprägten Berufs- und Standesbewusstsein.[547] Sie identifizierten sich weniger mit ihrem eigentlichen Beruf, als mit den Branchen, die sie vertraten.[548] So verstand sich beispielsweise der Textilvertreter als Textilkaufmann oder der Eisenwarenvertreter als Eisenwarenkaufmann, ohne sich der Tatsache bewusst zu sein, dass sie realiter ein einheitliches »Agenturgewerbe« bildeten.[549] Als ein Berliner Gericht im Jahr 1886 die Rechtlosigkeit der Handelsvertreter offensichtlich werden ließ, bildete sich mit dem »Verein Berliner Agenten« ein erster Zusammenschluss von Handelsvertretern in Deutschland.[550] Dieser vereinigte sich 1902 mit weiteren zum Centralverband Deutscher Handlungsagenten-Vereine (CDH), der für die Interessenvertretung nach außen, aber auch für die Unterstützung und Förderung nach innen zuständig war, wodurch das Selbst- und Standesbewusstsein der Handelsvertreter mächtig erstarkte.[551]

542 Duden, Recht der Handelsvertreter, S. 1; Schmidt, Die Reform des Rechts der Handelsvertreter von 1953, S. 38.
543 Schmidt, Die Reform des Rechts der Handelsvertreter von 1953, S. 38.
544 Duden, Recht der Handelsvertreter, S. 1.
545 Duden, Recht der Handelsvertreter, S. 1.
546 Duden, Recht der Handelsvertreter, S. 1; Meyer, Handelsvertreterrecht, S. 29.
547 Schmidt, Die Reform des Rechts der Handelsvertreter von 1953, S. 39.
548 Schmidt, Die Reform des Rechts der Handelsvertreter von 1953, S. 39.
549 Bromm, Die Entstehungsgeschichte des Berufs des Handelsvertreters, S. 73.
550 Bromm, Die Entstehungsgeschichte des Berufs des Handelsvertreters, S. 73; Schmidt, Die Reform des Rechts der Handelsvertreter von 1953, S. 39.
551 Bromm, Die Entstehungsgeschichte des Berufs des Handelsvertreters, S. 74; Schmidt, Die Reform des Rechts der Handelsvertreter von 1953, S. 39; CDH, Verbändereport 8/2007, S. 36, abrufbar unter: https://www.verbaende.com/report/artikel/kompetenz-fuer-vertrieb-1875/ (zuletzt abgerufen am 10.10.2023).

1. Handelsgesetzbuch von 1897

In der Zwischenzeit führte eine beträchtliche Zunahme der Geschäftstätigkeit der Handelsvertreter sowie ihre Prägung in der Wahrnehmung des Marktes zu einer gesetzlichen Implementierung ihres Berufs.[552] Die Regelungen über den Handelsvertreter im HGB von 1897[553] (in Kraft getreten am 1. Januar 1900), damals noch unter dem Begriff des »Handlungsagenten«,[554] stellten das erste kodifizierte Handelsvertreterrecht der Welt dar.[555] Als Handlungsagent im Sinne des § 84 HGB a. F. galt, »wer, ohne als Handlungsgehülfe[556] angestellt zu sein, ständig damit betraut ist, für das Handelsgewerbe eines Anderen Geschäfte zu vermitteln oder im Namen des Anderen abzuschließen.«[557] Der Handlungsagent war keine Neuerfindung des HGB, sondern genoss bereits zuvor Bekanntheit, wurde aber im Allgemeinen Deutschen Handelsgesetzbuch (ADHGB) von 1861[558] nicht konstituiert.[559] Mit seinen Art. 66ff. enthielt das ADHGB lediglich Regelungen zum Recht der Handelsmakler als amtlich bestellte Vermittler von Handelsgeschäften, während die Tätigkeit der Handlungsagenten nach den allgemeinen Vorschriften des Dienst- und Werkvertragsrechts behandelt wurde.[560] Nachdem der Geschäftsbetrieb der Handlungsagenten im Laufe der Zeit einen bedeutenden Umfang angenommen hatte, wurde im HGB von 1897 eine ausdrückliche gesetzliche Regelung allgemein für erforderlich gehalten.[561] Der Gesetzgeber gliederte das Regelungsprogramm des HGB in neun abdingbare Bestimmungen und verzichtete zugunsten privatautonomer Vereinbarungen bewusst auf eine

552 Schmidt, Die Reform des Rechts der Handelsvertreter von 1953, S. 39f.

553 Vgl. Reichsgesetzblatt 1897, Nr. 23, S. 219–436.

554 Vgl. §§ 65, 84–92 HGB vom 10.05.1897, Reichsgesetzblatt 1897, Nr. 23, S. 233, 237f.

555 Vgl. § 84 HGB vom 10.05.1897, Reichsgesetzblatt 1897, Nr. 23, S. 237; Bromm, Die Entstehungsgeschichte des Berufs des Handelsvertreters, S. 73; Duden, Recht der Handelsvertreter, S. 1; Hopt/*Hopt* HGB § 84 Rn. 2; Roth, RdA 2012, 1, 4f.

556 Der Handlungsgehilfe bzw. Handlungsgehülfe war, entgegen dem Handlungsagenten, im ADHGB von 1861 konstituiert. Die Bestimmungen stellten die wohl ersten arbeitsrechtlichen Normen dar, die reichsweite Geltung beanspruchen konnten, vgl. Roth, RdA 2012, 1, 2.

557 Bromm, Die Entstehungsgeschichte des Berufs des Handelsvertreters, S. 21.

558 Das Allgemeine Deutsche Handelsgesetzbuch war Ausfluss von Bestrebungen zur Vereinheitlichung des gesamten Handels- und Seerechts der provisorischen Reichsregierung von 1848 und wurde 1861 vom Bundestag – der selbst keine Gesetzgebungskompetenz besaß – empfohlen und von den meisten der deutschen Einzelstaaten vollzogen, vgl. Canaris, HandelsR § 1 Rn. 51. Anders als das HGB – das den Kaufmann definiert (§§ 1ff. HGB) und dessen Geschäfte als Handelsgeschäfte (§§ 343ff. HGB) erklärt – stellte das ADHGB die Definition der Handelsgeschäfte (Artt. 271ff. ADHGB) in den Mittelpunkt und erklärte denjenigen zum »Kaufmann«, der solche Geschäfte abschließt (Art. 4 ADHGB), vgl. Schmidt, BB 2005, 837, 840.

559 BeckOK HGB/*Lehmann* HGB § 84 Rn. 2.

560 Heymann/*Sonnenschein/Weitemeyer* HGB Vor § 84 Rn. 2; MüKoHGB/*Ströbl* HGB § 84 Rn. 1.

561 Heymann/*Sonnenschein/Weitemeyer* HGB Vor § 84 Rn. 2.

detaillierte Ausgestaltung des Vertragsverhältnisses zwischen Handelsvertreter und Unternehmer.[562]

Dennoch sorgte das HGB durch die erstmalige Kodifikation des Rechts der Handlungsagenten für einen bedeutenden Fortschritt in der Gesetzgebung.[563]

Vor 1914 florierte der Handelsvertreterstand, bis der erste Weltkrieg[564] mit seiner zunehmenden Zwangsbewirtschaftung[565] der Handelsvermittlung immer mehr ihren Gestaltungsspielraum entzog.[566] Das Deutsche Reich nahm die Verwaltung und Verteilung jeglicher Artikel, die zum täglichen Lebensbedarf zählten, durch staatliche Stellen selbst in die Hand: Im Rahmen dessen wurden Rohstoffe beschlagnahmt und zentralistisch verteilt, was die Vermittlungstätigkeit von Handelsvertretern überflüssig machte.[567] Durch die Auswirkungen des verlorenen Krieges, die Wirtschaftskrise und die Überbesetzung des Handelsvertreterstandes mit unzureichend ausgebildeten Personen, nahmen die wirtschaftlichen und sozialen Probleme des Berufsstandes auch in der Folgezeit zu.[568] Die auf Autarkie ausgerichtete nationalsozialistische Wirtschaftspolitik ab 1933 führte zu keiner Besserung: Erneut hatte der Handelsvertreterstand mit den typischen Problemen einer Zwangswirtschaft zu kämpfen, gleichzeitig verzögerte sich die Überwindung der Weltwirtschaftskrise erheblich.[569] Durch die völlige staatliche Wirtschaftslenkung mit Beginn des zweiten Weltkriegs im Jahr 1939 wurde die Zwangslage der Handelsvertreter nochmals erheblich verschärft: Einseitige Provisionskürzungen, Willkür der Vertretungshäuser und Neugründungen von Kriegsgesellschaften brachten die Vermittlertätigkeit bis 1944 fast völlig zum Erliegen.[570] Als letzter Ausweg blieb zahlreichen Handelsvertretern nichts anderes übrig, als ihr Fachwissen und ihre einschlägigen Erfahrungen der Rüstungsindustrie zur Verfügung zu stellen.[571] Doch auch in den ersten Nach-

562 Vgl. §§ 84–92 HGB vom 10.05.1897, Reichsgesetzblatt 1897, Nr. 23, S. 237f., Schulze Eckel, Die Rechtsstellung des Lotto-Toto-Annahmestellenleiters, S. 86; Oetker/*Busche* HGB § 84 Rn. 3.

563 Heymann/*Sonnenschein/Weitemeyer* HGB Vor § 84 Rn. 2.

564 Das Reichsgericht entschied zumindest zugunsten der in den Kriegsdienst berufenen Handlungsagenten, dass diese auch für solche zur Ausführung gelangten Geschäfte Provision fordern konnten, die im Laufe der Zeit, in der sie durch Kriegsdienst an der Ausübung der Agententätigkeit verhindert waren, durch den Geschäftsherrn oder für diesen mit den im Agenturbezirk ansässigen Kunden abgeschlossen wurden, RGZ 109, 254.

565 Die Zwangswirtschaft ist eine Wirtschaftsordnung, die die Entwicklung von Produktion und Konsumtion nicht dem freien Markt überlässt, sondern einer Zentralgewalt, vgl. Bromm, Die Entstehungsgeschichte des Berufs des Handelsvertreters, S. 85.

566 Schmidt, Die Reform des Rechts der Handelsvertreter von 1953, S. 40.

567 Bromm, Die Entstehungsgeschichte des Berufs des Handelsvertreters, S. 85f.

568 Schmidt, Die Reform des Rechts der Handelsvertreter von 1953, S. 40f.

569 Schmidt, Die Reform des Rechts der Handelsvertreter von 1953, S. 42.

570 Schmidt, Die Reform des Rechts der Handelsvertreter von 1953, S. 43.

571 Bromm, Die Entstehungsgeschichte des Berufs des Handelsvertreters, S. 126f.

kriegsjahren blieb ihre Situation prekär. Bis zur Neuordnung der überregionalen Interessenvertretung durch die Gründung der »Arbeitsgemeinschaft der Handelsvertreterverbände« in München 1947 entzogen Warenknappheit und Schwarzmarkthandel der Vermittlungstätigkeit der Handelsvertreter fast vollständig den Boden.[572] Erst mit der Währungsreform im Juni 1948 und dem damit einhergehenden Abbau der Bewirtschaftungsmaßnahmen erlangte der Markt seine wirtschaftliche Funktion zurück und die Handelsvertreter konnten ihre Tätigkeit aufgrund von steigendem Angebot und erhöhter Nachfrage wieder voll entfalten.[573]

2. Gesetz zur Änderung des Handelsgesetzbuchs von 1953

Das Regelungskonzept des Handelsgesetzbuches erwies sich zu dieser Zeit bald als unzureichend, da die rudimentären Bestimmungen kaum einen wirksamen Schutz des Handelsvertreters vor Übervorteilung gewährleisteten.[574] Aus diesem Grund erfuhr das Handelsvertreterrecht mit dem Handelsvertreteränderungsgesetz vom 06.08.1953 seine erste grundlegende Novellierung.[575] Das Gesetz geht auf einen Entwurf des Dachverbandes CDH aus dem Jahr 1949 zurück, wodurch sämtliche Vorschriften des Abschnitts aufgehoben und durch wesentlich umfangreichere ersetzt wurden.[576] Darüber hinaus ersetzt es im Einklang mit dem Sprachgebrauch und der Bezeichnung, die sich das Gewerbe – insbesondere durch die CDH – selbst gibt, den »Handlungsagenten« durch den »Handelsvertreter«.[577] Ab diesem Zeitpunkt firmierte auch die CDH unter der Bezeichnung »Centralvereinigung der Deutschen Handelsvertreter- und Handelsmakler-Verbände«,[578] statt wie zuvor unter »Centralverband Deutscher Handlungsagenten-Vereine«. Von der Novelle versprach sich der Gesetzgeber eine Verbesserung der Stellung des Handelsvertreters, insbesondere indem er zu seinen Gunsten Schutznormen als zwingendes Recht ausgestaltete und den Aus-

572 Schmidt, Die Reform des Rechts der Handelsvertreter von 1953, S. 43.

573 Bromm, Die Entstehungsgeschichte des Berufs des Handelsvertreters, S. 129; Schmidt, Die Reform des Rechts der Handelsvertreter von 1953, S. 43f.

574 Oetker/*Busche* HGB § 84 Rn. 3.

575 Vgl. BGBl. 1953, Teil I Nr. 45, S. 771–776.

576 Duden, Recht der Handelsvertreter, S. 2.

577 Vgl. BGBl. 1953, Teil I Nr. 45, S. 771–776; Duden, Recht der Handelsvertreter, S. 4.

578 Eberstein, Der Handelsvertretervertrag, S. 20; Schmidt, Die Reform des Rechts der Handelsvertreter von 1953, S. 44, 193; CDH, Verbändereport 8/2007, S. 36, abrufbar unter: https://www.verbaende.com/report/artikel/kompetenz-fuer-vertrieb-1875/ (zuletzt abgerufen am 10.10.2023). Heute firmiert der Verband unter der Bezeichnung Centralvereinigung Deutscher Wirtschaftsverbände für Handelsvermittlung und Vertrieb (CDH) e.V.

gleichsanspruch des § 89b HGB implementierte.[579] Ein weiteres Anliegen der Novelle war eine klare Abgrenzung vom unselbständigen Handlungsgehilfen.[580] Zudem muss seit der Neufassung des § 84 HGB durch das Handelsvertreteränderungsgesetz der Unternehmer, für den der Handelsvertreter tätig ist, kein Kaufmann mehr sein.[581]

3. Handelsvertreterrichtlinie von 1986

Bereits in den 1960er Jahren gab es erste Überlegungen, das eher zersplitterte Handelsvertreterrecht in der Europäischen Gemeinschaft (EG) zu vereinheitlichen.[582] Mit der Handelsvertreterrichtlinie von 1986[583] erfolgte schließlich nach langwierigen und komplizierten, aber letztlich erfolgreichen Verhandlungen, die avisierte Rechtsangleichung des Handelsvertreterrechts in der heutigen Europäischen Union (EU).[584] Sie regelt grundlegende Bereiche des Vertragsverhältnisses zwischen den Unternehmern und den geschätzt über 600.000 in der EU tätigen Handelsvertretern und ist Teil der Harmonisierungsbestrebungen des Privatrechts auf EU-Ebene.[585] Die Richtlinie wurde fristgerecht durch das »Gesetz zur Durchführung der EG-Richtlinie zur Koordinierung des Rechts der Handelsvertreter«[586] von 1990 umgesetzt, womit sich der Trend zum Schutz der Handelsvertreter und zu mehr zwingendem Recht fortsetzte.[587] Die fristgemäße Umsetzung in Deutschland ist dabei wenig verwunderlich, da die Richtlinie im Wesentlichen deutsches Recht übernommen hatte und daher keine grundlegenden Änderungen bei der Umsetzung in das HGB vorgenommen werden

579 BeckOK HGB/*Lehmann* HGB § 84 Rn. 3; Duden, Recht der Handelsvertreter, S. 2; Röhricht/Graf von Westphalen/Haas/*Thume* HGB Vor § 84 HGB Rn. 1; Schmidt, Handelsrecht, § 27 Rn. 32.

580 Hopt, Handelsvertreterrecht, § 84 Rn. 2; Oetker/*Busche* HGB § 84 Rn. 3.

581 Vgl. amtl. Begründung des Regierungsentwurfs – BT-Drucksache 1. Wahlp. Nr. 3856 – S. 16 Abschnitt I 7 zu § 84, abrufbar unter: https://dserver.bundestag.de/btd/01/038/0103856.pdf (zuletzt abgerufen am 30.09.2023); BGH, NJW 1965, 1132, 1133; Schmidt, Die Reform des Rechts der Handelsvertreter von 1953, S. 33.

582 Thume, BB 2016, Nr. 51–52 »Die erste Seite«.

583 Richtlinie des Rates vom 18. Dezember 1986 zur Koordinierung der Rechtsvorschriften der Mitgliedstaaten betreffend die selbständigen Handelsvertreter (86/653/EWG).

584 Thume, BB 2016, Nr. 51–52 »Die erste Seite«.

585 Emde/Valdini, ZVertriebsR 2016, 353; Semler, ZVertriebsR 2022, 37.

586 Gesetz vom 23.10.1989 BGBl. 1989, Teil I Nr. 50, S. 1910–1911, in Kraft getreten am 01.01. 1990.

587 Hopt/*Hopt* HGB § 84 Rn. 3; Küstner/v. Manteuffel, Das neue Recht des Handelsvertreters, S. 7; Wurdack, Handelsvertreter als Dienstleistungsunternehmer, S. 19.

mussten.[588] Dennoch ist die Richtlinie für das nationale Handelsvertreterrecht insofern von erheblicher Bedeutung, als dass seither alle diesbezüglichen Vorschriften im Lichte der Handelsvertreterrichtlinie auszulegen und anzuwenden sind.[589] Ferner wurden mit der Provisionspflicht, dem Ausgleichsanspruch und dem Wettbewerbsverbot wesentliche Bereiche des Handelsvertreterrechts überarbeitet.[590] Darüber hinaus wurden die Vorschriften über die Kündigung (§ 89 HGB), die Ausschlussgründe beim Ausgleichsanspruch (§ 89b Abs. 3 HGB) sowie das Recht des Auslandsvertreters (§ 92c HGB), neu gefasst.[591]

Neben einer Förderung von Rechtssicherheit im Handelsverkehr und der Handelsvertretung durch die besagte Rechtsharmonisierung der nationalen Handelsvertretergesetze verfolgt die Richtlinie zwei Ziele: Die Erleichterung des Abschlusses von grenzüberschreitenden Handelsverträgen durch Verbesserung der Wettbewerbsbedingungen und die Stärkung der Interessen von Handelsvertretern gegenüber Unternehmern.[592] Mit der Handelsvertreterrichtlinie wurde eine vertriebsrechtliche Terminologie geschaffen, die dergestalt einen Konsens bildet, dass deren Begriffe in allen Amtssprachen der EU die gleiche Bedeutung haben sollen.[593] Auf die Frage, ob diese einheitliche Terminologie tatsächlich ausnahmslos gewährleistet ist, wird noch einzugehen sein. Obwohl die Richtlinie aus bloß 23 Artikeln besteht und nur einzelne wesentliche Bereiche des Handelsvertreterrechts regelt, hat sie zumindest in diesen Segmenten zu einer erheblichen Harmonisierung des Rechts geführt.[594] Interessant erscheint dabei die unterschiedliche Umsetzung in den einzelnen Mitgliedstaaten: In einigen Fällen – wie in Deutschland – wurde dem Schutz des Handelsvertreters eine besondere Gewichtung zugeschrieben, während andere Mitgliedstaaten ihr Umsetzungsermessen überwiegend zum Vorteil des Unternehmers nutzten.[595] Insbesondere Großbritannien und Frankreich ließen sogar einen ersten Entwurf der Han-

588 Westphal, Handelsvertretervertrag, Rn. 2; Küstner/v. Manteuffel, Das neue Recht des Handelsvertreters, S. 7; Röhricht/Graf von Westphalen/Haas/*Thume*, HGB Vor § 84 HGB Rn. 2.

589 Flohr/Wauschkuhn/*Billing* Vertriebsrecht Vor §§ 84ff. Rn. 65.

590 BeckOK HGB/*Lehmann* HGB § 84 Rn. 4.

591 Emde, Vertriebsrecht, Vor § 84 Rn. 13; Oetker/*Busche* HGB § 84 Rn. 4.

592 Erwägungsgründe der Handelsvertreterrichtlinie 86/653/EWG, ABl. L 382 S. 17; Emde/Valdini, ZVertriebsR 2016, 353, 354.

593 Semler, ZVertriebsR 2022, 37, 38.

594 Thume, BB 2016, Nr. 51–52 »Die erste Seite«.

595 Westphal, Handelsvertretervertrag, Rn. 3; zum Handelsvertreterrecht der heutigen EU-Mitgliedstaaten vor Gründung der Europäischen Union und somit auch vor der Harmonisierung durch die Handelsvertreterrichtlinie vgl. insb. Maier/Meyer-Marsilius/Regul, Der Handelsvertreter in den Ländern der EWG und der EFTA, S. 47–381. Zum Status der Handelsvertreter vor Umsetzung der Handelsvertreterrichtlinie vgl. auch Westphal, Die Handelsvertreterrichtlinie und deren Umsetzung in den Mitgliedstaaten der Europäischen Union, S. 6–25.

delsvertreterrichtlinie als Folge eines auf einem unterschiedlichen Schutzverständnis beruhenden Widerstands scheitern.[596] Diese Arbeit wird noch zeigen, dass ebendiese zwei Nationen eine gänzlich von der Deutschen divergierende Auffassung hinsichtlich der Schutzwürdigkeit von Handelsvertretern einnehmen.

4. Gesetz zur Neuregelung des Kaufmanns- und Firmenrechts und zur Änderung anderer handels- und gesellschaftsrechtlicher Vorschriften von 1998 (Handelsrechtsreformgesetz – HRefG)

Durch das Handelsrechtsreformgesetz vom 22. Juni 1998 wurde § 90a HGB, der die Wettbewerbsabrede regelt, dahingehend geändert, dass § 90a Abs. 2 Nr. 2 HGB aufgehoben und § 90a Abs. 4 HGB abgewandelt wurde. Darüber hinaus wurde in § 84 HGB ein vierter Absatz eingefügt, der nunmehr die Anwendung der HGB-Abschnitte über Handelsvertreter auch dann vorschreibt, wenn das Geschäft des Handelsvertreters »nach Art und Umfang einen in kaufmännischer Weise eingerichteten Geschäftsbetrieb nicht erfordert«.[597] In einem solchen Fall sprach man bis dahin von einem »Minderkaufmann«, auf den die Vorschriften des HGB für Kaufleute nur bedingt Anwendung fanden.[598] Die Ergänzung des § 84 HGB geht einher mit der – ebenfalls durch dieses Gesetz erfolgten – Streichung des bisherigen § 2 HGB und der Änderung des § 1 HGB, der, statt wie bisher zwischen Muss- und Sollkaufmann zu unterscheiden, nunmehr generell jedes gewerbliche Unternehmen mit kaufmännischem Geschäftsbetrieb als Handelsgewerbe ansieht.[599] Nach dem neu geregelten § 2 S. 1 HGB ist ein Handelsgewerbe jedoch auch dann gegeben, wenn das Unternehmen nach Art oder Umfang einen in kaufmännischer Weise eingerichteten Geschäftsbetrieb nicht erfordert, die Firma aber im Handelsregister eingetragen ist. Der Handelsvertreter unterliegt also auch dann dem Handelsvertreterrecht, wenn er im konkreten Fall aufgrund der Neufassung des § 1 Abs. 2 HGB – mangels eines kaufmännischen Geschäftsbetriebs – kein Kaufmann ist.[600] Mit dieser Novellierung soll den Schutzbestimmungen zugunsten der Handelsvertreter Rechnung getragen und damit auch den ehemals sogenannten »Minderkaufleuten« entsprochen werden.[601]

596 Emde, Vertriebsrecht, Vor § 84 Rn. 13.
597 Eberstein, Der Handelsvertretervertrag, S. 28; Emde, Vertriebsrecht, Vor § 84 Rn. 14.
598 Eberstein, Der Handelsvertretervertrag, S. 28f.; EBJS/*Löwisch* HGB § 84 Rn. 6.
599 Eberstein, Der Handelsvertretervertrag, S. 29.
600 Eberstein, Der Handelsvertretervertrag, S. 29; Emde, Vertriebsrecht, Vor § 84 Rn. 14.
601 Eberstein, Der Handelsvertretervertrag, S. 29.

5. Gesetz zur Neuregelung der Rechtsverhältnisse bei Schuldverschreibungen aus Gesamtemissionen und zur verbesserten Durchsetzbarkeit von Ansprüchen von Anlegern aus Falschberatung von 2009

Das Gesetz zur Neuregelung der Rechtsverhältnisse bei Schuldverschreibungen aus Gesamtemissionen und zur verbesserten Durchsetzbarkeit von Ansprüchen von Anlegern aus Falschberatung vom 31. Juli 2009 basiert auf dem populären Semen-Urteil des EuGH vom 26. März 2009[602] zur Berechnung des Ausgleichsanspruchs des Handelsvertreters und novelliert § 89b Abs. 1 HGB.[603] Nach der ursprünglichen Regelung waren Provisionsverluste ein eigenständiges Zumessungskriterium des § 89b Abs. 1 Nr. 2 HGB a. F.. Diese sollen nunmehr nur noch einen Billigkeitsaspekt darstellen, der entsprechend der überarbeiteten Regelung erstmalig auch anspruchserhöhend wirken kann.[604]

6. Zwischenergebnis

Infolge dieser Entwicklung sind in naher Zukunft keine weiteren Änderungen des Handelsvertreterrechts zu erwarten. Dies zeigt auch die im Jahr 2014 durchgeführte Evaluierung der Handelsvertreterrichtlinie. Mit der Konsultation der Europäischen Kommission vom 25. Juli 2014 bis zum 31. Oktober 2014 wurde die Funktionalität der Handelsvertreterrichtlinie erstmalig einer Bewertung unterzogen.[605] Dabei kam die Kommission unter Berücksichtigung einer Prüfung der Wirksamkeit, Effizienz, Relevanz und des EU-Mehrwerts der Richtlinie sowie der Kohärenz mit anderen Maßnahmen zu dem Ergebnis, dass das Ziel, den grenzüberschreitenden Handel zu erleichtern, erreicht wurde.[606] Die Richtlinie würde ihren Zielen gerecht und erfülle ihre Funktion gut. Sie bringe mehr Nutzen als Kosten, wäre nach wie vor relevant und weise noch immer einen EU-Mehrwert

602 EuGH, EuZW 2009, 304.

603 BeckOK HGB/*Lehmann* HGB § 84 Rn. 5.

604 EuGH, EuZW 2009, 304; Balke/de Groot, NJOZ 2010, 1551, 1552; Emde, DStR 2009, 1478, 1482.

605 Vgl. Evaluation of the council directive on the coordination of the laws of the member states relating to self-employed commercial agents (Directive 86/653/EEC) / Refit Evaluation, abrufbar unter: https://data.consilium.europa.eu/doc/document/ST-11893-2015-INIT/en/pdf (zuletzt abgerufen am 10. 10. 2023); Wurster, EuZW 2015, 612.

606 Vgl. Evaluation of the council directive on the coordination of the laws of the member states relating to self-employed commercial agents (Directive 86/653/EEC) / Refit Evaluation, S. 4, abrufbar unter: https://data.consilium.europa.eu/doc/document/ST-11893-2015-INIT/en/pdf (zuletzt abgerufen am 10. 10. 2023); Wurster, EuZW 2015, 612; a. A. Martinek, ZVertriebsR 2014, 139, der die Richtlinie hinsichtlich einer Harmonisierung des Handelsvertreterrechts in der EU als »in weiten Teilen gescheitert« bezeichnet.

auf.[607] Dies sah man zuvor nicht als selbstverständlich an. Ende 2013 erwog die Kommission sogar, die Handelsvertreterrichtlinie aus Erwägungen des Bürokratieabbaus ersatzlos aufzuheben: Die zuständige Generaldirektorin der EU-Kommission war mit einer bemerkenswerten Argumentation der Ansicht, dass die Richtlinie keine praktische Relevanz mehr habe, nämlich da die einst von Handelsvertretern vermittelten Geschäfte heute online oder über Großhändler abgewickelt würden.[608] Aus dem Englischen übersetzt heißt es entgegen der persönlichen Auffassung der Generaldirektorin der EU-Kommission in der Evaluierung der Richtlinie jedoch auszugsweise:

> »Die Ziele der Richtlinie und ihre Bedeutung für die Aufrechterhaltung eines einheitlichen Marktes für Handelsvertretungen sind auch heute noch aktuell. Aus den verfügbaren Daten geht hervor, dass der Markt für Handelsvertretungen in Bezug auf Umsatz und Beschäftigte stetig gewachsen ist. Daher hat die Richtlinie nach wie vor einen zusätzlichen Nutzen, ist nach wie vor geeignet, ihr Ziel zu erreichen, und steht in Einklang mit anderen Politikbereichen. Würde die Richtlinie zurückgezogen, bestünde die Gefahr einer Zersplitterung und einer daraus resultierenden Beeinträchtigung des Binnenmarktes für Handelsvertretungen.«[609]

Aufgrund der auf der Evaluierung basierenden Empfehlung der Kommission, die Richtlinie nunmehr unverändert beizubehalten, ist davon auszugehen, dass die weitere Entwicklung des Handelsvertreterrechts der Rechtsprechung vorbehalten bleiben wird.[610]

IV. Beispiele für von der Rechtsprechung als Handelsvertreter anerkannte Vertriebsmittler

Deutsche Gerichte haben sich in der Vergangenheit entsprechend der »Vielgestaltigkeit der Lebenstatbestände« wiederholt mit der Frage der Handelsvertretereigenschaft auch in solchen Fällen befassen müssen, in denen die Aufgabenstellung des Beauftragten nach landläufiger Vorstellung nicht vertreterty-

607 Vgl. Evaluation of the council directive on the coordination of the laws of the member states relating to self-employed commercial agents (Directive 86/653/EEC) / Refit Evaluation, S. 3, abrufbar unter: https://data.consilium.europa.eu/doc/document/ST-11893-2015-INIT/en/pdf (zuletzt abgerufen am 10.10.2023); Thume, BB 2016, Nr. 51–52 »Die erste Seite«.

608 Hierzu kritisch Döpfer, ZVertriebsR 2015, 273. Eckhard Döpfer ist Mitglied der Hauptgeschäftsführung der CDH.

609 Evaluation of the council directive on the coordination of the laws of the member states relating to self-employed commercial agents (Directive 86/653/EEC) / Refit Evaluation, S. 28, abrufbar unter: https://data.consilium.europa.eu/doc/document/ST-11893-2015-INIT/en/pdf (zuletzt abgerufen am 10.10.2023).

610 BeckOK HGB/*Lehmann* HGB § 84 Rn. 5a; vgl. auch Wurster, EuZW 2015, 612.

pisch war.[611] Als ungewöhnlich wurden insbesondere Vertragskonstellationen erachtet, in denen der Handelsvertreter im Bereich der neuen Medien (Hörfunk, Fernsehen, Bildschirmtext etc.) tätig war und dabei beispielsweise mit der Vermittlung von Verträgen über Sendezeit und Werbespots beauftragt wurde.[612] Auch im Online-Handel hat die Frage nach der Anwendbarkeit des § 84 HGB bereits Anklang in Literatur und Rechtsprechung gefunden. Themenverwandt erscheint die hoch aktuelle Materie der Influencer. Diese treten ebenfalls im Bereich der neuen Medien auf und ihre Online-Aktivitäten scheinen auf den ersten Blick nicht vertretertypisch zu sein. Doch die Vergangenheit der Rechtsprechung zeigt, dass dies kein globaler Ausschlussgrund für die Handelsvertretereigenschaft ist. Im Folgenden wird daher ein Überblick darüber gegeben, welche Diversität die von der obergerichtlichen und höchstrichterlichen Rechtsprechung bereits als Handelsvertreter anerkannten Berufsgruppen aufweisen. In diesem Zusammenhang soll herausgearbeitet werden, welche Wertungen zur analogen, auch auf Fallgestaltungen der digitalen Welt übertragen werden können. Insbesondere sollen diejenigen Wertungen der hier beleuchteten Rechtsprechung im weiteren Fortgang vorliegender Arbeit fruchtbar gemacht werden, die auf Influencer als potentielle Handelsvertreter anwendbar scheinen.

1. Inhaber einer Lotto-Annahmestelle

Konkret sollen unter anderem die Betreiber von Lottoannahmestellen Handelsvertreter sein.[613] Der BGH stellt in diesem Zusammenhang fest, dass es ausreicht, die zum Abschluss eines Vertrags bereiten Parteien zusammenzubringen, und dass es keiner darüber hinausgehenden Einflussnahme auf die Willensbildung der Wettkunden bedarf.[614] Insofern werde der Abschluss von Verträgen bereits dadurch gefördert, dass der Betreiber der öffentlichen Verkaufsstelle diese für seine Interessenten offenhalte und ihnen damit die Möglichkeit biete, Wettverträge abzuschließen.[615] Entscheidend für die rechtliche Einordnung sei dabei nicht die gewählte Vertragsbezeichnung – dies würde einer Umgehung der zwingenden handelsvertreterschützenden Vorschriften wie z. B. § 89b HGB Tür und Tor öffnen – sondern die tatsächliche Tätigkeit des Beauftragten.[616] Dieser muss nach dem Sinn und Zweck des Vertrags gegenüber dem

611 Küstner/Thume/*Küstner* VertriebsR-HdB I Rn. 134.
612 Küstner/Thume/*Küstner* VertriebsR-HdB I Rn. 134, Fn. 213.
613 BGH, NJW 1965, 1132; BGH, NJW 1972, 1662; vgl. vertiefend Schulze Eckel, Die Rechtsstellung des Lotto-Toto-Annahmestellenleiters, insb. S. 131–136.
614 BGH, NJW 1965, 1132, 1134.
615 BGH, NJW 1965, 1132, 1134.
616 BGH, NJW 1972, 1662, 1663.

Auftraggeber verpflichtet sein, die Vermittlung und den Abschluss von Wettverträgen durch die Ausübung der ihm übertragenen Tätigkeiten zumindest mittelbar zu fördern.[617]

2. Inhaber eines Reisebüros

Ebenso können Betreiber von Reisebüros als Handelsvertreter auftreten.[618] Sie vermitteln Beförderungsverträge zwischen Kunden und Luftverkehrsunternehmen und sind daher von einem Reiseveranstalter ständig damit betraut, in seinem Namen und auf seine Rechnung unter anderem Flüge und Pauschalreisen zu vermitteln oder solche Verträge in seinem Namen abzuschließen.[619] Durch Artikel 1 des dritten Gesetzes zur Änderung reiserechtlicher Vorschriften (3. ReiseRÄndG)[620] wurde der Reisevermittlung mit dem § 651v mittlerweile gar eine eigene Vorschrift im BGB gewidmet. Dies ändert jedoch nichts daran, dass der Reisevermittler im Verhältnis zum Reiseveranstalter die Stellung eines Handelsvertreters einnimmt, wenn er dauernd zum Vertrieb von Reisen des Reiseveranstalters beauftragt ist.[621] Insofern soll der neue § 651v BGB nicht bestimmen, wann jemand als Reisevermittler auftritt. Vielmehr beabsichtigt er, das Verhältnis zwischen Vermittler und Reisenden inhaltlich auszugestalten.[622]

3. Mitwirkung bei An- und Verkauf von Immobilien

Auch die Mitwirkung beim An- und Verkauf von Immobilien wird als Handelsvertretertätigkeit anerkannt.[623] In einem Fall vor dem BGH war der kautelarjuristisch als »freier Mitarbeiter« bezeichnete Kläger verpflichtet, für die beklagte Immobilienmaklerin fortlaufend, ausschließlich und planmäßig Makleraufträge zu akquirieren und unter Vereinbarung eines Provisionsanspruchs Kauf- und Verkaufsinteressenten für Immobilien zusammenzuführen.[624] Die Beklagte war der Auffassung, der Kläger sei von ihr abhängig und damit als Angestellter anzusehen. Unter Berücksichtigung der Besonderheiten des Mak-

617 BGH, NJW 1972, 1662, 1664.
618 BGH, NJW 1974, 852; BGH, NJW 1974, 1242; BGH, NJW 1982, 377; BGH, NJW 2003, 743.
619 BGH, NJW 1974, 852, 853f.
620 Gesetz vom 17.07.2017, in Kraft getreten am 01.07.2018, vgl. BGBl. 2017, Teil I Nr. 48, S. 2404.
621 BeckOGK/*Meier* BGB § 651v Rn. 11.
622 BeckOGK/*Meier* BGB § 651v Rn. 2.
623 BGH, AP HGB § 84 Nr. 2; LAG Düsseldorf, BeckRS 2011, 66640.
624 BGH, AP HGB § 84 Nr. 2.

lergeschäfts gilt als Angestellter im Sinne des § 84 Abs. 2 HGB, wer bei der Gestaltung seiner Tätigkeit dem Kontroll- und Einflussrecht seines Geschäftsherren in einem Ausmaß unterliegt, das mit der Stellung eines Beauftragten als selbständigen Gewerbetreibenden nicht mehr vereinbar ist.[625] Der BGH qualifizierte den Kläger im konkreten Fall jedoch als Gewerbetreibenden ebenso wie im Ergebnis als Handelsvertreter, der die Kaufverträge zwischen Käufer und Verkäufer vermittelte. Daraus folgt, dass die Tätigkeit eines selbständigen Handelsvertreters im Sinne des § 84 Abs. 1 HGB auch bei der Vermittlung von Immobilien vorliegen kann, wenn die Kontroll- und Einflussrechte des Geschäftsherrn nicht ein die Selbständigkeit überlagerndes Ausmaß annehmen. Ist der für einen Immobilienmakler tätige »freie Mitarbeiter« folglich vertraglich dazu verpflichtet, Aufträge zu akquirieren oder Kauf- und Verkaufsinteressenten von Immobilien zusammenzuführen und ist er dabei nicht gemäß § 84 Abs. 2 HGB angestellt, so ist er Handelsvertreter im Sinne des § 84 Abs. 1 HGB.[626]

Ähnlich entschied auch das Landesarbeitsgericht Düsseldorf in einem Fall, dem die Frage nach dem Provisionsanspruch eines Handelsvertreters zugrunde lag, wenn der Kaufvertrag nicht vollzogen wird.[627] Der Kläger brachte auf der Grundlage eines Beratervertrags Grundstückskauf- und Verkaufsinteressenten für Immobilien zusammen.[628] Nach dem LAG Düsseldorf ist

> »sowohl derjenige selbstständiger Mitarbeiter eines Immobilienmaklers, der ständig damit betraut ist, für diesen Aufträge hereinzuholen, Handelsvertreter gemäß § 84 Abs. 1 HGB, als auch derjenige, der vom Makler darüber hinaus ständig damit betraut ist, um so den Abschluss eines den Courtageanspruch auslösenden (Haupt-)Vertrages herbeizuführen, die Aufträge auszuführen und dem Auftraggeber die Gelegenheit zum Abschluss des Kaufvertrags nachzuweisen oder den Kaufvertrag zu vermitteln.«[629]

Das Gericht sprach dem Kläger daraufhin einen Provisionsanspruch nach den handelsvertreterrechtlichen Vorschriften der §§ 87, 87a Abs. 1 S. 1 HGB zu.

625 BGH, AP HGB § 84 Nr. 2.

626 BGH, AP HGB § 84 Nr. 2.

627 Dass Kündigung, Rücktritt oder eine Aufhebung des Vertrags den Provisionsanspruch regelmäßig unberührt lassen, sofern keine provisionsschädigenden Umstände vorliegen, ist inzwischen höchstrichterlich entschieden, vgl. dazu BGH, NJW-RR 2005, 1506. Zu provisionsschädigenden Umständen vgl. BGH, NJW 1997, 1583.

628 LAG Düsseldorf, BeckRS 2011, 66640.

629 LAG Düsseldorf, BeckRS 2011, 66640 mit Verweis auf BGH, AP HGB § 84 Nr. 2.

4. Vermittlung von Verträgen über die Partnervermittlung

Des Weiteren ist die Partnervermittlung ein von der Rechtsprechung anerkannter Gegenstand der Tätigkeit von Handelsvertretern.[630] Zu diesem Ergebnis kam das OLG Nürnberg, als sich eine bundesweit tätige Partnervermittlungsagentur anderer selbständiger Vermittler bediente, die im Namen der Agentur tätig wurden, um neue Partnerschaften zwischen ihren Mitgliedern zu vermitteln.[631] Das OLG Hamm entschied darüber hinaus in einer Fallkonstellation, in der ein Repräsentantenvertrag zwischen den Beteiligten geschlossen wurde. Darin wurde ausdrücklich festgehalten, dass es sich bei dem Repräsentanten um einen Handelsvertreter im Sinne des HGB handeln würde, was freilich für das tatsächliche Vertragsverhältnis bloß als Indiz dienen kann. Jedoch deuteten auch die wesentlichen Leistungspflichten der Vertragsparteien, die verwendeten Begriffe und die genannten Rechtsnormen eindeutig auf einen Handelsvertretervertrag hin.[632] Zudem sind die den Handelsvertretervorschriften zugehörigen §§ 84 bis 86 HGB ausdrücklich zum Inhalt des Vertrags gemacht und gesondert unterschrieben worden.[633] Die Beklagte vertrat dennoch eine andere Auffassung: Gegen die Einstufung ihres Repräsentanten als Handelsvertreter brachte sie unter anderem vor, dass es sich bei dem Vertragsverhältnis mit der Klägerin vielmehr um einen franchiseähnlichen Vertrag handele. Dieses Argument konnte jedoch nicht verfangen, unter anderem da der beklagte Repräsentant deutlich kenntlich zu machen hatte, dass er lediglich als Vermittler auftrat und auch im Vertrag die Hauptleistungspflichten eines Handelsvertreters geregelt wurden, sodass dem OLG nichts anderes übrigblieb, als das kumulative Vorliegen der Voraussetzungen des § 84 HGB festzustellen. Folglich sind auch die Vermittler von Partnerschaftsverträgen grundsätzlich als Handelsvertreter im Sinne des HGB anzuerkennen.

5. Betreiber von Vorverkaufsstellen für Konzertkarten und Verkaufsständen in Kaufhäusern

Der Betrieb einer Konzertagentur[634] und von Verkaufsständen für Markenartikel in Kaufhäusern[635] kann ebenfalls eine Handelsvertretertätigkeit darstellen. In einem Fall vor dem BGH verkaufte die Klägerin für und im Namen verschiedener

630 OLG Hamm, NJW-RR 1990, 567; OLG Nürnberg, NJW-RR 2018, 1390.
631 OLG Nürnberg, NJW-RR 2018, 1390.
632 Vgl. OLG Hamm, NJW-RR 1990, 567, 568.
633 Vgl. OLG Hamm, NJW-RR 1990, 567, 568.
634 BGH, NJW-RR 1986, 709.
635 BGH, NJW 1982, 1757.

Veranstalter Eintrittskarten im Wege des Vorverkaufs, unter anderem für Konzerte. Für ihre Bemühungen verlangte die Klägerin einen Vorverkaufszuschlag von 10 % des Preises pro Karte. Der BGH bestätigte das Berufungsgericht mit der Feststellung, dass zwischen den Parteien ein Handelsvertretervertrag im Sinne des § 84 HGB vorgelegen habe, da die Klägerin als selbständige Gewerbetreibende ständig damit betraut gewesen sei, für die Beklagte – die Inhaberin einer Konzertagentur war – Konzertkarten zu verkaufen.[636] Dabei war unerheblich, dass es nicht Aufgabe der Klägerin gewesen sei, sich um den Abschluss von Geschäften zu bemühen, da sich ihre Tätigkeit nach der Natur der ihr zugewiesenen Aufgaben auf den Verkauf von Eintrittskarten auf Nachfrage, ohne besondere Kundenbetreuung beschränkt habe.[637] Insbesondere reiche es für die Annahme der Vermittlungs- oder Abschlusstätigkeit eines Handelsvertreters aus, wenn er am Zustandekommen von Verträgen zwischen Kunden und Unternehmern wesentlich mitwirkt; eine ausschließliche oder überwiegende Werbung des Handelsvertreters sei dagegen nicht zu verlangen.[638] Eine solche wesentliche Mitwirkung und zugleich eine maßgebliche Förderung des Vertriebsgeschäfts sei anzunehmen, wenn ein Gewerbetreibender dem am Erwerb von Konzertkarten im Vorverkauf interessierten Publikum die Möglichkeit biete, in seinen Geschäftsräumen diesbezügliche Verträge abzuschließen.[639]

Für den Betreiber eines Verkaufsstandes für Markenartikel in einem Kaufhaus hatte der BGH unter anderem darüber zu entscheiden, ob eine vertraglich als »freiberufliche Propagandistin« bezeichnete Person Geschäfte vermittelte und daher als Handelsvertreterin einzustufen war.[640] Als solche sollte die Klägerin den Besuchern eines Kaufhauses die Gelegenheit zum Kauf von Artikeln der Beklagten bieten, und diese auch zum Kauf animieren. Die Beklagte war der Ansicht, die Klägerin sei als »Propagandistin« keine Handelsvertreterin. Der BGH qualifizierte sie jedoch als Handelsvertreterin, wiederum mit der Begründung, dass für die Einordnung nicht die von den Parteien gewählte Bezeichnung, sondern die vereinbarte und tatsächlich ausgeübte Tätigkeit entscheidend sei.[641] Aus dieser Tätigkeit sowie aus einer Auslegung des streitgegenständlichen Vertrags ergab sich entgegen der Vertragsbezeichnung, dass die Klägerin ständig damit betraut war, für die Beklagte Geschäfte abzuschließen.

636 BGH, NJW-RR 1986, 709, 710.
637 BGH, NJW-RR 1986, 709, 710.
638 BGH, NJW-RR 1986, 709, 710 mit Verweis auf BGH, BB 1975, 1409, 1410; BGH, NJW 1982, 1757, 1758.
639 Vgl. BGH, NJW-RR 1986, 709, 710.
640 BGH, NJW 1982, 1757.
641 BGH, NJW 1982, 1757.

6. Vermittler von Bauaufträgen

Ferner vermögen auch Vermittler von Bauaufträgen in die Typologie der §§ 84ff. HGB zu fallen.[642] Ein Sachverhalt, der dem BGH zur Entscheidung vorgelegt wurde, gestaltete sich wie folgt: Der Kläger zahlte an die Beklagte eine »Bearbeitungsgebühr« für die Vermittlung des Erwerbs eines Ferienhauses in Spanien. Als sich für den Kläger herausstellte, dass die Beklagte mit dem – besagtes Ferienhaus errichtenden – Bauherren, der Typenhäuser auf eigenen Parzellen errichtete, so eng verflochten war, dass es sich bei ihr kaum um eine Maklerin, sondern nur um eine Handelsvertreterin handeln konnte, verlangte er von der Beklagten die Rückzahlung der Gebühr. Der BGH entschied, dass dem Kläger ein bereicherungsrechtlicher Rückzahlungsanspruch nur dann zustünde, wenn die Beklagte nach den Grundsätzen der »Verflechtungsrechtsprechung«[643] nicht Maklerin hätte sein können, da sie tatsächlich Handelsvertreterin war.[644] Denn eine zeitgleiche Tätigkeit als Handelsvertreter und als Makler ist nicht möglich, da der Handelsvertreter infolge seines Vertrags mit einem Unternehmer dazu verpflichtet ist, dessen Interessen zu wahren und nicht zugleich die Belange Dritter wahrnehmen kann. Schließt er also dessen ungeachtet mit einem potentiellen Kunden des Unternehmers einen Maklervertrag ab, kann er auf der Grundlage des Handelsvertretervertrags kaum die Interessen des Kunden gegenüber dem Unternehmer wahrnehmen, wie er es als Makler tun müsste.[645] Nach § 652 Abs. 1 BGB setzt eine (Zivil-)Maklertätigkeit den Abschluss eines vom Auftraggeber des Maklers angestrebten Vertrags zwischen dem Auftraggeber und einem Dritten, nicht aber zwischen dem Auftraggeber und dem Makler voraus. In den Fällen, in denen ein Makler rechtlich oder wirtschaftlich so an dem Unternehmen des Vertragspartners des Auftraggebers beteiligt ist, dass eine eigenständige Willensbildung nicht mehr möglich erscheint, steht das durch die Maklertätigkeit zustande gekommene Geschäft dagegen einem Geschäft für eigene Rechnung des Maklers gleich.[646] Bei einem Handelsvertreter, der sich als Makler ausgibt, kann der die Maklerprovision begründende Tatbestand aus diesem Grund nicht verwirklicht werden. Im vorliegenden Fall stufte der BGH die Tätigkeit der Beklagten daher als handelsvertretertypisch ein und hob das Urteil des Berufungsgerichts auf, soweit es die Klage abgewiesen hatte.

---

642 So BGH, NJW 1992, 2818.

643 Zur Verflechtungsrechtsprechung des BGH vgl. BGH, NJW 1974, 137 und BGH, NJW 1974, 1130.

644 BGH, NJW 1992, 2818, 2819.

645 BGH, NJW 1974, 137; BGH, NJW 1992, 2818, 2819.

646 BGH, NJW 1992, 2818, 2819.

7. Anlageberater und Kreditvermittler

Sowohl deutsche Bundesgerichte als auch der EuGH haben Anlageberater[647] sowie Kreditvermittler[648] bereits als Handelsvertreter qualifiziert. Im Hinblick auf letztere ordnete der BGH einen Kreditvermittler aufgrund eines »Vertrags über die Zusammenarbeit« als Handelsvertreter ein, da die Beklagte bis zur Vertragsbeendigung zur Vermittlung von Darlehensverträgen verpflichtet wurde.[649] Weiterhin klassifiziert der EuGH die Untervermittlung von Krediten als typische Tätigkeit eines Handelsvertreters.[650] Im Ausgangsverfahren ging es darum, dass ein selbständig tätiger Vermögensberater auf Basis eines Handelsvertretervertrags als Untervertreter für eine Vermögensberatungsgesellschaft Kredite an Privatpersonen vermittelte und hierfür Provisionen erhielt, deren Höhe sich nach den Bestimmungen des Vertrags richtete.[651] Ebenso entschied der Bundesfinanzhof (BFH) über einen Repräsentantenvertrag, bei welchem es dem selbständigen Handelsvertreter oblag, Finanzierungen für Kunden seines Vertragspartners vorzubereiten, wobei er jedoch gleichzeitig Kredite an diese vermittelte und dafür Provisionen erhielt.[652]

Die Anlageberatung war dagegen Teil eines dem BGH vorgelegten Sachverhalts, in dem eine Kapitalanlagegesellschaft von der Klägerin mit der Behauptung, sie sei durch unzureichende Beratung zum Erwerb verschiedener Fondsanteile veranlasst worden, deren Wert in der Folge erhebliche Verluste erlitten habe, auf Schadensersatz verklagt wurde.[653] Der für die Beklagte tätige Anlageberater habe dem Kläger und seiner Ehefrau zur Kündigung eines Kapitallebensversicherungsvertrags geraten und die mit dem darauffolgenden Erwerb der Investmentfondsanteile verbundenen Risiken verschwiegen. Die unzureichenden Beratungsleistungen des Anlageberaters erfolgten in der Funktion als Handelsvertreter. Der BGH hat den Anlageberater im konkreten Fall – ohne näher darauf einzugehen – als Handelsvertreter qualifiziert. Dies steht auch im Einklang mit der sonstigen Rechtsprechung des höchsten Gerichts der Zivil- und Strafgerichtsbarkeit. So erging ein weiteres Urteil zu einem Anlageberater, der die Vermittlung von Anlagegeschäften und die damit verbundene Beratung im Auftrag und im Interesse einer Aktiengesellschaft ausübte. Dieser wurde vom

647 BGH, BB 2007, 2766; BGH, NJW 2013, 3366, 3367.
648 EuGH, DStR 2007, 1160; BGH, BB 1985, 823; BFH, DStRE 2003, 1466; vgl. auch Küstner/Thume/*Küstner* VertriebsR-HdB I Rn. 137.
649 BGH, BeckRS 1984, 31066131.
650 EuGH, DStR 2007, 1160.
651 EuGH, DStR 2007, 1160, 1161.
652 BFH, DStRE 2003, 1466.
653 BGH, BB 2007, 2766.

BGH ebenfalls unproblematisch als Handelsvertreter eingeordnet.[654] Nur der für eine Vermögensberatungs- oder Kapitalanlagevermittlungsgesellschaft gewerblich tätige Anlageberater, der beim Abschluss von Anlageverträgen in eigenem Namen, mit eigener Haftung und mit freier Hand bei der Geldanlage verfährt, würde auch für Außenstehende erkennbar nicht mehr im Rahmen seines Aufgabenkreises als Handelsvertreter handeln.[655] In diesem Zusammenhang kann festgehalten werden, dass der BGH auch Vermittler von Treuhandverträgen zur Beschaffung von Kommanditkapital als Handelsvertreter im Sinne des § 84 HGB einstuft.[656] Diese, sowie Anlageberater und Kreditvermittler fallen damit im Zweifel in den Schutzbereich der §§ 84ff. HGB.

654 BGH, NJW 2013, 3366, 3367.

655 BGH, NJW 2013, 3366, 3367. Jedoch existieren Fälle, in denen für den Anleger nicht auf den ersten Blick ersichtlich ist, mit wem er tatsächlich gerade kontrahiert. In diesem Zusammenhang erscheint nicht die Handelsvertreterstellung des Anlageberaters fraglich, sondern mit wem der Vertrag über ein Finanzprodukt geschlossen wird. Relevant wird die Frage insbesondere bei Rückvergütungsansprüchen eines Anlegers bei (Falsch-)Beratung eines Handelsvertreters. In einem solchen Fall kommt es auf das äußere Erscheinungsbild und die Sicht des Anlegers an. Erweckt ein Handelsvertreter den Anschein, für ein Kreditinstitut tätig zu sein und legt mit Hilfe eines persönlichen Beratungsbogens die Anlagestrategie für einen Anleger fest, ist von einer Anlageberatung (und nicht einer bloßen Anlagevermittlung) auszugehen, wobei der Vertrag zwischen Anleger und Handelsvertreter zustande kommt. Ist dagegen für einen Anleger nicht ohne weiteres erkennbar, dass ein als Handelsvertreter tätiger Anlageberater seine Beratungsleistungen ausschließlich im eigenen Namen zu erbringen ersucht, kommt der Anlageberatungsvertrag nicht mit dem Handelsvertreter, sondern mit dem dahinterstehenden Finanzdienstleister zustande, vgl. dazu LG Berlin, BKR 2011, 344.

656 BGH, NJW 2017, 3521, 3524; a.A. Melcher, BB 1981, 2101, der die §§ 84ff. HGB nur in Teilbereichen der Kapitalanlageberatung anwenden will, nämlich wenn sich zwischen Produkt- und Vertriebsgesellschaft ein ständiges Betrauungsverhältnis entwickelt hat, wenn also eine Vertriebsgesellschaft ausschließlich die Produkte einer Produktgesellschaft anbietet und wenn die Gesellschafter der Vertriebsgesellschaft in verschiedenen Produktgesellschaften Kapitalanlagemodelle initiieren und die Vertriebsgesellschaft diese Kapitalanlagen anbietet. In anderen Fällen würde der Anlageberater zwar von der Vertriebsgesellschaft ständig damit betraut, Anleger für die von der Vertriebsgesellschaft laufend angebotenen Kapitalanlagen zu vermitteln, allerdings vermittele er nicht der Vertriebsgesellschaft Geschäfte, sondern der Produktgesellschaft. Das vermittelte Geschäft komme dann zwischen Produktgesellschaft und Anleger zustande.

8. Vermittler von Telekommunikationsdienstleistungen

Daneben können auch Vermittler von Telekommunikations- und Mobilfunkdienstleistungen Handelsvertreter im Sinne des Handelsgesetzbuchs sein.[657] Der BGH hat festgestellt, dass sich Telekommunikationsunternehmen zur Vermittlung von Kunden für Telefondienstverträge im Festnetz regelmäßig Handelsvertretern – die ihrerseits wiederum Untervertreter einsetzen – bedienen.[658] Ein Handelsvertreterverhältnis nahm der BGH auch bei Vorliegen eines Rahmenvertrags an, durch den sich die Klägerin zur Vermittlung von Verträgen für das Mobilfunknetz verpflichtete.[659] Zum selben Ergebnis kam der Senat auch bei der Anwendung des Handelsvertreterrechts im Fall des Vorliegens einer Vertriebspartnervereinbarung, nach welcher der Kläger Teilnehmerverhältnisse am Mobilfunkdienst und Dienstleistungsverträge im Festnetzbereich vermitteln sollte und dafür eine Provision erhielt.[660] Nichts divergierendes ergibt sich zudem aus einem Judikat des OLG München. Dieses hat in einer ihm vorliegenden Fallkonstellation entschieden, dass die Klägerin, die aufgrund einer Vertriebspartnervereinbarung gegen Provisionszahlungen verpflichtet war, als Hauptvertriebspartnerin zusammen mit angeschlossenen Vertriebspartnern (Distributoren) Mobilfunkdienstleistungen der Beklagten zu vermitteln, Handelsvertreterin ist.[661] Auch das Oberlandesgericht Düsseldorf hat anerkannt, dass Verträge zwischen Vermittlern von Mobilfunkanschlüssen und Mobilfunkanbietern regelmäßig dem Handelsvertreterrecht unterliegen.[662] In einem dem Gericht vorliegenden Fall hatte sich die Klägerin gegen Provision dazu verpflichtet, Abschlüsse von Verträgen über Telekommunikationsdienstleistungen, insbesondere Mobilfunk- und Debit-Endkundendienstleistungen, Telefongeräte und -zubehör sowie Verträge über den Erwerb von Produkten aus dem Warenangebot der Beklagten zu vermitteln.[663] Es war wiederum das OLG Düsseldorf, welches entschied, dass es sich bei Vertriebspartnerverträgen, aus denen hervorgeht, dass der Kläger mit der ständigen Vermittlung von Geschäften für die Beklagte im Zusammenhang mit Telekommunikationsdienstleistungsverträgen und Telefonanlagen betraut ist, um Handelsvertreterverträge im Sinne des § 84 HGB handelt.[664] Den Ausgleichsanspruch des Klägers nach § 89b HGB hat das Gericht

657 BGH, NJW 2010, 298; BGH, BeckRS 2005, 2162; OLG Düsseldorf, NJOZ 2005, 4278; OLG Düsseldorf, BeckRS 2012, 20203; OLG Düsseldorf, ZVertriebsR 2020, 257; OLG München, BeckRS 2008, 1692.

658 BGH, NJW 2010, 298.

659 BGH, BeckRS 2005, 2162.

660 OLG Düsseldorf, NJOZ 2005, 4278, 4279.

661 OLG München, BeckRS 2008, 1692.

662 OLG Düsseldorf, BeckRS 2012, 20203.

663 OLG Düsseldorf, BeckRS 2012, 20203.

664 OLG Düsseldorf, ZVertriebsR 2020, 257, 258.

im konkreten Fall nur deshalb verneint, weil die Klägerin ihrer Darlegungs- und Beweislast nicht nachgekommen ist.[665]

9. Online-Vermittler von Versicherungen

Auch mit der Handelsvertretereigenschaft von Online-Vermittlern hat sich der BGH bereits befassen müssen. Im Jahr 2014 stufte er einen Online-Unternehmer, der bestimmte Produkte eines Versicherungsunternehmens beworben und gleichzeitig die Möglichkeit zum Online-Abschluss von Verträgen angeboten hatte, als Versicherungsvermittler ein.[666] Dass Vermittler von Versicherungen Handelsvertreter sind, ergibt sich bereits aus der Gesetzessystematik. So befindet sich die Versicherungsvertretervorschrift im siebten Abschnitt des ersten Buchs des HGB. Und dieser gebührt den Handelsvertretern. Zu demselben Ergebnis gelangt man mit dem Wortlaut der Vorschrift. Denn Versicherungsvertreter ist nach § 92 Abs. 1 HGB, »wer als Handelsvertreter damit betraut ist, Versicherungsverträge zu vermitteln oder abzuschließen.«[667] Im oben genannten Sachverhalt vor dem BGH ging es um einen Kaffee- und Gebrauchsartikelhändler, der auf seiner Internetseite Versicherungsverträge und Finanzdienstleistungen anbot. Diese Versicherungsverträge konnten online abgeschlossen respektive in Anspruch genommen werden. Bewirbt ein Handelsunternehmen auf seiner Website bestimmte Versicherungsprodukte und ermöglicht den Online-Abschluss von Versicherungsverträgen auf der Website des Versicherungsvermittlers, so ist das Handelsunternehmen auch dann Versicherungsvermittler, wenn der Verbraucher den Wechsel des Betreibers der Website nicht kennt, judizierte der BGH.[668] Folglich ist auch die Online-Vermittlung von Versicherungsverträgen eine versicherungsvermittlungstypische Handlung und damit eine Handelsvertretertätigkeit im Sinne des § 84 HGB i. V. m. § 92 HGB.

665 OLG Düsseldorf, ZVertriebsR 2020, 257.
666 BGH, GRUR 2014, 398.
667 Konkretisiert wird der § 92 Abs. 1 HGB durch den § 92 Abs. 2 HGB insofern, dass vorbehaltlich der Absätze 3 und 4 diejenigen Vorschriften für das Vertragsverhältnis zwischen Versicherungsvertreter und Versicherer gelten sollen, die auch für das Vertragsverhältnis zwischen Handelsvertreter und Unternehmer gelten. Ferner werden die ersten beiden Absätze durch die Absätze 3 bis 5 ergänzt, die weitergehende Ausführungen zu Provisionsansprüchen enthalten (Abs. 3, 4) und die Bausparkassenvertreter den Versicherungsvertretern gleichstellen (Abs. 5).
668 BGH, GRUR 2014, 398.

10. Zwischenergebnis

Damit lässt sich ohne weiteres feststellen, dass sich die Gerichte bereits enzyklopädisch mit der Vermittlung von Verträgen beschäftigt haben. Dabei haben sie sich auch mit der Einordnung von Handelsvertretern in vermutlich nicht alltäglichen Fallkonstellationen und mit vertreteruntypischen Tätigkeiten auseinandergesetzt und werden dies unter Berücksichtigung des Wandels in der Vertriebswelt wohl zunehmend tun müssen. Dass sich Rechtsprechung und Literatur in naher Zukunft auch mit der Frage der Handelsvertretereigenschaft von Influencern auseinandersetzen werden müssen, scheint nur eine Frage der Zeit zu sein.

V. Resümee

Die fehlende Möglichkeit einer einheitlichen und allgemeingültigen Beschreibung der Tätigkeiten von Influencern schließt es zunächst aus, sie pauschal einem der klassischen Absatzmittler im rechtlichen Sinne, also dem Kommissionär, dem Handelsmakler, dem Handelsvertreter oder den nicht im Handelsgesetzbuch geregelten Absatzmittlerformen der Vertragshändler oder Kommissionsagenten, zuzuordnen. Den im Vertrieb vorzufindenen Absatzmittlungsverhältnissen, die sich von dem des Handelsvertreters unterscheiden, unterfallen durchschnittliche Influencer jedoch grundsätzlich nicht. In Anbetracht der bisherigen Rechtsprechung erscheint die Einordnung von Influencern in die §§ 84–92c HGB dagegen nicht abwegig. Denn erste Entscheidungen zur Online-Vermittlung zeigen bereits die grundsätzliche Bereitschaft der Gerichte, die Handelsvertretervorschriften unverändert auch in der digitalen Welt zur Anwendung gelangen zu lassen. Bislang bringt das Handelsvertreterrecht dabei keine schwerwiegend unverträglichen Ergebnisse hervor und scheint prima facie in der Lage zu sein, den technologischen Wandel ohne grundlegende Gesetzesänderung sinnvoll und nachvollziehbar zu regeln. Für die Geschichte des Berufsstandes der Handelsvertreter würde die Qualifikation von Influencern in denselben keinen Stilbruch bedeuten. Vielmehr müssen sich auch länger bestehende Regelungen flexibel an neuartige Situationen, wie sie der technische Fortschritt mitbringt, anpassen.

4. Kapitel: Die Einordnung von Influencern in den § 84 HGB

Der Fortschritt der Digitalisierung im Alltag macht es zunehmend erforderlich, über die juristische Einordnung von Vermittlungstätigkeiten - insbesondere im Online-Bereich - nachzudenken.[669] In Bezug auf Online-Plattformen, die nach einer umstrittenen Auffassung eher technische Dienstleistungen wie die Bereitstellung einer IT-Infrastruktur erbringen und somit keine Handelsvertreter darstellen würden,[670] ist die Diskussion bereits angekommen.[671] Schon jetzt müssen sich Literatur und Rechtsprechung vermehrt mit der Handelsvertreterfrage im digitalen Raum auseinandersetzen. Anlässlich der Entwicklung von sozialen Medien wird dieser digitale Raum derzeit von Influencern dominiert. Influencer werden gegen Entgelt tätig, um Produkte eines dritten Unternehmens anzupreisen und zu bewerben. Sie verwenden hierbei Links, durch die die Nutzer vom Profil des Influencers direkt auf die Website des werbenden Unternehmens geleitet werden. Auf der Website wird den Nutzern dann der Abschluss eines (Kauf-)Vertrags ermöglicht. Dies wirft die Frage nach der vertraglichen Einordnung dieser Tätigkeit auf. Insbesondere erscheint ein Blick in das Handelsrecht, speziell auf die §§ 84–92c HGB als obligat. Die Behandlung handelsrechtlicher Aspekte ist an der Diskussion rund um das Influencer-Marketing bis dato fast gänzlich vorbeigegangen.

Aufgrund dieses Forschungsdesiderats ist zu untersuchen, ob Influencer in den Regelungsbereich des § 84 HGB fallen und somit Handelsvertreter sein können. Das soll insbesondere basierend auf den bisherigen Erkenntnissen beleuchtet werden. Für die Begründung eines Rechtsverhältnisses nach §§ 84ff. HGB müssen die Voraussetzungen sowohl rechtlich nach dem Handelsvertretervertrag als auch tatsächlich nach der einvernehmlichen Umsetzung des Vertragsverhältnisses vollständig vorliegen.[672] Um rechtssicher feststellen zu kön-

669 Dreyer/Haskamp, ZVertriebsR 2017, 359, 363.

670 So Dieselhorst/Grages, MMR 2011, 368, 371; kritisch Dreyer/Haskamp, ZVertriebsR 2017, 359, 361f.

671 Vgl. Kap. 5 V.

672 EBJS/*Löwisch* HGB § 84 Rn. 13.

nen, ob Influencer als Handelsvertreter zu qualifizieren sind, müssen daher die tatbestandlichen Voraussetzungen des § 84 HGB erfüllt sein. Kann der Influencer in den Tatbestand des § 84 HGB einbezogen werden, so ist zu prüfen, ob dieses Ergebnis einerseits dogmatisch überzeugend und andererseits in seinen Rechtsfolgen praktisch und technisch umsetzbar ist.

I. »Gewerbetreibender«

Als erste – nicht unumstrittene[673] – Voraussetzung der Norm ist diejenige des »Gewerbetreibenden« zu beleuchten. Dafür bedarf es zunächst einer näheren Definition dieses Merkmals. Einen ersten Anhaltspunkt für eine solche kann dasjenige Gesetz liefern, welches am ehesten mit dem Begriff »Gewerbe« in Verbindung gebracht wird: Die Gewerbeordnung. Mit dem Fokus auf das Merkmal »Gewerbe« wird in der gewerberechtlichen Literatur vertreten, dieses sei

> »jede wirtschaftliche Tätigkeit mit Ausnahme freiberuflicher oder landwirtschaftlicher Tätigkeit, die auf eigene Rechnung, eigene Verantwortung und auf Dauer mit der Absicht zur Gewinnerzielung betrieben wird.«[674]

Mit dem subjektivierten Blick auf die Person, die das Gewerbe ausübt, sei nach der Richtlinie über unlautere Geschäftspraktiken[675] ein Gewerbetreibender

> »jede natürliche oder juristische Person, die im Geschäftsverkehr im Sinne dieser Richtlinie im Rahmen ihrer gewerblichen, handwerklichen oder beruflichen Tätigkeit handelt, und jede Person, die im Namen oder Auftrag des Gewerbetreibenden handelt.«[676]

Aus dieser Formulierung soll nach Ansicht des EuGH auch hervorgehen, dass der Unionsgesetzgeber den Begriff »Gewerbetreibender« besonders weit konzipiert hat. Der EuGH selbst qualifiziert ihn deshalb als

---

673 Teilweise wird vorgeschlagen, den Begriff des Gewerbes durch den des Unternehmens zu ersetzen. Karsten Schmidt hält insofern das Festhalten am Gewerbebegriff für einen »schwerwiegenden Fehler«, denn der Unternehmensbegriff könne »besser als der Begriff des Gewerbebetriebs dem Sinn und Zweck eines Sonderprivatrechts des unternehmerischen Privatrechtsverkehrs angepasst werden«, vgl. Schmidt, Handelsrecht, § 9 Rn. 13.

674 Veith/Gräfe/Gebert/*Harder*, § 20 Rn. 127.

675 Richtlinie 2005/29/EG vom 11. Mai 2005 über unlautere Geschäftspraktiken im binnenmarktinternen Geschäftsverkehr zwischen Unternehmen und Verbrauchern und zur Änderung der Richtlinie 84/450/EWG des Rates, der Richtlinien 97/7/EG, 98/27/EG und 2002/65/EG des Europäischen Parlaments und des Rates sowie der Verordnung (EG) Nr. 2006/2004 des Europäischen Parlaments und des Rates.

676 Art. 2b) RL 2005/29/EG.

»jede natürliche oder juristische Person, die eine entgeltliche Tätigkeit ausübt, und davon weder Einrichtungen, die eine im Allgemeininteresse liegende Aufgabe erfüllen, noch öffentlich-rechtliche Einrichtungen ausnimmt.«[677]

Dem Grunde nach können diese Definitionen zwar auch im Handelsrecht Anwendung finden. Ein einheitlicher, gesetzesübergreifender Gewerbebegriff lässt sich angesichts der »Relativität der Rechtsbegriffe« jedoch nicht identifizieren, da die jeweiligen Gesetze unterschiedliche Zielsetzungen verfolgen.[678] Aus diesem Grund ist der Begriff »Gewerbe« nicht immer im Sinne des Gewerberechts, sondern im weitesten Sinne zu verstehen.[679] In der Konsequenz folgt aus dem Umstand, dass das Gewerberecht einen möglichen Geschäftsbetrieb nicht als Gewerbe ansieht, nicht zwangsläufig, dass dieser nicht von der Definition des Gewerbes in abweichenden Gesetzen erfasst sein kann.[680] Die Grundsätze, die beispielsweise für die Gewerbeordnung entwickelt wurden, können für das Handelsrecht deshalb nur mit gebotener Vorsicht herangezogen werden.[681]

Gleiches gilt auch für die Terminologie des Einkommensteuergesetzes (EStG). Aus § 15 Abs. 2 EStG ergibt sich, dass

»eine selbständige nachhaltige Betätigung, die mit der Absicht, Gewinn zu erzielen, unternommen wird und sich als Beteiligung am allgemeinen wirtschaftlichen Verkehr darstellt,« Gewerbebetrieb ist, »wenn die Betätigung weder als Ausübung von Land- und Forstwirtschaft noch als Ausübung eines freien Berufs noch als eine andere selbständige Arbeit anzusehen ist.«

Hinzu tritt nach der Rechtsprechung des BFH das ungeschriebene Tatbestandsmerkmal, dass die Betätigung den Rahmen einer privaten Vermögensverwaltung überschreitet.[682] Die Begriffe des Gewerbebetriebs des EStG und des (Handels-)Gewerbes des HGB stimmen folglich nicht überein.[683] Zumindest für ein Handelsgewerbe im Sinne der §§ 1, 2 HGB kann jedoch das Vorliegen der ertragsteuerrechtlichen Voraussetzungen des § 15 Abs. 2 EStG ein Indiz sein,[684] worauf noch zurückzukommen sein wird.

677 EuGH, GRUR 2018, 1154, 1155.
678 Canaris, HandelsR § 2 Rn. 1; Koller/Kindler/Drüen/*Roth/Stelmaszczyk* HGB § 1 Rn. 3.
679 BGH, NJW 1961, 725, 727.
680 Vgl. BGH, NJW 1961, 725, 727.
681 Canaris, HandelsR § 2 Rn. 1.
682 BFH, NJW 1985, 93, 95; Brandis/Heuermann/*Bode* EStG § 15 Rn. 56.
683 Brandis/Heuermann/*Bode* EStG § 15 Rn. 5.
684 Vgl. dazu für den umgekehrten Fall Brandis/Heuermann/*Bode* EStG § 15 Rn. 5.

1. Erforderlichkeit des Vorliegens eines Handelsgewerbes?

Doch zunächst sei ein Wort darüber verloren, ob überhaupt ein Handelsgewerbe vorliegen muss, um eine Person als Gewerbetreibenden im Sinne des § 84 HGB qualifizieren zu können. Eine Legaldefinition des Handelsgewerbes findet sich in § 1 Abs. 2 HGB, der den Begriff des Kaufmanns regelt. Danach ist ein für die Begründung der Kaufmannseigenschaft zu forderndes Handelsgewerbe »jeder Gewerbebetrieb, es sei denn, daß das Unternehmen nach Art oder Umfang einen in kaufmännischer Weise eingerichteten Geschäftsbetrieb nicht erfordert.« Aufgrund der Existenz der Legaldefinition des Handelsgewerbes, seiner Stellung am Anfang des HGB und der Relevanz der §§ 1 und 2 HGB für das gesamte Handelsrecht, könnte erwogen werden, dass auch für § 84 HGB ein Handelsgewerbe erforderlich ist. Dem ist jedoch entgegenzutreten. Der Begriff des Gewerbetreibenden ist bereits weiter gefasst als der den §§ 1, 2 HGB immanente Begriff des Kaufmanns.[685] Ferner steht der Gewerbebegriff des § 84 HGB in einem anderen sachlichen Kontext als in § 1 HGB.[686] In Divergenz zu letzterem, der für die Kaufmannseigenschaft ausdrücklich ein Handelsgewerbe voraussetzt, stellt § 84 HGB nur auf den Betrieb eines (beliebigen) Gewerbes ab und lässt damit jede Form des Gewerbes ausreichen.[687] Lediglich diejenigen Geschäfte, die sich in der Privatsphäre abspielen, sollen begrifflich ausgeschlossen sein.[688] Zu einem abweichenden Ergebnis würde man nur bei isolierter Betrachtung des § 84 Abs. 1 HGB gelangen.[689] Denn soweit der Absatzmittler kein Handelsgewerbe betreibt und nicht in das Handelsregister eingetragen ist, ist er zwar kein Kaufmann im Sinne der §§ 1, 2 HGB. Dennoch ist das Handelsvertreterrecht gemäß § 84 Abs. 4 HGB auf ihn anwendbar.[690] Ohne den vierten Absatz des § 84 HGB, welcher 1998 mit dem Handelsrechtsreformgesetz implementiert wurde, blieben die Handelsvertretervorschriften folglich auf den nichtkaufmännischen Mittler unanwendbar.[691] Daraus folgt, dass seit der Implementierung des § 84 Abs. 4 HGB ein Absatzmittler nicht unbedingt ein Handelsgewerbe im Sinne des § 1 HGB betreiben muss, um als Handelsvertreter zu gelten, sondern lediglich ein beliebiges Gewerbe.

685 BeckOK HGB/*Lehmann* HGB § 84 Rn. 21.
686 Oetker/*Busche* HGB § 84 Rn. 21.
687 Oetker/*Busche* HGB § 84 Rn. 21.
688 BeckOK HGB/*Lehmann* HGB § 84 Rn. 21.
689 Emde, Vertriebsrecht, § 84 Rn. 17.
690 MüKoHGB/Ströbl HGB § 84 Rn. 68; vgl. auch Kap. 3 III. 4.
691 Emde, Vertriebsrecht, § 84 Rn. 17.

2. Gewerbe

Obwohl der Gewerbebegriff nicht nur für das Handelsvertreterrecht, sondern für das gesamte Handelsrecht von zentraler Bedeutung ist, wird er im HGB nicht ausdrücklich definiert.[692] Eine exakte Definition des Gewerbes wird bereits dadurch erschwert, dass die Zwecke der handelsrechtlichen Sonderregelungen nur sehr vage angegeben werden können und ein spezifisch teleologischer Ansatz daher oft an seine Grenzen stößt.[693] Wenn nicht der Gesetzgeber selbst eine explizite Regelung schafft, läuft dies letztlich häufig auf eine konkrete Bestimmung durch Rechtsprechung und Literatur hinaus.[694] Aus diesem Grund hat sich die Rechtsprechung auch in diesem Fall der Definitionslücke angenommen und eigens eine Gewerbedefinition geschaffen. Danach fällt unter »Gewerbe« eine planmäßige, auf gewisse Dauer angelegte, selbständige Tätigkeit, die auf eine wirtschaftliche Tätigkeit am Markt ausgerichtet ist, aber nicht freiberuflicher, wissenschaftlicher oder künstlerischer Art ist.[695] Im Rahmen einer vergleichenden Gegenüberstellung mit den gewerberechtlichen Definitionen der Richtlinie über unlautere Geschäftspraktiken und des EuGH fällt eines sofort auf: Ein Handeln mit Gewinnerzielungsabsicht scheint für das Vorliegen eines Gewerbes im handelsrechtlichen Sinne nicht erforderlich zu sein. Tatsächlich vertritt ein zunehmender Anteil der handelsrechtlichen Literatur die Auffassung, dass auf dieses Merkmal verzichtet werden kann.[696] Nach Claus-Wilhelm Canaris sollten Personen, die gegen Entgelt am Wirtschaftsleben teilnehmen, im Handelsverkehr nicht anders behandelt werden als andere Rechtssubjekte, nur weil sie auf Gewinne verzichteten.[697] Die Gewinnerzielungsabsicht sei zwar ein typisches, nicht aber ein de jure notwendiges Merkmal des Gewerbebegriffs und stelle ein reines »Internum« dar.[698] Dieser Auffassung treten zahlreiche Stimmen in der Literatur und die höchstrichterliche Rechtsprechung entgegen.[699] Dem BGH zufolge hänge die Einordnung einer Tätigkeit unter den Begriff des »Gewerbebetriebs« sogar

692 MüKoHGB/*Fleischer* HGB § 105 Rn. 47; Oetker/*Busche* HGB § 84 Rn. 21; Oetker/*Lieder* HGB § 105 Rn. 19.

693 Canaris, HandelsR § 2 Rn. 1.

694 Vgl. Spindler, NJW 1997, 3193, 3194.

695 BGH, NJW 1961, 725; BGH, NJW 1985, 3063; vgl. auch Henssler/Strohn GesR/*Henssler* HGB § 105 Rn. 8; MüKoHGB/*Fleischer* HGB § 105 Rn. 47.

696 So Canaris, HandelsR § 2 Rn. 14 m.w.N.; Hopt/*Merkt* HGB § 1 Rn. 16; MüKoHGB/*Fleischer* HGB § 105 Rn. 49; Schmidt erachtet das Merkmal der Gewinnerzielungsabsicht als »veraltet« und »entbehrlich«, MüKoHGB/*Schmidt* HGB § 1 Rn. 26, 31.

697 Canaris, HandelsR § 2 Rn. 14.

698 Canaris, HandelsR § 2 Rn. 14.

699 BGH, NJW 1961, 725, 726; BGH, NJW 1979, 1650; BGH, NJW 1985, 3063; BeckOK HGB/*Lehmann* HGB § 84 Rn. 22; Heymann/*Sonnenschein/Weitemeyer* HGB § 84 Rn. 5; MüKoHGB/*Ströbl* HGB § 84 Rn. 67.

maßgeblich von der Gewinnerzielungsabsicht ab.[700] Nach den jeweiligen gesellschaftlichen Auffassungen müsse die entfaltete Tätigkeit von der »Erwerbsabsicht« geprägt sein, dürfe dagegen nicht wesentlich von geistigen, wissenschaftlichen oder künstlerischen Leitgedanken bestimmt werden, da diese von der primär auf Gewinn gerichteten Tätigkeit abzugrenzen seien.[701] Eine Entscheidung über diesen Streitpunkt kann jedoch im Hinblick auf die Einordnung von Influencern in den Gewerbebegriff dahinstehen. Denn diese verfolgen typischerweise die Absicht, mit ihrer Tätigkeit Gewinne zu erzielen. Generell dürfte sich die Bedeutung dieser Kontroverse in Grenzen halten, da unter anderem das Fehlen von Gewinnen die Gewinnerzielungsabsicht nicht auszuschließen vermag.[702] Im Zweifelsfall sollte jedoch aufgrund des Schutzcharakters des Handelsvertreterrechts eine Entscheidung zugunsten der Anwendung dieses Rechts getroffen werden.[703]

Bei der Lektüre der von der Rechtsprechung konzipierten Definition eines Gewerbes fällt jedoch noch etwas auf: Die Tätigkeit eines Gewerbetreibenden dürfe nicht freiberuflicher, wissenschaftlicher oder künstlerischer Natur sein. Influencer kreieren teils fantasievolle Beiträge auf ihren Accounts und sind überwiegend nicht im Sinne des Arbeitsrechts abhängig beschäftigt.[704] Daher muss die Frage erlaubt sein, ob sie nicht als Künstler oder Freiberufler zu qualifizieren sind und ob dies zur Folge hätte, dass sie keinesfalls mehr als Handelsvertreter auftreten können. Denn sowohl Freiberufler als auch Künstler betreiben zumindest nach ihrem historisch gewachsenen Berufsbild und der Verkehrsauffassung kein Gewerbe.[705] Insofern ist die Negativvoraussetzung des Nichtvorliegens einer künstlerischen Tätigkeit oder eines freien Berufes von großer praktischer Relevanz, da sich dann die Inaugenscheinnahme der einzelnen Voraussetzungen des Gewerbes möglicherweise erübrigen würde. Daher verdienen diese Negativmerkmale eine präferierte Erörterung.

3. Influencer als Künstler

Die Definition des »Künstlers« ist dem HGB ebenso fremd wie die des Gewerbetreibenden. Aus diesem Grund ist als Auslegungshilfe die Begutachtung etwaiger vom HGB divergierender Gesetze vorzunehmen, welche sich von Natur

700 BGH, NJW 1961, 725, 727.
701 BGH, NJW 1961, 725, 726.
702 BeckOK HGB/*Lehmann* HGB § 84 Rn. 22.
703 BeckOK HGB/*Lehmann* HGB § 84 Rn. 22.
704 Vgl. dazu Kap. 4 II.
705 Hopt/*Merk* HGB § 1 Rn. 19.

aus vermehrt mit Künstlern beschäftigen. Deren Wertungen können für den Künstlerbegriff des HGB unter Umständen fruchtbar gemacht werden.

a) Materieller Kunstbegriff des Grundgesetzes und seine Grenzen

Eines dieser Gesetze stellt zugleich die Spitze unserer nationalen Normenhierarchie dar: das Grundgesetz (GG). Nach Art. 5 Abs. 3 S. 1 GG sind Kunst und Wissenschaft sowie Forschung und Lehre frei. Die Kunst ist also frei. Doch was ist darunter zu verstehen? Gehört dazu nicht jede Art von materialisiertem Ausdruck der individuellen Persönlichkeit? Man muss dem Kunstbegriff verzeihen, dass er mit den Schwierigkeiten einer präzisen Definition zu kämpfen hat, da eine solche doch gerade seinem Wesen widerspricht.[706] Die Unausweichlichkeit einer Abgrenzung von Kunst in der Rechtsanwendung wird daher durch eine weite Auslegung des Begriffs annehmbar gemacht.[707] Das Bundesverfassungsgericht (BVerfG) hält nach seinem materiellen Kunstbegriff »die freie schöpferische Gestaltung, in der Eindrücke, Erfahrungen, Erlebnisse des Künstlers durch das Medium einer bestimmten Formensprache zu unmittelbarer Anschauung gebracht werden« für das Wesen einer künstlerischen Betätigung.[708] Die weite Auslegung des Kunstbegriffs in Art. 5 Abs. 3 S. 1 GG durch das BVerfG könnte für die Künstlereigenschaft von Influencern sprechen.

Doch auch eine solch weite Auslegung braucht Konturen und hat seine Grenzen. So ist bereits der formale Kunstbegriff enger gefasst als der materielle. Nach ersterem kann einem Werk der Status als Kunstwerk nicht abgesprochen werden, wenn es »bei formaler, typologischer Betrachtung die Gattungsanforderungen eines bestimmten Werktyps erfüllt«, wie etwa Malerei, Bildhauerei oder das Dichten.[709] Beiträge von Influencern lassen sich nicht einer bestimmten Werkgattung zuordnen, zumindest nicht in aller Pauschalität. Aus diesem Grund spricht die Formalität dieses Kunstbegriffs und die fehlende Zuordnung zu einer bestimmten Werkgattung gegen die Qualifizierung von Influencer-Beiträgen als Kunst. Auch der offene Kunstbegriff lässt kaum ein anderes Ergebnis zu, wenn er Kunst zu typisieren versucht. Denn selbst wenn man mit diesem das kennzeichnende Merkmal einer künstlerischen Äußerung darin sieht,

> »daß es wegen der Mannigfaltigkeit ihres Aussagegehalts möglich ist, der Darstellung im Wege einer fortgesetzten Interpretation immer weiterreichende Bedeutungen zu

706 Jarass/Pieroth/*Jarass* GG Art. 5 Rn. 118.
707 Jarass/Pieroth/*Jarass* GG Art. 5 Rn. 118.
708 BVerfG, NJW 1971, 1645.
709 BVerfG, NJW 1985, 261, 262.

entnehmen, so daß sich eine praktisch unerschöpfliche, vielstufige Informationsvermittlung ergibt«[710]

erscheint Kunst im Falle der Beitragsgestaltung in den sozialen Medien höchst fraglich. Diese Beiträge stellen eine nur mäßig interpretierbare Informationsvermittlung dar, die im Zweifelsfall nur zu einem möglichen Produktkauf anregen soll. Auch nach dem offenen Kunstbegriff ist eine künstlerische Tätigkeit von Influencern damit grundsätzlich abzulehnen. Letztlich könnte es für die Einordnung noch von Bedeutung sein, ob ein kunstverständiger Dritter einen durchschnittlichen Social-Media-Beitrag als Kunstwerk ansehen würde,[711] was jedoch ebenfalls zu bezweifeln ist. Im Ergebnis würde nach dem Kunstverständnis des Grundgesetzes also lediglich der sehr abstrakte materielle Kunstbegriff zu dem Ergebnis führen, dass die Beitragsgestaltung von Influencern Kunst darstellen würde. Dieser Begriff erhält jedoch im vorliegenden Fall durch den formalen und offenen Kunstbegriff Konturen und muss daher einschränkend ausgelegt werden. Beiträge, die von Influencern zum Hochladen in sozialen Medien erstellt werden, stellen damit regelmäßig keine Kunst im Sinne des Grundgesetzes dar.

b) Künstlerbegriff des KSVG

Neben diesen Kunstbegriffen enthält das Gesetz über die Sozialversicherung der selbständigen Künstler und Publizisten (KSVG) eine Legaldefinition des Begriffs »Künstler«. Ein solcher ist nach § 2 KSVG, »wer Musik, darstellende oder bildende Kunst schafft, ausübt oder lehrt.« Nach diesem ebenfalls sehr weiten Verständnis des Künstlerbegriffs soll die Erstellung und Gestaltung von Beiträgen durch Influencer grundsätzlich eine künstlerische Tätigkeit im Sinne des § 1 Nr. 1 KSVG darstellen, weshalb Influencer in Person Künstler im Sinne des § 2 KSVG wären.[712] Die Künstlersozialkasse erkennt die Beitragsgestaltung von Influencern insbesondere als künstlerische Tätigkeit im Sinne des KSVG an, sofern ein Influencer mit selbst erstellten Werbefotos oder -videos, Werbetexten oder ähnlichen Werken für ein Unternehmen oder dessen Produkte wirbt und seine Tätigkeit dabei nicht einer Affiliate-Marketing-Kooperation entspricht.[713] Denn im Rahmen letzterer würden Influencer nicht unmittelbar für eine künstlerische

710 BVerfG, NJW 1985, 261, 262.

711 Jarass/Pieroth/*Jarass* GG Art. 5 Rn. 119.

712 Vgl. FAQs der Künstlersozialkasse, Nr. 25, abrufbar unter: https://www.kuenstlersozialkasse.de/unternehmen-und-verwerter/faq-unternehmen-und-verwerter (zuletzt abgerufen am 03.10.2023).

713 Vgl. FAQs der Künstlersozialkasse, Nr. 25, abrufbar unter: https://www.kuenstlersozialkasse.de/unternehmen-und-verwerter/faq-unternehmen-und-verwerter (zuletzt abgerufen am 03.10.2023).

oder publizistische Leistung bezahlt werden, sondern für die Bereitstellung von Werbemöglichkeiten in den sozialen Medien durch die Einbettung eines Affiliate-Links.[714] Für die bloße Erstellung von Beiträgen in Kooperationen, die auf einer Vereinbarung zur Produktinszenierung oder Produktplatzierung beruhen, bleibt der Status eines Künstlers im Sinne des KSVG für Influencer offen.

c) Künstlerische Tätigkeit im Sinne des Ertragsteuerrechts

Aus ertragsteuerrechtlicher Sicht läge eine künstlerische Tätigkeit von Influencern gemäß § 18 Abs. 1 Nr. 1 S. 2 EStG nach ständiger Rechtsprechung des BFH dagegen nur dann vor, wenn ein Steuerpflichtiger

> »eine eigenschöpferische Leistung vollbringt, in der seine individuelle Anschauungsweise und Gestaltungkraft zum Ausdruck kommt, und die über eine hinreichende Beherrschung der Technik hinaus grundsätzlich eine gewisse künstlerische Gestaltungshöhe erreicht.«[715]

Dabei ist es evident nicht ausreichend, wenn eine auf Instagram handelnde Person in der analogen Welt als Künstler bezeichnet werden kann, beispielsweise Beiträge von eigens angefertigten Kunstwerken hochlädt und diese dabei bewirbt. Vielmehr müsste seine Leistung auch im Zusammenhang mit der Kreation und Darbietung von digitalen Posts eine hinreichende eigenschöpferische Gestaltungshöhe erreichen. Entsprechend führt der BFH in einem Urteil aus dem Jahr 1992 aus, dass Einnahmen aus einer schauspielerischen Tätigkeit im Bereich der Werbung zu den Einkünften aus selbständiger künstlerischer Tätigkeit gehören können, wenn sie als eigenschöpferische Leistungen zu werten sind.[716] Gleichermaßen stellt der BFH fest, dass die erforderliche eigenschöpferische Leistung in der Regel nicht gegeben ist, »wenn sich die Tätigkeit des Künstlers darauf beschränkt, die Rolle eines Produktbenutzers zu sprechen oder zu spielen sowie lediglich den Gegenstand seiner Werbung anzupreisen.«[717] Dies kommt einer Tätigkeitsbeschreibung von Influencern sehr nahe. Auch diese beschränken sich in der Mehrzahl ihrer Kooperationen auf die Präsentation von Vorteilen und positiven Eigenschaften von Produkten und Dienstleistungen. Aus diesem Grund dürfte ebenfalls mit dem Maßstab des EStG ein hinreichend eigen-

714 Vgl. FAQs der Künstlersozialkasse, Nr. 25, abrufbar unter: https://www.kuenstlersozialkasse.de/unternehmen-und-verwerter/faq-unternehmen-und-verwerter (zuletzt abgerufen am 03.10.2023).
715 BFH, DStRE 1999, 134, 135.
716 BFH, DStR 1992, 286.
717 BFH, DStR 1992, 286.

schöpferischer Charakter von Influencern bei der Gestaltung ihrer Beiträge eher selten zu finden sein.[718]

d) Ausübende Künstler nach dem Urhebergesetz

»Ausübender Künstler« im Sinne des Urheberrechts ist gemäß § 73 UrhG »wer ein Werk oder eine Ausdrucksform der Volkskunst aufführt, singt, spielt oder auf eine andere Weise darbietet oder an einer solchen Darbietung künstlerisch mitwirkt.« Für den Begriff des ausübenden Künstlers ist eine funktionale Betrachtung im Rahmen des Gesetzeswortlauts entscheidend, der den Schutzgrund in der technischen Wiedergabe- und Ersetzungsmöglichkeit der Leistung sieht.[719] Eine an § 73 UrhG angelehnte Auslegung der Erstellung von Posts in sozialen Medien dürfte wohl zu weit gehen. Denn Influencer führen weder Werke der Literatur und Kunst oder Ausdrucksformen der Volkskunst auf, bieten sie anderweitig dar oder wirken an einer solchen Darbietung mit. Künstler im Sinne des Urheberrechts werden sie deshalb in den seltensten Fällen sein.

e) Zwischenergebnis

Es bleibt festzuhalten: Die Bejahung des Künstlerbegriffs nach dem bereits konturierten materiellen Kunstbegriff des Grundgesetzes und demjenigen des KSVG kann nicht zu der Schlussfolgerung führen, dass Influencer auch als Künstler im Sinne des HGB anzusehen sind und somit keine Gewerbetreibende sein können. Indem § 2 KSVG seiner Definition die Einleitung »Künstler im Sinne dieses Gesetzes ist« voranstellt, wird bereits betont, dass die Vorschrift nicht beabsichtigt, sich eine Allgemeingültigkeit des Künstlerbegriffs anzueignen. Doch auch aus einer Gegenüberstellung der Schutzrichtungen des KSVG und des HGB ergibt sich, dass die Künstlereigenschaft nach dem KSVG nicht zwangsläufig die Negierung der Qualifikation als Gewerbetreibenden nach sich zieht. Laut Künstlersozialkasse soll es für den Kunstbegriff nicht etwa auf die Qualität der künstlerischen Tätigkeit ankommen oder eine bestimmte Werk- oder Gestaltungshöhe vorausgesetzt werden.[720] Vielmehr sei bei künstlerischen Berufen ein soziales Schutzbedürfnis anzunehmen, sofern sie dem Wirkbereich

718 Vgl. Schmidt/Kollmann/Karl, DStR 2021, 765, 772.
719 Dreier/Schulze/*Dreier* UrhG § 73 Rn. 7.
720 Vgl. FAQs der Künstlersozialkasse, Nr. 11, abrufbar unter: https://www.kuenstlersozialkasse.de/unternehmen-und-verwerter/faq-unternehmen-und-verwerter (zuletzt abgerufen am 03.10.2023).

der Werbung zuzuordnen seien, was den weiten Kunstbegriff rechtfertige.[721] Aus diesem Grund wolle der Gesetzgeber Wettbewerbsnachteile für die versicherten Künstler und Publizisten vermeiden, weshalb es insbesondere unschädlich wäre, wenn sich aus der steuerlichen Einordnung ergeben würde, dass ein Künstler Einkünfte aus Gewerbebetrieb generiert.[722] Demgegenüber sieht auch das HGB mit seinen Vorschriften zum Handelsvertreterrecht ein soziales Schutzbedürfnis, und zwar innerhalb des gesamten Berufsstands der Handelsvertreter, da diese nicht unter die arbeitnehmerschützenden Vorschriften etwa des BGB, des EntgFG oder des KSchG zu fallen vermögen. Nach dem Sinn und Zweck des § 84 HGB ist der Begriff des Gewerbetreibenden daher ebenso weit auszulegen wie der Künstler-Begriff des KSVG, um einen möglichst umfangreichen Personenkreis in den Schutzbereich des Handelsvertreterrechts einzubeziehen.[723] Im Umkehrschluss ist die Annahme als Künstler im Handelsrecht restriktiv zu handhaben. Obwohl also das KSVG und das HGB völlig unterschiedliche Schutzrichtungen verfolgen, eint sie, dass auf beiden Seiten ein Schutz vor sozialer Ungerechtigkeit erreicht werden soll, die ihren Ursprung in der Selbständigkeit hat. Dies führt zu dem Ergebnis, dass Influencer Künstler im Sinne des KSVG und gleichwohl Gewerbetreibende im handelsrechtlichen Sinne sein können. Dementsprechend ist nicht jeder Künstler im Sinne des KSVG gleichzeitig auch ein solcher im handelsrechtlichen Sinne.

4. Influencer im Einzelfall Freiberufler

Trotz der grundsätzlichen Ablehnung der Künstlereigenschaft kann Influencern die Einordnung in den handelsrechtlichen Begriff des Gewerbetreibenden verwehrt bleiben. Denn die Tätigkeiten von Influencern könnten gleichwohl unter einen »freien Beruf« subsumiert werden, was dieselbe Konsequenz hätte wie die Annahme des Künstlerstatus. Auch der Terminus des »Freiberuflers« ist weder im HGB noch in anderen Gesetzen wie der Gewerbeordnung allgemein definiert.[724]

721 Vgl. FAQs der Künstlersozialkasse, Nr. 11, abrufbar unter: https://www.kuenstlersozialkasse.de/unternehmen-und-verwerter/faq-unternehmen-und-verwerter (zuletzt abgerufen am 03.10.2023).

722 Vgl. FAQs der Künstlersozialkasse, Nr. 11, abrufbar unter: https://www.kuenstlersozialkasse.de/unternehmen-und-verwerter/faq-unternehmen-und-verwerter (zuletzt abgerufen am 03.10.2023).

723 Oetker/*Busche* HGB § 84 Rn. 24.

724 Landmann/Rohmer GewO/*Eisenmenger* GewO § 1 Rn. 36.

a) Abgrenzung nach der Gewerbeordnung

In der Rechtsprechung des Bundesverwaltungsgerichts hat der Begriff der Freiberuflichkeit jedoch mittlerweile – zumindest für den Anwendungsbereich der Gewerbeordnung – hinreichende Konturen erlangt, wenn es heißt, dass »wissenschaftliche, künstlerische oder schriftstellerische Tätigkeiten höherer Art oder Dienstleistungen höherer Art« als freiberuflich im gewerberechtlichen Sinne gelten, »die eine höhere Bildung, das heißt grundsätzlich ein abgeschlossenes Hochschul- oder Fachhochschulstudium, oder eine besondere schöpferische Begabung erfordert.«[725] Ein Hochschulabschluss ist keineswegs Voraussetzung für die Aufnahme einer Tätigkeit als Influencer. Auch eine kreative Begabung von Influencern kann nicht pauschal unterstellt werden, da kaum einem durchschnittlichen Social-Media-Nutzer die technische Versiertheit abgesprochen werden kann, Posts hochzuladen und diese mehr oder minder ansprechend zu gestalten. Überträgt man also den Maßstab des Gewerbebegriffs der Gewerbeordnung mit seinen Konturen auf das Handelsrecht, so dürfte es sich bei den Influencern nicht um Freiberufler handeln.

b) Abgrenzung im Sinne des Ertragsteuerrechts

Auch im Ertragsteuerrecht wird seit jeher um die Abgrenzung zwischen Gewerbebetrieb und selbständiger Arbeit gestritten. Beiderseits erforderlich ist – in Abgrenzung zur Liebhaberei (Lebensführung, Hobby)[726] – zunächst die Absicht, nachhaltig Gewinne erwirtschaften zu wollen (»sogenannte Gewinnerzielungsabsicht«[727]). Den heute populären Influencern wird diese Absicht wohl kaum abzusprechen sein. Die neue Generation von Social-Media-Nutzern verfolgt ohnehin zunehmend das Ziel – in Divergenz zu harter physischer Arbeit – ihr Geld vermeintlich »nebenbei« in sozialen Medien zu verdienen, ohne dafür einen höheren Bildungsabschluss vorweisen zu müssen. Dies offenbarte jüngst eine US-amerikanische Studie, nach der 40 % der Befragten davon träumten, Influencer zu werden.[728] Daraus lässt sich schlussfolgern, dass eine Gewinnerzielungsabsicht bei neu aufkommenden Influencern deutlich eher anzunehmen ist, als bei der früheren Generation.[729]

Eine selbständige Arbeit im Sinne des § 18 Abs. 1 EStG liegt vor, wenn ein Steuerpflichtiger mit seiner Tätigkeit auf eigene Rechnung und Gefahr und ohne

725 BVerwG, NJW 2013, 2214, 2215; Landmann/Rohmer GewO/*Eisenmenger* GewO § 1 Rn. 36.
726 Vgl. BFH, BeckRS 2013, 94813; Schmidt/*Wacker*, EStG § 15 Rn. 31.
727 Vgl. dazu bereits Kap. 2 I. 5. c.
728 Vgl. k.at vom 12.09.2022, abrufbar unter: https://k.at/lifestyle-explainer/berufswunsch-influencer-studie-erwachsene/402143745 (zuletzt abgerufen am 03.10.2023).
729 Rozanski/Oonk, SAM 2023, 78, 83.

Weisungsabhängigkeit von anderen überwiegend durch persönlichen Arbeitseinsatz nachhaltig, also dauernd oder überwiegend, Gewinn erzielen will.[730] Einkünfte aus selbständiger Arbeit sind unter anderem solche aus freiberuflicher Tätigkeit nach § 18 Abs. 1 Nr. 1 S. 1 EStG. Einkünfte aus Gewerbebetrieb werden demgegenüber in § 15 EStG geregelt. Dem Wortlaut der Norm nach ist der Gewerbebetrieb eine selbständige nachhaltige Betätigung,

> »die mit der Absicht, Gewinn zu erzielen, unternommen wird und sich als Beteiligung am allgemeinen wirtschaftlichen Verkehr darstellt, wenn die Betätigung weder als Ausübung von Land- und Forstwirtschaft noch als Ausübung eines freien Berufs noch als eine andere selbständige Arbeit anzusehen ist«, § 15 Abs. 2 S. 1 EStG.

Die Einkunftsarten Gewerbe und selbständige Arbeit schließen sich gemäß § 15 Abs. 2 S. 1 EStG also aus,[731] wobei die Zuordnung der Tätigkeit zu den freien Berufen nach § 18 EStG Vorrang vor denen aus Gewerbebetrieb hat.[732] In der Konsequenz sind Einkünfte dann nicht gewerblich, wenn die Tätigkeit unter den § 18 EStG subsumiert werden kann und damit von gewerblichen Einkünften negativ abgrenzbar ist.[733] Die Abgrenzung ist aus Gründen der unterschiedlichen Besteuerung und Pflichtenverteilung der jeweiligen Einkünfte von besonderer Relevanz: Denn Einkünfte aus freiberuflicher Tätigkeit gemäß § 18 Abs. 1 Nr. 1 EStG unterliegen weder der Gewerbesteuer, noch besteht für sie ohne Rücksicht auf die Größenordnung eine Buchführungs- und Bilanzierungspflicht.[734]

Ein Influencer erzielt also nur dann Einkünfte aus Gewerbebetrieb und unterliegt der Gewerbesteuer,[735] wenn er selbständig, nachhaltig und mit Gewinnerzielungsabsicht tätig ist und am allgemeinen wirtschaftlichen Verkehr teilnimmt, soweit er keine Einkünfte aus selbständiger Arbeit erzielt.[736] In der ertragsteuerlichen Literatur wird davon ausgegangen, dass Einnahmen aus Affiliate-Marketing-Kooperationen eine beispielsweise schriftstellerische Leistung stets in den Hintergrund treten lassen und es sich daher gemäß § 15 EStG um Einkünfte aus Gewerbebetrieb handelt.[737] In diesen Fällen würden die Einkünfte nicht unmittelbar aus der Influencer-Tätigkeit resultieren, sondern wären erfolgsbezogen.[738] Unabhängig von der Überzeugungskraft[739] einer solch pau-

---

730 Beck'sches Steuer- und Bilanzrechtslexikon/*Arendt*, Influencer, Rn. 7.
731 BFH, BeckRS 1970, 22000471; Schmidt/Kollmann/Karl, DStR 2021, 765, 766.
732 Schmidt/Kollmann/Karl, DStR 2021, 765, 766.
733 Korn, DStR 1995, 1249; Schmidt/Kollmann/Karl, DStR 2021, 765, 766.
734 Korn, DStR 1995, 1249.
735 Soweit sein Gewerbeertrag den Freibetrag i. H. v. 24.500,00 € übersteigt.
736 Brunckhorst/Sterzinger, DStR 2018, 1689, 1691; Heine/Trinks, Influencer-Besteuerung, Rn. 34.
737 Schmidt/Kollmann/Karl, DStR 2021, 765, 768.
738 Schmidt/Kollmann/Karl, DStR 2021, 765, 766.

schalen – und nur auf das Steuerrecht bezogenen – Argumentation geht auch die Finanzverwaltung bei der regelmäßigen Tätigkeit von Influencern von dieser ertragsteuerlichen Einkünftequalifikation aus.[740]

Erzielen Influencer hingegen Einkünfte aus der reinen Gestaltung von Social-Media-Beiträgen, ohne dass den Posts ein Affiliate-Link zugrunde liegt, könnten diese Einkünfte aus einkommensteuerlicher Sicht freiberuflicher Natur im Sinne des § 18 EStG sein.[741] Zu freiberuflichen Tätigkeiten gehören gemäß § 18 Abs. 1 Nr. 1 S. 2 EStG unter anderem »die selbständig ausgeübte wissenschaftliche, künstlerische, schriftstellerische, unterrichtende oder erzieherische Tätigkeit.« Entgegen der Auffassung der Finanzverwaltung kann eine solche Tätigkeit im Einzelfall vorliegen, wenn die Handlung eines Influencers zum Beispiel eine überwiegende schauspielerische Leistung bei der Erstellung von Produktvideos oder einen wesentlichen schriftstellerischen Charakter im Zusammenhang mit schriftlichen Reiseberichten oder Produktrezensionen beinhaltet.[742]

Wenn sich die Tätigkeiten eines Influencers nicht gegenseitig unlösbar bedingen oder wenn sie nicht miteinander untrennbar verflochten sind, stellen sie auch keine einheitlichen Tätigkeiten dar, sondern sind getrennt zu beurteilen.[743] Dies gilt auch für Einkünfte aus Affiliate-Programmen und der rein gestaltenden Tätigkeit etwaiger Beiträge. Diese voneinander zu unterscheidenden Tätigkeiten bedingen sich nicht in einer Weise, dass mit Hinwegdenken der Affiliate-Links nicht mehr Einnahmen aus der Gestaltung von Social-Media-Beiträgen generiert werden können.[744] Bei Aufeinandertreffen zweier gewerblicher Tätigkeiten ist dagegen von der Begründung eines einheitlichen Gewerbebetriebs auszugehen. Denn auch Tätigkeiten, die als selbständig zu erachten sind, können einen einheitlichen Betrieb bilden, wenn die unterschiedlichen Tätigkeiten wirtschaftlich, organisatorisch sowie finanziell zusammenhängen.[745] Bei Influencern, die über einen Social-Media-Kanal gewerbliche Einkünfte aus der Erstellung von werblichen Beiträgen – die nicht die Voraussetzungen einer freiberuflichen Tätigkeit

739 Insbesondere erscheint fraglich, ob die Installation eines Affiliate-Links in ertragsteuerlicher Sicht tatsächlich ein taugliches Abgrenzungskriterium darstellt. Denn grundsätzlich muss die bloße Installation eines Affiliate-Links nicht zwangsläufig einen wesentlichen optischen Unterschied in der Beitragsgestaltung machen. Vgl. dazu Rozanski/Oonk, SAM 2023, 78, 86f.

740 Vgl. Bayerisches Landesamt für Steuern, Ich bin Influencer, S. 5, abrufbar unter: https://www.lfst.bayern.de/fileadmin/RESSOURCEN/INFORMATIONEN/Steuerinfos/Zielgruppen/Influencer/FAQ_BayLfSt_Influencer.pdf (zuletzt abgerufen am 10.10.2023).

741 Schmidt/Kollmann/Karl, DStR 2021, 765, 766ff.

742 Brunckhorst/Sterzinger, DStR 2018, 1689, 1690f.; vertiefend auch Rozanski/Oonk, SAM 2023, 78, 83ff.; Schmidt/Kollmann/Karl, DStR 2021, 765, 768f.

743 Heine/Trinks, Influencer-Besteuerung, Rn. 85, 242; Schmidt/Kollmann/Karl, DStR 2021, 765, 769f.

744 So auch Schmidt/Kollmann/Karl, DStR 2021, 765, 770.

745 Schmidt/Kollmann/Karl, DStR 2021, 765, 771.

erfüllen – sowie aus Affiliate-Programmen erzielen, kann deshalb erwogen werden, dass sie einkommensteuerlich einen einheitlichen Gewerbebetrieb betreiben, da zwischen diesen Tätigkeiten ein wirtschaftlicher Zusammenhang besteht und sich die Tätigkeiten in einem Maße ergänzen, bei dem nicht mehr von einer objektiven Selbständigkeit gesprochen werden kann.[746] Daher muss bei sämtlichen Influencern sorgfältig geprüft werden, ob sie gewerblich oder freiberuflich tätig sind.

Eine steuerrechtliche Abgrenzung ist zwar fiskalisch geprägt und für den Zweck des HGB nicht ausschlaggebend.[747] Dies bedeutet jedoch nicht, dass bestimmte Wertungen, die für das Ertragsteuerrecht Geltung beanspruchen, nicht auch für das Handelsrecht fruchtbar gemacht werden können. Eine Parallele zur im Ertragsteuerrecht derzeit vorherrschenden Auffassung[748] kommt insofern in Betracht, als dass Influencer zumindest im Rahmen ihrer Tätigkeit als Affiliates Gewerbetreibende im Sinne des § 84 HGB darstellen.

c) Abgrenzung anhand einer Vermittlungstätigkeit

Für diese Auffassung streitet ein weiterer Gesichtspunkt. Denn auch unabhängig von ihrer ertragsteuerrechtlichen Behandlung liegt es nahe, Influencer in Affiliate-Marketing-Kooperationen als Gewerbetreibende zu qualifizieren. Im Hinblick auf ihre mögliche Einstufung als Handelsvertreter müssten sie eine Tätigkeit ausüben, die von Vermittlungshandlungen geprägt ist.[749] Und dies hätte auch gravierende Auswirkungen auf die Abgrenzung von Gewerbetreibenden und Freiberuflern: Denn die Vermittlung von Geschäften stellt selbst dann keinen freien Beruf dar, wenn die wissenschaftliche oder geistige Leistung des Vermittlers im Einzelfall ausschlaggebend war.[750] Im Umkehrschluss würde die Annahme einer Vermittlungstätigkeit in dieser Hinsicht gegen eine freiberufliche Tätigkeit und für das Merkmal des Betreibens eines Gewerbes sprechen. Dafür spricht auch die Annahme der Künstlersozialkasse, dass Influencer bei Affiliate-Marketing-Kooperationen keine künstlerische Tätigkeit ausüben, sondern in erster Linie für die Bereitstellung von Affiliate-Links vergütet würden.[751] Solange also eine vermittelnde Tätigkeit von Influencern angenommen werden kann, ist

746 Schmidt/Kollmann/Karl, DStR 2021, 765, 771; ebenfalls bejahend für einheitliche, als gewerblich anzusehende Influencer-Tätigkeit Hemmerich/Günther, DStR 2021, 2321, 2322.

747 Hopt/*Merkt* HGB § 1 Rn. 19.

748 A. A. Rozanski/Oonk, SAM 2023, 78, 86f., die auch bei der Verwendung von Affiliate-Links nicht eine pauschale Einordnung in gewerbliche Einkünfte unternehmen, sondern eine differenzierende, einzelfallabhängige Sichtweise präferieren.

749 Vgl. Kap. 5.

750 MüKoHGB/*Ströbl* HGB § 84 Rn. 67.

751 Vgl. Kap. 6 II. 3.

der jeweilige Influencer als Gewerbetreibender im Sinne des § 84 HGB zu qualifizieren. Bei einer rein gestalterischen Tätigkeit im Rahmen von Entwürfen etwaiger Social-Media-Posts ist hingegen eine handelsvertreterrechtlich erforderliche Vermittlungsleistung grundsätzlich zu verneinen. Bei diesen ist im Einzelfall zu prüfen, ob es sich um Gewerbetreibende oder Freiberufler handelt. Nicht zuletzt für Affiliate-Kooperationen zwischen Influencern und Unternehmern kann jedoch festgehalten werden, dass aus handelsrechtlicher Sicht in der Regel keine künstlerische oder freiberufliche Tätigkeit vorliegt.

5. Qualifikation als Künstler oder Freiberufler gegenstandslos?

Aus den folgenden Erwägungsgründen könnte die Qualifikation als Freiberufler oder Künstler jedoch ohnehin gegenstandslos für eine Qualifikation als Gewerbetreibender sein. Da nur ein beliebiger Gewerbebetrieb erforderlich ist, können auch Personen als Handelsvertreter tätig werden, die traditionell nicht als Handelsgewerbetreibende gelten und daher nicht unter den Begriff des Kaufmanns fallen.[752] Dazu zählen mithin auch Freiberufler und Künstler.[753] Insbesondere Canaris verweist zurecht auf Ausnahmen vom Ausschluss der freien Berufe aus dem Gewerbebegriff: So würden unter anderem Apotheker in der Regel als Gewerbetreibende und – bei Vorliegen der Voraussetzungen des § 1 Abs. 2 HGB – als Handelsgewerbetreibende und damit sogar als Kaufleute angesehen, obwohl man diesen schwerlich die Zugehörigkeit zu den freien Berufen absprechen könnte.[754] Auch andere halten die Herausnahme der freien Berufe aus dem HGB für rechtspolitisch fragwürdig und verweisen auf die de lege lata nur beschränkte Konsequenz in ihrer Anwendung.[755] Wissenschaftliche Institute, Künstler und Designer würden ebenso wie Gewerbetreibende geldwerte Leistungen am Markt anbieten, Sonderbehandlungen der Freiberufler seien deshalb nicht mehr geboten.[756] Die Herausnahme der freien Berufe aus dem HGB gilt auch nur für den Kernbereich des freien Berufs, dagegen beispielsweise nicht für kommerziell betriebene Kunst oder ärztliche Privatkliniken, obwohl doch der Arztberuf unstreitig den freien Berufen zuzuordnen ist.[757] Aus diesem Grund hat wiederum Canaris der von der Rechtsprechung konstruierten Definition einen entscheidenden Part hinzugefügt. So definiert er das Gewerbe als

752 Vgl. dazu bereits Kap. 4 I. 1.; ebenfalls Oetker/*Busche* HGB § 84 Rn. 22.
753 So Oetker/*Busche* HGB § 84 Rn. 22.
754 Canaris, HandelsR § 2 Rn. 10.
755 Hopt/*Merkt* HGB § 1 Rn. 19.
756 Schmidt, Handelsrecht, § 9 Rn. 21.
757 Hopt/*Merkt* HGB § 1 Rn. 19.

> »selbständige, entgeltliche, auf eine unbestimmte Vielzahl von Geschäften gerichtete, nach außen in Erscheinung tretende Tätigkeit mit Ausnahme der künstlerischen und der wissenschaftlichen sowie derjenigen freien Berufe, bei denen die Leistungserbringung höchstpersönlichen Charakter hat.«[758]

Freiberuflern sollte die Einordnung als Gewerbetreibende demgemäß wenn überhaupt dann verwehrt sein, wenn ihre freiberufliche Tätigkeit auch höchstpersönlichen Charakter hat. In der Konsequenz könnten unter anderem auch Freiberufler als Handelsvertreter auftreten.[759] Dieser Auffassung ist beizupflichten. Aufgrund der Annäherung des Berufsbildes der freien Berufe an das der Gewerbetreibenden nehmen Abgrenzungsschwierigkeiten in dieser Hinsicht ohnehin zu.[760] Denn Freiberufler sowie Künstler und Wissenschaftler betreiben ihre Tätigkeit vermehrt so, dass die geistige oder wissenschaftliche Tätigkeit objektiv zurücktritt und deshalb nach außen hin ein gewerbliches Unternehmen vorliegt.[761] Infolgedessen kann es auch zu Mischtätigkeiten kommen, für die sonst eine Schwerpunktbetrachtung vorgenommen werden müsste.[762] So ist insbesondere die Tätigkeit eines Handelsvertreters auch dann gewerblicher und nicht etwa freiberuflicher Natur, wo ergänzend zur Vermittlungs- oder Abschlusstätigkeit wissenschaftliche oder künstlerische Leistungen erbracht werden.[763] Nur beispielhaft sei an dieser Stelle gefragt, wo die kunsthandwerkliche, also gewerbliche Tätigkeit beginnt und die künstlerische aufhört oder wo die wissenschaftliche Tätigkeit eines betriebswirtschaftlichen Gutachters endet und die gewerbliche Unternehmensberatung anfängt.[764] Für freie Berufe gilt aus vorstehenden Gesichtspunkten, dass diese keine Wesensmerkmale mehr aufweisen, die geeignet erscheinen, ihre bestehende Sonderstellung in der Rechtsordnung zu rechtfertigen.[765] Mehr als historisch-traditionelle Unterschiede zum Gewerbe sind nicht ersichtlich.[766] Zutreffend beschreibt Wolfgang Hummes die Abgrenzungseignung des freien Berufs von einer gewerblichen Betätigung deshalb wie folgt:

---

758 Canaris, HandelsR § 2 Rn. 16.

759 Oetker/*Busche* HGB § 84 Rn. 22; a. A. BeckOK HGB/*Lehmann* HGB § 84 Rn. 21.

760 Heymann/*Emmerich*, HGB § 1 Rn. 18; Schmidt, Handelsrecht, § 9 Rn. 23–25. Letzterer schlägt deshalb vor, als freie Berufe i. S. d. HGB nur diejenigen anzusehen, »die durch ein kammergebundenes, also an berufsständische Organisation gebundenes, Berufsrecht gekennzeichnet sind, etwa Ärzte, Rechtsanwälte, Notare, Wirtschaftsprüfer, Steuerberater und Architekten.«

761 Hopt/*Merkt* HGB § 1 Rn. 20.

762 Canaris, HandelsR § 2 Rn. 11.

763 HK-HGB/*J. Keßler* § 84 Rn. 29.

764 Schmidt, Handelsrecht, § 9 Rn. 23.

765 Hummes, Freier Beruf oder Gewerbe? S. 225.

766 Schmidt, Handelsrecht, § 9 Rn. 21.

> »War man früher insoweit noch der Meinung, vor allem mit der idealistischen Komponente einer fehlenden Gewinnerzielungsabsicht als Ausfluss einer Gemeinwohlverpflichtung sei es möglich, den Gewerbetreibenden eindeutig vom freiberuflich Tätigen zu unterscheiden, so hat die Lebenswirklichkeit diese Vorstellung als Illusion entlarvt.«[767]

Daher sollte erwogen werden, de lege ferenda entweder gänzlich auf die Herausnahme der Freiberufler aus der Gewerbedefinition zu verzichten, oder aber allein auf das Vorliegen der Gewerbevoraussetzungen im Sinne des Definitionsvorschlags von Canaris abzustellen, wonach für Freiberufler stets zu untersuchen ist, ob die Leistungserbringung höchstpersönlichen Charakter hat. Ist dies nicht der Fall, können auch Freiberufler – unabhängig von beispielsweise Apothekern – Gewerbetreibende darstellen. Mit einer nur partiellen Anwendung auf freie Berufe, mit intransparenten Ausnahmen vereinzelter Natur, macht sich das HGB unglaubwürdig. Mit der Öffnung für alle Gewerbebetriebe von Freiberuflern würde es dagegen einen wichtigen Schritt in Richtung Einheitlichkeit und Transparenz gehen. Mit dem Gesetz zur Modernisierung des Personengesellschaftsrechts (MoPeG), das zum 01. Januar 2024 in Kraft getreten ist, erreicht der Trend der Liberalisierung des Handels- und Gesellschaftsrecht ohnehin eine neue Stufe. Denn mit dieser Reform wird auch das Personenhandelsgesellschaftsrecht für freiberuflich Tätige behutsam geöffnet.[768] Das Recht am Gewerbebetrieb hat die Rechtsprechung den Freiberuflern mittlerweile ebenfalls zuerkannt.[769] Dieser Rechtsfortschritt ist zu begrüßen. Auch mit Blick auf das Handelsvertreterrecht ist kein nachvollziehbarer Grund ersichtlich, gewerbetreibende Freiberufler, oder auch Künstler und Wissenschaftler, vom Schutzzweck des § 84 HGB auszuschließen. Anders als im Ertragsteuerrecht müssen sich die freiberufliche und künstlerische Betätigung und der Betrieb eines Gewerbes in handelsrechtlicher Hinsicht nicht grundsätzlich ausschließen. So scheint es denkbar, dass ein Influencer bei Instagram schriftstellerisch und zeitgleich mittels Affiliate-Link vermittelnd tätig ist. Aus ertragsteuerrechtlicher Sicht würde die schriftstellerische Tätigkeit nach überwiegender Auffassung in den Hintergrund treten, womit die Einkünfte den gewerblichen im Sinne des § 15 EStG zugeordnet würden. Eine einzige Tätigkeit kann ertragsteuerrechtlich nicht zu einem Teil eine gewerbliche und zum anderen Teil eine freiberufliche sein. Im Handelsrecht müssen sich eine künstlerische oder freiberufliche und eine Tätigkeit als Gewerbetreibender hingegen nicht zwangsläufig ausschließen. Daher erscheint es vertretbar, einen Influencer, der zwar als Freiberufler eingestuft wird, dennoch als Gewerbetreibenden anzuerkennen. Insbesondere, sofern seine

767 Hummes, Freier Beruf oder Gewerbe? S. 42.
768 Hopt/*Merkt* HGB § 1 Rn. 20a.
769 BGH, NJW 2012, 2579; Hopt/*Merkt* HGB § 1 Rn. 19.

Leistungserbringung keinen höchstpersönlichen Charakter hat. Ein solch höchstpersönlicher Charakter wird der Gestaltung einer Vielzahl von Beiträgen ohnehin abzusprechen sein. Die Fähigkeit, wenige Sekunden positiv über ein Produkt zu berichten und gleichzeitig über die technischen Fertigkeiten zu verfügen, seinem Beitrag einen Link zugrunde zu legen, kann bei durchschnittlichen Social-Media-Nutzern vorausgesetzt werden. Im Ergebnis ist das Merkmal des Gewerbetreibenden im Hinblick auf den Schutzcharakter des Handelsvertreterrechts weit auszulegen, um den von der Rechtsordnung festgesetzten Sozialstandart einem möglichst breiten Personenkreis zugänglich zu machen.[770]

6. Vorliegen der Gewerbemerkmale bei Influencern

Nachdem feststeht, dass Influencer in handelsrechtlicher Sicht weder unter einen freien Beruf – was in der Praxis nur punktuell zu erwarten ist – noch unter den Begriff des Künstlers – was praktisch nahezu ausgeschlossen ist – zu subsumieren sind und die Einordnung als Künstler oder Freiberufler nach vorzugswürdiger Auffassung ohnehin nicht in einem Ausschlussverhältnis zum Betreiben eines Gewerbes stehen sollte, müssten die Voraussetzungen eines solchen kumulativ vorliegen. Eine Bejahung in dieser Hinsicht dürfte weniger problembehaftet sein als die im Einzelfall vorzunehmende Abgrenzung zu einem freien Beruf. Nach der vom BGH geschaffenen Definition eines Gewerbes müssten Influencer eine planmäßige, selbständige Tätigkeit ausüben, die auf gewisse Dauer angelegt und auf eine wirtschaftliche Betätigung am Markt ausgerichtet ist. Dies entspricht – wie sogleich aufgezeigt werden soll – trotz teilweise divergierender Wortwahl, dem Definitionsansatz von Canaris, der bekanntlich eine selbständige, entgeltliche, auf eine unbestimmte Vielzahl von Geschäften gerichtete, nach außen in Erscheinung tretende Tätigkeit fordert. Bei der Subsumtion unter die Gewerbedefinition ist auf den Gesetzeszweck, die Verkehrsanschauung und den Sprachgebrauch zu rekurrieren.[771]

Erste Übereinstimmungen der Definitionsversuche von Rechtsprechung und Canaris lassen sich bereits bei der planmäßigen Tätigkeit ausmachen. Denn eine planmäßige Tätigkeit, wie sie der BGH fordert, ist auf eine grundsätzlich unbestimmte Vielzahl von Geschäften, wie Canaris es verlangt, gerichtet.[772] Sie ist für Dritte erkennbar von einer gewissen Dauer geprägt, weshalb die Ausübung einer nur gelegentlichen selbständigen Tätigkeit nicht ausreicht.[773] Die Tätigkeit der

770 HK-HGB/*J.Keßler* § 84 Rn. 29.
771 Koller/Kindler/Drüen/*Roth/Stelmaszczyk* HGB § 1 Rn. 3.
772 Canaris, HandelsR § 2 Rn. 6.
773 Canaris, HandelsR § 2 Rn. 6; Hopt/*Merkt* HGB § 1 Rn. 13; MüKoHGB/*Ströbl* HGB § 84 Rn. 67.

typischen Influencer ist weder von vornherein auf eine bestimmte Anzahl von Verträgen beschränkt, noch findet sie nur gelegentlich statt. Vielmehr erstreben Influencer in regelmäßigen Abständen neue Kooperationen abzuschließen, um von dauerhaften Einnahmen profitieren zu können. So ist bei manchen Influencern beinahe dauerhaft eine werbliche Story zugunsten verschiedenster Produkthersteller online abrufbar. Für einen durchschnittlichen Influencer dürfte darüber hinaus allgemeingültig davon ausgegangen werden, dass diese eine selbständige und nicht abhängige Tätigkeit im Sinne der Gewerbedefinition ausüben.[774] Ihre Tätigkeit ist auch eine wirtschaftliche. Denn der von einem Unternehmer mit der Vermarktung von Produkten beauftragte Influencer nimmt letztlich gegen Entgelt die wirtschaftlichen Interessen seines Auftraggebers wahr,[775] was im Umkehrschluss auch eine wirtschaftliche Tätigkeit für den Influencer darstellt. Da der Influencer auf den beiden für ihn relevanten Märkten – einerseits gegenüber dem Unternehmer, andererseits gegenüber dem Kunden – agiert,[776] ist seine Tätigkeit schon deshalb regelmäßig auch auf den Markt ausgerichtet. Mangels gegenteiliger Anhaltspunkte ist daher im Zweifel davon auszugehen, dass Influencer eine planmäßige, selbständige, auf Dauer angelegte wirtschaftliche Tätigkeit am Markt im Sinne der von der Rechtsprechung entwickelten Gewerbedefinition ausüben, ebenso wie eine selbständige, entgeltliche, auf eine unbestimmte Vielzahl von Geschäften gerichtete, nach außen in Erscheinung tretende Tätigkeit, wie Canaris es verlangt. Eine weite Auslegung des Begriffs »Gewerbetreibender« und die im Zweifel abzulehnende Einordnung als Freiberufler, insbesondere infolge der mit Canaris dafür erforderlichen Höchstpersönlichkeit – die regelmäßig fehlen dürfte – sowie der Definition des Bundesverwaltungsgerichts, die für die Freiberuflichkeit zusätzlich eine höhere Bildung fordert – die evident keine Zulassungsvoraussetzung zum Influencer-Beruf darstellt – gebietet es, dass auch die neue Berufsgruppe der Influencer unter Gewerbetreibende im Sinne der Vorschrift fällt.

II. »Selbständig«

Neben gewerbetreibend müssten Influencer auch selbständig tätig sein. Denn »wer, ohne selbständig im Sinne des [§ 84] Absatzes 1 [HGB] zu sein, ständig damit betraut ist, für einen Unternehmer Geschäfte zu vermitteln oder in dessen Namen abzuschließen, gilt als Angestellter«, § 84 Abs. 2 HGB. Nach der Legaldefinition in § 84 Abs. 1 S. 2 HGB ist selbständig, »wer im wesentlichen frei seine

774 Vgl. Kap. 4 II.
775 Zipfel, GRUR-Prax 2022, 163, 165.
776 Vgl. Emde, Vertriebsrecht, § 84 Rn. 15.

Tätigkeit gestalten und seine Arbeitszeit bestimmen kann.« Diese gesetzlichen Kriterien reichen indessen nicht aus, um praktikabel und interessengerecht zwischen selbständiger und nichtselbständiger Tätigkeit zu unterscheiden, was für die Abgrenzung zwischen Handelsvertretern und angestellten Geschäftsvermittlern jedoch von besonderer Bedeutung ist.[777] Aus diesem Grund haben sich Rechtsprechung und Literatur einer Konkretisierung der Maßstäbe angenommen.

Nach ständiger Rechtsprechung des Bundessozialgerichts erfolgt die Abgrenzung zwischen Selbständigen und Angestellten nach dem Vorliegen einer persönlichen Abhängigkeit.[778] Die tatsächliche Durchführung und Handhabung des Vertragsverhältnisses ist dabei freilich deutlich stärker zu gewichten als die von den Vertragsparteien getroffenen Vereinbarungen.[779] Ausgangspunkt ist das Gesamtbild der Vertragsgestaltung mit einer Schwerpunktbetrachtung (sogenannte »Schwerpunkttheorie«).[780] Wolfram Küstner[781] beschreibt die Schwerpunkttheorie in Bezug auf im Außendienst Tätige wie folgt: Es seien

> »alle im Einzelfall für eine Abgrenzung in Betracht kommenden materiellen Kriterien – die vertraglichen Vereinbarungen sind in diesem Zusammenhang sekundärer Natur – anhand der besonderen Umstände des konkreten Tatbestands zu berücksichtigen, zu prüfen, einander gegenüberzustellen, gegeneinander abzuwägen und zu gewichten, um auf diese Weise ein Gesamtbild zu gewinnen, dessen Schwerpunkt entweder auf handelsrechtlichem oder auf arbeitsrechtlichem Gebiet liegt, so daß der Außendienst-Mitarbeiter auf diese Weise entweder als Handelsvertreter oder als angestellter Reisender einzuordnen ist.«[782]

1. Contra Selbständigkeit

So ist die Annahme der Selbständigkeit beispielsweise abzulehnen, wenn der Handelsvertreter an die Weisungen seines Auftraggebers gebunden ist oder wenn der Auftraggeber die Arbeits- und Urlaubszeiten bestimmt.[783]

---

777 Röhricht/Graf von Westphalen/Haas/*Thume* HGB § 84 HGB Rn. 5a.

778 BSG, BeckRS 2019, 24184; MüKoHGB/*Ströbl* HGB § 84 Rn. 34.

779 EBJS/*Löwisch* HGB § 84 Rn. 21.

780 EBJS/*Löwisch* HGB § 84 Rn. 21; Bromm, Die Entstehungsgeschichte des Berufs des Handelsvertreters, S. 23–26; Küstner, VertriebsR-HdB III Kap I Rn. 24; Nerlich/Kreplin/Rhode/*Fanselow*, § 3 Rn. 41.

781 Dr. Wolfram Küstner war selbständiger Rechtsanwalt mit dem Schwerpunkt Vertriebs- und Handelsvertreterrecht und Autor zahlreicher Fachbücher. Laut Karl-Heinz Thume war er der »Nestor« des Handelsvertreterrechts, vgl. Thume, BB 1999, 2309 vor Fn. 1.

782 Küstner, VertriebsR-HdB III Kap I Rn. 24.

783 Vgl. BGH, r+s 1998, 352; Schimikowski, Versicherungsvertreter, Rn. 114.

Weisungsbefugnisse könnten zunächst in den weit verbreiteten Influencer-Briefings ersehen werden. Dabei konterkarieren Weisungsbefugnisse des Unternehmers, die sich aus der Art des ausgeübten Geschäfts ergeben und an die der Handelsvertreter kraft seines Vertrags gebunden ist, dessen Selbständigkeit nicht in aller Allgemeingültigkeit.[784] Entscheidend ist insoweit, dass die Weisungen des Unternehmers die persönliche Unabhängigkeit des Handelsvertreters in ihrem Kerngehalt nicht beeinträchtigen.[785] Eine solche Beeinträchtigung durch etwaige Briefings ist nicht zu erwarten. Zwar können diese Briefings Rahmenbedingungen für eine Zusammenarbeit schaffen. Wie der Influencer einen Post oder eine Story aber letztlich konkret umsetzt, bleibt ihm überlassen, da nur er die Präferenzen seiner eigenen Follower genau kennt.[786] Dies sollte auch so gehandhabt werden, um die Authentizität des Influencers zu gewährleisten. Ein Stilbruch innerhalb seiner Beiträge könnte von den Followern bemerkt werden und so die Glaubwürdigkeit des Influencers untergraben. Solch ein Szenario würde sich mit großer Wahrscheinlichkeit auch negativ auf Vertragsabschlüsse zwischen Followern und Unternehmer auswirken. Denn Follower eines Influencers werden nicht zu Käufern eines Produkts, wenn sie die Empfehlung und besonders positive Darstellung eines Produkts durch einen Influencer für unglaubwürdig halten. Typisch für die Vertragsgestaltung mit Influencern ist es daher, die Verantwortung für die Gestaltung der Posts beim Influencer zu belassen. Auch die Arbeitszeiten bestimmt der Influencer selbst. Die in der Praxis häufig anzutreffende Vereinbarung eines bestimmten Zeitpunkts oder Zeitfensters eines Postings um höchstmögliche Interaktionsraten hervorzurufen, reicht für die Annahme einer derart weitreichenden Weisungsbefugnis, die eine Unselbständigkeit begründen würde, freilich allein nicht aus. Zu Urlaubszeiten sei in gebotener Kürze angemerkt, dass Influencer neben der eigenständigen Wahl von Zeit und Ort ihrer Tätigkeit auch ihren Urlaub eigenständig und unabhängig von ihren Auftraggebern wählen, soweit nicht etwas anderes für den reibungslosen Ablauf einer Kooperation unbedingt von Nöten ist. Damit bleibt festzuhalten, dass die Weisungsbefugnis des Auftraggebers den Kerngehalt der Unabhängigkeit des Influencers nicht berührt.

784 Piper, Höchstrichterliche Rechtsprechung zum Handelsvertreterrecht, Rn. 2.
785 BGH, NJW 1966, 882, 883; Piper, Höchstrichterliche Rechtsprechung zum Handelsvertreterrecht, Rn. 2.
786 Zipfel, GRUR-Prax 2022, 163, 164.

2. Pro Selbständigkeit

Das Bestehen eines eigenen Unternehmens beziehungsweise unternehmerischen Risikos einschließlich eigener Geschäftsräume und Buchhaltung, das Auftreten unter eigener Firma (gegebenenfalls mit eigenem Personal) sowie die Freiheit, mehrere Unternehmen zu vertreten, sprechen dagegen für eine selbständige Tätigkeit.[787] Hinsichtlich letzterem folgt aus einem Umkehrschluss des § 92a Abs. 1 S. 1 HGB, dass dem Handelsvertreter die Tätigkeit für andere Unternehmer nicht bereits de jure untersagt ist.[788] Auch eine geschichtliche Betrachtung lässt nicht darauf schließen, dass das HGB ausschließlich von der zum Idealbild emporgehobenen Einfirmenvertretung ausging.[789] Zumindest ein Wettbewerbsverbot »light« wird jedoch aus § 86 Abs. 1 Hs. 2 HGB in Gestalt der allgemeinen Interessenwahrungspflicht des Handelsvertreters abgeleitet, wonach er alles zu unterlassen hat, was die Interessen des Unternehmers schädigen könnte.[790] Der BGH beschreibt dies wie folgt:

> »Der Handelsvertreter ist gemäß § 86 Abs. 1 HGB verpflichtet, alles zu unterlassen, was eine Schädigung der Interessen seines Geschäftsherrn herbeizuführen geeignet wäre. Daraus folgt die Verpflichtung des Handelsvertreters, sich desjenigen Wettbewerbs zu enthalten, der geeignet ist, die Interessen des Geschäftsherrn zu beeinträchtigen. Diese Interessenwahrnehmungspflicht des Handelsvertreters führt aber nicht zu einem umfassenden Wettbewerbsverbot schlechthin; ein sich aus § 86 HGB ergebendes Wettbewerbsverbot ist deshalb auch nicht wesensbestimmend für Handelsvertreterverhältnisse.«[791]

Die gleichzeitige Übernahme mehrerer Vertretungen soll daher für einen Handelsvertreter nur so weit gehen, wie sie nicht zu einer solchen Belastung seiner Person führt, dass sie die ordnungsgemäße Erfüllung etwaiger Pflichten gegenüber seinem Auftraggeber ausschließt.[792] Wenn die Übernahme eines weiteren Auftrags zwangsläufig zu einem Wettbewerb des Handelsvertreters zum Nachteil seiner Auftraggeber führt, erfährt die Beauftragung durch mehrere Unternehmer hierdurch also eine Grenze.[793] Insofern darf der Handelsvertreter auch ohne ausdrückliches Verbot während der Vertragslaufzeit grundsätzlich nicht für einen Konkurrenzunternehmer tätig werden.[794] Im Hinblick auf die gelebte

787 BGH, AP HGB § 84 Nr. 2; Küstner, VertriebsR-HdB III Kap I Rn. 26; Nerlich/Kreplin/Rhode/*Fanselow*, § 3 Rn. 41.

788 BGH, NJW-RR 1986, 709, 710; Schmidt, Die Reform des Rechts der Handelsvertreter von 1953, S. 35.

789 Reinshagen, ZVertriebsR 2012, 281, 283.

790 Küstner/Thume/*Thume* VertriebsR-HdB I Rn. 458.

791 BGH, GRUR 1991, 626.

792 Eberstein, Der Handelsvertretervertrag, S. 70.

793 Eberstein, Der Handelsvertretervertrag, S. 70.

794 BGH, NJW-RR 1992, 481, 482; Schmidt, Handelsrecht, § 27 Rn. 44.

Praxis ist zu betonen, dass Unternehmen einen Influencer bereits heute im Einklang mit § 86 Abs. 1 Hs. 2 HGB zumeist vertraglich dazu verpflichten, während der Dauer einer Kooperation oder Kampagne keine Werbung für Produkte anderer Unternehmen zu machen, die dem eigenen Produkt oder seiner Gattung ähnlich sind. Eine solche Vertragsklausel[795] – die die Tätigkeit für einen anderen Unternehmer ausschließt – könnte wie folgt lauten:

> § 4 Rechte und Pflichten des Influencers
> Dem Influencer ist es nicht gestattet, Produkte anderer Schmuckfirmen zu bewerben, soweit der Auftraggeber hierzu nicht seine vorherige, schriftliche Einwilligung erklärt.

Diesbezügliche Klauseln sind für die Zeit einer Kooperation oder bestimmten Kampagne auch wirksam, sprechen aber nicht gegen die Möglichkeit einer gleichzeitigen Tätigkeit des Influencers für Unternehmen unterschiedlicher Branchen. Die Freiheit, für mehrere Unternehmen gleichzeitig für Produkte zu werben, bleibt also weitgehend unangetastet, was wiederum für die Selbständigkeit von Influencern spricht. Sie treten daneben auch unter einer eigenen Firma und mittlerweile nicht selten als Kapitalgesellschaft auf und sind mit einem persönlichen unternehmerischen Risiko konfrontiert. Ohne zahlungskräftige (und -willige) Kunden kann die Liquiditätssituation eines Influencers ebenso schnell einen Engpass erleiden, wie sie zuvor einen Aufschwung erfuhr. Erfolgreiche Influencer beschäftigen auch zunehmend ihr eigenes Personal, das von Fotografen und Videografen bis hin zu Film- oder Videoeditoren und Social-Media-Managern reicht, die einzig und allein für sie arbeiten. Letztlich indiziert auch die in der Fachliteratur vertretene Auffassung, dass Influencer unter § 112 BGB fallen, die Annahme einer selbständigen Tätigkeit.[796] Denn § 112 BGB regelt den selbständigen Betrieb eines Erwerbsgeschäfts und setzt damit ebenso wie § 84 HGB eine selbständige Tätigkeit voraus. Bemerkenswert erscheint in diesem Zusammenhang, dass die Tätigkeit als selbständiger Handelsvertreter und diejenige eines Influencers im Zusammenhang mit dem Ausüben eines selbständigen Erwerbsgeschäfts im Sinne des § 112 BGB von der Literatur teilweise in einem Atemzug genannt werden. So heißt es:

> »Erforderlich ist der Betrieb eines Erwerbsgeschäfts durch den Minderjährigen; hierunter fällt jede selbstständige erlaubte, berufsmäßig ausgeübte und auf Gewinn gerichtete Tätigkeit, insbes. der Betrieb eines Handelsgeschäfts, einer Fabrik oder Landwirtschaft, die Ausübung eines Handwerks, künstlerischen oder wissenschaftlichen Berufs und die Tätigkeit als selbstständiger Handelsvertreter iSv § 84 Abs. 1 HGB sowie zB auch als YouTuber, Influencer oder App-Entwickler.«[797]

795 Die anonymisierte und geringfügig abgewandelte Vertragsklausel entstammt dem Erfahrungsschatz des Verfassers aus seiner Kanzleitätigkeit.
796 Willems, MMR 2018, 707, 711.
797 So BeckOK BGB/*Wendtland* BGB § 112 Rn. 2.

Im Ergebnis bleibt festzuhalten, dass Influencer weitestgehend selbständig agieren und die Konzeption, Erstellung und Veröffentlichung ihrer Beiträge nach eigenem Ermessen übernehmen,[798] sodass sie regelmäßig selbständige Gewerbetreibende im Sinne der Handelsvertretervorschriften darstellen.

III. »Ständig betraut«

Voraussetzung für die Handelsvertretereigenschaft ist neben der Tätigkeit als selbständiger Gewerbetreibender das Vorliegen des im deutschen Recht einmaligen Merkmals[799] der ständigen Betrauung. Die ständige Betrauung eines Influencers lässt sich kaum losgelöst von einer konkreten Vertragssituation beurteilen. Nachdem die abstrakten Voraussetzungen des Tatbestandsmerkmals beleuchtet wurden, werden zur Veranschaulichung daher im Folgenden Vertragsklauseln erörtert, die in der kautelarjuristischen Rechtspraxis anzutreffen sind.[800] Diese sollen die Tätigkeit von Influencern greifbarer machen, um beurteilen zu können, wann eine ständige Betrauung anzunehmen und wann diese abzulehnen ist.

1. Pflicht zur Bemühung um die Vermittlung oder den Abschluss von Geschäften, § 86 Abs. 1 Hs. 1 HGB

Bevor auf die in Rede stehenden Vertragsklauseln näher eingegangen wird, sei ein Wort zu den Voraussetungen des Tatbestands von § 86 HGB verloren: Gemäß § 86 Abs. 1 Hs. 1 HGB hat sich der Handelsvertreter »um die Vermittlung oder den Abschluss von Geschäften zu bemühen.« Ein Wahlrecht, ob er überhaupt tätig wird, kann aus § 86 HGB nicht abgeleitet werden. Insofern darf ein Handelsvertreter nicht einmal unter Verzicht auf seine Provision untätig bleiben.[801] Betrauung bedeutet deshalb Beauftragung im Sinne eines Dienstvertrags mit Geschäftsbesorgungscharakter, aus welchem sich für den Vertreter eine Pflicht zum Tätigwerden ergibt.[802] Konkret bezieht sich diese Pflicht auf die fortlaufende Bemühung, während der Dauer des Vertrags eine zunächst unbestimmte Anzahl

798 Zipfel, GRUR-Prax 2022, 163, 164.
799 Schmidt, Die Reform des Rechts der Handelsvertreter von 1953, S. 34
800 Auch jene weiteren anonymisierten und leicht abgewandelten Vertragsklauseln in diesem Abschnitt entstammen dem Erfahrungsschatz des Verfassers aus seiner Kanzleitätigkeit.
801 Weber/*Groh/Kallos*, Handelsvertreter.
802 OLG Düsseldorf, BB 2012, 202; Teichmann, ZVertriebsR 2012, 111; Flohr/Wauschkuhn/*Billing* Vertriebsrecht §§ 84 Rn. 54; Hopt/*Hopt* HGB § 84 Rn. 41f.

von Geschäften für den Unternehmer abzuschließen oder zu vermitteln.[803] Der genaue Umfang der Bemühungen des Handelsvertreters richtet sich nach dem Vertrag und den jeweiligen Umständen des Einzelfalls.[804] Nicht ausreichend ist die lediglich ständig wiederkehrende Vermittlungstätigkeit aufgrund von Einzelaufträgen[805] oder einer von vornherein begrenzten Anzahl von Aufträgen.[806] Jedoch ist Voraussetzung einer ständigen Betrauung nicht stets eine langfristige oder diejenige auf unbestimmte Zeit.[807] Nach dem BGH kommt es auf das Gesamtbild der tatsächlichen Handhabung an,[808] womit nicht auf einen langen oder kurzen Tätigkeitszeitraum abzustellen ist.[809] Der Abschluss für eine »gewisse Zeit« – also auch für eine im Vorhinein bestimmte kurze Dauer[810] – genügt, weshalb auch eine Saison, eine Messe oder eine Werbekampagne grundsätzlich unter eine »ständige« Betrauung fallen.[811] Mit einer allzu langen Vertragslaufzeit darf im Hinblick auf die kurzen Kündigungsfristen des § 89 HGB ohnehin keine Partei rechnen.[812] Der Handelsvertretervertrag kann darüber hinaus auch saisonbedingte Unterbrechungen mit sich bringen.[813] In den meisten Fällen sind besagte Werbekampagnen Gegenstand von Influencer-Kooperationsverträgen. Die Bejahung einer ständigen Betrauung erscheint also möglich, wenn nicht sogar naheliegend. Häufig sind die Kooperationsvereinbarungen zwischen Influencern und Unternehmern mit einer zeitlichen Begrenzung versehen, was gegen eine »ständige« Betrauung zu sprechen scheint. Dem ist jedoch entgegenzutreten. Eine Befristung des Vertrags ist unschädlich, wobei es sogar unerheblich ist, über was für einen Zeitraum sich die Vertragslaufzeit erstreckt.[814]

803 EBJS/*Löwisch* HGB § 84 Rn. 108; HK-HGB/*J.Keßler* § 84 Rn. 43; Hopt, Handelsvertreterrecht, § 84 Rn. 42.

804 Flohr/Wauschkuhn/*Billing* Vertriebsrecht § 84 Rn. 56; Piper, Höchstrichterliche Rechtsprechung zum Handelsvertreterrecht, Rn. 28.

805 BGH, BB 1972, 11; Martinek/Bergmann, WRP 2006, 1047, 1052; Röhricht/Graf von Westphalen/Haas/*Thume* HGB § 84 HGB Rn. 9; Staudinger/*Arnold*, Vorbem. Zu §§ 652ff. BGB Rn. 21.

806 So Emde, Vertriebsrecht, § 84 Rn. 79.

807 BGH, NJW 1992, 2818, 2819; Küstner/Thume/*Küstner* VertriebsR-HdB I Rn. 6.

808 BGH, NJW 1992, 2818, 2819.

809 Schmidt, Handelsrecht, § 27 Rn. 10; mit Blick auf nur kurze Betrauungsverhältnisse sind an die Eindeutigkeit der getroffenen Vereinbarungen jedoch strengere Maßstäbe anzulegen als an von den Parteien beabsichtigte längerfristige Verpflichtungen, Röhricht/Graf von Westphalen/Haas/*Thume* HGB § 84 HGB Rn. 9.

810 Emde, Vertriebsrecht, § 84 Rn. 79.

811 OLG Nürnberg, NJW 1957, 1720; Duden, Recht der Handelsvertreter, S. 11; Heymann/*Sonnenschein/Weitemeyer* HGB § 84 Rn. 38; Hopt, Handelsvertreterrecht, § 84 Rn. 42; Röhricht/Graf von Westphalen/Haas/*Thume* HGB § 84 HGB Rn. 9.

812 Emde, Vertriebsrecht, § 84 Rn. 79.

813 Emde, Vertriebsrecht, § 84 Rn. 79.

814 Reinshagen, ZVertriebsR 2012, 281, 284; Westphal, Handelsvertretervertrag, Rn. 12.

Da sich der Handelsvertreter nach § 86 Abs. 1 HGB um die Vermittlung oder den Abschluss von Geschäften bemühen muss, und dies kontinuierlich, wäre es folglich unzureichend, wenn ein Gewerbetreibender für einen Unternehmer einmalig oder bloß wiederkehrend Geschäfte abschließen oder vermitteln soll.[815] Denn wer zwar des Öfteren Geschäfte für einen anderen Unternehmer vermittelt, ohne aber zu Bemühungen diesbezüglich verpflichtet zu sein, ist nicht Handelsvertreter, sondern möglicherweise Makler.[816] Das lediglich einmalige Hochladen einer Story ist für die Annahme des Merkmals der ständigen Betrauung demnach nicht ausreichend. Fraglich ist, ob dies bei Kooperationsverträgen mit Influencern grundsätzlich anzunehmen ist, scheint doch eine Vertragsbeziehung zwischen einem werbenden Unternehmer und einem Influencer wie folgt auszusehen:

> Ein Unternehmer beauftragt einen Influencer mit der möglichst positiven Bewerbung eines vom Unternehmer selbst erwählten Produkts. Der Influencer konstruiert einen dauerhaft sichtbaren Beitrag oder – noch häufiger – eine Story, die nur für 24 Stunden sichtbar bleibt, hofiert das zu bewerbende Produkt für etwa eine Minute, legt dem Beitrag gegebenenfalls noch einen Affiliate-Link zugrunde und wartet sodann auf seine alsbald eintreffende Vergütung.

Genauer betrachtet gestalten sich die Vertragsbeziehungen jedoch komplexer, als es auf den ersten Blick erscheinen mag. Die Vertragspraxis zwischen Influencern und verschiedenen Unternehmern lässt erkennen, dass sich die Tätigkeit von Influencern in der Mehrheit ihrer Kooperationen nicht im einmaligen Hochladen eines Beitrags erschöpft, was für ein Handelsvertreterverhältnis evident unzureichend wäre, sondern sich Influencer zu fortlaufenden oder zumindest mehrmaligen Aktivitäten verpflichten. Insgesamt lassen sich derzeit im Wesentlichen drei Ebenen bei der Vertragsgestaltung ausmachen, die Rückschlüsse geben können, ob entweder eine ständige oder eine nur einmalige oder kurzzeitige Betrauung vorliegt. Anhand dieser drei Ebenen soll im Folgenden untersucht werden, welche Influencer-Aktivitäten die Anforderungen an eine ständige Betrauung erfüllen.

a) Ebene 1: Vertragslaufzeit und Intention der Vertragsparteien

Zwar muss festgestellt werden, dass die ständige Betrauung mehr bedeutet, als die bloße ständige Geschäftsverbindung.[817] Die Vertragslaufzeit kann aber ein erstes Indiz darstellen, ob von den Parteien eine langwährende Kooperation oder

---

815 Martinek/Bergmann, WRP 2006, 1047, 1052; Staudinger/*Arnold*, Vorbem. Zu §§ 652 ff. BGB Rn. 21.

816 BGH, NJW 2015, 1754, 1755.

817 BGH, BB 1972, 11; Martinek/Bergmann, WRP 2006, 1047, 1050.

eine bloß einmalige Zusammenarbeit geplant ist. Dies rührt schon daher, dass das Merkmal der ständigen Betrauung sich im Gegensatz zum Einzelauftrag auf ein Dauerschuldverhältnis bezieht.[818] Dementsprechend kann es in einer Vertragsklausel über die Dauer einer Zusammenarbeit auszugsweise heißen:

> 7. Vertragsdauer / Kündigung
> Dieser Vertrag tritt zum 01. Januar 2023 in Kraft und endet zum 31. 12. 2023 ohne dass es einer schriftlichen Kündigungserklärung durch eine der Vertragsparteien bedarf.

Neben dieser formellen Verschriftlichung als Vertragsklausel kann die innere Interessenlage der Vertragsparteien herangezogen werden. Denn damit können die Parteien beispielsweise aufzeigen, ob zwischen ihnen auch in Zukunft Kooperationen zustande kommen sollen, was ein klares Anzeichen für die Dauerhaftigkeit darstellt. So kann es in den Vorbemerkungen zu einem Influencer-Vertrag heißen, die Parteien wären bestrebt

> »eine langfristige Zusammenarbeit aufzubauen. Hierfür sollen insbesondere gemeinsame Produkte entwickelt und über die Reichweite vom Instagram-Account von Influencer YZ[819] erfolgreich verkauft werden.«

Die übereinstimmenden Intentionen der Parteien bieten daher einen weiteren Anhaltspunkt für die Qualifikation einer Betrauung als »ständig« oder nicht. Bei Vertragslaufzeiten von einem Jahr sowie einer niedergeschriebenen, übereinstimmenden Intention der Vertragsparteien, dauerhaft voneinander profitieren zu wollen, ist daher davon auszugehen, dass es sich im Fall von konkreten Vermittlungsaufträgen um mehr als eine – für die Eröffnung des Handelsvertreterrechts unzureichende – einmalige Kooperation handelt. Losgelöst von den übrigen vertraglichen Vereinbarungen reicht gleichwohl die bloße Vereinbarung einer bestimmten Vertragslaufzeit sowie die schriftliche Fixierung einer angestrebten langfristigen Kooperation nicht für die Annahme eines Handelsvertreterverhältnisses aus. Dazu müssen weitere Umstände hinzutreten, insbesondere die soeben genannten konkreten Aufträge.

b) Ebene 2: Onlinehaltung von Beiträgen

Hinzutreten muss folglich eine Tätigkeit, die sich unter die ständige Bemühung, während der Dauer des Vertrags eine zunächst unbestimmte Anzahl von Geschäften für den Unternehmer abschließen oder vermitteln zu wollen, subsumieren lässt. Auf dieser zweiten Ebene wird zwischen den Vertragspartnern unabhängig von der Vertragslaufzeit häufig festgelegt, dass der Influencer seinen Beitrag für einen bestimmten, noch zu konkretisierenden oder bereits verein-

818 Schmidt, Handelsrecht, § 27 Rn. 10.
819 Fiktiver, vom Verfasser erdachter Influencer.

barten Zeitraum auf seinem Profil online sichtbar halten muss. Auszugsweise kann es heißen:

> § 1 Pflichten des Influencers
> (1) Der Influencer verpflichtet sich, die zwischen den Parteien vereinbarten Inhalte (z.B. Foto-Postings, Video-Postings, Text-Postings, nachfolgend »Posting«) zur Bewerbung und / oder Förderung der Bekanntheit des Produktes des Werbepartners zu erstellen und auf den vereinbarten Social-Media-Kanälen des Influencers zu veröffentlichen.
> [...]
> (3) Der Influencer verpflichtet sich, dafür Sorge zu tragen, dass die Postings der Influencer-Kampagne auf den vereinbarten Social-Media-Kanälen des Influencers während des vereinbarten Veröffentlichungszeitraums und danach öffentlich zugänglich bleiben und insbesondere nicht vom Influencer gelöscht werden.

Die Verpflichtung zur Onlinehaltung eines Beitrags ist auch in einer weiteren Vertragsklausel festgelegt, wenn es dort heißt:

> § 2 Leistungen des Influencers
> Der Influencer verpflichtet sich, die folgenden Leistungen für das Unternehmen XY[820] zu erbringen und überträgt dem Unternehmen XY die nachfolgend geregelten Rechte:
> (1) Der Influencer wird für die von Unternehmen XY durchzuführende Kampagne für das in den Eckdaten genannte Produkt an den in den Eckdaten genannten Tagen oder Monaten zur Verfügung stehen und die in den Eckdaten genannten Leistungen ordnungsgemäß erbringen.
> (2) Der Influencer verpflichtet sich, die eingestellten Postings wie folgt verfügbar zu halten:
> Stories: 24 Stunden ab Veröffentlichung.
> Videos: 4 Wochen ab Veröffentlichung.
> Feed-Beiträge: 4 Wochen ab Veröffentlichung.

Zu einer darüberhinausgehenden Onlinehaltung eines Beitrags auf seinem Profil verpflichtet sich der Influencer folgender Vertragskonstellation:

> § 3 Leistungen und Pflichten des Influencers
> [...]
> (3) Die Aktivitäten des Influencers müssen für 12 Monate nach Veröffentlichung, mindestens aber während der Vertragslaufzeit, auf der vereinbarten Social-Media Plattform öffentlich zugänglich sein und dürfen in dieser Zeit vom Influencer nicht gelöscht oder verändert werden.

Die Dauer der Onlinehaltung kann auch konkret an einen Umstand geknüpft werden, der die erfolgreiche Vermarktung überhaupt erst ermöglicht, wie nachfolgende Vertragsklausel suggeriert:

820 Fiktives, vom Verfasser erdachtes Unternehmen.

§ 4 Leistungen des Influencers
Während das Produkt im Onlineshop verfügbar ist, wird es in Instagram Stories von Influencer YZ beworben.

Näheres wird häufig individuell in den Eckdaten in einer gesondert als »Anlage« bezeichneten Vereinbarung geregelt. Die vorstehende Gestaltungspraxis von Verträgen zeigt auf, dass in den konkreten Beziehungen eine Kooperation – je nach der vom Influencer geschuldeten Leistung – mindestens zwischen 24 Stunden und 12 Monaten, teilweise sogar bis zum Ausverkauf des Produkts, andauert. Demnach ist der Vertragsgegenstand jeweils eine Kampagne, die sich – je nach individueller Vereinbarung – über mehrere Tage, Monate oder sogar über eine unbestimmte Zeit erstreckt und entsprechend des Vertragsschlusses mit einer »gewissen Zeit« grundsätzlich den Anforderungen der ständigen Betrauung genügt. Hinzutreten muss selbstverständlich, dass sich während der Laufzeit des Vertrags auch darum bemüht wird, eine unbestimmte Anzahl von Geschäften für den Unternehmer abzuschließen oder zu vermitteln. In jedem Fall ist es einem Follower durch das Online-Halten möglich, durch einen Besuch des Profils eines Influencers Kaufverträge mit dem werbenden Unternehmen abzuschließen. Soweit also davon ausgegangen werden kann, dass Influencer eine Vermittlungsleistung erbringen, indem sie die Möglichkeit zum Abschluss von Kaufverträgen über ihre Beiträge auf fremden Websites eröffnen – was noch zu prüfen sein wird –, liegt die Bemühung, während der Vertragslaufzeit eine zunächst unbestimmte Anzahl an Geschäften zu vermitteln und damit eine ständige Betrauung vor. In diesem Sinne entschied der BGH bereits über einen Online-Unternehmer, der Produkte eines Versicherungsunternehmens auf seiner Website bewarb und dabei die Möglichkeit zum Online-Abschluss von Verträgen eröffnete.[821] Wörtlich führt das Gericht aus:

> »Bewirbt ein Handelsunternehmen im Rahmen seines Internetauftritts konkrete Versicherungsprodukte und ermöglicht es den Online-Abschluss von Versicherungsverträgen auf einer Internetseite eines Versicherungsvermittlers, ist auch das Handelsunternehmen Versicherungsvermittler [...]«

Versicherungsvermittler sind bekanntlich Handelsvertreter im Sinne von § 84 Abs. 1 HGB, vgl. § 92 Abs. 1 HGB. Dementsprechend reicht es aus, Produkte auf einer Website und somit auch in den sozialen Netzwerken online zu halten, um den Anforderungen an eine ständige Betrauung zu genügen. Darüber hinaus muss bei der Übertragung der analogen Prinzipien auf die digitale Vertriebslandschaft der Umstand hinreichend gewürdigt werden, dass der BGH das Offenhalten von Ladenlokalen unter anderem durch Betreiber von Lottoannahmestellen, Reisebüros und Verkaufsständen in Kaufhäusern bereits als Han-

821 BGH, GRUR 2014, 398; vgl. dazu bereits Kap. 3 IV. 9.

delsvertretertätigkeit qualifizierte. Dasselbe muss für den digitalen Raum gelten. Hier entspricht das »Offenhalten« dem »Onlinehalten«, da diese Tätigkeiten jeweils Bemühungen, eine unbestimmte Anzahl von Geschäften für den Unternehmer abzuschließen oder zu vermitteln beheimaten können.

c) Ebene 3: Verpflichtung zu regelmäßigen Leistungen

Auf der noch konkreteren, dritten Ebene schließen die Parteien einen Vertrag ab, aus dem sich ausdrücklich ergibt, dass der Influencer sich regelmäßig und in Hinsicht auf die Vertragslaufzeit dauerhaft für den Unternehmer betätigt. So kann es heißen:

> § 5 Leistungen des Influencers
> Der Influencer verpflichtet sich monatlich die in der Übersicht aufgeführten Leistungen zu erbringen und bei Instagram online zu stellen. In Absprache mit dem Auftraggeber werden hierbei Produkte inkl. Rabattcode in eine(n) Aktion/Deal eingebunden. Die genauen Termine dafür stimmen beide Seiten vorher ab.

In diesem Fall verpflichtet sich der Influencer zu einer mindestens monatlichen Tätigkeit über einen unbestimmten Zeitraum. Dies tritt neben die ohnehin ausreichende Onlinehaltung eines Beitrags auf einem Social-Media-Profil. Dass eine solche Tätigkeit den Anforderungen einer ständigen Betrauung genügt, entschied der BGH bereits im Jahr 1986, als er über einen Sachverhalt zu urteilen hatte, dem die Inhaberin einer Konzertvorverkaufsstelle zugrunde lag: Der BGH judizierte, dass eine ständige Betrauung vorliegt, wenn stets bei Bedarf, und nicht nur von Fall zu Fall, also von Vorverkauf zu Vorverkauf, Karten über die Verkaufsstelle vertrieben werden.[822] Wörtlich heißt es:

> »Auch in der weiteren Annahme des BerGer., daß die Kl. während der Zeit der Zusammenarbeit der Parteien zum Verkauf von Eintrittskarten im Rahmen ihrer Vorverkaufsstelle ständig verpflichtet war, d. h. immer dann, wenn der Bekl. Konzertkarten abzusetzen hatte, kann kein Rechtsfehler gefunden werden.«[823]

Dies entspricht im Wesentlichen der oben genannten Vertragskonstellation mit einem Influencer: Bei dieser entfaltete der Influencer ebenfalls stets bei Bedarf, wobei jener insofern vorhersehbar war, als die Vertragsparteien absehen konnten, dass zumindest eine monatliche Tätigkeit des Influencers erforderlich sein würde, seine Leistungen. Dies stellt sogar ein »Mehr« zu der vom BGH geforderten Tätigkeit von Konzertvorverkaufsstellenbetreibern dar. Verpflichtet sich der Influencer also zu regelmäßigen Tätigkeiten und unterfallen diese auch dem Vermittlungsbegriff, liegt eine ständige Betrauung vor.

---

822 BGH, NJW-RR 1986, 709, 710; vgl. auch bereits Kap. 3 IV. 5.
823 BGH, NJW-RR 1986, 709, 710.

d) Weitere Indizien

Für das Vorliegen der ständigen Betrauung als Abgrenzungskriterium zum (Handels-)Makler spricht ferner, dass sich Posts und Stories der Influencer auf eine unbestimmte Anzahl von Geschäftsabschlüssen beziehen. Das vermeintliche Problem in der »ständigen« Betrauung resultiert aus einer unterschiedlichen Vermittlungsleistung in digitaler und analoger Welt. In der analogen Welt benötigt der Handelsvertreter – selbst auf gut besuchten Messen – wesentlich mehr Zeit für seine Vermittlungshandlung. Online hingegen kann eine Vielzahl von Personen mit einem Foto oder Video in kürzester Zeit erreicht und so potentiell von einem Produkt überzeugt werden. Auch der Abschluss des Geschäfts über ein beworbenes Produkt kann ohne wesentliche zeitliche Zäsur bequem online durchgeführt werden. Eines eint diese beiden Vertriebskanäle jedoch: Auftraggeber wie Handelsvertreter teilen das Bestreben darüber, möglichst viele Abschlüsse generieren zu können.[824] Das ist sogar die Intention, auf die es ihnen im Wesentlichen ankommt.[825] Bereits das häufigste Erscheinungsbild des Handelsvertreters entspricht dem eines in den Massenabsatz eingebundenen Absatzmittlers.[826] Dass ein Influencer nicht tagtäglich für einen Auftraggeber für acht Stunden tätig werden muss, führt nicht dazu, dass nicht dennoch ein Dauerschuldverhältnis zwischen den Parteien gewollt und existent sein kann. Dementsprechend bedeutet »ständig« nicht »ununterbrochen« oder »Tag und Nacht.«[827] Vielmehr ist es als Gegenstück zu »einmalig, im Einzelfall, gelegentlich« auszulegen.[828] Dabei muss beachtet werden, dass die Zeit, die ein Influencer für seinen Kunden aufwendet, nicht isoliert von seinen weiteren Aktivitäten in den sozialen Medien bewertet werden kann. Werbeferne Posts sorgen für den Unterhaltungsfaktor und die Nähe, die Follower überhaupt dazu bringen, einer der Online-Persönlichkeiten zu folgen. Die Anzahl und Interaktion ihrer Follower lässt sie dabei erst zu attraktiven Werbepartnern werden. Die Tatsache, dass Influencer also nicht nur werbliche Posts erstellen, sondern auch ihr Leben präsentieren und inszenieren, wird indirekt in jede Kooperation einbezogen. Der Unternehmer nimmt in Kauf, dass ein Influencer auch im Zeitraum einer Kooperation werbefremde Aktivitäten in sozialen Medien betreibt und nur eine überschaubare Zeit für ihn tätig wird, solange die Anzahl an Geschäftsabschlüssen seinen Anforderungen entspricht. Der Anspruch an die Zeitspanne einer konkreten Betrauung tritt demnach in der digitalen Welt vermehrt hinter

824 Emde, Vertriebsrecht, § 84 Rn. 79.
825 Emde, Vertriebsrecht, § 84 Rn. 79.
826 Martinek/Bergmann, WRP 2006, 1047, 1049.
827 Emde, Vertriebsrecht, § 84 Rn. 79.
828 Martinek/Bergmann, WRP 2006, 1047, 1052; vgl. auch Röhricht/Graf von Westphalen/Haas/*Thume* HGB § 84 HGB Rn. 9.

die Anzahl an Geschäftsabschlüssen zurück: Umso mehr Geschäftsabschlüsse aus einer Tätigkeit resultieren können, desto mehr verzichtet der Unternehmer auf die tatsächlich messbare Stundenzahl, in welcher ein Influencer für ihn tätig wird. Für den Unternehmer geht es um das Ergebnis einer Kooperation. Und diese wird in Geschäftsabschlüssen gemessen, nicht in täglich aufgewendeter Zeit.

Auch die Dauer der Abrufbarkeit von Gutscheincodes stellt ein Indiz für eine »ständige« Betrauung dar. In Stories, denen ein Affiliate-Link zugrunde gelegt wird, bewerben Influencer Produkte fast ausschließlich mit persönlichen Gutscheincodes. Diese bleiben länger aktiv als eine nur 24 Stunden abrufbare Story. Unabhängig davon, dass Stories mittlerweile dauerhaft in den »Highlights« gespeichert und damit abrufbar bleiben können, ist es auch möglich, sich als Follower einen Gutscheincode zu notieren und erst nach Ablauf der Story einen Kauf zu tätigen. Wäre eine Kooperation darauf ausgelegt, etwaige Rabatte nur im Zeitraum des Online-Haltens einer Story zu gewähren, müsste der Unternehmer auch den Gutscheincode nach 24 Stunden wieder deaktivieren. So geschah es in der Praxis bis zuletzt jedoch regelmäßig nicht. Gutscheincodes hatten in der Vergangenheit teilweise eine Geltung von mehreren Wochen.

Ein weiterer Anhaltspunkt dafür, dass es sich bei der Tätigkeit eines Influencers im Auftrag eines Unternehmers nicht nur um eine einmalige oder kurzfristige Aktivität handelt, sondern um eine über einen längeren Zeitraum andauernde Kooperation mit wiederkehrenden Handlungen, sind die so genannten »Reminder«, die in der Praxis zunehmend an Bedeutung gewinnen. Diese können auf der zweiten wie auch auf der dritten hier dargelegten Ebene Eingang in Influencer-Verträge finden. So könnte sich ein Influencer beispielsweise verpflichten, eine oder mehrere Stories von jeweils fünf Sequenzen zu einem mit dem Unternehmer vereinbarten Zeitpunkt hochzuladen. Ist eine Story nun zum Beispiel 24 Stunden sichtbar, und muss ein Beitrag laut Vertrag vier Wochen online bleiben, wird der Influencer mit einem »Reminder« verpflichtet, in einem weiteren Post erneut auf seinen bereits hochgeladenen Beitrag hinzuweisen. Eine diesbezügliche Vereinbarung wird regelmäßig dann geschlossen, wenn der Influencer mit seinem ersten Posting seine Reichweitenziele nicht erreichen konnte. Auch auf diese Weise bemüht er sich dann nicht nur einmalig für den Unternehmer tätig zu werden. Eine diesbezügliche vertragliche Regelung könnte wie folgt lauten:

> § 6 Sonstige Vereinbarungen
> Bei einer Unterschreitung der zuvor vom Influencer kommunizierten Reichweite um mehr als 30 % behält sich Unternehmer XY vor, weitere Leistungen (einen Reminder) zur Nachbesserung zu verlangen oder alternativ 10 % des vereinbarten Budgets einzubehalten.

Reminder dieser Art haben sich etabliert. Das einmalige »Erinnern« mittels eines Reminders an einen vorigen, werblichen Beitrag ist isoliert betrachtet jedoch evident nicht ausreichend für die Annahme einer ständigen Betrauung. Solche Reminder können vielmehr einen Anhaltspunkt bilden, der zu den vertraglichen Pflichten auf der zweiten oder dritten Ebene hinzutreten kann.

2. Pflicht zur Wahrnehmung der Interessen des Unternehmers, § 86 Abs. 1 Hs. 2 HGB

Nach überwiegendem Verständnis bedeutet Betrauung auch, den Handelsvertreter zu verpflichten, die Interessen des Unternehmers wahrzunehmen.[829] Diese konstituieren ein weiteres Abgrenzungskriterium zum (Handels-)Makler. Die in § 86 Abs. 1 Hs. 2 HGB verankerten Interessenwahrnehmungs- und Informationspflichten stellen dabei zwar eine Folge, nicht aber ungeschriebene Tatbestandsmerkmale der »ständigen Betrauung« im Sinne des § 84 HGB dar.[830] Dennoch ist es gemäß § 86 Abs. 4 HGB nicht möglich, einen Handelsvertretervertrag durch Derogation besagter Obliegenheiten zu umgehen. Klauseln, die vertraglich auf die Pflichten des § 86 HGB verzichten, sind somit unwirksam.[831] Wie bei einer Vielzahl von Verträgen ist auch denjenigen mit Influencern eine Verpflichtung zur Wahrnehmung der Interessen ihrer Auftraggeber inhärent. Dies wird deutlich an Wettbewerbsverboten und Verschwiegenheitsgeboten, ebenso wie an Vertragsklauseln wie der folgenden, in welcher das Verhalten des Influencers geregelt wird, wenn auf einen seiner Beiträge besonders negativ reagiert wird (sogenannter »Shitstorm«):

> § 1 Pflichten des Influencers
> Für den Fall, dass ein Beitrag des Influencers entgegen der Erwartungen der Parteien eine negative Reaktion der Follower des Influencers und / oder Dritter auf sozialen Netzwerken und / oder sonstigen Medien auslöst, verpflichtet sich der Influencer, in enger Abstimmung mit seinem Auftraggeber, sämtliche notwendigen Maßnahmen zu ergreifen, um einen Schaden für den Werbepartner zu verhindern und / oder bereits entstandenen Schaden bestmöglich zu mindern (z. B. durch Löschung des Beitrags, Veröffentlichung von Stellungnahmen des Influencers usw., jeweils nach ausdrücklicher Freigabe durch seinen Auftraggeber).

Bekanntlich existieren zur exakten Durchsetzung einer Kooperation auch Briefings, die Influencer bei ihrer Beitragsgestaltung beachten müssen. Darüber

829 OLG Hamburg, NJOZ 2006, 1543, 1545; Hopt/*Hopt* HGB § 84 Rn. 41; Martinek/Bergmann, WRP 2006, 1047, 1052.
830 Emde/Valdini, BB 2016, 899, 900.
831 Emde/Valdini, BB 2016, 899, 900.

hinaus sind Influencer in einer Vielzahl von Kooperationen gehalten, den exakten Zeitpunkt der Installation eines Posts mit ihrem Auftraggeber abzustimmen. Diesbezüglich kann es auszugsweise heißen:

> § 2 Zeitpunkt des Postings
> Der Influencer hat die geplante Umsetzung des Postings – insbesondere den genauen Zeitpunkt des Uploads – mit seinem Auftraggeber eng abzustimmen. Jedwedes Posting des Influencers bedarf vor Veröffentlichung auf einem Social-Media-Kanal der Freigabe von seinem Auftraggeber. Die Freigabe erfolgt schriftlich oder in Textform.

Influencer sind folglich zwar Adressaten von Briefings, vereinbaren mit ihrem Auftraggeber die Uhrzeit eines Postings, gewähren diesem mitunter Nutzungsrechte, verzichten regelmäßig auf einen Wettbewerb und müssen teilweise ihre Beiträge vorher freigeben lassen. Diese Umstände zeigen auf, dass sie zumindest dazu verpflichtet sind, die Interessen ihres Auftraggebers wahrzunehmen. Sie handeln damit in einem die Selbständigkeit nicht tangierenden Ausmaß weisungsabhängig. Dies spricht seit jeher für eine Handelsvertretertätigkeit im Sinne einer ständigen Betrauung und gegen eine Maklertätigkeit.[832]

3. Zwischenergebnis

Das Merkmal der ständigen Betrauung hat sich als diskussionswürdiger herausgestellt, als ursprünglich angenommen. Die Beurteilung einer Betrauung als »ständig« im Rahmen einer Kooperation zwischen Influencern und Unternehmen muss stets auf einer Einzelfallanalyse beruhen. Häufig erscheint eine Annahme des Merkmals möglich oder sogar naheliegend. Dafür spricht auch, dass Influencer-Kooperationen regelmäßig Werbekampagnen darstellen, welche – auch von kurzer Dauer – das Kriterium der ständigen Betrauung grundsätzlich erfüllen. Dennoch sollten keine voreiligen Schlüsse gezogen, sondern der gesamte Vertrag einschließlich möglicher Anhänge betrachtet werden. Das Argument, es würde sich nicht um eine »ständige« Betrauung handeln, wenn der Influencer trotz angedachter Vertragslaufzeit von beispielsweise einem Jahr bloß zur einmaligen oder seltenen Installation eines Beitrags verpflichtet wird, ist nicht von der Hand zu weisen. Jedoch wurde deutlich, dass die Zusammenarbeit mit Influencern nicht so einfach gelagert ist, wie es auf den ersten Blick erscheinen mag. Entscheidend bleibt insofern, dass sie – auch in einer unter Umständen sehr kurzen Zeit – ihren Vermittlungsbemühungen nachzukommen haben, und zwar in Bezug auf eine unbestimmte Anzahl von Geschäften.[833]

---

832 Vgl. Martinek/Bergmann, WRP 2006, 1047, 1053.
833 Vgl. Emde, Vertriebsrecht, § 84 Rn. 79.

Influencer halten ihre Posts gemäß ihrer vertraglichen Verpflichtung für einen bestimmten Zeitraum – meist 12 Monate – online und gewährleisten durch persönliche Einblicke in ihr Leben, dass ihr Profil während der Vertragslaufzeit auch weiterhin für ihre Follower interessant bleibt. Mit der »Highlight«-Funktion auf Instagram können nunmehr auch Stories dauerhaft auf einem Profil abrufbar bleiben. Dann entsprechen diese den übrigen im Profil sichtbaren Feed-Beiträgen. Diese Beiträge – und in der Konsequenz auch Stories in den Highlights – sind zu behandeln wie die Tätigkeit der vom BGH bereits als Handelsvertreter qualifizierten Online-Versicherungsvertreter. Denn diese gewährleisten online die Möglichkeit, zu jeder Tages- und Nachtzeit einen Kaufvertrag auf einer Website abzuschließen. Keine andere Option gewähren Influencer: Ihre Follower können ihr Profil ebenfalls tages- und zeitunabhängig aufrufen und – sofern der Influencer eine Affiliate-Marketing-Kooperation betreibt – über die Links des Influencers in seinen Posts oder Stories Einkäufe auf einer externen Website tätigen. Über eine – ein Handelsvertreterverhältnis nicht begründende – lediglich ständig wiederkehrende Vermittlungstätigkeit aufgrund von Einzelaufträgen oder einer von vornherein begrenzten Anzahl von Aufträgen gehen Influencer-Kooperationen deshalb zuhäufst hinaus. Die Tätigkeitspflicht von Influencern kann sich folglich – insbesondere bei Affiliate-Marketing Kooperationen – auch auf die kontinuierliche Bemühung um die Absatzförderung unbestimmten Ausmaßes für einen Unternehmer beziehen. Ihre Handlungen entsprechen damit regelmäßig den Anforderungen einer ständigen Betrauung und dimensionieren einzig deren praktische Anwendungsfälle neu, womit sich die Vorschrift an den technischen Fortschritt jedoch flexibel anzupassen scheint.

IV. »Für einen anderen Unternehmer«

Der Handelsvertreter muss für seinen als Unternehmer agierenden Vertragspartner und Geschäftsherren tätig werden und zwar in dessen Namen und auf dessen Rechnung. Erneut vermisst man eine nähere Begriffsbestimmung – in diesem Fall des Unternehmerbegriffs – in § 84 HGB. Jedenfalls stellt der § 84 Abs. 3 HGB klar, dass der Unternehmer, für den ein Handelsvertreter tätig wird, selbst auch Handelsvertreter sein kann. Überdies lässt sich aus Wortlaut und Entstehungsgeschichte der Vorschrift nichts Substanzielles zur Auslegung des dem § 84 HGB immanenten Unternehmerbegriffs ableiten, weshalb die zutreffende Auslegung dem Sinn und Zweck des Gesetzes zu entnehmen sein soll.[834] Der Handelsvertreter ist aufgrund einer tatsächlichen Unterlegenheit häufig schutzbedürftig, was die Vorschriften der §§ 84ff. HGB zum Ausgleich bringen

834 BGH, NJW 1965, 1132, 1133.

sollen.[835] Dieser Schutzcharakter des Handelsvertreterrechts spricht sich für ein weites Verständnis des Unternehmerbegriffs aus: Es wäre kaum hinnehmbar, dass Vermittler, die sich nach der Art ihrer Tätigkeit sowie wirtschaftlich typischerweise in einer gleichartigen Lage befinden, in einem Fall als Handelsvertreter, in einem anderen Fall aber nicht als solcher angesehen werden.[836] Anderenfalls wäre keine gleichwertige Rechtsanwendung gewährleistet, obwohl die Tätigkeiten sowie die Schutzbedürftigkeit und die Schutzwürdigkeit der Vermittler praktisch gleich sind.[837] Zwar soll es bei dem Definitionsversuch eines Unternehmers nicht primär auf den allgemeinen Sprachgebrauch oder die Verwendung in anderen Gesetzen ankommen.[838] Dennoch können die Unternehmerbegriffe divergierender Gesetze und somit eine rechtsgebietsübergreifende Untersuchung eine taugliche Auslegungshilfe darstellen.

Um einen vollständigen Überblick über das rechtliche Phänomen des Influencers zu gewährleisten, wird ergänzend auch auf deren Unternehmereigenschaft eingegangen, wohl wissend, dass sie als Gewerbetreibende stets Unternehmer im Sinne des HGB sind[839] und das Gesetz mit der Formulierung »für einen anderen Unternehmer« bereits zum Ausdruck bringt, dass der Handelsvertreter selbst auch Unternehmer ist.[840]

1. Unternehmerbegriff des Gesetzes gegen den unlauteren Wettbewerb

Zur näheren Einordnung könnte zunächst eine Parallele zum Unternehmerbegriff des Gesetzes gegen den unlauteren Wettbewerb (UWG) gezogen werden. Nach § 2 Abs. 1 Nr. 8 UWG ist ein Unternehmer

> »jede natürliche oder juristische Person, die geschäftliche Handlungen im Rahmen ihrer gewerblichen, handwerklichen oder beruflichen Tätigkeit vornimmt, und jede Person, die im Namen oder im Auftrag einer solchen Person handelt.«

Um eine Handlung als im Rahmen einer gewerblichen, handwerklichen oder beruflichen Tätigkeit zu qualifizieren, müsste eine auf »gewisse Dauer angelegte, selbständige wirtschaftliche Betätigung« vorliegen, »die darauf gerichtet ist, Waren oder Dienstleistungen gegen Entgelt zu vertreiben.«[841] Auf eine gewisse Dauer angelegt ist die Tätigkeit, wenn sie sich nicht in vereinzelten Geschäfts-

835 BeckOK HGB/*Lehmann* HGB § 84 Rn. 6.
836 Vgl. Röhricht/Graf von Westphalen/Haas/*Thume* HGB § 84 HGB Rn. 13.
837 Vgl. Röhricht/Graf von Westphalen/Haas/*Thume* HGB § 84 HGB Rn. 13.
838 Heymann/*Sonnenschein/Weitemeyer* HGB § 84 Rn. 24.
839 BGH, AP HGB § 84 Nr. 2. Sogar Unternehmer ohne Gewerbe sollen von § 84 HGB erfasst sein, vgl. Flohr/Wauschkuhn/*Billing* Vertriebsrecht § 84 Rn. 47.
840 Heymann/*Sonnenschein/Weitemeyer* HGB § 84 Rn. 26.
841 Köhler/Bornkamm/Feddersen/*Köhler* UWG § 2 Rn. 2.23.

akten erschöpfen soll.[842] Folglich muss ein planmäßiges Verhalten bestehen, dessen Vorliegen nur im konkreten Einzelfall beurteilt werden kann.[843] Ein solch planmäßiges Verhalten muss abgelehnt werden, wenn nur eine gelegentliche Tätigkeit, etwa zur persönlichen Belustigung oder aus Produktbegeisterung vorliegt.[844] Für die einen Influencer beauftragenden Vertragspartner dürfte die Unternehmereigenschaft nach dem UWG wenig problembehaftet sein. Für diese gilt im Zweifel, dass Handlungen im Rahmen ihrer gewerblichen Tätigkeit vorgenommen werden. Wenn Influencer dagegen selbst Waren vertreiben, respektive an der Vermarktung eigener Produkte beteiligt sind, sollen auch diese grundsätzlich als Unternehmer im Sinne des UWG anzusehen sein.[845] Gleiches soll bei der Vermarktung und Kommerzialisierung des eigenen Images eines Influencers gelten, auch wenn er selbst in das Unternehmen, dessen Produkte er bewirbt, gesellschaftsrechtlich oder geschäftsführend involviert ist, und deshalb ein besonderes Interesse am Absatz des Unternehmens hat.[846] Wenn Influencer ihre gewerbliche und selbständige Tätigkeit im Zeitpunkt des Vertragsschlusses zwischen einem ihrer Follower und einem Unternehmen konkret ausüben, sie dabei nicht nur gelegentlich, sondern planmäßig handeln, liegt deshalb die wettbewerbsrechtliche Unternehmereigenschaft vor.

2. Unternehmerbegriff des Bürgerlichen Gesetzbuchs

Im Hinblick auf die unterschiedlichen Schutzrichtungen des BGB und des UWG kann eine bedingungslose Anwendung des einen Unternehmerbegriffs auf den anderen nicht stattfinden, wenn auch beide Begriffe sich sehr ähneln.[847]Nach der in § 14 Abs. 1 enthaltenen Legaldefinition des BGB ist Unternehmer insofern

> »eine natürliche oder juristische Person oder eine rechtsfähige Personengesellschaft, die bei Abschluss eines Rechtsgeschäfts in Ausübung ihrer gewerblichen oder selbständigen beruflichen Tätigkeit handelt.«

Gewerblich handelt, wer ein selbständiges und planmäßiges, auf gewisse Dauer angelegtes Anbieten entgeltlicher Leistungen am Markt vornimmt, wobei eine

842 Köhler/Bornkamm/Feddersen/*Köhler* UWG § 2 Rn. 2.25.
843 Scherer, GRUR 2022, 1555, 1556.
844 Scherer, GRUR 2022, 1555, 1556.
845 Köberlein, ZVertriebsR 2022, 102, 104; Mallick/Weller, WRP 2018, 155, 157; So selbst für »Fake-Influencer«, die ihre Followerzahl erhöhen, das eigene Image vermarkten und sich für Werbeeinnahmen kommerzialisieren Scherer, GRUR 2022, 1555, 1556.
846 Henning-Bodewig, WRP 2017, 1415, 1417; Mallick/Weller, WRP 2018, 155, 157.
847 Vgl. dazu BeckOK BGB/*Bamberger*, 56. Edition 01.11.2020, BGB § 14 Rn. 4, wonach der Unternehmerbegriff des UWG im Wesentlichen demjenigen des BGB entsprechen soll.

Gewinnerzielungsabsicht nicht erforderlich ist.[848] Für die Vertragspartner der Influencer dürfte dies bereits deshalb außer Frage stehen, da wohl in den seltensten Fällen Verbraucher im Sinne des § 13 BGB Kooperationen mit Influencern eingehen werden. In Bezug auf durchschnittliche Influencer wurde die Frage nach dem Betreiben eines Gewerbes bereits bejaht.[849] Wenn sie nun auch im Zeitpunkt des Vertragsschlusses in der Funktion als Influencer und somit eines Gewerbetreibenden agieren und gerade nicht als natürliche Person im Rahmen ihres Privatlebens, liegen die Voraussetzungen des Unternehmerbegriffs des BGB auch bei Influencern vor.

Teilweise ergibt sich bereits aus den Verträgen zwischen Influencern und Unternehmern, dass die Vertragsparteien übereinstimmend von der beiderseitigen Unternehmerstellung nach dem BGB ausgehen. So kann es in Influencer-Verträgen heißen:

> 1. Vertragsgegenstand
> 1.1 (...)
> 1.2 (...)
> 1.3 Die Parteien sind Unternehmer im Sinne des § 14 BGB.

Eine Vermutung der Unternehmereigenschaft, wie diese für das UWG teilweise vorgeschlagen wird,[850] solle für das BGB zumindest in den seltenen Konstellationen ausgeschlossen sein, in denen der Influencer auf Erwerberseite auftritt, da der Verbraucherschutz als Schutzzweck des BGB – entgegen des Schutzes der wirtschaftlichen Interessen der Marktteilnehmer als Schutzzweck des UWG – andernfalls unterlaufen werden würde.[851]

3. Unternehmerbegriff des Umsatzsteuergesetzes

Auch der Unternehmerbegriff des Umsatzsteuergesetzes könnte Influencer und ihre Auftraggeber umfassen. Nach § 2 Abs. 1 S. 1 ist Unternehmer im Sinne des UStG, »wer eine gewerbliche oder berufliche Tätigkeit selbständig ausübt, unabhängig davon, ob er nach anderen Vorschriften rechtsfähig ist.« Der Begriff der gewerblichen oder beruflichen Tätigkeit des UStG geht über den einkommensteuerrechtlichen Begriff des Gewerbebetriebes (§ 15 EStG) hinaus.[852] Infolge

848 BGH, NJW 2006, 2250, 2251.
849 Vgl. Kap. 4 I. 6.
850 So tendenziell Mallick/Weller, WRP 2018, 155, 158; verneinend Henning-Bodewig, WRP 2017, 1415, 1418, da ein Großteil der Influencer ohne kommerzielle Motive als Privatperson ihre Produkt- und Markenvorlieben mit ihren Followern teilen würden.
851 Willems, MMR 2018, 707, 709f.
852 Brunckhorst/Sterzinger, DStR 2018, 1743.

einer im Zweifel gewerblichen Tätigkeit dürfte die Einordnung des Auftraggebers jedoch erneut unproblematisch sein. Auch der Influencer ist regelmäßig unter den umsatzsteuerrechtlichen Unternehmerbegriff zu fassen. Denn sofern er nicht nur einen vereinzelten Social-Media-Beitrag gegen Entgelt hochlädt, sondern die Absicht hat, weitere zu monetarisieren, ist er im Begriff seine Tätigkeit auf Wiederholung anzulegen, womit er planmäßig und nachhaltig handelt.[853]

4. Unternehmerbegriff der Verbraucherrechte-Richtlinie

Unternehmer im Sinne des Art. 2 Nr. 2 Verbraucherrechte-Richtlinie[854] ist

> »jede natürliche oder juristische Person, unabhängig davon, ob letztere öffentlicher oder privater Natur ist, die bei von dieser Richtlinie erfassten Verträgen selbst oder durch eine andere Person, die in ihrem Namen oder Auftrag handelt, zu Zwecken tätig wird, die ihrer gewerblichen, geschäftlichen, handwerklichen oder beruflichen Tätigkeit zugerechnet werden können«.

Der EuGH ist diesbezüglich der Auffassung, dass die Begriffe des »Unternehmers« und des »Gewerbetreibenden« im gewerberechtlichen Sinne einheitlich auszulegen sind.[855] Damit würde auch hinsichtlich dieser Unternehmerdefinition die Annahme des Begriffs des Gewerbetreibenden die Bejahung des Unternehmerbegriffs implizieren. Doch auch die Lektüre der Definition führt zu keinem anderen Ergebnis. Erneut wird primär auf die gewerbliche Tätigkeit abgestellt, die regelmäßig für beide Vertragsparteien einschlägig sein dürfte.

5. Unternehmerbegriff des Handelsgesetzbuchs und Einordnung hierunter

Nach einer Gesamtabwägung aller Umstände des Einzelfalls, unter ergänzender Zuhilfenahme der Kriterien des UWG, BGB, UStG und des Gewerberechts muss entschieden werden, ob Influencer sowie ihre Auftraggeber Unternehmer im Sinne des Handelsrechts darstellen. Hinsichtlich der Kriterien besagter Gesetze geben die Umstände des konkreten Einzelfalls in ihrer Gesamtschau den Ausschlag, die besseren Argumente jedenfalls sprechen für die grundsätzliche An-

853 Brunckhorst/Sterzinger, DStR 2018, 1743.

854 Richtlinie 2011/83/EU vom 25. Oktober 2011 über die Rechte der Verbraucher, zur Abänderung der Richtlinie 93/13/EWG des Rates und der Richtlinie 1999/44/EG des Europäischen Parlaments und des Rates sowie zur Aufhebung der Richtlinie 85/577/EWG des Rates und der Richtlinie 97/7/EG des Europäischen Parlaments und des Rates.

855 EuGH, GRUR 2018, 1154, 1155.

nahme der Unternehmereigenschaft nach § 14 BGB und § 2 Abs. 1 Nr. 8 UWG[856] sowie Art. 2 Nr. 2 Verbraucherrechte-Richtlinie und § 2 Abs. 1 S. 1 UStG. Denn der Unternehmerbegriff des BGB wie auch diejenigen des UWG, des UStG und des Gewerberechts stimmen zumindest im Kern überein, wenn sie einhellig ein Handeln in Ausübung einer gewerblichen Tätigkeit voraussetzen.[857] Eine Ausübung in gewerblicher Tätigkeit dürfte beiden Parteien nur im Ausnahmefall abzusprechen sein. Dies stellt ein starkes Indiz für die Einordnung unter den handelsrechtlichen Unternehmerbegriff dar.

Aber auch ein genauerer Blick auf die Hintergründe desjenigen Unternehmerbegriffs, den das HGB voraussetzt, führt nicht zu einem divergierenden Ergebnis. Der Unternehmerbegriff des § 84 HGB ist dem Sinn und Zweck des Handelsvertreterrechts als Schutzrecht zu entnehmen, deshalb weit – insbesondere weiter als der Begriff des Gewerbetreibenden – auszulegen.[858] Ursprünglich mussten Handelsvertreter für das Handelsgewerbe eines anderen, das heißt eines Kaufmanns, tätig sein, doch wurde dies durch das Handelsvertreteränderungsgesetz von 1953 aufgegeben, um den Geltungsbereich des Handelsvertreterrechts zu erweitern.[859] Nicht nur das Änderungsgesetz von 1953, auch die Handelsvertreterrichtlinie von 1986 erstrebte einen verstärkten Schutz der Berufsgruppe Handelsvertreter.[860] Auch aus diesem Grund ist die weite Auslegung des Unternehmerbegriffs geboten.[861] Denn es wäre schwerlich zu ertragen, wenn praktisch gleichartig tätige Personen nur aufgrund interner, für den Beauftragten außerhalb seiner Einflusssphäre befindenden Umstände, unterschiedlich behandelt werden würden.[862] Nach einem Teil der handelsrechtlichen Literatur soll Unternehmer im Sinne des § 84 HGB deshalb sogar jeder sein können, der eigene Erwerbszwecke im Wirtschaftsleben verfolgt, ohne dass es auf die Eigenschaft als Kaufmann ankommen solle.[863] Das Verfolgen eigener Erwerbszwecke im Wirtschaftsleben zeigt sich für die Kooperationspartner der Influencer bereits durch die Inanspruchnahme letzterer, da diese die Anzahl an Geschäftsabschlüssen steigern sollen. Diese Geschäftsabschlüsse garantieren auf Auftraggeberseite die

856 Vgl. Willems, MMR 2018, 707, 711; so auch für die sog. »Fake-Influencer« Scherer, GRUR 2022, 1555, 1556.

857 Zur Vergleichbarkeit der Unternehmerbegriff des BGB und des UWG siehe Willems, MMR 2018, 707, 709. Dieser erörtert in seinem Beitrag, ob die Argumentation zum UWG mit seinem Unternehmerbegriff in § 2 Abs. 1 Nr. 6 UWG auch für das BGB fruchtbar gemacht werden kann. Die Unternehmerbegriffe des BGB und des HGB sind weitgehend ähnlich, vgl. Flohr/Wauschkuhn/*Billing* Vertriebsrecht § 84 Rn. 47.

858 Flohr/Wauschkuhn/*Billing* Vertriebsrecht § 84 Rn. 47; Hopt, Handelsvertreterrecht, § 84 Rn. 27.

859 Heymann/*Sonnenschein*/*Weitemeyer* HGB § 84 Rn. 24.

860 BGH, NJW 1965, 1132, 1133; Emde/Valdini, ZVertriebsR 2016, 353, 355.

861 EBJS/*Löwisch* HGB § 84 Rn. 43.

862 BGH, NJW 1965, 1132, 1133.

863 Heymann/*Sonnenschein*/*Weitemeyer* HGB § 84 Rn. 24.

Generierung von Umsätzen im Wirtschaftsleben und Provisionen beziehungsweise anderweitige Einnahmen auf Seiten der Influencer, womit auch das Verfolgen von Erwerbszwecken nachgewiesen sein sollte. Für Influencer bedeutet das weite Verständnis des Unternehmerbegriffs des § 84 HGB nach Sinn und Zweck der Vorschrift, sowie die positive Einordnung unter §§ 14 BGB, 2 Abs. 1 Nr. 8 UWG sowie Art. 2 Nr. 2 Verbraucherrechte-Richtlinie und § 2 Abs. 1 S. 1 UStG, dass sie und ihre Auftraggeber regelmäßig auch vom Unternehmerbegriff des HGB umfasst sind.

V. »Geschäfte«

Der § 84 HGB spricht von der Vermittlung von »Geschäften«. Die Art der vermittelten oder abgeschlossenen Geschäfte ist für die §§ 84ff. HGB – anders als für die Handelsvertreterrichtlinie, die nur den Warenhandelsvertreter umfasst – unerheblich.[864] Die Vermittlungs- aber auch die Abschlusstätigkeit des Handelsvertreters ist auch nicht beispielsweise auf Handelsgeschäfte und Rechtsgeschäfte über bewegliche Sachen beschränkt, sondern kann sich auf alle Arten von Geschäften beziehen, die im Rahmen der gewerblichen Tätigkeit des Unternehmers möglich sind.[865] Da es jedoch um den Vertrieb geht, stellen Verträge über homogene Wirtschaftsgüter die Regel dar.[866] Diese sind eine häufig anzutreffende Art von Geschäften, auf die sich die Tätigkeit der Handelsvertreter beziehen kann. Für das Influencer-Marketing am relevantesten ist der Abschluss von Kaufverträgen nach § 433 BGB. Das rührt daher, dass marketingtreibende Unternehmen sich Influencern primär bedienen, um mit den Followern des Influencers Kaufverträge abzuschließen.

VI. »In dessen Namen abschließen«

Der § 84 HGB setzt als eine Alternative, für einen anderen Unternehmer tätig zu werden, den Abschluss von Geschäften in dessen Namen voraus. Im Zweifel obliegt dem Handelsvertreter dies jedoch nicht. Jedenfalls bedarf es für die Handlungsoption eines besonderen Auftrags samt Vollmacht.[867] Auch Influencer treten grundsätzlich nicht als bevollmächtigte Vertreter etwaiger Unternehmer auf. Diese Fallvariante spielt für das Influencer-Marketing deshalb allenfalls

864 Emde, Vertriebsrecht, § 84 Rn. 73; Emde/Valdini, BB 2016, 899, 901.
865 MüKoHGB/*Ströbl* HGB § 84 Rn. 78; Reinshagen, ZVertriebsR 2012, 281, 284.
866 Schmidt, Handelsrecht, § 27 Rn. 6.
867 Hopt/*Hopt* HGB § 84 Rn. 24.

eine untergeordnete Rolle, weshalb diesbezüglich auf weitere Ausführungen verzichtet wird.

5. Kapitel: Fortsetzung: Die Vermittlung von Geschäften

Vorstehend war in erster Linie über die Tatbestandsmerkmale des § 84 HGB und der Alternative des Abschlusses von Geschäften im Namen eines Unternehmers berichtet worden. Dabei zeigte sich, dass die Tatbestandsvoraussetzungen des § 84 HGB abhängig von der vertraglichen Ausgestaltung einer Kooperation grundsätzlich vorliegen können. Der Alternative des Abschlusses von Geschäften im Namen des Auftraggebers wird jedoch keine große praktische Relevanz beigemessen. Der § 84 HGB hält neben dieser Alternative jedoch noch eine weitere Tätigkeitsmöglichkeit für Handelsvertreter bereit: Die Vermittlung von Geschäften. Im Folgenden soll deshalb untersucht werden, ob Influencer tatsächlich zu einer solchen Vermittlung betraut sind oder ob der Begriff restriktiv dahingehend auszulegen ist, dass ihre Tätigkeit eher einer reinen Bewerbung von Produkten entspricht.

Influencer werden von milliardenschweren Unternehmen rekrutiert, aber auch lokale Einzelhändler erwägen, sie in Anspruch zu nehmen.[868] Eines jedoch eint diese Kooperationen. Sie finden im modernen Zeitalter des Internets statt. In dessen Rahmen wird die schier unbegrenzte Reichweite von Social-Media-Plattformen wie Instagram fruchtbar gemacht. Dabei zieht der Influencer offensichtlich nicht mit Produkten seines Auftraggebers durch die Straßen oder preist sie einem Unternehmer in dessen Räumlichkeiten an. Dennoch steht eine Vermittlungstätigkeit im Raum. Diese als die grundlegende Pflicht eines jeden Vertriebsmittlers[869] stellt die in vorliegender Arbeit wohl am kontroversesten zu diskutierende Voraussetzung des § 84 HGB dar. Um aufzuzeigen, dass die Anforderungen an den Umfang der Tätigkeitspflicht von Handelsvertretern international nicht einheitlich gehandhabt werden, wird eine Auslegung der Handelsvertreterrichtlinie vorgenommen, die keineswegs nur eine Interpretation

868 Cayir/Nohn, Handelsblatt vom 25.06.2019, abrufbar unter: https://www.handelsblatt.com/unternehmen/handel-konsumgueter/kosmetikprodukte-wie-influencer-in-den-stationaeren-handel-eindringen/24487762.html?ticket=ST-5280738-xvbKoLbyRrFIf3SR4QKq-ap1 (zuletzt abgerufen am 14.07.2023).

869 Dreyer/Haskamp, ZVertriebsR 2017, 359, 361.

zulässt. Darüber hinaus soll ein Rechtsvergleich mit weiteren ehemaligen und aktuellen EU-Mitgliedsstaaten stattfinden, die die Handelsvertreterrichtlinie womöglich anders interpretieren als Deutschland. In diesem Kontext wird auch die Frage beantwortet werden, aus welchem Grund ausgerechnet offene Tankstellen zu Kontroversen führen können und warum dies für die Einordnung von Influencern in den § 84 HGB von Bedeutung ist.

Insbesondere in der juristischen Fachliteratur ist bereits eine fragmentarische Auseinandersetzung der Handelsvertreterregelungen mit den neueren Problemfeldern der Vermittlung im Online-Bereich zu beobachten. Dabei geht es unter anderem darum, ob Online-Plattformen und die sogenannten »Affiliates« als Handelsvertreter auftreten können. Eine auf letztere bezogene Untersuchung der Vertriebsmittlereigenschaft scheint angezeigt, da Influencer häufig als Affiliates in gleichnamigen Marketingkooperationen agieren. So verpflichten Unternehmen den beauftragten Influencer über »Affiliate-Links« auf ihre Angebote hinzuweisen, können so die Bewerbung der unternehmenseigenen Internetseite auslagern.[870] Fraglich ist deshalb, ob bei der Verwendung dieser Affiliate-Links von einem »Vermitteln« gesprochen werden kann, insbesondere wenn Influencer maßgeblich für das Zustandekommen von Verträgen zwischen ihren Followern und dem Werbepartner verantwortlich sind, sie hierfür sogar eine Provision erhalten. Ist dem zuzustimmen, wäre die Einordnung als Handelsvertreter nach § 84 HGB naheliegend.

I. Konkretisierung des Vermittlungsbegriffs

Für die Qualifikation von Influencern als »Geschäftsvermittler« bedarf es zunächst einer näheren Untersuchung des Begriffs »Vermitteln«, dessen Annahme für die Einordnung unter den § 84 HGB essentiell ist. Ein Vermitteln von Geschäften wird angenommen bei Förderung, Ermöglichung und Vorbereitung von Geschäftsabschlüssen durch Einwirkung auf einen Dritten.[871] Ob ein solches im Einzelfall zutrifft, richtet sich nach Art und Umfang der im Vertrag festgehaltenen Mitwirkungspflichten des Handelsvertreters.[872] Jedenfalls muss die Einwirkung auf einen Dritten durch den Handelsvertreter nicht einmal allein ausschlaggebend für einen Geschäftsabschluss sein. Vielmehr genügt die Mitursächlichkeit seiner Handlung für den Vertragsschluss, zumindest wenn er die von

870 Jahnke, Influencer Marketing, S. 340.
871 Hopt/*Hopt* HGB § 84 Rn. 22; EBJS/*Löwisch* HGB § 84 Rn. 110.
872 Eberstein, Der Handelsvertretervertrag, S. 76.

ihm vertraglich geforderte Tätigkeit entfaltet hat[873] und die Mitwirkung nicht gänzlich nebensächlich ist.[874] Mitursächlichkeit liegt vor,

> »wenn der eigene Verursachungsbeitrag des Handelsvertreters oder der ihm zuzurechnende Beitrag Dritter als notwendige Bedingung für das Zustandekommen des Kundengeschäfts nicht hinweggedacht werden kann, ohne den Abschluss des Geschäfts in Zweifel zu ziehen.«[875]

In der Konsequenz ist es beispielsweise unschädlich, wenn nicht die Bemühungen des Handelsvertreters für sich genommen, sondern hinzukommende Anstrengungen des Unternehmers zum Geschäftsabschluss geführt haben, wie zum Beispiel, wenn der Handelsvertreter nur die zum Vertragsschluss führenden Verhandlungen veranlasst hat.[876] Daneben ist es für die Annahme einer Vermittlungstätigkeit nicht notwendig, dass der Handelsvertreter von sich aus den Kontakt mit den Kunden begründet, sondern dadurch am Geschäftsabschluss mitwirkt, den Kaufgegenstand in seinen Geschäftsräumen oder an einem Verkaufsstand bereitzuhalten.[877] Bei Übertragung dieser Prinzipien auf die digitale Welt könnte deshalb erwogen werden, dass das »Folgen« eines Influencers sowie das gezielte Konsumieren seiner Beiträge durch einen Follower die diesseitige »Kontaktaufnahme« und die Gestaltung von ansehnlichen Beiträgen inklusive Verlinkung zum Produkt auf Seiten des Influencers die »Bereithaltung« des Produkts ähnlich eines »digitalen Showrooms« darstellt. Dann würde eine mitursächliche Vermittlungshandlung naheliegen. Dessen ungeachtet bedarf es auch für eine weit zu verstehende Tatbestandsvoraussetzung Grenzen. Für die Mitursächlichkeit ist beispielsweise dann kein Raum mehr, wenn der Kunde bereits zum Vertragsschluss entschlossen war, bevor der Handelsvertreter tätig wurde, dieser folglich keinen Einfluss mehr auf die Kaufentscheidung, den Inhalt oder das Zustandekommen des abgeschlossenen Vertrags nehmen konnte.[878] Nicht ausreichend wäre es ferner, wenn er dem Unternehmer die Gelegenheit zum Vertragsschluss mit Kunden nur nachweist, lediglich Produkte anpreist oder empfiehlt.[879] Insofern muss sich der Handelsvertreter um einen ganz konkreten Vertragsschluss bemühen. Folglich kann nicht jedwedes werbliche Handeln von Influencern auch als Vermitteln eines Geschäfts qualifiziert werden, nur weil sie ihre Follower bei Kaufentscheidungen beeinflussen. Maßgeblich für die Beurteilung einer mitursächlichen Vermittlung eines Geschäfts sind stets die be-

873 BGH, NJW 2015, 1754, 1755; BAG, BB 1971, 492; Flohr/Wauschkuhn/*Billing* Vertriebsrecht § 84 Rn. 50; MüKoHGB/*Ströbl* HGB § 84 Rn. 72.
874 Hopt, Handelsvertreterrecht, § 84 Rn. 22.
875 EBJS/*Löwisch* HGB § 87 Rn. 37.
876 BAG, DB 1969, 266; MüKoHGB/*Ströbl* HGB § 84 Rn. 72.
877 Heymann/*Sonnenschein/Weitemeyer* HGB § 84 Rn. 20.
878 EBJS/*Löwisch* HGB § 87 Rn. 44.
879 EBJS/*Löwisch* HGB § 87 Rn. 38.

sonderen Umstände des Einzelfalls.[880] Ob der Vermittlungsbegriff von Literatur und Rechtsprechung weitere Grenzen erfährt, ist Gegenstand der folgenden Untersuchung.

II. Anforderungen an die Handelsvertretertätigkeit im Rechtsvergleich und die Auslegung der Handelsvertreterrichtlinie

Welche konkreten Anforderungen an die Tätigkeit des Handelsvertreters zu stellen sind und wie weit der Begriff der Vermittlung tatsächlich gefasst sein soll, ist unter verschiedenen – auch ehemaligen – EU-Mitgliedstaaten nicht unumstritten. So verlangen beispielsweise die britische, französische, italienische und spanische Gesetzesfassung einen Einfluss auf den Produktpreis um Handelsvertreter im Sinne der Richtlinie sein zu können.[881] Ist der deutsche Begriff der Vermittlung also dahingehend auszulegen, dass auch er eine Einflussnahme auf die Preisgestaltung verlangt, sodass »vermitteln« letztlich die Eigenschaften von »verhandeln« erhält?

1. Rechtsvergleich

Die unterschiedlichen Interpretationen der EU-Handelsvertreterrichtlinie 86/653/EWG und die darauf beruhenden verschiedenen Anforderungen an das Handeln eines Handelsvertreters beruhen primär auf einem unterschiedlichen Übersetzungsverständnis der Richtlinie. Dementsprechend wird teilweise angeführt, unter anderem die englische und französische Textfassung würde von einem »Verhandeln« sprechen, was auf die Vorstellung des europäischen Gesetzgebers hindeute, eine aktive Einflussnahme auf den Kunden zu verlangen.[882] Wegen der Übersetzung der Richtlinie mit »verhandeln« hat der englische Court of Appeal in seiner Entscheidung vom 23. Juli 1999 – also zu einem Zeitpunkt, als Großbritannien noch Mitglied der Europäischen Union war – einen Sachverhalt abweichend von der gefestigten deutschen Rechtsprechung beurteilt: Das Gericht wandte auf das Vertragsverhältnis zwischen dem Inhaber einer Selbstbedienungstankstelle und einem Mineralölunternehmen kein englisches Handels-

880 EBJS/*Löwisch* HGB § 87 Rn. 37.

881 Emde/Valdini, BB 2016, 899, 900.

882 So beispielsweise The English Court of Appeal, ZEuP 2002, 823; Cour de cassation, chambre commerciale, Urteil vom 9. Dezember 2014, Nr. 13 – 22.476; Dieselhorst/Grages, MMR 2011, 368, 370.

vertreterrecht an.[883] Gemäß der englischen Fassung der Handelsvertreterrichtlinie verlangte der Court entsprechend Art. 1 Abs. 2 sowie Art. 3 Abs. 2a der Richtlinie ein »negotiate« (dt. verhandeln) über den Endpreis des Mineralöls.[884] Bei einer Selbstbedienungstankstelle wäre eine solche Verhandlung nicht möglich, zumal der Mineralölpreis von den dahinterstehenden Gesellschaften festgelegt wird, und der Endkunde diesen Preis nicht aushandeln könnte.[885]

Seit dem Jahr 2008 wird auch in Frankreich die Möglichkeit verlangt, über den Preis einer zu verkaufenden Ware zu verhandeln.[886] Die französische Rechtsprechung legt den Begriff »negociér« folglich ebenfalls dahingehend aus, dass eine Person, die nicht über die Befugnis verfügt, Verkaufsbedingungen zu ändern oder Preise für den Verkauf bestimmter Waren selbst festzulegen, nicht die Stellung eines Handelsvertreters haben kann. Dementsprechend wurde die Handelsvertretereigenschaft vom französischen Kassationsgerichtshof in einem Fall verneint, in dem sich die Vertriebspartner eines Mobilfunkanbieters vertraglich verpflichtet hatten, die Tarifbedingungen des auftraggebenden Mobilfunkunternehmens nicht zu ändern.[887]

Demgegenüber entspricht es der ständigen Rechtsprechung des BGH, dass der Tankstellenbetreiber grundsätzlich Handelsvertreter ist, wenn er ständig damit betraut ist, gegen Provision Kraft- und Schmierstoffe eines Kraftstoffunternehmens in dessen Namen und für dessen Rechnung von einer Tankstelle aus zu verkaufen.[888] Nach Auffassung des BGH ist es auch nicht erforderlich, dass der Handelsvertreter von sich aus auf den Kunden zugeht, um ihn zum Abschluss eines Geschäfts zu bewegen.[889] Bereits das Offenhalten der Tankstelle stelle eine Vermittlungstätigkeit dar, womit auch ein Einfluss auf den Endpreis eines Produkts nicht zu fordern sei. Im Übrigen ist davon auszugehen, dass der BGH auch im Sachverhalt vor dem französischen Kassationsgerichtshof die Vertriebspartner des Mobilfunkanbieters als Handelsvertreter qualifiziert hätte, obwohl es an dispositiven Tarifbedingungen fehlte. Zwar fußen sowohl die deutsche als auch die englische und französische Handelsvertreterregelung auf den Vorgaben der Handelsvertreterrichtlinie. Dennoch gelangen die Gerichte hier zu kontroversen Ergebnissen.

883 The English Court of Appeal, mit Anm. Westphal, ZEuP 2002, 823, 828.
884 The English Court of Appeal, mit Anm. Westphal, ZEuP 2002, 823, 829.
885 The English Court of Appeal, mit Anm. Westphal, ZEuP 2002, 823, 829.
886 EuGH, mit Anm. Kutscher-Puis, ZVertriebsR 2020, 252, 256.
887 EuGH, mit Anm. Kutscher-Puis, ZVertriebsR 2020, 252, 255; Cour de cassation, chambre sociale, Urteil vom 23. April 1980, Nr. 77 – 14.492.
888 BGH, BB 1964, 1399; so auch OLG Hamm, BeckRS 2000, 14387; kritisch zur Berechnung des Ausgleichsanspruchs nach § 89b HGB von Tankstellenbetreibern durch den BGH Schreiber, NJW 1998, 3737.
889 BGH, NJW 1985, 862.

2. Auslegung der Handelsvertreterrichtlinie

Ob insbesondere die Auffassung des BGH mit der Handelsvertreterrichtlinie in Einklang zu bringen ist, ist durch Auslegung zu ermitteln. Auf dieser Grundlage kann auch herausgearbeitet werden, ob die Entscheidungen des englischen High Courts und des französischen Kassationsgerichtshofs nachvollziehbar oder schlichtweg inkonsequent sind. Eine Harmonisierung des Handelsvertreterrechts in der Europäischen Union erscheint jedenfalls kaum möglich, wenn frühere, aber auch aktuelle Mitgliedstaaten die Richtlinie unterschiedlich übersetzen und damit von einem voneinander abweichenden Schutz des Handelsvertreterberufs ausgehen.[890] Der EuGH orientiert sich – offenbar aufgrund der Multinationalität des Gerichts und den hieraus resultierenden verschiedenen Auslegungstraditionen – primär am Wortlaut der Richtlinie.[891] Aufgrund der unterschiedlichen Übersetzungen dieser – bei welcher keiner der Mitgliedstaaten sein Umsetzungsermessen überschritten hat – ist vorliegend auf die nächst bedeutende Auslegungsmöglichkeit abzustellen. Dies stellt die teleologische Auslegung, also diejenige nach Sinn und Zweck, dar.[892]

Die Handelsvertreterrichtlinie verfolgt zwei Hauptziele: Zum einen sollen sämtliche in der Europäischen Union tätigen Handelsvertreter einen angemessenen Rechtsschutz genießen, zum anderen sollen Wettbewerbsverzerrungen vermieden werden.[893] Dafür ist eine Harmonisierung der nationalen Rechtsordnungen unentbehrlich. Denn die Unterschiede zwischen den nationalen Handelsvertretergesetzen würden sich spürbar auf die Wettbewerbsbedingungen und die Berufsausübung auswirken und den Schutzumfang der Handelsvertreter sowie die Sicherheit des Handelsverkehrs beeinträchtigen.[894] Der Warenaustausch zwischen den Mitgliedstaaten muss unter Bedingungen stattfinden, die denen eines Binnenmarktes entsprechen, weshalb die Rechtsordnungen der Mitgliedstaaten in dem Maße angeglichen werden müssen, wie es für das Funktionieren eines gemeinsamen Marktes erforderlich ist.[895] Um die Ziele der Richtlinie zu erreichen, muss diese eine Untergrenze für die nationalen Regelungen festlegen: Denn ein Unterschreiten des in der Handelsvertreterrichtlinie vorgesehenen Schutzniveaus würde bedeuten, dass die Protektion der Han-

890 The English Court of Appeal, mit Anm. Westphal, ZEuP 2002, 823, 829.
891 Zur Tendenz des EuGH vgl. EuGH, DB 2010, 2495; Emde, Vertriebsrecht, Vor § 84 Rn. 27.
892 Emde, Vertriebsrecht, Vor § 84 Rn. 27; nach Westphal stellt die teleologische gar die bedeutendste Auslegungsmöglichkeit des EuGH dar, vgl. Westphal, Die Handelsvertreterrichtlinie und deren Umsetzung in den Mitgliedstaaten der Europäischen Union, S. 55.
893 Vgl. Erwägungsgründe der Handelsvertreterrichtlinie 86/653/EWG, ABl. L 382 S. 17.
894 Erwägungsgründe der Handelsvertreterrichtlinie 86/653/EWG, ABl. L 382 S. 17.
895 Erwägungsgründe der Handelsvertreterrichtlinie 86/653/EWG, ABl. L 382 S. 17.

delsvertreter nicht gewährleistet wäre.[896] Es ist demnach zweistufig vorzugehen: Zunächst ist ein klares Auslegungsergebnis zu identifizieren, also diejenige Auslegung zu bevorzugen, die nach der Richtlinie möglich, das heißt vertretbar ist.[897] Wenn ein solches Ergebnis nicht zu ermitteln ist, muss diejenige Auslegung gewählt werden, die für den Handelsvertreter am günstigsten ist.[898] In Anbetracht dessen soll jede Auslegung der Handelsvertreterrichtlinie ausgeschlossen sein, die sich in unvertretbarer Weise als nachteilig für den Handelsvertreter entpuppen könnte.[899]

Wenn nun die jeweiligen Übersetzungen der Handelsvertreterrichtlinie durch die Verwendung von »vermitteln« einerseits und »verhandeln« andererseits zu unterschiedlichen Anforderungen zweier nationaler Handelsvertreterregelungen kommen, sind die Rechtsordnungen bereits nicht ausreichend harmonisiert. Gerade in diesem Fall müsste die richtlinienkonforme Auslegung der jeweiligen Handelsvertretervorschriften – hier primär des englischen und französischen Rechts – zu einer Harmonisierung der Rechtsordnungen führen. Für den High Court wäre es ein Leichtes gewesen, sich einer handelsvertreterfreundlichen Vereinheitlichung anzunähern, indem er den Tankstellenbetreiber im Einklang mit der deutschen BGH-Rechtsprechung als Handelsvertreter qualifiziert hätte. Es ist auch in keiner Weise nachvollziehbar, warum der High Court – trotz Kenntnis der deutschen Rechtsprechung – die Angelegenheit nicht dem Europäischen Gerichtshof zur Vorabentscheidung vorgelegt hat.[900] Schließlich soll ein solches Vorabentscheidungsverfahren gerade die einheitliche Anwendung des harmonisierten nationalen Rechts sicherstellen, weshalb bei Auslegungsfragen grundsätzlich die Vorabentscheidungskompetenz des EuGH nach Art. 267 AEUV zu beachten ist.[901] Nun distanziert sich der High Court von der europäischen Rechtsprechung und macht sie inkonsequent. Im Übrigen wird dadurch auch der Abschluss und die Durchführung von Verträgen zwischen Unternehmern und Handelsvertretern, die in verschiedenen Mitgliedstaaten ansässig sind, erheblich erschwert; solche Widrigkeiten stehen gerade nicht im Einklang mit den Erwägungsgründen der Richtlinie, die zu Recht eine drohende Schutzlosigkeit von Handelsvertretern in Aussicht stellen, was eine weite Auslegung der

896 Westphal, Die Handelsvertreterrichtlinie und deren Umsetzung in den Mitgliedstaaten der Europäischen Union, S. 61.

897 Emde, Vertriebsrecht, Vor § 84 Rn. 29; Emde, DStR 2009, 1478, 1479; Emde, ZVertriebsR 2014, 218, 222.

898 Emde, Vertriebsrecht, Vor § 84 Rn. 29; Emde, DStR 2009, 1478, 1479; Emde, ZVertriebsR 2014, 218, 222.

899 EuGH, ZVertriebsR 2018, 169, 172; Oetker/*Busche* HGB § 84 Rn. 12.

900 The English Court of Appeal, mit Anm. Westphal, ZEuP 2002, 823, 831.

901 Flohr/Wauschkuhn/*Billing* Vertriebsrecht Vor §§ 84ff. Rn. 65; Oetker/*Busche* HGB § 84 Rn. 12a.

Richtlinie gebietet.[902] Andernfalls bestünde die Gefahr, dass Teile von Vermittlergruppen willkürlich nicht in den Schutzbereich der jeweiligen nationalen Handelsvertreterregelungen einbezogen würden.[903]

Da mit Deutschland bereits ein EU-Mitgliedsstaat auf Provisionsbasis tätige Tankstellenbetreiber als Handelsvertreter qualifizierte, einige andere (auch ehemalige) Mitgliedstaaten sie aber nicht als solche behandeln, öffnet dies Tür und Tor für Umgehungsversuche der Handelsvertreterschutzbestimmungen und führt zu einer zu einseitigen Auslegung der Richtlinie zu Gunsten der Auftraggeber von Handelsvertretern. Eine vom deutschen Recht abweichende Auslegung würde es dem Unternehmer ermöglichen, zwingende Bestimmungen der Handelsvertreterrichtlinie, insbesondere den Ausgleichsanspruch, der dem Handelsvertreter bei Beendigung des Vertragsverhältnisses zusteht, durch einen Vertragsvorbehalt zu umgehen, nach dem der Auftraggeber jegliche Befugnis zur Preisverhandlung für Waren ausschließt.[904] Dies hätte folgenreiche praktische Auswirkungen für so manche vermittelnde Berufsgruppe, die durch die Richtlinie ja grundsätzlich möglichst umfassend geschützt werden sollen. Man stelle sich dies für das deutsche Recht anhand eines Beispiels vor:

Der redliche selbständige, ein Gewerbe betreibende Tankstellenpächter P ist ständig damit betraut, Flüssigtreibstoff des Mineralölherstellers H (Unternehmer) an seiner Tankstelle anzubieten. Hierfür erhält er eine Provision auf Grundlage des Umsatzes. Vertraglich wird vereinbart, dass P die Endpreise von H vorgegeben bekommt und hierüber auch nicht verhandeln darf. Infolge einer Meinungsverschiedenheit unterlässt es H, dem P seine monatlich zu entrichtende Provision auszukehren. Was kann P nun tun?

Für dieses Beispiel lässt sich folgendes feststellen: Verlangt man eine Einflussnahme auf die Preisgestaltung, wäre P kein Arbeitnehmer und kein Handelsvertreter, er würde unter keine Schutzvorschriften fallen, obwohl er offensichtlich und dem Wortlaut nach alle übrigen Tatbestandsmerkmale des § 84 HGB erfüllt. Laut Sachverhalt ist er selbständiger Gewerbetreibender und ständig damit betraut, Schmierstoffe eines Unternehmers anzubieten. Für das Zustandekommen eines Vertrags über Schmierstoffe zwischen Tankstellenkunden und Mineralölunternehmen stellt das Offenhalten der Tankstelle eine zumindest mitursächliche Vermittlungstätigkeit des Tankstelleninhabers dar. Lediglich der Einfluss auf die Preisgestaltung fehlt.

Man stellt sich daher die Frage, wie der Tankstellenbetreiber nun zur Auszahlung seiner fälligen Provisionsforderung kommt. Zunächst ist fraglich, was die Anspruchsgrundlage für einen möglichen Anspruch wäre. Denn der § 87

902 Erwägungsgründe der Handelsvertreterrichtlinie 86/653/EWG, ABl. L 382 S. 17.
903 The English Court of Appeal, mit Anm. Westphal, ZEuP 2002, 823, 830f.
904 EuGH, mit Anm. Kutscher-Puis, ZVertriebsR 2020, 252, 255.

HGB, der für Handelsvertreter gilt, kann nicht herangezogen werden. Dem könnte § 354 HGB abhelfen. Dieser regelt, dass derjenige, der in Ausübung seines Handelsgewerbes einem anderen Geschäfte besorgt oder Dienste leistet, dafür auch ohne Verabredung eine Provision fordern kann.[905] In diesem Zusammenhang wäre es jedoch bereits fraglich, ob P Kaufmann wäre, das heißt insbesondere, ob er überhaupt ein Handelsgewerbe betreibt. Das Vorliegen eines Handelsgewerbes setzt gemäß § 1 Abs. 2 HGB einen nach Art und Umfang in kaufmännischer Weise eingerichteten Geschäftsbetrieb oder die Eintragung der Firma in das Handelsregister nach § 2 S. 1 HGB voraus. Für unseren fiktiven Beispielsfall würde also zwar eine Anspruchsgrundlage vorliegen, soweit P Kaufmann ist. Jedoch entfaltet die Kaufmannseigenschaft auf Handelsvertreter keine konstitutive Wirkung. Der P muss also nicht zwangsläufig Kaufmann sein, um sein Tankstellengewerbe zu betreiben. Stellt sich heraus, dass P tatsächlich weder die Voraussetzungen des § 1 Abs. 2 HGB, noch diejenigen des § 2 S. 1 HGB erfüllt, würde er ohne Anspruchsgrundlage dastehen. Dieses Problem wäre zwar potentiell auf Grundlage einer Auslegung des jeweiligen Vertrags zu lösen. Denn aus diesem würde sich mit an Sicherheit grenzender Wahrscheinlichkeit ergeben, dass dem Tankstellenbetreiber dem Grunde nach ein Provisionsanspruch zusteht. Doch kann er die Höhe seines Anspruchs auch beziffern? Hierfür existieren Hilfsansprüche, wie solche auf einen Auszug aus den Geschäftsbüchern des beauftragenden Unternehmers oder im Falle der Weigerung auf Einsicht in diese. Jene Rechte ergeben sich jedoch wiederum aus dem Abschnitt über Handelsvertreter (§§ 84–92c) im HGB, nämlich aus § 87c HGB. In Ermangelung der Anwendbarkeit dieser Vorschrift kann der Tankstellenbetreiber auch solche Nebenansprüche nicht geltend machen. Andernfalls stünde ihm nur der unsichere, weil nicht explizit für Vertragskonstellationen mit Handelsvertretern implementierte § 242 BGB zur Verfügung. Für den vorvertraglichen Bereich wurde bereits anerkannt, diesen zur Geltendmachung von Informationsansprüchen heranzuziehen.[906] Dies ist aber keineswegs eine Garantie für eine anderweitige Anwendung der Vorschrift im Handelsvertreterrecht. Vielmehr ist sie nur subsidiär und in Ausnahmefällen beizuziehen. Damit wird dem Tankstellenbetreiber die Durchsetzung des ihm vertraglich zustehenden Provisionsanspruchs wesentlich erschwert.

Tankstellenpächter P kann daher die Höhe seines Anspruchs nicht mit Hilfe des § 87c HGB konkretisieren. Man denke den Fall weiter: P kündigt den Vertrag mit H und hofft, zumindest die jahrelange Kundenpflege, die er nachhaltig und

905 Vgl. für § 354 HGB als Anspruchsgrundlage für Handelsvertreter, wenn zwar kein Handelsvertretervertrag zustande gekommen ist, der Auftraggeber der Vermittlungstätigkeit jedoch stillschweigend zugestimmt hat Thume, BB 2012, 975, 976.

906 EBJS/*Löwisch* HGB § 84 Rn. 51.

nachweislich betrieben hat und aus der sich zahlreiche Stammkundenbeziehungen entwickelt haben, bei H monetarisieren zu können. Doch aus seinem Vertrag ergibt sich ein solcher Ausgleichsanspruch nicht. Mit dem § 89b HGB würde eine Norm vorliegen, die eben den Umstand, dem P ausgesetzt ist, ausgleichen soll. In unserem Fall würde die fehlende Möglichkeit einer Einflussnahme auf den Produktpreis jedoch dazu führen, dass der Tankstellenbetreiber den für Handelsvertreter in der Praxis so relevanten Ausgleichsanspruch nach § 89b HGB mit Blick auf die von ihm geworbenen Stammkunden für die Zeit nach der Vertragsbeendigung nicht geltend machen könnte. Der Aufbau von Stammkundenbeziehungen zwischen Tankstellenkunden und Mineralölhersteller würde somit nicht entlohnt werden. Spätestens zu diesem Zeitpunkt würde dem P auch kein subsidiärer Anspruch aus dem BGB mehr zur Verfügung stehen. Er würde leer ausgehen.

Im Ergebnis kann ein solcher Versuch, das Gesetz durch eine einzige Nuance im Vertrag zu umgehen, nicht schutzwürdig sein. Denn eine Auslegung dahingehend, dass Personen, die nicht über die vorgenannte Preisgestaltungsmöglichkeit verfügen, keine Handelsvertreter sein könnten, ist kaum mit den Zielen der Handelsvertreterrichtlinie vereinbar.[907] Die Richtlinie soll die Interessen der Handelsvertreter gegenüber den Unternehmern schützen, die Sicherheit des Handelsverkehrs fördern und den Warenaustausch zwischen den Mitgliedstaaten durch Angleichung der Rechtsordnungen der Mitgliedstaaten auf dem Gebiet der Handelsvertretung erleichtern.[908] Nicht zuletzt aus diesem Grund ist der Begriff des Handelsvertreters wirtschaftlich zu verstehen und zum Schutz der Handelsvertreter weit gefasst.[909] Zwar zeigen die Entscheidungen des High Court und des französischen Kassationsgerichtshofs, dass die derzeitigen und ehemaligen Mitglieder der Europäischen Union den Schutzumfang des Handelsvertreters unterschiedlich gewichten. Im Ergebnis wirkt sich ihre Argumentation aber nicht auf die hierzulande gültige Auffassung des BGH aus. So ist eine weite Auslegung der Handelsvertreterrichtlinie – im Einklang mit der deutschen BGH-Rechtsprechung – vorzugswürdig, wonach bereits der bloß mitwirkende Einfluss eines Vertreters auf die Kaufentscheidung eines Kunden für einen »Vermittler« ausreichend ist.[910]

Die unterschiedliche Übersetzung der Handelsvertreterrichtlinie durch Großbritannien, Frankreich, Italien, Spanien auf der einen, und Deutschland auf der anderen Seite, führt folglich nicht dazu, dass die deutsche Übersetzung mit »Vermitteln« so eng auszulegen ist, dass tatsächlich ein »Verhandeln« erfor-

907 EuGH, ZVertriebsR 2020, 252, 255.
908 EuGH, ZVertriebsR 2020, 252, 255; Erwägungsgründe der Handelsvertreterrichtlinie 86/653/EWG, ABl. L 382 S. 17.
909 Emde/Valdini, BB 2016, 899, 900.
910 The English Court of Appeal, mit Anm. Westphal, ZEuP 2002, 823, 831.

derlich wäre. Zwar wird in den Sprachfassungen des Art. 1 Abs. 2 der Handelsvertreterrichtlinie mehrheitlich ein Begriff verwendet, der sich mit »verhandeln« beziehungsweise »aushandeln« übersetzen lässt.[911] Die Richtlinie lässt eine »Vermittlung« des Handelsvertreters für dessen Qualifikation als solchen jedoch genügen.[912] Dies rührt daher, dass das deutsche Recht überschießend umgesetzt[913] ist und – was zulässig ist – den Begriff des Handelsvertreters gegenüber den Übersetzungen der Handelsvertreterrichtlinie ins Englische, Spanische, Italienische und Französische erweitert hat.[914] Das deutsche Recht ist auch an anderer Stelle in zulässiger Weise weiter als die Handelsvertreterrichtlinie: Denn letztere beschränkt sich in ihrem Anwendungsbereich auf Warenvertreter.[915] So sind nur Vermittler, die »Waren«[916] (also nicht Dienstleistungen) vertreiben, Handelsvertreter im Sinne des Art. 1 Abs. 2 der Richtlinie, während das deutsche Recht diese Einschränkung in § 84 HGB nicht vorsieht.[917] Im Übrigen ergibt sich schon aus der gesetzlichen Differenzierung zwischen dem mit Vertretungsmacht ausgestatteten und somit gegebenenfalls zu Vertragsverhandlungen befugten Abschlussvertreter und dem bloßen Vermittlungsvertreter, dass es im deutschen Recht nicht auf ein »Verhandeln« ankommt: Letzterer hat lediglich den Vertragsschluss durch Einwirkung auf einen Dritten zu fördern, nicht aber notwendigerweise den Vertrag mit dem Kunden auszuhandeln.[918] Die Entscheidung über die Art und Weise, wie er auf den Kunden einwirkt, obliegt regelmäßig dem Handelsvertreter selbst.[919] Insbesondere eine persönliche Einwirkung auf den Kunden ist nicht erforderlich – was bereits durch die Möglichkeit der Einschaltung von Untervertretern deutlich wird – und angesichts der heutigen Kommunikationsformen auch wenig wahrscheinlich.[920]

Mittlerweile hat sich auch der EuGH mit der vorstehenden Frage befasst. In einem noch recht jungen Urteil entschied er, dass Art. 1 Abs. 2 der Handelsvertreterrichtlinie für selbständige Handelsvertreter dahingehend auszulegen ist,

911 Fabig, jurisPR-HaGesR 10/2020 Anm. 1.

912 Emde/Valdini, BB 2016, 899, 900.

913 Von einer überschießenden Umsetzung spricht man, wenn Mitgliedstaaten Richtliniengebote über den Anwendungsbereich einer Richtlinie hinausgehend umsetzen, vgl. dazu Emde, Vertriebsrecht, Vor § 84 Rn. 31.

914 Emde/Valdini, BB 2016, 899, 900.

915 HK-HGB/*J.Keßler* § 84 Rn. 15.

916 Unter »Waren« i. S. d. Handelsvertreterrichtlinie sind Erzeugnisse zu verstehen, die einen Geldwert haben und deshalb Gegenstand von Handelsgeschäften sein können, vgl. Emde, BB 2022, 2563.

917 Vgl. Emde/Valdini, BB 2016, 899, 900; vgl. zur richtlinienkonformen Auslegung des Rechts aller Handelsvertreter, obwohl die Handelsvertreterrichtlinie nur Warenvertreter erfasst Thume, BB 2011, 1800, 1802.

918 Emde/Valdini, BB 2016, 899, 900.

919 Emde/Valdini, BB 2016, 899, 900.

920 Hopt/*Hopt* HGB § 84 Rn. 22; Emde/Valdini, BB 2016, 899, 900 f.

dass eine Person nicht notwendigerweise über die Möglichkeit verfügen muss, die Preise der Waren, deren Verkauf sie für Rechnung des Unternehmers besorgt, zu verändern, um als Handelsvertreter im Sinne dieser Bestimmung eingestuft zu werden.[921] Dies folge unter anderem daraus, dass eine vertragliche Festlegung der Preise für den Verkauf von Waren aus handelspolitischen Gründen gerechtfertigt sein könne, was die Berücksichtigung von Faktoren wie der Stellung eines Unternehmens am Markt, der von den Wettbewerbern angewandten Preise und des Fortbestands dieses Unternehmens gebieten würde.[922] Andererseits hindere es den Handelsvertreter nicht daran, seine Hauptaufgaben zu erfüllen, nämlich neue Kunden für einen Unternehmer zu gewinnen und bestehende Geschäftsbeziehungen auszubauen, wenn er nicht über die Möglichkeit verfügt, die Preise für Waren, deren Verkauf er für Rechnung des Unternehmers vermittelt, selbständig festzusetzen.[923]

Eine gute Nachricht für Tankstellenbetreiber P aus dem fiktiven Praxisbeispiel. Dieser ist glücklicherweise in Deutschland ansässig und fällt unter die handelsvertreterschützenden Bestimmungen der §§ 84–92c HGB. Da die Übersetzung von Deutschland in eine »Vermittlung« nicht zu beanstanden ist, müssen Tankstellenbetreiber hierzulande nicht befürchten, dass in einem Gerichtsverfahren die Unanwendbarkeit des Handelsvertreterrechts auf sie erklärt wird, da sie die Warenpreise nicht verhandeln könnten.

3. Zwischenergebnis

In der Konsequenz ist festzustellen, dass der Begriff der Vermittlung für die Zwecke der Anwendung der Handelsvertreterrichtlinie einen autonomen Begriff des Unionsrechts darstellt, der im gesamten Gebiet der Union einheitlich ausgelegt werden sollte, und dass Art. 1 Abs. 2 dieser Richtlinie dahingehend auszulegen ist, dass Handelsvertreter nicht notwendigerweise einen Einfluss auf die Preisbildung für eine Ware haben müssen, die sie für Rechnung eines Unternehmers verkaufen.[924] Der nur vermeintlich uferlose Charakter der Terminologie ist hinzunehmen und bedarf keiner Korrektur.

921 EuGH, ZVertriebsR 2020, 252.
922 EuGH, ZVertriebsR 2020, 252, 254.
923 EuGH, ZVertriebsR 2020, 252, 254; Fabig, jurisPR-HaGesR 10/2020 Anm. 1.
924 EuGH, ZVertriebsR 2020, 252, 255.

III. Vom Vermittlungsbegriff nicht umfasstes Handeln

Nachdem nun dem Grunde nach feststeht, welche Anforderungen der Vermittlungsbegriff des § 84 HGB an seine Bejahung stellt, ist nachfolgend zu erörtern, unter welchen Voraussetzungen eine Tätigkeit nicht mehr als handelsvertretertypische Vermittlung deklariert werden kann. Für die Einordnung als Handelsvertreter ist in jedem Fall erforderlich, dass die Produkte eines Unternehmers nicht nur im Allgemeinen beworben, sondern Vermittlungstätigkeiten übernommen werden, die auf den Abschluss von konkreten Geschäften gerichtet sind.[925] Insbesondere wäre eine Vermittlungstätigkeit abzulehnen, wenn sie im Sinne einer conditio sine qua non für das Zustandekommen eines Vertragsschlusses nicht zumindest mitursächlich gewesen ist.[926] Aus diesem Grund existieren Fallgruppen, wonach eine Vermittlungstätigkeit – trotz des weit auszulegenden Begriffs – abzulehnen ist. Unter anderem die bloße Bezeichnung als Handelsvertreter im Vertrag, die Anbahnung von Geschäftsbeziehungen, eine reine Werbetätigkeit oder allgemeine Beratung, ohne zum Abschluss eines Geschäfts beizutragen, entsprechen nicht den Anforderungen einer Vermittlung.[927]

1. Bloße Bezeichnung als Handelsvertreter

Dass die bloße vertragliche Bezeichnung als Handelsvertreter für eine Annahme als solcher nicht ausreicht, ist bereits einer gerichtlichen Klärung unterzogen worden. Einzig die Erfüllung der Tatbestandsmerkmale nach der vertraglichen Gestaltung und tatsächlichen Handhabung ist relevant.[928] Der Vertragsbezeichnung kann nach Lage des Einzelfalls lediglich indizielle Bedeutung zukommen.[929] Entsprechend entschied das LG Düsseldorf[930] über einen Sachverhalt, in welchem die Klägerin von der Beklagten die Zahlung eines Ausgleichs aus einem Handelsvertretergeschäft nach § 89b Abs. 1 HGB verlangte. Inhaltlich ging es um die Vermarktung von Werbung auf verschiedenen Webportalen. Nach Auffassung des Landgerichts sprach der Gesichtspunkt, dass der Vermarktungsvertrag derart gestaltet worden sei, dass allein der Werbetreibende Einfluss auf die Infrastruktur der Werbung für den Vermittler nehmen konnte, gegen die Annahme eines Handelsvertreterverhältnisses. Die Klägerin konnte die Preise sowie die vollständige Struktur der Werbung selbst bestimmen. Weiterhin konnte die

925 MüKoHGB/*Ströbl* HGB § 84 Rn. 13.
926 EBJS/*Löwisch* HGB § 87 Rn. 37.
927 Hopt/*Hopt* HGB § 84 Rn. 23.
928 BGH, NJW 1972, 1662, 1664; Hopt/*Hopt* HGB § 84 Rn. 5.
929 Piper, Höchstrichterliche Rechtsprechung zum Handelsvertreterrecht, Rn. 2.
930 LG Düsseldorf, MMR 2015, 804.

Klägerin persönlich anordnen, in welchem Ausmaß die Plattform von der Beklagten betrieben werden sollte, konnte somit sogar Preise und dadurch mittelbar den Umsatz der Beklagten bestimmen. Dass die Klägerin in dem Vertrag als Handelsvertreterin bezeichnet wurde, sei für die Entstehung einer Handelsvertreterposition unerheblich gewesen, was sich schon daraus ergeben würde, dass die Klägerin nicht in ihrem Namen und für eigene Rechnung tätig geworden sei.

2. Reine Vorbereitungshandlungen, Marketingaktivitäten, Kontaktpflege und -herstellung

Ferner ist anerkannt, dass reine Vorbereitungsarbeiten und allgemeine Werbemaßnahmen, welche noch nicht auf den Abschluss eines konkreten Vertrags mit einem Kunden abzielen, nicht unter den Begriff des Vermittelns fallen.[931] In diesem Zusammenhang lässt sich auf ein Urteil des BFH[932] zum Vermittlungsbegriff des § 4 Nr. 8f UStG Bezug nehmen. Hierbei muss zunächst darauf hingewiesen werden, dass der umsatzsteuerrechtliche Begriff der Vermittlung grundsätzlich enger als der Vermittlungsbegriff ist, den die §§ 84ff. HGB voraussetzen, und deshalb nicht der Regelung in § 87 HGB entspricht.[933] Dennoch erscheinen die Wertungen des konkreten Urteils auf den Vermittlungsbegriff des § 84 HGB übertragbar. In jenem Fall erbrachte die Schuldnerin Leistungen für den Vertrieb von Fondsanteilen einer GmbH. Für darüberhinausgehende Marketing- und Werbeleistungen bestanden eigenständige Verträge. Gegenstand dieser war die Vorbereitung und Durchführung aller Aufgaben im Bereich des Marketings und der Werbung, die zur kurzfristigen Platzierung des Fondskapitals erforderlich waren. Im Einzelnen zählten zu diesen Obliegenheiten die Gestaltung der Emissionsprospekte, Imagewerbung und Kontaktpflege zu Journalisten und Verlagen, sowie die Schulung von Anlageberatern. Die Schuldnerin war der Auffassung, Marketing- und Werbeaktivitäten wären Vorbereitungshandlungen zum Vertragsschluss und Teil der Vermittlungstätigkeit. Dies würde insbesondere die Erfolgsabhängigkeit der Vergütung zeigen, welche das typische Merkmal einer Vermittlungsleistung darstellen würde. Der BFH kam jedoch zu dem Ergebnis, dass Marketing- und Werbeaktivitäten, durch die sich ein Vertriebsunternehmen nur in allgemeiner Form an die Öffentlichkeit wendet, mangels Handelns gegenüber individuellen Vertragsinteressenten keine Ver-

---

931 BGH, NJW 1984, 2695; EBJS/*Löwisch* HGB § 84 Rn. 119; Koller/Kindler/Drüen/*Roth/Kindler* HGB § 84 Rn. 4; Küstner/Thume/*Küstner* VertriebsR-HdB I Rn. 17; MüKoHGB/*Ströbl* HGB § 84 Rn. 75.

932 BFH, DStRE 2008, 443.

933 EBJS/*Löwisch* HGB § 87 Rn. 93.

mittlung im Sinne der Vorschrift darstellen. Zwar würden diese Werbeaktivitäten, ebenso wie die Vermittlung, letztlich dem Zustandekommen von Verträgen dienen, letzteres würde jedoch eine zielgerichtete Tätigkeit hinsichtlich bestimmter Vertragsinteressenten voraussetzen.[934] Diese Wertungen können auf das Handelsvertreterrecht übertragen werden. Auch diesbezüglich reichen Marketing- und Werbeaktivitäten, losgelöst von der Verpflichtung, sich um konkrete Geschäftsabschlüsse zu bemühen, nicht aus, um eine Person als Handelsvertreter zu qualifizieren.[935]

Nicht von dem Begriff des Vermittelns umfasst sind ferner die Kontaktpflege und -herstellung, sowie rein beratende und informative Tätigkeiten.[936] Die Abgrenzung zwischen der Vermittlungstätigkeit und Handlungen, die ausschließlich auf die Herstellung von Kontakten gerichtet sind, erfolgt nach dem objektiven Erscheinungsbild der ausgeübten Tätigkeit.[937] Ergibt sich aus diesem, dass der vermeintliche Handelsvertreter an konkreten Vertragsabschlüssen überhaupt kein eigenes schützenswertes Interesse hat, ist der Begriff des Vermittelns abzulehnen. In den Fällen der reinen Kontaktpflege und -herstellung kommt statt eines Vertreterverhältnisses nach den Vorschriften der §§ 84ff. HGB deshalb eine Vereinbarung in Betracht, die den §§ 611ff. BGB unterliegt.[938] Wie bereits erörtert,[939] entschied der BGH im Jahr 2014 über den Handelsvertreterstatus eines Online-Unternehmers, der für bestimmte Produkte einer Versicherungsgesellschaft geworben und gleichzeitig die Möglichkeit zum Online-Vertragsabschluss angeboten hatte. Diesen Sachverhalt nahm der BGH zum Anlass, die Vermittlungstätigkeit von der bloßen Kontaktherstellung abzugrenzen, die den Anforderungen an den Vermittlungsbegriff des § 84 HGB nicht genügt. Die Abgrenzung der Versicherungsvermittlung von einer ausschließlich auf die Kontaktaufnahme zwischen Versicherungsvermittler und potentiellem Versicherungsnehmer gerichteten Tätigkeit erfolge ebenfalls nach dem objektiven Erscheinungsbild der ausgeübten Tätigkeit, so das höchste Zivilgericht. Nach Art. 2 Nr. 3 UAbs. 1 der Richtlinie 2002/92/EG bezeichnet der Ausdruck »Versicherungsvermittlung« »das Anbieten, Vorschlagen oder Durchführen anderer Vorbereitungsarbeiten zum Abschließen von Versicherungsverträgen oder das Abschließen von Versicherungsverträgen oder das Mitwirken bei deren Verwaltung und Erfüllung, insbesondere im Schadensfall.« Der Begriff der Versicherungsvermittlung setzt damit eine Tätigkeit voraus, die auf den konkreten

934 BFH, DStRE 2008, 443, 444.
935 So auch LG Bielefeld, BB 1975, 7, 8.
936 BGH, NJW 1983, 42; Küstner/Thume/*Küstner* VertriebsR-HdB I Rn. 17.
937 Kerst, GWR 2014, 153.
938 Küstner/Thume/*Küstner* VertriebsR-HdB I Rn. 17.
939 Vgl. dazu insbesondere Kap. 3 IV. 9.

Abschluss eines Versicherungsvertrags gerichtet ist.[940] Eine Handlung, die lediglich darauf abzielt, Gelegenheiten zum Abschluss von Versicherungsverträgen namhaft zu machen oder Kontakte zwischen einem potentiellen Versicherungsnehmer und einem Versicherungsvermittler herzustellen, stellt für sich genommen keine Tätigkeit dar, die für die Annahme einer Versicherungsvermittlung ausreicht.[941]

Für die Entfaltung einer Vermittlungstätigkeit ist es auch nicht ausreichend, wenn der Beauftragte dem Unternehmer lediglich Personen benennt, die an einem Vertragsschluss interessiert, oder zu einem solchen sogar bereit sind.[942] Der BGH entschied diesbezüglich über eine Fallkonstellation, in der eine im ehemaligen Jugoslawien geschäftlich gut vernetzte Person zwei Unternehmer zusammenführte, zwischen denen sodann ein Kooperationsvertrag über die Lieferung von Heizkesseln zustande kam.[943] Der vermittelnde Kläger verlangte nun gemäß § 87 Abs. 3 HGB eine Provision auch für die nach erstmaliger Verlängerung des Kooperationsvertrags anhaltende Geschäftsverbindung. Der BGH verneinte die Anwendung der Handelsvertretervorschriften mit der Begründung, die Vermittlung wäre in erster Linie eine auf den Abschluss von Geschäften gerichtete Tätigkeit, die diesen Abschluss vorbereitet und ermöglicht; sie wäre Einwirken auf einen Dritten.[944] Der Handelsvertreter sei verpflichtet, sich ständig um die Vermittlung oder den Abschluss von Geschäften für den Unternehmer zu bemühen, wobei ihm eine Pflicht zum dauerhaften Tätigsein obliege, was dazu führe, dass das Handelsvertreterverhältnis eine auf Dauer berechnete beiderseitige Bindung enthalte.[945] Die Betreuung und Kontaktpflege gehöre zwar ebenso zu den Pflichten des Handelsvertreters, sei aber nicht kennzeichnend und ausschlaggebend für die Qualifikation als solchen.[946] Entgegen der Auffassung des Berufungsgerichts, dass die vereinbarte Kontaktpflege nebst Betreuung eine Vermittlung im Sinne des § 84 HGB darstelle, genüge diese inhaltliche Bestimmung nicht den Anforderungen an den Rechtsbegriff der Vermittlung des § 84 HGB.[947] Das wird insbesondere deutlich durch folgende Erwägung: Die Provision wird ausgelöst durch den Abschluss oder die Vermittlung von konkreten Geschäften, also beispielsweise einzelnen Kauf-, Werk- oder Dienstverträgen. Darin liegt ein wesentlicher Unterschied zur bloßen Schaffung von Geschäftsbeziehungen, durch welche sich erst zukünftig möglicherweise einmal abgrenzbare

940 BGH, GRUR 2014, 398, 402.
941 BGH, GRUR 2014, 398, 402.
942 MüKoHGB/*Ströbl* HGB § 84 Rn. 74.
943 BGH, NJW 1983, 42.
944 BGH, NJW 1983, 42.
945 BGH, NJW 1983, 42.
946 BGH, NJW 1983, 42.
947 BGH, NJW 1983, 42; vgl. auch Küstner/Thume/*Küstner* VertriebsR-HdB I Rn. 20.

Einzelgeschäfte ergeben könnten.[948] Die reine Kontaktherstellung löst keine Provision aus und ist damit nicht ausreichend für eine Eröffnung des Anwendungsbereichs der §§ 84ff. HGB.

Mit einem ähnlichen Sachverhalt beschäftigte sich das OLG Düsseldorf in einem Urteil vom 07. Dezember 1990.[949] Das Gericht kam ebenfalls zu dem Ergebnis, dass die vom Kläger geltend gemachten Auskunftsansprüche nicht aus handelsvertreterrechtlichen Bestimmungen hergeleitet werden könnten.[950] Die Verpflichtung des Klägers habe allein darin bestanden, die Interessen des beklagten Herstellers bei der Buchung und Sicherung von Geschäften zu schützen und einschlägige Informationen zu beschaffen.[951] Der Kläger sei kein Handelsvertreter gewesen, da er zu keiner konkreten Vermittlungs- oder Abschlusstätigkeit verpflichtet gewesen sei und eine solche auch nicht ausgeübt habe.[952] Werde ein ausländischer Vertragspartner von einem inländischen Unternehmer mit der Herstellung, der Aufrechterhaltung und der Betreuung von Geschäftsverbindungen ohne konkrete Vermittlungstätigkeit für einzelne Geschäftsabschlüsse beauftragt, so handele es sich nicht um einen Kooperationsvertrag, auf den die Vorschriften des Handelsvertreterrechts anwendbar seien, judizierte das OLG.[953]

Weiterhin beschäftigte sich der BGH mit einem Sachverhalt, welchem erneut eine als Handelsvertretervertrag bezeichnete Vereinbarung zugrunde lag:[954] Auf deren Basis war der Kläger für die Beklagte, einer Herstellerin nichtverschreibungspflichtiger pharmazeutischer Präparate, in Norddeutschland tätig. Der Kläger hatte sich dazu verpflichtet, insbesondere bei Ärzten und Heilpraktikern für die Produkte der Beklagten zu werben. In seiner Betätigung warb der Kläger elf Apotheken neu an und erhielt eine Provision in Höhe von 20 % des im Vertragsgebiet erzielten Umsatzes. Als der Kläger nach Kündigung des Vertragsverhältnisses durch die Beklagte einen Handelsvertreterausgleich nach § 89b HGB begehrte, war die Beklagte der Ansicht, der Kläger sei nicht Handelsvertreter gewesen, sondern habe als sogenannter »Ärztepropagandist« oder Pharmaberater lediglich eine werbende, beratende und informierende Tätigkeit ausgeübt. Der BGH entschied dabei zwar zugunsten der Klägerin. Dennoch macht die Entscheidung deutlich, dass die reine Kontaktpflege und Kontaktherstellung nicht unter den Begriff des Vermittelns eines Geschäfts fallen soll,

948 BGH, NJW 1983, 42.
949 OLG Düsseldorf, DB 1991, 1664.
950 OLG Düsseldorf, DB 1991, 1664; vgl. dazu und zu folgendem auch Küstner/Thume/*Küstner* VertriebsR-HdB I Rn. 22.
951 OLG Düsseldorf, DB 1991, 1664.
952 OLG Düsseldorf, DB 1991, 1664.
953 OLG Düsseldorf, DB 1991, 1664.
954 BGH, NJW 1984, 2695.

wenn neben dem werblichen Einsatz während der Kontaktpflege und -herstellung nicht auch Kundengeschäfte vom vermeintlichen Handelsvertreter herbeizuführen sind.[955] Die Bejahung des Vermittlungsbegriffs rührte hier also daher, dass neben der Kontaktherstellung und -pflege ausreichende Handlungen zur Förderung konkreter Geschäftsabschlüsse stattfanden.

3. Zwischenergebnis

Bei Influencer-Tätigkeiten muss stets im Einzelfall entschieden werden, welche Handlungen tatsächlich geschuldet und welchem Vertragstypus die Kooperation demgemäß zuzuordnen ist. Bei einer Förderung, Ermöglichung und Vorbereitung von Geschäftsabschlüssen durch Einwirkung auf einen Dritten liegt eine Vermittlungsleistung nahe. Wenn der Verursachungsbeitrag des Influencers für das Zustandekommen des Kundengeschäfts dabei nicht hinweggedacht werden kann, ohne den Abschluss des Geschäfts in Zweifel zu ziehen, liegt eine dem Vermittlungsbegriff genügende mitursächliche Handlung seinerseits vor. War also der Kunde nicht bereits vor der Mitwirkung des Influencers zum Vertragsschluss entschlossen, hatte der Influencer demgemäß noch einen Einfluss auf die Kaufentscheidung, den Inhalt oder das Zustandekommen des abgeschlossenen Vertrags, erfüllt er die Voraussetzungen des Vermittlungsbegriffs. Ob und wann dies im Einzelfall tatsächlich anzunehmen sein soll, wird im Folgenden erörtert.

IV. Meinungsbild der Literatur und Rechtsprechung hinsichtlich der Förderung von Geschäftsabschlüssen durch Affiliate-Links: Zugleich eine Vermittlung von Geschäften?

Anhaltspunkte für die Einordnung von Influencern als Vermittler von Geschäften und nicht nur als werblich tätige Personen finden sich unter anderem in der von Rechtsprechung und Literatur bereits beleuchteten Frage der Förderung von Geschäftsabschlüssen gemäß § 2 S. 1 Nr. 5 TMG, § 2 Abs. 2 Nr. 7 MStV und insbesondere § 2 Abs. 1 Nr. 2 UWG. Die zuletzt genannte Vorschrift war unlängst Gegenstand einer bemerkenswerten Entscheidung des LG Berlin. Mit Urteil vom 24. Mai 2018[956] entschied das Gericht, dass ein Post auf Instagram »eine geschäftliche Handlung zur Förderung fremder Unternehmen« darstellen kann. Dieses Urteil wurde von der juristischen Fachliteratur aufgegriffen und dabei

955 EBJS/*Löwisch* HGB § 84 Rn. 120.
956 LG Berlin, MMR 2018, 543.

teilweise sogar dahingehend interpretiert, dass »Influencer mit einer nicht nur unerheblichen Anzahl von Followern, die auf Hersteller oder Onlineshops verlinken, auf denen die Produkte zu erwerben sind, auch dann den fremden Warenabsatz fördern, wenn diese keine Gegenleistung erhalten.«[957] Besondere Aufmerksamkeit sollte dabei den Worten »Förderung« respektive »fördern« beigemessen werden. So spricht die Definition der dem § 84 HGB immanenten Tatbestandsvoraussetzung des »Vermittelns von Geschäften« davon, dass durch die Vermittlungstätigkeit eines Handelsvertreters der Vertragsschluss zumindest »gefördert« werden müsste.[958]

Im wettbewerbsrechtlichen Sinne ist eine Förderung des Absatzes eines Drittunternehmens bereits dann anzunehmen, wenn eine Person im Namen oder im Auftrag des beworbenen Unternehmens handelt.[959] Für den BGH liegt die Förderung darin, dem Verbraucher den Zugang zu den Produkten des Drittunternehmens zu erleichtern und zu beschleunigen, was nicht nur bei einem Verweis auf einen Onlineshop anzunehmen ist, über den das Produkt erworben werden kann, sondern schon bei einer Weiterleitung auf eine Internetseite, die den Kauf nicht unmittelbar ermöglicht.[960] Mangels Vertretungsmacht handeln Influencer zwar nicht im Namen des beworbenen Unternehmers. Sie fördern jedoch in dessen Auftrag den Warenabsatz, indem sie ihren Followern den Zugang zu Produkten ihres Auftraggebers erleichtern oder beschleunigen. Insbesondere verweisen sie bei einer Vielzahl von Kooperationen über einen Affiliate-Link auf die Unternehmenswebsite und ermöglichen so einen Direkterwerb, und damit mehr, als nach dem BGH für eine Förderung fremden Warenabsatzes überhaupt vorliegen müsste. Eine Vermittlung von Geschäftsabschlüssen liegt daher bei Formulierungen wie »Förderung des Unternehmens« beziehungsweise »Förderung fremden Warenabsatzes« sehr nahe.

Diese Auffassung wird auch durch eine weitere aktuelle, sich im Wesentlichen mit den Kennzeichnungspflichten nach dem UWG befassende Publikation bekräftigt: Teile der Literatur stellten fest, dass ein absatzförderndes Verhalten auch bei der Nutzung der in dieser Arbeit bereits beleuchteten Upswipe-Funktion, bei der ein Nutzer mit einem Wisch auf dem Smartphone unmittelbar zu einem Webshop geführt wird, vorliegt.[961] Nichts divergierendes darf in der Konsequenz

957 Klickermann, MMR 2020, 150, 153.

958 Hopt/*Hopt* HGB § 84 Rn. 22; Koller/Kindler/Drüen/*Roth/Kindler* HGB § 84 Rn. 4.

959 Timmermann/Berndt, WRP 2020, 996, 997.

960 BGH, NJW 2022, 2106, 2109; zustimmend hinsichtlich Verlinkungen zum Onlineshop, jedoch ablehnend bezüglich Verlinkungen auf Internetseiten ohne Erwerbsmöglichkeit Köberlein, ZVertriebsR 2022, 102, 104.

961 Leeb/Maisch, ZUM 2019, 29, 32; mit Verweis auf Kiel/Solf, Leitfaden zur Kennzeichnung von Werbung auf Instagram, S. 13f., abrufbar unter: https://www.ihk.de/blueprint/servlet/resource/blob/4791424/14df5079138283d4dd914afea8fd900c/leitfaden-werbung-auf-instagram-data.pdf (zuletzt abgerufen am 06.10.2023).

auch bei den die Upswipe-Funktion ablösenden Link-Stickern gelten. Kein absatzförderndes Verhalten würde dagegen das reine »Taggen« (markieren) oder Erwähnen von Personen beziehungsweise Profilen darstellen.[962] Dies würde der hiesigen These entsprechen, dass eine Vermittlungstätigkeit naheliegend erscheint, wenn einem Beitrag ein Affiliate-Link zugrunde gelegt wird, welcher sodann auf den externen Webshop des Beauftragenden führt. Eher fernliegend wäre demgegenüber die Einordnung als Vermittler bei bloßer Produktinszenierung oder einer Produktplatzierung, welches dem Taggen und Erwähnen eines Unternehmers oder dessen Accounts zugeordnet werden kann.

Nicht zuletzt zeigt auch die kautelarjuristische Praxis, dass die jeweiligen Parteien von einer Absatzförderung durch den Unternehmer ausgehen. So kann es in einem möglichen Kooperationsvertrag[963] auszugsweise lauten:

> § 1 Beschreibung der Leistung
> In enger Zusammenarbeit mit dem Vertragspartner bringt das Unternehmen XY einen Schokoriegel[964] heraus. Dieser wird in Instagram Stories von Influencer YZ beworben. Dies dient in erster Linie der Absatzförderung der Marke des Unternehmens XY und des Artikels »Schokoriegel« auf Landingpages XZ.

Evident ist, dass neben dem LG Berlin auch die Autoren hier beleuchteter Publikationen sowie die Parteien vorstehender Vertragskonstellation keine Einordnung von Influencern in den § 84 HGB anstrebten, was für die zugrundeliegenden Sachverhalte auch völlig irrelevant gewesen wäre. Jedoch zeigt das Meinungsbild auf, dass eine Förderung von fremden Warenabsätzen, wie sie auch die Definition des Vermittelns voraussetzt, bei Beiträgen von Influencern, in denen ein Affiliate-Link installiert ist, überwiegend angenommen wird. Dieser Umstand soll für die Einordnung in § 84 HGB zumindest ein Indiz darstellen.

Dass eine Förderung fremden Warenabsatzes auch dann möglich ist, wenn eine bestimmte Tätigkeit die Hürden zur Vermittlung von Geschäften nicht überwinden kann, liegt auf der Hand. Das alleinige Vorliegen einer Förderung fremden Warenabsatzes soll nach hiesiger Auffassung für eine Annahme der Vermittlung von Geschäften im Sinne des § 84 HGB deshalb nicht ausreichen. Insofern kann davon ausgegangen werden, dass zwar eine Förderung stets in einer Vermittlung enthalten, dies aber umgekehrt nicht der Fall ist. Hinzutreten muss beim Vermitteln ein Konnex zu konkreten Geschäften. Denn würde man bereits alle ohne Bezug auf konkrete Geschäfte geführten Kontaktherstellungen –

962 Leeb/Maisch, ZUM 2019, 29, 33.

963 Auch diese Klausel wurde anonymisiert und abgewandelt und entstammt dem Erfahrungsschatz des Verfassers aus seiner Kanzleitätigkeit.

964 Vom Verfasser erdachtes Produkt.

wenn auch mit dem Ziel der Förderung des Warenabsatzes – als Vermittlungsleistung begreifen, verlöre der Handelsvertreterbegriff seine Konturen.[965]

Festzuhalten bleibt: Es lassen sich Parallelen zwischen der bereits ausführlich in der Literatur und Rechtsprechung behandelten Frage der Absatzförderung durch Influencer, und der bis zu diesem Zeitpunkt kaum beachteten Fragestellung des Influencers als Handelsvertreter feststellen. Literatur und Rechtsprechung sind sich hinsichtlich der Frage nach der Förderung fremden Warenabsatzes insofern einig, als dass ein solches bei Tätigkeiten von Influencern, im Besonderen, wenn diese die bis vor kurzem im Rahmen der Upswipe-Funktion – nunmehr in Link-Sticker – eingebetteten Affiliate-Links verwenden, gegeben ist.

V. Betreiber von Onlineshops und -plattformen als geschäftsvermittelnde Handelsvertreter?

Von besonderer Relevanz ist aufgrund der faktischen Nähe zu den ausschließlich online agierenden Influencern schließlich die Untersuchung der Handelsvertretereigenschaft von Onlineshop-Betreibern und Online-Plattformen. Fraglich erscheint in diesem Zusammenhang, ob diese einem vertriebsrechtlichen Absatzmittlungsverhältnis zugeordnet werden können, was zunächst davon abhängt, ob eine Vermittlungstätigkeit im Dreipersonenverhältnis entfaltet wird.[966] Denn eine solche ist in der Regel Grundlage der Tätigkeit eines klassischen Absatzmittlers und zeichnet eine vertriebliche Tätigkeit aus.[967] Ist dies zu verneinen, stellt sich die Frage, ob die dahinterstehende Argumentation auch auf Influencer anwendbar erscheint und ob dies zwingend zur Folge hätte, dass der Schutzbereich der Handelsvertretervorschriften für sie nicht eröffnet ist. Mit Blick auf das Genügen einer Mitursächlichkeit im Rahmen der Kausalität des § 84 HGB bei der technischen und digitalen Darstellung des Angebots eines Unternehmens auf einer Online-Plattform, wird ein Handelsvertreterverhältnis von Teilen der Literatur angenommen, wenn die Plattformen dem Kunden die Möglichkeit eröffnen, direkt und ohne weitere Zwischenschritte ein Rechtsgeschäft über das beworbene Produkt abzuschließen.[968] Nach dieser Auffassung können Betreiber von Online-Plattformen als akquisitorisch tätige Absatzmittler auf der Grundlage eines Handelsvertretervertrags agieren, da dieser Vertragstypus die Vermittlungstätigkeit für den Unternehmer ermöglicht.[969] Kritiker

965 LG Bielefeld, BB 1975, 7, 8.

966 Dreyer/Haskamp, ZVertriebsR 2017, 359, 360; bejahend für Musik-Download-Plattformen Hoenike/Hülsdunk, MMR 2004, 59, 65.

967 Dreyer/Haskamp, ZVertriebsR 2017, 359.

968 So MüKoHGB/*Ströbl* HGB § 84 Rn. 13; bejahend auch HK-HGB/*J. Keßler* § 84 Rn. 46.

969 Dreyer/Haskamp, ZVertriebsR 2017, 359, 361.

dieser Ansicht[970] führen verschiedene – mehr oder minder – überzeugende Argumente gegen die handelsvertreterrechtliche Einordnung von Onlineshop-Betreibern an und versuchen zu verdeutlichen, warum die Qualifikation als Handelsvertreter zu weit gehen würde:

Zum einen entsprächen die Provisions- und Ausgleichsansprüche nicht der typischen Interessenlage des Onlineshop-Betreibers, da er seine Vergütung nicht auf Provisionsbasis nach § 87 HGB, sondern in Form einer regelmäßigen Pauschale oder in Abhängigkeit von volumenabhängigen Parametern erhalte.[971] Zum anderen könne dessen Kerntätigkeit, die bloße Bereitstellung einer IT-Infrastruktur, einen Goodwill-Ausgleich nach § 89b HGB nicht rechtfertigen.[972] Eine nachhaltige Kundenakquise, die gemäß § 89b HGB für die Zeit nach Beendigung des Vertragsverhältnisses zu honorieren ist, würde nicht zu den Aufgaben eines Onlineshop-Betreibers gehören.[973] Aus diesem Grund wäre eine Anwendung der Vorschrift auf dieselbigen »zweifelhaft«.[974] Die größte Aufmerksamkeit widmen die Autoren jedoch dem folgenden Argument: Onlineshop-Betreiber entsprächen nur bedingt dem gesetzlichen Leitbild des Handelsvertreters, welches von persönlicher Geschäftsakquise für einen Auftraggeber durch unmittelbare Kundenbeeinflussung geprägt sei.[975] Diese Argumente werden nachfolgend einer Erörterung unterzogen. Bereits an dieser Stelle muss den Kritikern dabei eingeräumt werden, dass die Einbeziehung von Onlineshop-Betreibern in das Handelsvertreterrecht theoretisch eine Ausuferung der weit gefassten Termini wie »Vermittlung« und »Mitursächlichkeit« begünstigen kann.[976] Ob diese Begründungen tatsächlich auf die Einordnung von Onlineshop-Betreibern durchdringen können, erscheint aus den folgenden Erwägungen dennoch fraglich.

1. Kein handelsvertretertypisches Vergütungsmodell?

Das Argument des angeblich untypischen Vergütungsmodells der Pauschale kann jedenfalls nicht zum Ausschluss von Onlineshop-Betreibern aus dem Schutzbereich des § 84 HGB führen. Denn als Provisionsfixum oder garantierte Mindestprovision können feste Vergütungsbestandteile regelmäßig auch im Anwendungsbereich von § 87 HGB vorkommen, ohne den Provisionscharakter

970 Kritisch zur Einordnung eines Onlineshop-Betreibers als Handelsvertreter insb. Dieselhorst/Grages, MMR 2011, 368.
971 Dieselhorst/Grages, MMR 2011, 368, 370.
972 Dieselhorst/Grages, MMR 2011, 368, 371.
973 Dieselhorst/Grages, MMR 2011, 368, 371.
974 Dieselhorst/Grages, MMR 2011, 368, 371.
975 Dieselhorst/Grages, MMR 2011, 368, 369.
976 So auch MüKoHGB/*Ströbl* HGB § 84 Rn. 13, der von »Konturlosigkeit« spricht.

der Vergütung zu beseitigen.[977] Auch die Handelsvertreterrichtlinie erkennt die Möglichkeit dieser Vergütungsform an, wenn sie in Art. 6 Abs. 1 allgemein von »Vergütung« spricht und erst in Art. 6 Abs. 2 auf den Begriff der »Provision« zu sprechen kommt.[978]

2. Vertragliche Hauptpflicht einer Online-Plattform

Weiterhin besteht die Hauptpflicht einer Plattform auch nicht nur in der Bereitstellung einer IT-Infrastruktur, sondern in der Vermittlung von Geschäften. Schließlich erwägt ein Unternehmer die Inanspruchnahme einer Online-Plattform in erster Linie, um die Zahl seiner Geschäftsabschlüsse zu steigern. Folglich hat er ein erhebliches Interesse daran, dass durch eine Vermittlungstätigkeit der Plattform auch tatsächlich konkrete Rechtsgeschäfte zustande kommen und nutzt nicht nur eine Infrastruktur, um selbst für den Abschluss von Geschäften zu sorgen. Letzteres könnte bei Anbietern erwogen werden, die die Infrastruktur für Websites oder Onlineshops bereitstellen und die Verwaltung der Website dem Unternehmer überlassen. Bleibt die Administration jedoch eine Obliegenheit der Online-Plattform, besteht zwischen dem Unternehmer, der Plattform und dem Kunden eine für den Vertrieb typische Dreiecksbeziehung, die dem Handelsvertreterverhältnis zuzuordnen ist.

3. Anwendungsbereich des § 89b HGB nicht eröffnet?

Überdies erscheint es nicht ausgeschlossen, dass Online-Plattformen wie Vergleichsportale Stammkunden werben, die aufgrund der Nutzung einer Plattform wiederkehrend und regelmäßig zum Beispiel ein Hotel oder eine Versicherung in Anspruch nehmen. Somit kann auch ohne originäre, auf persönlicher Betreuung beruhender Kundenpflege eine Akquisitionstätigkeit entfaltet werden, die die Anwendung des § 89b HGB gerechtfertigt erscheinen lässt. Sinn und Zweck des § 89b HGB ist es, einen finanziellen Ausgleich dafür zu schaffen, dass der Unternehmer auch nach Beendigung des Vertragsverhältnisses regelmäßig von den durch den Handelsvertreter begründeten Kundenbeziehungen profitiert, der Handelsvertreter dafür aber keinen Anspruch auf Provision im Sinne des § 87 Abs. 1 HGB hat.[979] § 89b Abs. 1 S. 1 Nr. 1 HGB spricht von »neuen Kunden, die der

977 Hopt, Handelsvertreterrecht, § 87 Rn. 5; Küstner/Thume/*Küstner* VertriebsR-HdB I Rn. 2; Küstner, Der Handelsvertreter, S. 27; Piper, Höchstrichterliche Rechtsprechung zum Handelsvertreterrecht, Rn. 36; Thume, BB 2012, 975, 977.

978 Vgl. dazu Kap. 6 II. 1a); vgl. auch Thume, BB 2012, 975, 977.

979 Oetker/*Busche* HGB § 89b Rn. 1.

Handelsvertreter geworben hat«. Weiterführende Anforderungen an die von besagten Kritikern als »Akquise« bezeichnete Werbung neuer Kunden stellt die Vorschrift nicht auf. Die Autoren stören sich an der fehlenden »eigenen Kontaktaufnahme mit dem Kunden«[980] durch Plattformen, also letztlich an der nach ihrer Auffassung nicht dispositiven persönlichen Kundenbetreuung. Der Unabdingbarkeit einer persönlichen Kundenbetreuung entgegentretend judizierte der BGH in Bezug auf die Inhaberin einer Konzertkartenvorverkaufsstelle, dass es ausreichend sein kann, wenn sich eine Tätigkeit nach der Natur der zugewiesenen Aufgaben auf den Verkauf von Produkten auf Nachfrage – also ohne persönliche Kundenbetreuung – beschränkt.[981] Diese Entscheidung rührt daher, dass es

> »für die Annahme der Vermittlungs- oder Abschlußtätigkeit eines Handelsvertreters nicht von entscheidender Bedeutung ist, ob die Kunden ausschließlich oder überwiegend durch den Handelsvertreter geworben werden.«[982]

Ausreichend sei es, »wenn der Handelsvertreter beim Zustandekommen von Geschäften zwischen Kunden und Unternehmer wesentlich mitwirkt.«[983] Auch eine darüber hinausgehende Übertragung der analogen Prinzipien auf die Online-Welt führt zu keinem anderen Ergebnis. So geht der BGH bei Selbstbedienungstankstellen davon aus, dass bereits das Offenhalten der Tankstelle eine Vermittlungsleistung darstellen würde. Gleiches gilt auch für die weiter oben besprochenen Inhaber von Lottoannahmestellen, von Reisebüros und für Betreiber von Verkaufsständen in Kaufhäusern.[984] Sie alle bemühen sich allein durch das Offenhalten ihrer Ladenflächen, eine unbestimmte Anzahl von Verträgen abzuschließen, respektive zu vermitteln. Der Erstkontakt muss demnach nicht vom Handelsvertreter selbst ausgehen. Es reicht aus, die vertragswilligen Parteien ohne weitere Einflussnahme auf die Willensbildung des Kunden zusammenzubringen. Im digitalen Raum entspricht die Ladenfläche einem Onlineshop oder nun auch Instagram-Posts, über die der Abschluss von Kaufverträgen ermöglicht wird. Eine weitergehende Betrachtung, von welcher Seite die Kontaktaufnahme stattgefunden hat, ist deshalb nicht von Relevanz.

Dass das Argument der fehlenden persönlichen Kundeneinwirkung nicht verfängt, ergibt sich darüber hinaus aus der Tatsache, dass ein persönliches Tätigwerden eines Handelsvertreters auch dann entbehrlich sein kann, wenn er sich eigener Untervertreter oder Mitarbeiter bedient.[985] Dementsprechend kann

---

980 Dieselhorst/Grages, MMR 2011, 368, 371.
981 BGH, NJW-RR 1986, 709, 710; vgl. auch bereits Kap. 3 IV. 5.
982 BGH, NJW-RR 1986, 709, 710.
983 BGH, NJW-RR 1986, 709, 710.
984 Vgl. Kap. 3 IV. 1., 2., 5.
985 Flohr/Wauschkuhn/*Billing* Vertriebsrecht § 84 Rn. 50; HK-HGB/*J. Keßler* § 84 Rn. 44.

eine Akquisetätigkeit auch fernab der ursprünglich vorherrschenden Erscheinungsform des persönlich auf Interessenten einwirkenden Handelsvertreters entfaltet werden. Ergänzend dazu hat inzwischen auch der EuGH betont, dass es nicht darauf ankommt, wo die Handelsvertretertätigkeit ausgeübt wird, sondern dass ein Handelsvertreter »mit Hilfe moderner technologischer Mittel ähnliche Tätigkeiten ausüben kann wie die, die reisende Handelsvertreter verrichten, insbesondere die Werbung und Akquise von Kunden«.[986] Der EuGH will damit zeigen, dass die Handelsvertreterrichtlinie aufgrund ihres allgemeinen Wortlauts für den modernen, elektronischen Vertrieb offen ist, weshalb auch Online-Plattformen und Onlineshop-Betreiber – je nach Vertragsgestaltung – die Voraussetzungen des Handelsvertreterbegriffs erfüllen könnten.[987] Dies spricht erneut für ein flexibles Handelsvertreterrecht, das sich nicht an historisch gewachsenen und allzu statischen Überlegungen orientiert, sondern neuen, insbesondere im Internet auftretenden Erscheinungsformen, offen gegenübersteht.

4. Vermeintliches gesetzliches Leitbild des Handelsvertreters

Auch der Umstand, dass Online-Plattformen oder Onlineshop-Betreiber nur bedingt dem gesetzlichen Leitbild des Handelsvertreters, durch unmittelbare Kundeneinwirkung persönlich Geschäfte zu akquirieren, entsprechen würde, kann für sich genommen nicht zum Ausschluss besagter Betreiber aus § 84 HGB führen. Denn das Berufsbild des Handelsvertreters ist eben kein homogenes.[988] Zudem wird von Teilen der Literatur zurecht die Auffassung vertreten, dass das vermeintlich bestehende gesetzliche Leitbild des Handelsvertreters ohnehin seit jeher zu eng gewesen sei.[989] Dem entspricht auch ein vor wenigen Jahren publizierter Beitrag von Raimond Emde und Daniel Valdini, die sehr treffend die veränderten Vermittlungsleistungen im Handelsvertretervertrieb am Beispiel von Online-Hotelportalen erläutern und dabei auch auf besagtes Leitbild eingehen:

> »Man mag sich an dem hohen Automatisierungsgrad stören, der nicht so recht ins klischeehafte Bild des persönlich agierenden und informierenden Handelsvertreters passen mag. Es gibt aber ohnehin kein sicheres gesetzliches Leitbild des Handelsvertreters. Die Realität des Handelsvertretervertriebs sieht schon seit langem anders aus: Handelsvertreter können Unternehmen sein, die über Tausende von Mitarbeitern verfügen und international agieren. Ob die Vermittlung höchstpersönlich oder weitestgehend automatisiert abläuft, ist nach § 84 Abs. 1 HGB kein ausschlaggebendes

986 EuGH, ZVertriebsR 2019, 20, 23.
987 Rohrßen, ZVertriebsR 2019, 153.
988 Martinek/Bergmann, WRP 2006, 1047, 1053.
989 Martinek, ZHR 161 (1997), 67.

Kriterium. Entscheidend ist allein, dass der selbstständige Absatzvermittler Verträge vermitteln soll und auch tatsächlich vermittelt.«[990]

Emde und Valdini verweisen zurecht darauf, dass aufgrund der in der Praxis stark divergierenden Erscheinungsformen von Handelsvertretern einerseits überhaupt kein sicheres gesetzliches Leitbild existiert, und dass es andererseits auch nicht auf den Automatisierungsgrad einer Vermittlungsleistung ankommt.

In der Einleitung zur Untersuchung der von der Rechtsprechung als Handelsvertreter anerkannten Berufsgruppen wurde ferner erwähnt, dass sich die Gerichte aufgrund der Vielfalt der Lebenssachverhalte immer wieder mit der Frage der Handelsvertretereigenschaft in Fällen befassen mussten, in denen die geschuldete Tätigkeit nach allgemeiner Auffassung gerade nicht typisch für einen Vertreter war.[991] Zwar wären Verträge, in denen der Handelsvertreter unter anderem im Bereich von Rundfunk und Fernsehen tätig ist und mit der Vermittlung von Verträgen über Sendezeit und Werbespots beauftragt wird, ungewöhnlich. Die Andersartigkeit einer Erscheinungsform kann nach den überzeugenden Auffassungen von EuGH, sowie Emde und Valdini aber nicht dazu führen, dass der Vermittler, der sich zum Beispiel moderner technologischer Möglichkeiten für seine Tätigkeit bedient, von den Schutzvorschriften der §§ 84ff. HGB ausgeschlossen wird, wenn die Voraussetzungen der Vorschriften im Übrigen objektiv erfüllt sind. Der hier vertretenen Ansicht, dass auch bei der Einordnung neuartiger Berufsgruppen in das Handelsvertreterrecht eine pauschale Ablehnung nicht mit der Begründung erfolgen darf, die Aufgabenstellung des Beauftragten sei nicht »typisch« für einen Handelsvertreter oder nach landläufiger Auffassung »ungewöhnlich«, sondern dass sich der Blick rein objektiv auf das Tätigkeitsfeld richten muss, pflichtet auch Benedikt Rohrßen bei, wenn er feststellt:

> »manchmal mischen sich neue Formen der digitalen Distribution unter die des herkömmlichen Vertriebs [...]. Vertriebsmittler sind dann als Handelsvertreter zu qualifizieren, wenn sie die Voraussetzungen gemäß Art. 1 Abs. 2 HV-RL erfüllen; alles darüber Hinausgehende ist irrelevant, insbesondere auch, ob der Handelsvertreter stationär, ambulant oder online tätig ist.«[992]

Diesen – dem nationalen § 84 HGB entsprechenden – Voraussetzungen der Richtlinie werden Onlineshop-Betreiber sowie Online-Plattformen in zahlreichen Fällen gerecht. Insbesondere dann, wenn die Online-Plattform einem Kunden die Möglichkeit eröffnet, über ein beworbenes Produkt unmittelbar über die Online-Plattform ein Rechtsgeschäft abzuschließen.[993] Dies kollidiert nicht

990 Emde/Valdini, BB 2016, 899, 901f.
991 Vgl. Kap. 3 IV.
992 Rohrßen, ZVertriebsR 2019, 153, 159.
993 MüKoHGB/*Ströbl* HGB § 84 Rn. 13.

mit einem – ohnehin kaum zu identifizierenden – vermeintlichen Leitbild des Handelsvertreterberufs.

Bereits an dieser Stelle soll daher auf das in der Einleitung erwähnte Zitat von Bromm rekurriert werden, der bereits im Jahr 2000 anmerkte, dass

> »die zukünftige Entwicklung des Berufs des Handelsvertreters weitgehend davon abhängt, ob es der Handelsvertretung als Handelsunternehmen gelingt, sich ihre Beweglichkeit und Anpassungsfähigkeit in einer sich ständig verändernden wirtschaftlichen Welt zu erhalten.«[994]

Mit der Qualifizierung von Onlineshop-Betreibern und Online-Plattformen als Handelsvertreter kann das gleichnamige Rechtsgebiet erstmals seine Flexibilität und Anpassungsfähigkeit an die veränderten digitalen Bedingungen anschaulich unter Beweis stellen. Die Einstufung der Onlineshop-Betreiber als Handelsvertreter stellt daher nicht mehr als eine dem technischen Fortschritt entsprechende und erforderliche juristische Weiterentwicklung der Handelsvertretervorschriften dar.

Es bleibt festzuhalten: Ein einheitliches, aus sich selbst heraus gewachsenes Leitbild des Handelsvertreterberufs, dem die Betreiber von Onlineshops oder -Plattformen nicht entsprechen würden, lässt sich nicht identifizieren. Die Einordnung letzterer in das Recht der Handelsvertreter kann im Ergebnis deshalb nicht durch ein vermeintlich bestehendes Leitbild degradiert werden. Online-Plattformen und im Internet agierende Shop-Betreiber, die auf Provisionsbasis Geschäftsabschlüsse mit dem Endkunden eines anderen Unternehmers vermitteln, sind folglich zivilrechtlich als Handelsvertreter zu qualifizieren.[995]

5. Exkurs: Lehre von der Rechtsfortbildung

Der Gedanke, dass neuartige und online agierende Berufsgruppen pauschal und nur aufgrund eines bloß vermeintlich bestehenden gesetzlichen Leitbildes des Handelsvertreters nicht unter gleichnamige Schutzvorschriften subsumiert werden könnten, ließe sich auch kaum mit der von der Historischen Rechtsschule entwickelten und bis heute Geltung beanspruchenden Lehre von der Rechtsfortbildung vereinbaren. Für die Exponenten der Historischen Rechtsschule, die in Deutschland zu Beginn des 19. Jahrhunderts entstand und die Rechtswissenschaft zu dieser Zeit maßgeblich prägte, erforderte die Beantwortung einer jeden Rechtsfrage zwangsläufig die Auseinandersetzung mit den historischen Ursprüngen anwendbarer Rechtsnormen.[996] »Rechtsfortbildung« ist insbeson-

994 Bromm, Die Entstehungsgeschichte des Berufs des Handelsvertreters, 2000, S. 137.
995 So auch Nolte, BB 2014, 1155, 1162.
996 HWB-EUP/*Rüfner*, Historische Rechtsschule, 1. Recht und Geschichte.

dere die Anpassung des Rechts an veränderte Verhältnisse.[997] Der Hintergrund der Rechtsfortbildung zu einer bestimmten Vorschrift ist häufig ein gesellschaftlicher oder wirtschaftlicher Fortschritt. Den Ausgangspunkt bildet der Gedanke, dass neues Recht nicht auf der Grundlage einer »tabula rasa« kreiert, sondern in Anlehnung an bestehende Institute fortentwickelt wird. Eine Rechtsfortbildung ist insbesondere dann angezeigt, wenn ein Gesetz zu einem bestimmten Sachverhalt keine Regelung enthält, obwohl der betreffende Sachverhalt nach der Idee des Gesetzes hätte geregelt werden müssen.[998] Die rechtsprechende Gewalt ist verpflichtet, individuellen Rechtsschutz zu gewähren, was untrennbar nicht nur mit einer Befugnis, sondern sogar mit der Pflicht zur Rechtsfortbildung verbunden ist.[999] Eine anderslautende Auffassung würde voraussetzen, dass die positive staatliche Rechtsordnung grundsätzlich keine Lücken aufweist, was praktisch nicht zu erreichen ist.[1000] Das Bundesverfassungsgericht judizierte deshalb bereits vor 50 Jahren anschaulich:

> »Richterliche Tätigkeit besteht nicht nur im Erkennen und Aussprechen von Entscheidungen des Gesetzgebers. Die Aufgabe der Rechtsprechung kann es insbesondere erfordern, Wertvorstellungen, die der verfassungsmäßigen Rechtsordnung immanent, aber in den Texten der geschriebenen Gesetze nicht oder nur unvollkommen zum Ausdruck gelangt sind, in einem Akt des bewertenden Erkennens, dem auch willenhafte Elemente nicht fehlen, ans Licht zu bringen und in Entscheidungen zu realisieren. Der Richter muß sich dabei von Willkür freihalten; seine Entscheidung muß auf rationaler Argumentation beruhen. Es muß einsichtig gemacht werden können, daß das geschriebene Gesetz seine Funktion, ein Rechtsproblem gerecht zu lösen, nicht erfüllt. Die richterliche Entscheidung schließt dann diese Lücke nach den Maßstäben der praktischen Vernunft und den ›fundierten allgemeinen Gerechtigkeitsvorstellungen der Gemeinschaft.‹«[1001]

Aus diesem Grund haben sich seit jeher gewachsene Institute, die unter bestimmten tatsächlichen Umständen entstanden sind, später zur Regelung völlig andersartiger Verhältnisse etabliert.[1002] Erinnert sei insbesondere an Phänomene wie E-Commerce und Digitalisierung, die zu der Zeit, als beispielsweise das BGB sowie das HGB verfasst wurden, noch überhaupt nicht existierten.[1003] Auch neue Normen werden auf der Grundlage von etwas geschaffen, das als Gesamtrechtsordnung immer schon existent war.[1004] In diesem Zusammenhang ist auf den von Friedrich Carl von Savigny näher ausgearbeiteten Begriff der »Conse-

997 Brandis/Heuermann/*Ratschow* EStG § 2 Rn. 37.
998 Klein/*Gersch* AO § 4 Rn. 74.
999 Dürig/Herzog/Scholz/*Jachmann-Michel* GG Art. 95 Rn. 13.
1000 Dürig/Herzog/Scholz/*Jachmann-Michel* GG Art. 95 Rn. 13.
1001 BVerfG, NJW 1973, 1221, 1225.
1002 Meder, Eugen Huber und die Historische Rechtsschule, S. 23.
1003 Meder, Eugen Huber und die Historische Rechtsschule, S. 23, Fn. 58.
1004 Meder, Savignys Weg in die juristische Moderne, S. 349.

quenz« zu verweisen, der sich aus der praktischen Natur der Rechtsverhältnisse ergibt und auf dem jede Anwendung der Analogie beruht.[1005] Hierfür verlangt Savigny jedoch zumindest, dass bestimmte Rechtsinstitute »nach dem Gesetze innerer Verwandtschaft mit schon bekannten, neu gestaltet« werden.[1006] Stellt sich eine Einzelfrage in einem bereits bekannten Rechtsinstitut, so sei sie ebenfalls nach der »inneren Verwandtschaft« der zu diesem Institut gehörenden Rechtssätze zu beantworten.[1007] Unser heutiges positives Recht wird insofern »aus-sich-selbst« ergänzt. Das »Aus-sich-selbst-Ergänzen« bildet somit die Grundlage für die ständige Neubildung und Fortschreibung des Rechts.[1008] Im Hinblick auf den raschen Wandel von Wirtschaft und Gesellschaft steigt auch der Bedarf an neuen Normen, womit sich der dynamische Charakter des Savigny'schen Systembegriffs als einer seiner größten Vorzüge entpuppt.[1009] Denn die Fähigkeit, den Gegenstand ihrer Erkenntnis selbst zu schaffen, eröffnet der Rechtswissenschaft die Möglichkeit, jederzeit neue Lösungen auch für bisher unbekannte Probleme zu generieren.[1010] Das »Aus-sich-selbst-Ergänzen« sowie die »Consequenz« bilden also »die Fundamente eines ›regelmäßigen Verfahrens‹ auf dessen Basis das System stets neu gebildet und fortgeschrieben werden kann.«[1011] Die Ablehnung bisheriger Rechtsinstrumente und der daraus resultierende Ruf nach neuen dogmatischen Konstruktionen bedarf stets einer genauen Analyse, ob und warum ursprüngliche Wertungen keine Gültigkeit mehr beanspruchen könnten, etwa weil sie zu widersprüchlichen Ergebnissen führen oder nicht mehr als angemessen empfunden werden.[1012] Wenn nun dargelegt werden kann, dass sich das bereits Bekannte mit dem unbekannten Rechtsverhältnis vereinbaren lässt und dass der geregelte und der ungeregelte Fall in der Wertung einander entsprechen, kann ein neues Rechtsverhältnis mit originären Instituten gelöst werden.[1013] Folglich können zahlreiche Probleme, die mit neuen Erscheinungsformen einhergehen – einschließlich der vorliegenden – auf der Grundlage von gewachsenen Instituten – in diesem Fall der Handelsvertretervorschriften – gelöst werden.[1014] Die Ausgangsfrage ist stets, ob die »Consequenz« eine juristische und die Entscheidung eine »rechtliche« ist, also das »Recht« und

1005 Siehe die Nachweise bei Meder, Savignys Weg in die juristische Moderne, S. 349.
1006 Savigny, System des heutigen römischen Rechts, Bd. 1 (1840), § 46 (S. 291); vertiefend Meder, Savignys Weg in die juristische Moderne, S. 350.
1007 Savigny, System des heutigen römischen Rechts, Bd. 1 (1840), § 46 (S. 291).
1008 Meder, Savignys Weg in die juristische Moderne, S. 351.
1009 Meder, Savignys Weg in die juristische Moderne, S. 351.
1010 Meder, Savignys Weg in die juristische Moderne, S. 351.
1011 Meder, Savignys Weg in die juristische Moderne, S. 351.
1012 Aufderheide/Dabrowski/*Wilhelmi*, Digitalisierung und Künstliche Intelligenz, S. 136.
1013 Meder, Savignys Weg in die juristische Moderne, S. 352.
1014 Vgl. Meder, Eugen Huber und die Historische Rechtsschule, S. 23.

nicht ein »Gefühl« Anwendung gefunden hat.[1015] Eine statische Argumentation mit gesetzlichen Leitbildern gegen die Anwendung von schon vorhandenen Instituten auf neuartige Problemfelder würde die Fähigkeit des Rechts konterkarieren, sich zu formen, weiterzuentwickeln und an neue Gegebenheiten anzupassen.

6. Übertragbarkeit auf Influencer

Die Ablehnung einer Anwendung des Handelsvertreterrechts auf Onlineshop-Betreiber und Online-Plattformen – unter anderem wegen angeblich nicht interessengerechter Provisions- und Ausgleichsansprüche nach § 87 Abs. 1 HGB und § 89b HGB[1016] – kann auch kaum unbesehen auf Influencer übertragen werden. Eine nicht unerhebliche Anzahl von Influencern trifft mit ihren Auftraggebern explizite Provisionsvereinbarungen, die die Anzahl der Kaufverträge widerspiegeln, an denen der Influencer beteiligt war. Es ist auch kein Grund ersichtlich, warum eine Provisionsvereinbarung nicht interessengerecht sein sollte. Vielmehr bietet eine solche dem Unternehmer den Vorteil, dass er zunächst seine Liquidität beibehält und so das Zahlungsrisiko dadurch minimiert, dass er den Influencer erst aus seinen Erlösen bezahlt.[1017] Zeitgleich ist der Influencer motiviert, einen ansehnlichen Post zu kreieren, der zu möglichst vielen Vertragsabschlüssen zwischen seinen Followern und seinem Auftraggeber führt.

Ferner wäre die Anwendung des Anspruchs aus § 89b HGB auf Influencer nicht »zweifelhaft«,[1018] wie besagte Kritiker für Onlineshop-Betreiber argumentieren, sondern konsequent, wenn die Merkmale des § 84 HGB vorliegen. Die nur in Teilen überzeugende Kritik bezieht sich darauf, dass die technische und digitale Darstellung des Angebots eines Unternehmers auf einer Online-Plattform auch dann nicht als Vermittlungsleistung des Website-Betreibers anzusehen sei, wenn dem Kunden unmittelbar die Möglichkeit gegeben wird, über den Onlineshop ein Geschäft über das beworbene Produkt abzuschließen. Denn vom Handelsvertreter würde man eine aktive Tätigkeit und nicht bloß eine »technische Hilfsleistung« erwarten.[1019] Dem ist zu erwidern, dass Influencer bereits durch ihre Beiträge und die Tatsache, dass sie ihre Follower – die besagte Beiträge bewusst konsumieren – auf dem Laufenden halten, aktiv tätig werden. Sie stellen folglich nicht wie Onlineshop-Betreiber und Online-Plattformen vermeintlich lediglich eine IT-Infrastruktur zur Verfügung, »über die Kunden aus eigenem

1015 Meder, Savignys Weg in die juristische Moderne, S. 352.
1016 Dieselhorst/Grages, MMR 2011, 368, 370.
1017 Vgl. dazu auch Kap. 6. II. 1a).
1018 So Dieselhorst/Grages, MMR 2011, 368, 371.
1019 Dieselhorst/Grages, MMR 2011, 368, 370.

Anlass und nach eigener Entscheidung Bestellungen abgeben können.«[1020] Vielmehr nehmen Influencer durch die Gestaltung ansehnlicher Stories und Posts auch Kontakt zu ihren Followern auf und rufen bei diesen so einen ersten Impuls hervor, ein bestimmtes Produkt zu benötigen. Gleichzeitig bieten sie den Followern hierdurch die Möglichkeit, sie durch Käufe von Produkten, mit denen sie sich augenscheinlich identifizieren, nachzuahmen. Die »Kundenbetreuung« als auch die »Kundenpflege« finden sodann weitestgehend unabhängig von einem konkreten Produkt statt, indem der Influencer Tipps, Empfehlungen und Eindrücke seines Lebens teilt. An manchen Stellen wird er unter Umständen jedoch ungefragt auf das Produkt zurückkommen, dieses erneut präsentieren oder empfehlen. Außerdem besteht die Möglichkeit, Influencern private Nachrichten zum Produkt zu schicken (die gleichwohl erwartungsgemäß nicht alle beantwortet werden). Ferner können konkrete Produktfragen über die Question & Answers (Q&A) Funktion[1021] gestellt werden, die sodann, soweit numerisch möglich, innerhalb einer Story – während gleichzeitig die Frage angezeigt wird – beantwortet werden. Dies ist ebenfalls Ausfluss einer online stattfindenden Kundenbetreuung. Letztlich ist dies aber aber nicht relevant. In diesem Zusammenhang sei noch einmal daran erinnert, dass es inzwischen einer Klärung unterzogen wurde, dass die persönliche Kontaktaufnahme sowie eine Kundenbetreuung und somit auch eine »aktive« Tätigkeit des Handelsvertreters keine Voraussetzung des § 84 HGB ist.

Die Beitragsgestaltung eines Influencers ist folglich grundsätzlich nicht mit einer werblichen Annonce eines Onlineshop-Betreibers oder einer Online-Plattform vergleichbar. Vielmehr werden Influencer in erster Linie dafür bezahlt, personalisierte Werbung für ein bewusst konsumierendes Publikum zu gestalten. Für Betreiber eines Onlineshops oder für Online-Plattformen ist die Gestaltung ihrer externen Werbung dagegen allenfalls von untergeordneter Bedeutung. Darüber hinaus findet die geschäftliche Transaktion mit Influencern nicht auf deren Website statt, sondern im unternehmenseigenen Onlineshop, auf den die Influencer regelmäßig potentielle Kunden via Link verweisen. Wenn also das Vertragsverhältnis zwischen dem Kunden und dem Influencer beendet ist und der Unternehmer auch nach Beendigung des Vertragsverhältnisses erhebliche Vorteile aus der Geschäftsbeziehung mit den vom Influencer geworbenen Neukunden hat, sowie die Zahlung eines Ausgleichs unter Berücksichtigung aller Umstände, insbesondere der dem Influencer entgangenen Provisionen aus dem Geschäft mit diesen Kunden der Billigkeit entspricht, ist auch der Influencer Anspruchsinhaber des § 89b HGB.

1020 Dieselhorst/Grages, MMR 2011, 368, 371.

1021 Q&As steht für Questions and Answers. Im Rahmen von Instagram-Stories können Influencer ihren Followern so die Möglichkeit eröffnen, ihnen Fragen zu stellen.

Damit ist die Problematik der Einordnung von Onlineshop-Betreibern sowie Online-Plattformen und Influencern nach § 84 HGB nur mittelbar vergleichbar. Die teilweise nachvollziehbaren Argumente gegen die Einordnung bereits beleuchteter Shop-Betreiber und Plattformen dringen somit im Ergebnis nicht auf die Einordnung von Influencern in das Handelsvertreterrecht durch. Neben den Betreibern von Onlineshops oder -Plattformen, die – je nach vertraglicher Ausgestaltung – abschließend als Handelsvertreter zu qualifizieren sind, wenn die Voraussetzungen des § 84 HGB kumulativ vorliegen, bleibt die Einstufung als Handelsvertreter daher bis auf weiteres auch für Influencer offen.

VI. Der Affiliate als zur Vermittlung von Geschäften verpflichteter Handelsvertreter?

Nachdem feststeht, dass die Vermittlung von Produkten über das Internet weder ein völliges Neuland für die deutsche Rechtsprechung, noch einen globalen Ausschlussgrund für die Annahme eines Handelsvertreterverhältnisses darstellt, ist auf einen weiteren bestimmten Bereich des Online-Vertriebs einzugehen, in welchem die Frage nach der Handelsvertretereigenschaft einer neuartigen Berufsgruppe bereits aufkam: Das sogenannte »Affiliate-Marketing«. Die Diskussion um die Annahme eines Handelsvertreterverhältnisses bei der Zusammenarbeit mit Affiliates ist für Influencer von übergeordneter Relevanz, da sie in der Mehrzahl ihrer Kooperationen als Affiliates mit gleichnamigen Links agieren. Eine diesbezügliche Bejahung der Handelsvertretereigenschaft wäre damit ein klares Signal und gewichtiges Indiz für die Einordnung von Influencer-Kooperationen ins Handelsrecht. Dabei ist das Affiliate-Marketing keineswegs eine Neuerfindung für Zwecke von Influencern. Vielmehr wird es von letzteren derzeit aus einem Dornröschenschlaf erweckt, nachdem es in der juristischen Literatur lange Zeit in Vergessenheit geraten war. Bemerkenswert ist, dass die Frage der Handelsvertretereigenschaft von Affiliates in erster Linie nicht von Juristen, sondern von Marketern oder Betriebswirten aufgegriffen wurde. Diese bleiben zunächst vage und präferieren es, Affiliates und Handelsvertreter nur vergleichend gegenüberzustellen. So heißt es in der Marketingliteratur:

> »Das Prinzip des Affiliate Marketing ist dabei wohl am ehesten mit dem eines Handelsvertreters zu vergleichen. Ein Affiliate agiert als Handelsvertreter für das Unternehmen und hilft ihm dabei seine Produkte beim Kunden zu platzieren. Analog zum Prinzip der Handelsvertreter erhält der Affiliate eine Provision bei einem erfolgreichen Verkauf.«[1022]

1022 Theobald/Haisch, Brand Evolution, S. 293.

Innerhalb von nur zwei Sätzen werden Affiliates und Handelsvertreter »verglichen«, Affiliates wird nachgesagt, als Handelsvertreter zu »agieren« und die Prinzipien der Handelsvertreter wären »analog« auf Affiliates anzuwenden. Nimmt man diesen Ausschnitt aus der Marketingliteratur wörtlich, scheint das Verhältnis von Affiliates und Handelsvertretern dreifaltig zu sein. Dies entspricht keiner fundierten und fokussierten rechtswissenschaftlichen Untersuchung des wieder auflebenden Rechtsproblems. Die Frage nach der Handelsvertretereigenschaft von Affiliates verdient deshalb eine tiefergreifende juristische Betrachtung.

1. LG Düsseldorf, Urteil vom 24.04.2015 – 33 O 141/13

Ohne ihn ausdrücklich als »Affiliate« zu bezeichnen, hat das LG Düsseldorf bereits über einen Handelsvertreterausgleichsanspruch eines solchen entschieden.[1023] Laut Sachverhalt bot die Klägerin »die Vermarktung von Werbung auf deren und anderen Webportalen an«.[1024] In der Entscheidung lehnte das Gericht zwar einen Ausgleichsanspruch ab, stellte dabei aber mitnichten fest, dass Affiliates keine Handelsvertreter sind, respektive sein können, sondern vermied es elegant, die Frage nach der Einordnung zu beantworten. Es sei unerheblich, ob der Kläger tatsächlich Handelsvertreter war, da die Gewährung eines Ausgleichsanspruchs nicht gemäß § 89b Abs. 1 S. 1 Nr. 2 HGB der Billigkeit entsprechen würde. Folglich hat das Landgericht nicht den Tatbestand des § 84 HGB verneint, sondern nur die »Billigkeit« als eine der Voraussetzungen des § 89b HGB. Dennoch ging das Gericht auf eine Reihe von Umständen ein, die im konkreten Fall gegen das Vorliegen eines Handelsvertreterverhältnisses sprachen: Zum einen oblag es der Klägerin, die den Handelsvertreterausgleich geltend machte, die Bruttopreise und das gesamte Preisgefüge für die Werbung zu bestimmen. Sie ordnete selbst an, in welchem Umfang ihr Auftraggeber seine Plattform betrieb, Gegengeschäfte des Auftraggebers bedurften der Abstimmung mit der Klägerin und der Auftraggeber durfte einzelne Aufträge nur unter den von der Klägerin vorgegebenen engen Voraussetzungen ablehnen. Insofern blieb die gesamte Infrastruktur für die Werbung in der alleinigen Einflusssphäre der Klägerin. Im vorliegenden Sachverhalt bestimmte der vermeintliche Handelsvertreter die Verkäufe, Preise und Aktivitäten der Auftraggeberin selbst. Damit hatte der beklagte Auftraggeber so weitreichende Verpflichtungen, dass er einem

1023 LG Düsseldorf, MMR 2015, 804; vgl. dazu auch Besprechung dieser Entscheidung von Bahr, Rechts-News Archiv, abrufbar unter: https://www.dr-bahr.com/news/wann-der-affiliate-keinen-anspruch-auf-handelsvertreter-ausgleich-hat.html (zuletzt abgerufen am 10.10.2023).

1024 LG Düsseldorf, MMR 2015, 804.

potentiellen Handelsvertreter praktisch keine Weisungen mehr hätte erteilen können. Im gesetzlichen Fall unterliegt dagegen der Handelsvertreter den Weisungen des Unternehmers, der insbesondere den Umfang der zu vertreibenden Produkte und die Preise bestimmt, weshalb durchgreifende Bedenken gegen die Annahme eines Handelsvertretervertrags bestanden haben.[1025] Diese Ausführungen bezogen sich jedoch auf nur einen konkreten, sehr speziellen Sachverhalt. Die Handelsvertretereigenschaft von Affiliates wurde nicht pauschal verneint. Soweit die Bedenken des LG Düsseldorf im konkreten Einzelfall ausgeräumt werden können, bleibt den Affiliates eine Betätigung als Handelsvertreter eröffnet.

2. Erwägungen von Bahr

Dass das Affiliate-Marketing auch an der juristischen Literatur nicht gänzlich vorbeigegangen ist, zeigt spätestens Rechtsanwalt Martin Bahr, der nicht zuletzt als Reaktion auf das oben genannte Urteil des LG Düsseldorf mehrere Artikel auf der Website seiner Kanzlei veröffentlicht hat. Mit »Sind Affiliates Handelsvertreter?«[1026] und »Der Handelsvertreter-Ausgleich – Ein Faß ohne Boden für Merchants?«[1027] warf Bahr die streitgegenständliche Frage der Handelsvertreterstellung von Affiliates auf. Bereits der Titel seines zweiten Aufsatzes deutet an, dass er eine Einstufung von Affiliates als Handelsvertreter durchaus für möglich hält. Nach Bahr richtet sich die Einordnung im Wesentlichen nach dem zwischen Affiliate und Merchant[1028] vereinbarten Vergütungsprogramm. In seiner erstgenannten Publikation unterscheidet er deshalb insbesondere zwischen den Programmen »Pay-per-Click«, »Pay-per-Sale« und »Pay-per-Lead« und geht dabei auf die jeweiligen Pflichten des Affiliates ein. Insofern kommt er zu dem Ergebnis, dass bei einem dieser Modelle tatsächlich verstärkt Eigenschaften des Handelsvertreters gegeben sind. In seinem zweiten Aufsatz versucht Bahr – anknüpfend an die Erkenntnisse seines vorangegangenen Beitrags – die Voraussetzungen für das Entstehen eines Ausgleichsanspruchs nach § 89b HGB zu skizzieren.

1025 LG Düsseldorf, MMR 2015, 804, 805.

1026 Bahr, Affiliate & Recht, Nr. 2, abrufbar unter: https://www.affiliateundrecht.de/aufsaetze/sind-affiliates-handelsvertreter/ (zuletzt abgerufen am 23.08.2023).

1027 Bahr, Affiliate & Recht, Nr. 3, abrufbar unter: https://www.affiliateundrecht.de/aufsaetze/der-handelsvertreter-ausgleich-ein-fass-ohne-boden-fuer-merchants/ (zuletzt abgerufen am 23.08.2023).

1028 Der Merchant (dt. Verkäufer, Händler) stellt im Affiliate-Marketing den Werbetreibenden, also den Auftraggeber des Affiliates dar, vgl. Onlinemarketing-Praxis, Glossar, Merchant, abrufbar unter: https://www.onlinemarketing-praxis.de/glossar/merchant-advertiser-verkaeufer-haender (zuletzt abgerufen am 29.08.2023).

Im Folgenden werden daher die Ausführungen von Bahr zu den Vergütungsmodellen zusammenfassend dargelegt und anschließend der Versuch unternommen, Bahrs Erwägungen auf Influencer zu übertragen. Hierbei werden Gemeinsamkeiten und Unterschiede zwischen Influencern und originären Affiliates aufgezeigt, sodass untersucht werden kann, ob nicht auch eine divergierende Behandlung dieser Berufsgruppen gerechtfertigt sein kann. Influencer nutzen zwar die genannten Affiliate-Links, sind aber keine Affiliates im ursprünglichen Sinne, weshalb sich für Influencer durchaus Differenzen zu Bahrs Ausführungen hinsichtlich originärer Affiliates ergeben können.

a) Pay-per-Click

Als erstes Vergütungsmodell nennt Bahr das sogenannte »Pay-per-Click«-Programm. Dieses basiert darauf, dass der Affiliate lediglich den Besuch eines Internetnutzers auf einer Website vermittelt. Dabei würde der Affiliate Elemente des Händlers auf seiner Website platzieren, wie zum Beispiel Grafiken und Texte, die auf die Produkte des Händlers hinweisen, zusammen mit einem Link zum Internetauftritt des Händlers.[1029] Bei diesem Modell wäre der Affiliate also verpflichtet, einen Besucher auf die Website des Merchants weiterzuleiten. Mit der Nutzung des Links durch den Besucher würde auch sogleich der Vergütungsanspruch entstehen. Das Zustandekommen eines Vertragsverhältnisses wäre somit irrelevant für den Vergütungsanspruch des Affiliates. Mit der Weiterleitung eines potentiellen Kunden auf die Website des auftraggebenden Merchants hätte der Affiliate seine vertraglichen Pflichten erfüllt. Aus diesem Grund kommt Bahr zu dem Ergebnis, dass der Affiliate bei einer solchen Kooperation kein Handelsvertreter ist. Denn weder würde er ein Geschäft vermitteln (§ 84 Abs. 1 S. 1 Alt. 1 HGB) noch ein solches für den Merchant abschließen (§ 84 Abs. 1 S. 1 Alt. 2 HGB).

b) Pay-per-Sale

Beim »Pay-per-Sale«-Modell hingegen würden die abgeschlossenen Geschäfte der Kunden, die den eingerichteten Link nutzen, vergütet. Bei diesem Programm könne die Provision pauschal oder umsatzabhängig gezahlt werden. Laut Bahr würden Affiliates in diesem Fall auf ihrer Website für die Produkte des Händlers werben und den Kontakt zwischen den Parteien herstellen, indem sie interessierte Besucher auf die Website des Händlers weiterleiten. Die Tätigkeit des

1029 Hierzu und zum Folgenden Bahr, Affiliate & Recht, Nr. 2, abrufbar unter: https://www.affiliateundrecht.de/aufsaetze/sind-affiliates-handelsvertreter/ (zuletzt abgerufen am 23.08.2023).

Affiliates ziele jedoch nicht auf einen konkreten Vertragsschluss ab, weshalb er nicht mit einer Vermittlungstätigkeit betraut sei. Er wäre also kein Handelsvertreter. Dieses Ergebnis sei dadurch gerechtfertigt, dass der Partner wenig Einfluss auf die »Bewegung« des Kunden im Internet haben könnte. Der Affiliate biete dem Interessenten zwar die Möglichkeit, über den Link einen Vertrag mit dem Händler abzuschließen, der Interessent könne aber auch ein ganz anderes Produkt bei dem Händler oder dieses Produkt bei einem anderen Anbieter erwerben. Der Affiliate würde jede Möglichkeit verlieren, darauf Einfluss zu nehmen. Aus diesem Grund würde er nur als Werbeträger fungieren. Er hätte lediglich einen Kaufanreiz für den potentiellen Kunden geschaffen und ihn an den Merchant verwiesen.[1030] Konkrete Geschäfte dagegen würde er nicht vermitteln.

c) Pay-per-Lead

Bahr benennt weiterhin das »Pay-per-Lead«-Programm. Dieses vergüte dem Affiliate die Teilnahme an qualifizierten Aktionen von Interessenten, wie zum Beispiel Gewinnspiele oder Registrierungen bei einem Internetdienst. Vermittelt der Affiliate den Abschluss eines Vertrags, wie eine Registrierung bei einem E-Mail-Anbieter, wäre die Vereinbarung zwischen dem Affiliate und dem Merchant auf die Vermittlung eines konkreten Vertragsabschlusses gerichtet. Damit wären die Merkmale der §§ 84ff. HGB grundsätzlich erfüllt.

d) Tiefe Verlinkungen

Neben den grundsätzlichen Vergütungsformen »Pay-per-Click«, »Pay-per-Sale« und »Pay-per-Lead« existiere laut Bahr eine weitere Werbeform, bei welcher die Produkte primär auf der Website des Affiliates beworben würden. In diesem Fall installiere der Affiliate eine sogenannte »tiefe Verlinkung« auf seiner Website. Dieser Link führe direkt zu einem bestimmten Produkt im Onlineshop des Merchants. Mit dieser Variante würde der Affiliate nicht nur einen Kaufanreiz schaffen, sondern die Kaufentscheidung des Interessenten aktiv beeinflussen. Bei Realisierung einer Bestellung würde er also den Verkauf eines bestimmten Produkts vermitteln. Ohne diese Fallvariante ausdrücklich als von § 84 HGB erfasst zu bezeichnen, erkennt Bahr an, dass verstärkte Merkmale des Handelsvertreters gegeben wären.

1030 Dies ist für die Annahme der Handelsvertretereigenschaft nicht ausreichend, vgl. LG Bielefeld, BB 1975, 7.

e) Zwischenergebnis nach Bahr

Bahr unterscheidet zwischen der Weiterleitung auf die Internetseite des Merchants und einer »tiefen Verlinkung«. Die »tiefe Verlinkung« führe direkt zu einem bestimmten Produkt im Onlineshop des Händlers, wohingegen die bloße Weiterleitung keinen Rückgriff auf Verträge über konkrete Produkte biete. Aus diesem Grund würde der Affiliate bei tiefen Verlinkungen mehr als einen Kaufanreiz schaffen, nämlich die Kaufentscheidung des Interessenten aktiv beeinflussen, sowie den Verkauf eines bestimmten Produkts vermitteln, wenn eine Bestellung realisiert wird. Bei den von Bahr beschriebenen »tiefen Verlinkungen« handelt es sich um die hier untersuchten Affiliate-Links, die auf der Social-Media-Plattform Instagram ursprünglich als »Upswipe-Funktion«, inzwischen als »Link-Sticker« auftreten. Bei der Weiterleitung auf eine Website würden die Affiliates dagegen nur Produkte des Händlers auf ihrer Website bewerben und den Kontakt zwischen den Parteien herstellen. Die Tätigkeit des Affiliates sei in diesem Fall nicht auf einen konkreten Vertragsschluss gerichtet, weshalb der Affiliate nicht mit einer Vermittlungstätigkeit betraut sei und somit keinen Handelsvertreter darstelle.

Es bleibt festzuhalten: Bahr kommt zu dem Schluss, dass bei Partnerprogrammen, die auf dem »Pay-per-Click«- oder dem »Pay-per-Sale«-Modell basieren, der jeweilige Affiliate keinen Handelsvertreter darstellt. Demgegenüber würden das »Pay-per-Lead«-Programm sowie Sonderformen mit »tiefer Verlinkung« verstärkt Eigenschaften eines Handelsvertreters aufweisen. Die rechtliche Einordnung bliebe vom Einzelfall abhängig und wäre in erster Linie nach den konkreten Umständen und den vertraglichen Regelungen zu beurteilen.

3. Überzeugungskraft Bahrs und die Übertragbarkeit seiner Erwägungen auf Influencer

Entgegen der Auffassung von Bahr zu originären Affiliates besteht bei Influencern kein grundsätzlicher Unterschied zwischen einer »tiefen Verlinkung« und der Weiterleitung eines Interessenten auf eine Unternehmenswebsite. Beides erfolgt über einen Affiliate-Link. Unstreitig nicht ausreichend wäre dagegen die bloße Bezeichnung des Onlineshops oder der URL[1031] der Website, die aber auch bereits keine »Weiterleitung« darstellen würde. Demnach wäre auch laut Bahr die Weiterleitung zu einem Onlineshop mittels eines Affiliate-Links grundsätzlich

1031 Unter dem Uniform Resource Locator (URL) wird im Allgemeinen die Seitenadresse verstanden, die im Browser eingegeben wird oder in einem Link anklickbar ist, um auf die gezielte Internetseite zuzugreifen, vgl. Suchhelden, Die URL, abrufbar unter: https://www.suchhelden.de/lexikon/url.php (zuletzt abgerufen am 10.10.2023).

eine das Handelsvertreterrecht eröffnende Vermittlungsaktivität eines Influencers. Hinsichtlich des Pay-per-Sale-Modells lässt Bahr die Frage offen, wie er einerseits davon ausgehen kann, dass der Affiliate in diesem Fall umsatzproportional vergütet werden kann, andererseits aber nicht nachvollziehbar sei, ob oder was der Kunde gekauft hat. Unbeantwortet bleibt auch, aus welchem Grund er das Modell als »Pay-per-Sale« bezeichnet, wenn es sich hier doch nur um eine Weiterleitung, losgelöst von einem Kauf (also Sale), handelt.

Als weitere Voraussetzung nennt Bahr die Beeinflussung respektive Nachverfolgbarkeit der »Bewegung« eines Kunden im Internet. Dieser scheinbar ungeschriebenen Tatbestandsvoraussetzung, die Bahr als Kriterium der Einordnung in § 84 HGB nennt, kann jedoch keine ein Handelsvertreterverhältnis beeinflussende Relevanz beigemessen werden. Insbesondere Umfang und Schwierigkeit der vorgesehenen Vermittlung wirken nicht statusbegründend.[1032] Selbiges muss für reine Beweisprobleme gelten, die ohnehin erst auf Rechtsfolgenseite, nämlich beim Nachweis der anspruchsbegründenden Tatsachen im Rahmen des § 87 HGB relevant werden. Insofern sind Bahrs Bedenken in Bezug auf eine problembehaftete Nachverfolgbarkeit von Geschäftsabschlüssen kein Problem der Einordnung einer Berufsgruppe in den Anwendungsbereich des § 84 HGB und den Status als Handelsvertreter, sondern eine Frage des § 87 Abs. 1 S. 1 HGB und dessen »zurückführen abgeschlossener Geschäfte auf seine Tätigkeit«.

Im Ergebnis ist zu konstatieren: Bahrs Bedenken können weder im Hinblick auf originäre Affiliates, noch hinsichtlich Influencern dazu führen, besagte Berufsgruppen nicht als Handelsvertreter zu qualifizieren. Im Falle von tiefen Verlinkungen – also den hier untersuchten Affiliate-Links – räumt Bahr selbst ein, dass verstärkte Merkmale eines Handelsvertreters vorliegen würden. Nicht nachvollziehbar ist Bahrs Auffassung, dass im Pay-per-Sale-Modell lediglich die Weiterleitung, losgelöst von konkreten Geschäftsabschlüssen, geschuldet und erbracht würde. Der Begriff »Sale« impliziert doch bereits, dass ein konkreter Verkauf vergütet werden soll. Letztlich kann auch seine Auffassung nicht verfangen, dass die Rückverfolgbarkeit von Kundenspuren eine Frage der Einordnung in den § 84 HGB sein soll. Vielmehr ist dies im Rahmen der Zurückführung konkreter Geschäftsabschlüsse auf die Tätigkeit einer Person im Rahmen des § 87 Abs. 1 S. 1 HGB, also auf Rechtsfolgenseite, zu klären. Die verbindliche Vereinbarung z. B. eines Pay-per-Lead-Modells ist daher für die Einordnung in § 84 HGB ebenso wenig erforderlich wie die Nachvollziehbarkeit von Kundenspuren. Damit wird deutlich, dass der Weg zum Handelsvertreterrecht für Influencer offenbleibt.

1032 Emde, Vertriebsrecht, § 84 Rn. 67.

4. Erwägungen von Schirmbacher und Ihmor[1033]

Bereits im Jahr 2009 befassten sich Martin Schirmbacher und Markus Ihmor ebenfalls mit der Frage der Handelsvertretereigenschaft von Affiliates, vertraten aber die Auffassung, dass die Vermittlung von Geschäften durch Affiliates keine vertragliche Leistungspflicht begründe.[1034] Der Affiliate verpflichte sich zwar zur Einhaltung der Vorschriften über erlaubte oder verbotene Werbeformen, nicht aber zur Herbeiführung von Geschäftsabschlüssen. Dies wäre aber der provisionsauslösende Tatbestand. So solle es den Autoren zufolge »naheliegend« sein, den Vertrag zwischen Netzwerk[1035] und Affiliate »im Grunde« als Maklervertrag (im Sinne der §§ 652 ff. BGB) anzusehen.[1036] Denn der Makler hat, anders als der Handelsvertreter, keine Pflicht zum Tätigwerden. Demgegenüber würde zwischen dem Netzwerk und dem Händler ein Dienstleistungsvertrag mit Geschäftsbesorgungscharakter geschlossen, der in der Hauptsache eine erfolgsabhängige Vergütung enthält.[1037] Die Autoren stellten gleichermaßen fest, dass die Lage »anders einzuschätzen« sein könnte, wenn sich der Affiliate zu einer Vermittlung von Geschäften vertraglich verpflichten würde.[1038]

5. Übertragbarkeit der Erwägungen von Schirmbacher und Ihmor auf Influencer, weitere Indizien zur Einordnung und Ausräumung ihrer Bedenken

a) Tendenz von Benz und Kohler

In einer aktuellen Publikation von Nina Benz und Julia Rebecca Kohler zur Haftung von Influencern nach §§ 311 Abs. 3, 280 Abs. 1, 241 Abs. 2 BGB führen die Autorinnen in einer Fußnote unter Verweis auf die Publikation von

1033 Schirmbacher/Ihmor, CR 2009, 245, 247.

1034 Selbiges vertritt Schirmbacher in der Konsequenz auch in seinem Praxishandbuch »Online-Marketing- und Social-Media-Recht«, Kap. 9 S. 500. Niemand, der für ein Partnerprogramm zugelassen würde, müsse danach tatsächlich tätig werden. Es liege vielmehr im eigenen Interesse, für Abschlüsse zu sorgen, um Inhaber eines Provisionsanspruchs zu werden.

1035 Ein Affiliate Netzwerk stellt eine neutrale Vermittlerplattform zwischen Merchant und Affiliate dar, die den Kontakt zwischen den Parteien herstellt, vgl. Jaedtke, Hubspot vom 20.12.2021, abrufbar unter: https://blog.hubspot.de/marketing/affiliate-netzwerke (zuletzt abgerufen am 31.08.2023). Diese muss nicht zwangsläufig zwischengeschaltet werden.

1036 Schirmbacher/Ihmor, CR 2009, 245, 247; so wiederum auch Schirmbacher, Online-Marketing- und Social-Media-Recht, Kap. 9 S. 500.

1037 Interessanterweise ist auch der Handelsvertretervertrag ein Dienstvertrag über eine Geschäftsbesorgung, vgl. Hopt, Handelsvertreterrecht, § 84 Rn. 5.

1038 Schirmbacher/Ihmor, CR 2009, 245, 247.

Schirmbacher und Ihmor aus, dass Influencer bei der Gestaltung von Verträgen mit Affiliate-Links als Makler auftreten würden.[1039] Dabei wird der Eindruck erweckt, Schirmbacher und Ihmor hätten die Vertragsgestaltung mit Influencern, die Affiliate-Links verwenden, eingehend untersucht, was mitnichten der Fall ist. Wortwörtlich heißt es bei Benz und Kohler: »Zur Vertragsgestaltung bei Affiliate-Links, bei denen der Influencer als Makler tätig wird, eingehend Schirmbacher/Ihmor CR 2009, 245 (246ff.)«. Eine gesonderte Erörterung der streitgegenständlichen Frage mit eigenständiger Argumentation erfolgt jedoch nicht. Ihre pauschale Schlussfolgerung lässt sich nur bedingt aus dem Aufsatz von Schirmbacher und Ihmor ableiten. Der Beitrag letzterer liefert aufgrund seiner vagen Formulierungen überhaupt keine allgemeingültige Aussage zur vertraglichen Einordnung von Affiliate-Marketing-Kooperationen. Zudem scheinen Schirmbacher und Ihmor mit ihrem Ergebnis keinen festen Sachverhalt schaffen zu wollen, sondern eher eine Anregung zum Diskurs. Den Autorinnen sei ihre pauschale Schlussfolgerung insofern verziehen, als sie sich in ihrem Beitrag nicht mit der Ausgestaltung von Verträgen mit Influencern und deren Typisierung auseinandergesetzt haben. Ein besonderes Augenmerk sollte dennoch auf die Rhetorik von Benz und Kohler gelegt werden. Denn die Inkongruenz zwischen früherem Affiliate-Marketing und heutigen Influencer-Kooperationen, die auf einem Affiliate-Link beruhen, verdeutlichen unbewusst auch besagte Autorinnen in ihrer Publikation. Einerseits vermögen Benz und Kohler unter Bezugnahme auf den hier untersuchten Aufsatz von Schirmbacher und Ihmor Affiliates pauschal als Makler im Sinne der §§ 652ff. BGB zu klassifizieren. Allerdings deutet der Wortlaut der von ihnen getätigten Aussagen eine völlig andere Einordnung an. Denn die Autorinnen bedienen sich unbewusst der typischen handelsrechtlichen, insbesondere der die §§ 84ff. HGB charakterisierenden Terminologie, was die nachfolgende Gegenüberstellung der Wortwahl der Autorinnen mit dem Wortlaut der Handelsvertretervorschriften, insbesondere der §§ 84, 86, 87 HGB aufzeigt: Nach § 84 HGB ist bekanntlich Handelsvertreter, »wer als selbständiger Gewerbetreibender ständig damit betraut ist, für einen anderen Unternehmer Geschäfte zu vermitteln oder in dessen Namen abzuschließen.« Darüber hinaus regelt das HGB in seinem § 87 Abs. 1 S. 1:

> »Der Handelsvertreter hat Anspruch auf Provision für alle während des Vertragsverhältnisses abgeschlossenen Geschäfte, die auf seine Tätigkeit zurückzuführen sind oder mit Dritten abgeschlossen werden, die er als Kunden für Geschäfte der gleichen Art geworben hat.«

Hinzu kommt die bereits erörterte eindeutige höchstrichterliche Rechtsprechung, wonach ein Handelsvertreter zum Tätigwerden verpflichtet werden

1039 Benz/Kohler, ZfPW 2020, 490, 504 Fn. 11.

muss.[1040] Diese Pflicht ergibt sich bezüglich der Bemühung um die Vermittlung von Geschäften aus § 86 HGB, wenn es hier heißt: »Der Handelsvertreter hat sich um die Vermittlung oder den Abschluß von Geschäften zu bemühen.« Demgegenüber führen die Autorinnen in ihrer Publikation folgendes aus:

> »Das Grundmodell des Influencer-Marketings ist simpel: Ein Unternehmen kontaktiert einen Influencer und schließt mit ihm einen Kooperationsvertrag ab. Dieser Vertrag verpflichtet [erinnert sei an § 86 HGB][1041] den Influencer, ein Produkt auf seiner Social-Media-Seite zu bewerben – nicht selten erhält der Influencer dabei durch die Zuweisung sogenannter Affiliate-Links (individualisierte Verlinkungen auf der Angebotsseite des Verkäufers) bei jedem vermittelten [vgl. §§ 84, 87 HGB] Kaufvertrag eine Provision [siehe §§ 87 ff.].«[1042]

Während Schirmbacher und Ihmor eine Pflicht nur im Hinblick auf die Einhaltung etwaiger Werbevorschriften bejahen, ergibt eine Analyse der Wortwahl der Autorinnen, dass diese – trotz Verweis auf Schirmbacher und Ihmor, die gegenteiliges vertreten – eindeutig von einer Pflicht zur Vermittlung konkreter Geschäfte gegen Provision von Influencern auszugehen scheinen. Wenngleich sie keine Einordnung ins Handelsrecht anstreben, untersuchen sie doch die Handlungsmöglichkeiten der Influencer und typisieren diese anhand ihrer Wortwahl. Das Ergebnis ist eine unbewusste Subsumtion von Influencern unter Teile der die Handelsvertreter charakterisierenden Vorschriften des Handelsgesetzbuchs. Ihr erst im Jahr 2020 erschienener – und damit hochaktueller – Beitrag soll deshalb dem Rechtsgedanken nach auf die hier untersuchte Streitfrage angewendet werden. Die Publikation der Autorinnen stellt ein starkes Indiz für die Einordnung von Influencern in den § 84 HGB dar.

b) Keine zwangsläufige Zwischenschaltung eines Netzwerks

Um zweitens einen validen Vergleich zwischen den von Schirmbacher und Ihmor untersuchten Affiliates und den heutigen Affiliate-Marketing-Kooperationen mit Influencern anstellen zu können, ist zu berücksichtigen, ob überhaupt ein Netzwerk in die Kooperation zwischengeschaltet ist. Das ist im Influencer-Marketing keineswegs zwingend der Fall. In der Regel treten die Werbetreibenden direkt an die Influencer oder deren Management heran und verhandeln individuelle Verträge. Auch dieser Umstand streitet dafür, dass die Wertungen von Schirmbacher und Ihmor nicht statisch auf Influencer anzuwenden sind.

1040 BGH, NJW 1972, 251.

1041 Die Verweise in eckigen Klammern stellen jeweils Anmerkungen des Verfassers dar und sind nicht Teil des Zitats.

1042 Benz/Kohler, ZfPW 2020, 490, 492.

c) Tatsächliche Tätigkeitspflicht

Zudem gehen Schirmbacher und Ihmor in ihrer Publikation davon aus, dass eine vertragliche Leistungspflicht des Affiliates – zumindest im Hinblick auf die Herbeiführung von Geschäftsabschlüssen – nicht besteht. Es bestünde lediglich die Verpflichtung, die Vorschriften über erlaubte oder verbotene Werbeformen einzuhalten. Zuzustimmen ist Schirmbacher und Ihmor in ihrer Argumentation zunächst im Hinblick auf eine zu fordernde Tätigkeitspflicht, die nicht nur bezüglich der Einhaltung von Vorschriften etwaiger Werbeformen bestehen darf. Denn der BGH verlangt für die Einstufung als Handelsvertreter bekanntlich tatsächlich eine Pflicht, sich ständig um die Vermittlung und den Abschluss von Geschäften zu bemühen.[1043] Die frühere Ablehnung der Handelsvertretereigenschaft von Affiliates, soweit diese nicht verpflichtet sind, sich ständig um den Abschluss von Geschäften zu bemühen, war daher folgerichtig. Im Influencer-Marketing gestaltet sich dies in der Regel jedoch völlig unterschiedlich zu den Affiliate-Kooperationen, die die Autoren zum Zeitpunkt ihrer Veröffentlichung – im Jahr 2009 – betrachtet hatten. Zu dieser Zeit waren Kooperationen mit Influencern, in dem Ausmaß, wie sie heute tagtäglich stattfinden, noch nicht einmal im Entferntesten denkbar. Ob tatsächlich eine Pflicht zum Tätigwerden für Influencer besteht, mag zunächst in Frage gestellt werden. Die Vertragspraxis zeigt dies jedoch eindeutig. Das gilt unabhängig davon, ob die Einrichtung eines Affiliate-Links Basis einer Kooperation ist, oder ob die bloße Produktinszenierung beziehungsweise -platzierung vereinbart wird, ohne einem Follower die Möglichkeit zu eröffnen, das beworbene Produkt direkt über einen Link zu erwerben. Denn eines haben Influencer-Verträge praktisch immer gemeinsam: Es besteht eine Verpflichtung, aufgrund eines Vertrags überhaupt etwas zu tun. Dabei geht es auch nicht nur um die Einhaltung der Vorschriften über erlaubte oder verbotene Werbeformen. Der Vertragsgegenstand und die konkrete Umsetzung einer Kooperation lassen sich anhand einer Vertragsklausel[1044] wie folgt beschreiben:

> § 1 Pflichten des Influencers
> Der Influencer verpflichtet sich, monatlich die in der Übersicht (siehe Anhang) aufgeführten Leistungen zu erbringen und diese auf Instagram online zu stellen. In Absprache mit dem Auftraggeber werden Produkte inklusive eines Rabattcodes oder einer Aktion/Deal in den Beitrag integriert. Die genauen Termine hierfür werden von beiden Seiten im Vorfeld vereinbart. Der Auftraggeber bestimmt, welche Produkte beworben werden sollen. Jeder Produktpost/-story muss mindestens zwei Verlinkungen zur Instagram-Seite »@InstagramauftrittdesUnternehmens« und zur Homepage (Swipe Up

1043 BGH, NJW 1972, 251.

1044 Auch die folgenden anonymisierten und geringfügig abgewandelten Vertragsklauseln entstammen dem Erfahrungsschatz des Verfassers aus seiner Kanzleitätigkeit.

> [nun Link Sticker]) www.InternetauftrittdesUnternehems.com oder zu vorgegebenen Landingpages des Auftraggebers enthalten. Das Markenwort muss in den ersten 5–7 Zeilen der Bildunterschrift eines Produktposts erscheinen.

In diesem beispielhaften Auszug aus einem Kooperationsvertrag kann die Verpflichtung, überhaupt tätig zu werden, bereits dem Vertragsgegenstand wörtlich entnommen werden. Darüber hinaus müsste sich die Verpflichtung zum Tätigwerden auch auf die Herbeiführung konkreter Geschäftsabschlüsse beziehen. Dem hier zitierten Auszug ist zu entnehmen, dass jeder Beitrag des Influencers – sowohl der dauerhaft sichtbare Post als auch die nur vorübergehend öffentlich einsehbare Story – einen Link auf die Homepage des beauftragenden Unternehmens enthalten muss. Eine Pflicht zum Tätigwerden in Bezug auf die Einrichtung von Affiliate-Links ergibt sich auch aus der folgenden Vertragsklausel:

> § 2 Durchführung der Produkt-Posts/Stories
> Der Auftraggeber bestimmt, welche Produkte zu bewerben sind. Jeder Produktpost/-story muss mindestens zwei Verlinkungen auf die Instagram Seite »@UnternehmenXY« und auf die Homepage (Swipe Up) www.UnternehmenXY.com bzw. auf vorgegebene Landingpages des Auftraggebers enthalten.

Der Zweck dieser Verlinkungen besteht gerade darin, dass der Influencer konkrete Geschäftsabschlüsse durch Kaufverträge zwischen seinen Followern und seinem Auftraggeber herbeiführt. Legt man die Pflicht zum Einbau von Affiliate-Links also dahingehend aus, dass sie auf die Herbeiführung konkreter Geschäftsabschlüsse gerichtet sind, wären die Zweifel von Schirmbacher und Ihmor ausgeräumt.

d) Zwischenergebnis

Es bleibt festzuhalten: Ausgehend von der Publikation von Schirmbacher und Ihmor stellt die Tätigkeitspflicht und das, worauf sie sich konkret bezieht, wohl den elementaren Unterschied zwischen früheren und heutigen Affiliate-Marketing-Kooperationen dar. Aus den besagten Gründen und auch aufgrund der Feststellung der genannten Autoren, dass bei einer Tätigkeitspflicht des Affiliates etwas anderes als ein Dienstleistungs- oder Maklervertrag entstehen kann, erscheint die Einordnung nach § 84 HGB bei Influencern nach wie vor naheliegend.

Was die ursprünglichen Affiliates betrifft, so liegt es im Rahmen des Möglichen, dass die Autoren, die die Eigenschaft als Handelsvertreter ursprünglich verneinten, bei einer erneuten Untersuchung zu einem anderen Ergebnis kommen würden als seinerzeit. In jedem Fall eröffnen die technische Entwicklung sowie eine Veränderung der Vertragswelt in Bezug auf die Tätigkeitspflichten neue Horizonte. Diesbezügliche Zweifel dürften durch die vorliegende Untersuchung zumindest teilweise ausgeräumt worden sein. Die ursprünglichen Affiliates sind daher unter den hier diskutierten Voraussetzungen ebenfalls als Handelsvertreter anzusehen, soweit die tatbestandlichen Voraussetzungen des § 84 HGB vorliegen, was regelmäßig der Fall sein dürfte. Diese Auffassung wird durch die neuere Rechtsprechung des EuGH gestützt, wonach auch Online-Plattformen je nach Vertragsgestaltung die Voraussetzungen des Handelsvertreterbegriffs erfüllen können.[1045] Denn ursprünglich waren Affiliates nichts anderes als Online-Plattformen oder -shopbetreiber, die Produkte Dritter auf Provisionsbasis verkauften. Erst die Entwicklung der sozialen Medien und der damit verbundene technische Fortschritt sorgten dafür, dass unter anderem Influencer nun auch Affiliate-Links nutzen können, über die sie interessierte Follower zu einem bestimmten Produkt auf der Website des Herstellers führen, nachdem sie es in einen ansehnlichen Post eingebettet haben.

VII. Resümee 4. und 5. Kapitel

Für die Beurteilung eines Handelsvertreterverhältnisses kommt es primär auf den Pflichtenkreis entsprechend des zwischen den Parteien geschlossenen Vertrags an.[1046] Die Analyse des Pflichtenkreises von Influencern bei Zugrundelegung von Affiliate-Links hat ergeben, dass das kumulative Vorliegen jeglicher Merkmale des § 84 HGB – je nach Vertragsgestaltung – nicht nur keinesfalls abwegig, sondern ein naheliegendes Ergebnis darstellt. Im Einzelnen sind Influencer in den meisten Fällen Gewerbetreibende und damit auch Unternehmer. Nur im absoluten Ausnahmefall kommt eine künstlerische, wohl nur gelegentlich eine freiberufliche Tätigkeit in Betracht. Selbst eine solche schließt nach vorzugswürdiger Auffassung eine zeitgleiche Tätigkeit als Handelsvertreter jedoch nicht pauschal aus. Denn dass sich Freiberufler nicht auch als Handelsvertreter betätigen können, da sie keine Gewerbetreibende darstellen sollen, fußt einzig auf einem historischen Hintergrund, der dem heutigen Zeitgeist nicht mehr gerecht wird.

Influencer agieren auch – ausgeschlossen sind die sogenannten Corporate Influencer – nicht als abhängig Beschäftigte, sondern selbständig.[1047] Insbesondere Briefings führen nicht zu einem anderen Ergebnis.

Fernerhin muss eine Pflicht zum Tätigwerden vorliegen, die sich nicht nur auf die bloße Einhaltung etwaiger Vorschriften des UWG beziehen darf, sondern auf die Bemühung der Vermittlung von konkreten Geschäftsabschlüssen. Jenes ist

1045 Vgl. EuGH, ZVertriebsR 2019, 20, 23; vgl. auch Kap. 5 V.
1046 MüKoHGB/*Ströbl* HGB § 84 Rn. 13.
1047 Heine/Trinks, Influencer-Besteuerung, Rn. 35f.

zwar bei der Verwendung von Affiliate-Links, nicht jedoch bei bloßer Produktinszenierung oder -platzierung anzunehmen. Eine diesbezügliche Pflicht zur Installation besagter Links ist den Verträgen zwischen Influencern und Merchants zumeist problemlos zu entnehmen.[1048]

Einen höheren Argumentationsaufwand erfordert der Begriff der ständigen Betrauung. Hier muss stets eine Entscheidung im Einzelfall bei besonderer Beachtung der vertraglichen Pflichten erfolgen. Bei länger währenden Kooperationen und insbesondere gemeinsamen Kampagnen, bei welchen der Influencer regelmäßig tätig werden oder seine werblichen Beiträge stets online aktuell abrufbar halten muss, liegt die Annahme des Merkmals nahe. Bei Verträgen, die das einmalige oder bloß kurzzeitige Hochladen einer Story mit Affiliate-Link zum Gegenstand haben, ist der Influencer dagegen nicht verpflichtet, sich dauernd um Geschäftsabschlüsse für seinen auftraggebenden Unternehmer zu bemühen.

Das Tatbestandsmerkmal »Vermitteln« von Geschäften wird grundsätzlich vorliegen, soweit einem Beitrag ein Affiliate-Link zugrunde gelegt wird. Aus den in diesen Kapiteln beschriebenen Gründen ist bei der Verpflichtung zur Installation von Affiliate-Links grundsätzlich nicht mehr von rein werblichen Marketingtätigkeiten oder Vorbereitungshandlungen auszugehen, sondern tatsächlich von einer Förderung, Ermöglichung oder Vorbereitung von Geschäftsabschlüssen durch Einwirkung auf einen Dritten. Selbiges ergibt sich auch aus den Formulierungen in der hier untersuchten aktuellen Publikation von Benz und Kohler, die sich mit den Handlungen von Influencern beschäftigt.

Entgegen der Auffassung von Martin Bahr muss nicht zwingend ein Pay-per-Lead-Modell vereinbart werden, um eine Person als Handelsvertreter qualifizieren zu können, auch das Pay-per-Sale-Programm stellt ein geeignetes und handelsvertretertypisches Vergütungsmodell dar. Nicht nur für Influencer, sondern für jegliche Berufsgruppen, für die eine handelsvertreterrechtliche Einordnung in Betracht kommt, gilt, dass aufgrund der weiten Auslegung der Handelsvertreterrichtlinie ein Einfluss auf die Preisgestaltung eines zu vermittelnden Produktes nicht erforderlich ist. Die Richtlinie verfolgt die Ziele eines ausreichenden gesetzlichen Schutzes für Handelsvertreter und der Vermeidung von Wettbewerbsverzerrungen, was gleichermaßen nur durch ein großzügiges Verständnis der Handelsvertretervorschriften erreicht werden kann. Auch lässt insbesondere der Art. 1 Abs. 2 der Handelsvertreterrichtlinie für die Qualifikation als Handelsvertreter ein Vermitteln durch diesen genügen und fordert nicht etwa ein Verhandeln.

Soweit die vorgenannten Tatbestandsvoraussetzungen des § 84 HGB, also die ständige Betrauung eines selbständigen Gewerbetreibenden zur Vermittlung von Geschäften für einen Unternehmer gegeben sind und dabei die Tätigkeitspflicht

1048 Vgl. Kap. 5 VI. 5. c.

eines Influencers zur Installation eines Affiliate-Links vorliegt, ist die Klassifikation von Verträgen mit Influencern als Handelsvertreterverträge im Sinne des § 84 HGB naheliegend. Insbesondere geht diese dann einer Einordnung in Werkverträge gemäß § 631 BGB – wie dies für die standardmäßigen Anzeigenwerbeverträge – oder Dienstverträge im Sinne § 611 BGB – wie dies in Teilen für Influencerverträge angenommen wird – vor. Die Einordnung in den Tatbestand des § 84 HGB führt nicht zu schlechthin untragbaren Ergebnissen, sondern ist Ausfluss einer juristischen Fortentwicklung der Vorschrift, die auf der Digitalisierung der Handelsvertretertätigkeiten beruht.

6. Kapitel: Konfliktpotentiale in Influencer-Kooperationen und die Lösungsvorschläge der §§ 84–92c HGB

Der Tatbestand des § 84 HGB kann Influencer erfassen. Dieser Befund führt zu keinem per se untragbaren oder technisch nicht durchsetzbaren Ergebnis. Es bedarf dazu weder einer Gesetzesänderung, noch werden die tatbestandlichen Voraussetzungen des § 84 HGB über den Wortlaut hinaus ausgelegt. Aus diesem Grund ist nun erstmals der Fokus auch auf den Vertragsschluss, sowie dessen Besonderheiten und auf damit einhergehende Fragen wie der Rechtsnatur des Handelsvertretervertrags zu legen. In diesem Zusammenhang sind Umgehungsversuche der Handelsvertreterregelungen ebenso zu beleuchten, wie Versuche von Influencern, sich selbständig in den Status eines Handelsvertreters zu erheben. Da Influencer nach hiesiger Auffassung zwingend Affiliate-Links installieren müssen, um als Handelsvertreter zu gelten, sind weitere Fragestellungen in Verbindung mit diesen Links zu untersuchen. Zuletzt tauchen Influencer aufgrund der Nutzung von Affiliate-Links sogar vermehrt auf dem Radar staatlicher Institutionen – und entgegen mancher Erwartung nicht nur der Finanzbehörden – auf und werden unter Gesetze subsumiert, die bislang fernab der Diskussion um die neue Berufsgruppe der Influencer ihre Wirkung entfaltet haben. Konkret geht es hier um die Künstlersozialkasse und die von ihr erhobene Künstlersozialabgabe. Die Erörterung dieses Problemfeldes ist ebenso Gegenstand des nachfolgenden Kapitels wie die Frage, ob diejenigen Vorschriften verfangen können, die die Rechtsfolge des Handelsvertreterstatus regeln. Dazu ist zu prüfen, ob eine praktische Anwendung mit ständigem Rechtsmissbrauch, unzumutbaren oder praktisch unmöglichen Rechtsfolgen einhergeht, oder ob auch auf Rechtsfolgenseite gerechte Ergebnisse erzielt werden können. Damit dies der Fall ist, müssten insbesondere die praxisrelevanten §§ 87, 87c und 89b HGB in der Lage sein, Situationen, wie sie bei der Zusammenarbeit mit Influencern auftreten, überzeugend zu lösen.

Die folgende Erörterung wird die Chronologie einer Influencer-Marketing-Kooperation abbilden und dabei auf Problemfelder und Konfliktpotentiale eingehen, die vom Abschluss des Handelsvertretervertrags über Rechtsfolgeansprüche und der Kündigung bis zu Haftungsfragen reichen soll, um abschließend bewerten zu können, ob neben dem § 84 HGB auch weitere ausgewählte Vorschriften des Handelsvertreterrechts Influencer erfassen und überzeugend regeln können. Dabei verdient Hervorhebung, dass nicht zuletzt aufgrund der ständigen technischen Entwicklung und der kontinuierlichen Veränderung der Nutzungsmöglichkeiten auf Plattformen wie Instagram eine abschließende Darstellung und Beantwortung rechtlicher Fragestellungen in Influencer-Marketing-Kooperationen kaum erfolgen kann. So ist davon auszugehen, dass durch nicht zuletzt von den Social-Media-Plattformen selbst vorgenommene Veränderungen, wie jüngst die der Umstellung von der »Upswipe-Funktion« auf »Tap Tags«, neuartige und wandelbare Herausforderungen auf die Handelsvertreterfrage einwirken werden.

I. Kautelarjuristische Praxis mit Influencern

In der gestaltenden Vertragspraxis des Influencer-Marketings lässt sich ein strukturelles Beratungsgefälle feststellen.[1049] Insbesondere Influencer, die am Anfang ihrer Karriere stehen, werden häufig nicht oder nur bedingt rechtlich beraten.[1050] In erstaunlicher Regelmäßigkeit existieren zwischen dem Influencer und dem werbenden Unternehmen – trotz unter anderem hochrelevanter Haftungs- und Nutzungsrechtefragen, sowie Fragen zum Leistungsumfang und zur Vergütung – keine vertraglichen Vereinbarungen.[1051] Dabei sind diese Vereinbarungen im Falle ihrer Existenz nicht selten zum Vorteil der Influencer formuliert.[1052] Gleichzeitig ist es der präventiven Entgegenwirkung von Rechtsstreitigkeiten offensichtlich zuträglich, wenn ein schriftlicher Vertrag als Grundlage der Zusammenarbeit zwischen den Parteien vorliegt. Denn eine lediglich mündliche Vereinbarung ohne Kenntnis der Anwendbarkeit des Handelsvertreterrechts kann für den Unternehmer bittere Folgen in Form von erheblichen Provisions- oder Ausgleichszahlungen nach §§ 87, 89b HGB nach sich ziehen. Werden die Vereinbarungen der Parteien in einem schriftlichen Vertrag festgehalten, so geschieht dies aufgrund der Neuartigkeit der Vermarktungsstrategie häufig in Eigenregie der Parteien unter Zuhilfenahme semiprofessio-

1049 Rauer/Kempf, WRP 2022, 817, 824.

1050 Rauer/Kempf, WRP 2022, 817, 824.

1051 Mallick/Weller, WRP 2018, 155, 156 mit Verweis auf eine Befragung von 2017, nach welcher nur 8 % der befragten Influencer regelmäßig Verträge über ihre Werbekampagnen unterschreiben würden. Ein Drittel würde gelegentlich, über die Hälfte nie einen Vertrag unterschreiben, vgl. Statista, »Umfrage unter Influencern zum Abschluss von Verträgen für Kampagnen weltweit 2017«, abrufbar unter: https://de.statista.com/statistik/daten/studie/718966/umfrage/abschluss-von-vertraegen-fuer-kampagnen-im-influencer-marketing-weltweit/ (zuletzt abgerufen am 13.09.2023).

1052 Rauer/Kempf, WRP 2022, 817, 824.

neller Musterverträge. Wird die Vertragsgestaltung an grundsätzlich fachkundige Rechtsanwälte ausgelagert, können auch diese die jeweilige Zusammenarbeit teilweise (noch) nicht hinreichend detailliert durchschauen, um rechtssicher nachzuvollziehen, was von den Parteien begehrt wird und wie dies technisch umsetzbar ist. Daneben treten in der Praxis vermehrt Szenarien auf, in denen Influencer eine Vertragsbeziehung zu einem Unternehmen nur vorspiegeln. Auch auf die Frage dieser »angemaßten« Influencer wird zu einem späteren Zeitpunkt noch einzugehen sein.

1. Die Begründung eines Handelsvertreterverhältnisses

Der Handelsvertretervertrag ist ein auf eine Geschäftsbesorgung nach § 675 BGB gerichteter gegenseitiger Vertrag im Sinne des § 320 BGB mit den Hauptpflichten der Vermittlung von Geschäften beziehungsweise des Geschäftsabschlusses auf der einen, und der Provisionszahlung auf der anderen Seite und begründet ein Dauerschuldverhältnis nach §§ 313f. BGB.[1053] Man geht nicht Fehl in der Annahme, dass die §§ 84–92c HGB als leges speciales zum Geschäftsbesorgungsvertrag mit dienst- oder werkvertraglichen Elementen zu qualifizieren sind, sodass wegen der Spezialität ein Handelsvertretervertrag vorliegt, wenn seine übrigen Voraussetzungen erfüllt sind.[1054] Es versteht sich von selbst, dass zwingendes Handelsvertreterrecht nicht durch die ausdrückliche Falschbezeichnung des Vertrags umgangen werden kann, sofern der Vertriebsmittler nach den äußeren Umständen und den getroffenen Vereinbarungen tatsächlich Handelsvertreter ist.[1055] Denn entscheidend für die rechtliche Einordnung ist die vereinbarungsgemäße und tatsächlich ausgeübte Tätigkeit, nicht die Vertragsbezeichnung;[1056] diese spielt für die Einordnung eine bloß als Indiz heranzuziehende, untergeordnete Rolle.[1057] Das wirft im Umkehrschluss die Frage nach der Behandlung von Influencern auf, die nach Analyse ihrer vereinbarten Dienste, Werke und Leistungen zwar unter die Vorschrift des § 84 HGB zu fallen vermögen, ihnen und dem sie beauftragenden Unternehmen aber nicht bewusst ist, welche Stellung sie haben. Der Handelsvertretervertrag braucht seinem Inhalt nach nicht schriftlich festgelegt zu werden und kann demgemäß auch durch

1053 EBJS/*Löwisch* HGB § 84 Rn. 68; Hopt, Handelsvertreterrecht, § 84 Rn. 43; Küstner/Thume/*Thume* VertriebsR-HdB I Rn. 248f.; Wurdack, Handelsvertreter als Dienstleistungsunternehmer, S. 22.

1054 Reinshagen, ZVertriebsR 2012, 281, 282; vgl. auch bereits Kap. 2 VII.

1055 BGH, NJW 1982, 1757; EBJS/*Löwisch* HGB § 84 Rn. 66.

1056 BGH, NJW 1972, 1662, 1664.

1057 Vgl. bereits Kap. 5 III. 1.

schlüssiges Verhalten begründet werden,[1058] indem sich eine tatsächliche Handhabung zu einer Rechtspflicht entwickelt.[1059] Er ist also formlos wirksam. Nach § 85 HGB kann jedoch jede Vertragspartei zumindest verlangen, dass der Inhalt des Vertrags und nachträgliche Vereinbarungen zu jenem in eine vom anderen Teil zu unterzeichnende Urkunde aufgenommen werden. Weiterhin bedürfen Verpflichtungen, die für den Handelsvertreter besonders bedeutsam sind, wie die Übernahme des Delkredere[1060] (§ 86b HGB), sowie die Vereinbarung einer Wettbewerbsabrede (§ 90a HGB), zu ihrer Wirksamkeit der Schriftform.[1061] Ob darüber hinaus eine Rechtspflicht durch schlüssiges Verhalten begründet worden ist, bestimmt sich nach dem Gesamtbild der tatsächlichen Handhabung, wobei jegliche Umstände des Einzelfalls zu berücksichtigen und in ihrer Gesamtheit zu würdigen sind.[1062] Die notwendige Grundlage für die Anwendung der Handelsvertretervorschriften ist jedenfalls nicht mehr als die einvernehmliche, auf Dauer gerichtete Aufnahme einer von §§ 84ff. HGB umfassten Vertriebstätigkeit.[1063] Im Hinblick auf Influencer kann ein Handelsvertretervertrag also auch stillschweigend durch die Inanspruchnahme der Dienste des Influencers durch den Unternehmer zustande kommen, wenn letzterer dabei durch sein Verhalten zu erkennen gibt, dass er dies auch zukünftig für eine unbestimmte Anzahl an Geschäften ständig tun wird.[1064] Dies setzt aber zumindest den Willen der Parteien zum Abschluss eines Handelsvertretervertrags voraus, denn auch der stillschweigende Vertragsschluss erfordert dieses auf das Eingehen von vertraglichen Verpflichtungen gerichtete Bestreben der Parteien.[1065] Andererseits können auch bei Vorliegen eines Dissens die Vorschriften des Handelsvertreterrechts anwendbar sein, wenn eine objektive Würdigung ergibt, dass die Parteien ein dem Handelsvertreterverhältnis entsprechendes Rechtsverhältnis vollzogen haben, und sich auch zumindest teilweise an dieses binden wollten.[1066] Dies ist der Fall, wenn sich der Unternehmer und der Influencer nicht, noch nicht oder in rechtsunwirksamer Weise über Vertragspunkte geeinigt haben. Anwendbar bleibt das Handelsvertreterrecht auch bei Nichtigkeit des Vertrags. An die Stelle

1058 BGH, WM 1984, 556; Abrahamczik, Der Handelsvertretervertrag, S. 2; HK-HGB/*J.Keßler* § 84 Rn. 42.
1059 BGH, NJW-RR 1987, 546.
1060 Verpflichtet sich der Handelsvertreter, für die Erfüllung der Verbindlichkeiten aus einem Geschäft einzustehen, übernimmt er das Delkredererisiko, wofür ihm wiederum gem. § 86b Abs. 1 S. 1 HGB eine Delkredereprovision zusteht, vgl. Kapp/Schumacher, EuZW 2008, 167.
1061 Abrahamczik, Der Handelsvertretervertrag, S. 2; Eberstein, Der Handelsvertretervertrag, S. 67.
1062 BGH, NJW-RR 1987, 546.
1063 EBJS/*Löwisch* HGB § 84 Rn. 47.
1064 Vgl. BGH, NJW 1974, 852.
1065 BGH, NJW 1974, 852.
1066 EBJS/*Löwisch* HGB § 84 Rn. 48.

der unwirksamen vertraglichen Vereinbarungen treten dann die gesetzlichen Bestimmungen der §§ 84–92c HGB.[1067]

Beauftragt also ein E-Commerce-Unternehmen einen Influencer vertraglich damit, Produkte mit Hilfe von Affiliate-Links zu bewerben, und liegen auch die übrigen Voraussetzungen des § 84 HGB vor, kann eine Handelsvertretertätigkeit auch angenommen werden, ohne dass sich die Parteien hierüber bewusst waren. Eine positive Kenntnis der Vorschrift ist nicht erforderlich. Allerdings können im Vertrag niedergelegte Vereinbarungen, die mit den unabdingbaren gesetzlichen Regelungen nicht in Einklang stehen, darauf hindeuten, dass ein Handelsvertretervertrag nicht geschlossen wurde.[1068] Denn trotz der Möglichkeit des Abschlusses eines Handelsvertretervertrags durch schlüssiges Verhalten kommt es für die rechtliche Einordnung auf alle Umstände des Einzelfalls,[1069] einschließlich der Intention und der Zielvorstellung des Unternehmers an. Es liegt auf der Hand, dass der Unternehmer nicht mit jedem Influencer, der ohne seine Kenntnis und ungefragt – möglicherweise in Erwartung eines Vertragsschlusses – einen Handelsvertretervertrag abschließen möchte. Somit können sich die »angemaßten« Influencer evident nicht selbständig zum Schutzbereich der Handelsvertretervorschriften emporheben, um Provisions- und Ausgleichsansprüche geltend zu machen. »Angemaßte« Influencer sind diejenigen, die getreu dem Motto »fake it, till you make it« versuchen, durch Vortäuschen eines Vertragsverhältnisses mit einer Marke Aufmerksamkeit zu erzeugen, um letztlich in den Genuss eines Influencer-Vertrags zu kommen.[1070] Dabei geht es nicht um die triviale Tatsache, dass jedes Individuum Einfluss auf seine Mitmenschen ausübt, sondern um die vorsätzliche Vorspiegelung von Vertragsbeziehungen zu einem Unternehmen.[1071] Zwar kann ein wirksames Handelsvertretervertragsverhältnis auch dann zustande kommen, wenn der Handelsvertreter seine Tätigkeit bereits mit Wissen und Wollen des Unternehmers im Vorgriff auf einen zukünftig noch abzuschließenden Vertrag aufnimmt.[1072] Geht man von der Erwartung des Influencers aus, durch die Werbung für ein Produkt des Unternehmens von Letzterem entdeckt, um in Zukunft für sein Handeln vergütet zu werden, stellt sich hier die Frage nach der Auslegung des »Wissens und Wollens« des Unternehmens. Um latenten Influencern oder solchen, die es werden möchten, die Möglichkeit zu nehmen, sich durch Täuschung Provisionsansprüche oder Bucheinsichtsrechte zu verschaffen, sind an das Wissen und Wollen der Unternehmen hohe Anforderungen zu stellen. Zwar mag es für Unternehmen zunächst

1067 EBJS/*Löwisch* HGB § 84 Rn. 49.
1068 EBJS/*Löwisch* HGB § 84 Rn. 66.
1069 BGH, NJW-RR 1987, 546.
1070 Rauer/Kempf, WRP 2022, 817, 825.
1071 Borsch, MMR 2018, 127.
1072 EBJS/*Löwisch* HGB § 84 Rn. 50.

erfreulich anmuten, wenn Nichtbeauftragte scheinbar kostenlos für ihre Produkte werben. Dies jedoch kann nicht ausreichen, um den Willen des Unternehmens über die Aufnahme einer Tätigkeit zu unterstellen. Vielmehr sollte im Interesse der Rechtssicherheit ein gewisses Maß an Vertragsverhandlungen anhand einer dahingehenden Korrespondenz nachweisbar sein, um einen solchen Willen annehmen zu können. Nimmt das Unternehmen nach Kenntnis der Sachlage den vertragslosen Zustand für einen längeren Zeitraum hin, kann dies im schlimmsten Fall ein Indiz für den Verzicht auf den Abschluss eines formellen Vertrags und damit für den stillschweigenden Abschluss eines Dauervertrags sein.[1073] Wird die ungewollte Tätigkeit eines Influencers bekannt, sollte ihm schriftlich mitgeteilt werden, dass das Unternehmen keine Werbung für die eigenen Produkte – gegebenenfalls auch unter Verwendung von Affiliate-Links – von Seiten des Influencers in Anspruch nehmen möchte. Auf diese Weise vermeidet man Beweisschwierigkeiten hinsichtlich des »Wissens und Wollens« des Unternehmens und läuft nicht Gefahr, sich durch die Tätigkeit eines Influencers im Vorgriff auf einen Vertragsschluss Provisionsansprüchen oder ähnlichen Schutzrechten der §§ 84ff. HGB auszusetzen. Dies mag auf den ersten Blick nach einem theoretischen Problem klingen. Jedoch ist es mittlerweile keine Seltenheit mehr, dass Influencer auch auf eigene Initiative auf Unternehmen zugehen, um ihre Dienste anzubieten und zu versuchen, den für sie größtmöglichen Vorteil aus einer potentiellen Kooperation zu generieren. Einerseits steht hierhinter offensichtlich eine monetäre Motivation. Andererseits wurde bereits die Authentizität von Influencern moniert, die vorbehaltlos Produkte empfehlen, die sie nicht einmal selbst ausgewählt haben.[1074] Die Initiative zu ergreifen und sogar einen Schritt auf ein Unternehmen zuzugehen mit der Absicht, ein ganz bestimmtes Produkt zu bewerben, das der jeweilige Influencer tatsächlich vorher getestet, für gut befunden und im Idealfall auch selbst bezahlt hat, sollte daher nicht von vornherein verurteilt werden. Was hingegen einer Verurteilung nicht verschlossen bleiben sollte, ist der Versuch, ohne entsprechende vertragliche Vereinbarung Handelsvertreter werden zu wollen, indem man unaufgefordert tätig wird.

Etwas weniger risikoreich für Unternehmer ist ein Tätigwerden von Influencern in dem Zeitraum, in dem der Vertragsschluss unmittelbar bevorsteht, die Vertragsurkunde jedoch beispielsweise noch nicht unterzeichnet wurde. Wird der Influencer bereits in dieser Schwebezeit ohne Einverständnis des Unternehmers tätig, wird zwar kein Handelsvertretervertragsverhältnis begründet, es bestehen aber dennoch nach § 354 Abs. 1 HGB Provisions- und nach § 242 BGB die zu ihrer Durchsetzung benötigten Informationsansprüche, da der Auftrag-

1073 EBJS/*Löwisch* HGB § 84 Rn. 50.
1074 Vgl. bereits Kap. 2 IV.

geber der Vermittlungstätigkeit stillschweigend zugestimmt hat.[1075] Dies bedarf jedoch keines den Unternehmer schützenden Ausgleichs und ist auch nicht von Grund auf unbillig, da das Handelsvertreterverhältnis ohnehin zustande kommen sollte. Das Tätigwerden entsprach in diesem Fall dem übereinstimmenden Willen der Parteien. Daher erscheint es gerechtfertigt, dass, soweit der Influencer bereits in der Schwebezeit Geschäfte vermittelt, diese auch provisioniert werden. Insbesondere darf der Unternehmer seine Unterschrift später nicht im Hinblick auf § 242 BGB verweigern können, um Provisionen für in der Schwebezeit abgeschlossene Geschäfte zu verhindern.

2. Versuch sich zu einem Handelsvertreter aufzuschwingen: Der »gewillkürte« Handelsvertreter

In der Einleitung wurde die Frage aufgeworfen, ob ein sogenannter »gewillkürter« Handelsvertreter selbständig den Anwendungsbereich der §§ 84ff. HGB eröffnen kann. Diese Problematik steht im Raum, wenn sich ein Influencer über den Inhalt seines Vertrags hinwegsetzt und beispielsweise entgegen der Vereinbarungen einen Affiliate-Link in einem Beitrag platziert. Es stellt sich die Frage, ob die Vorschriften des HGB auch auf diesen Influencer angewendet werden können. Würde dies nicht wiederum eine ungerechtfertigte Benachteiligung der anderen Vertragspartei darstellen? Oder muss eine mehrdeutige Vertragsgestaltung in Bezug auf die vertraglichen Pflichten dann sogar zu Lasten des auftraggebenden Unternehmers gehen? Eine Abweichung vom Grundsatz pacta sunt servanda sollte doch möglichst von vornherein ausgeschlossen werden. Im Gegensatz zu den in der Literatur als »angemaßte« Influencer[1076] bezeichneten Personen, die überhaupt nicht Vertragspartei sind, besteht zwischen dem »gewillkürten« Influencer-Handelsvertreter und einem Unternehmer zwar zunächst tatsächlich ein Vertragsverhältnis. Verpflichtet wurde der Influencer jedoch lediglich zu einer Produktinszenierung oder -platzierung. Die Installation von Affiliate-Links wurde nicht vereinbart, jedoch legt der Influencer solche nun beispielsweise seiner zu veröffentlichenden Story zugrunde. Eine Einstufung als Handelsvertreter hätte für Influencer, die ohne vertragliche Vereinbarung Affiliate-Links zum Shop eines Unternehmens installieren, offensichtlich den Vorteil, in den Schutzbereich der handelsrechtlichen Vorschriften der §§ 84ff. HGB zu gelangen. Hierzu gehört auch der § 89b HGB. Nun könnte man meinen,

1075 EBJS/*Löwisch* HGB § 84 Rn. 51.

1076 Vgl. Borsch, MMR 2018, 127; Leeb/Maisch, ZUM 2019, 29, 39; Mach, WRP 2018, 1166, 1170; Rauer/Kempf WRP 2022, 817, 825; Terhaag/Schwarz, Influencer-Marketing, § 2 Rn. 182–185; Timmermann/Berndt WRP 2020, 996, 999.

dass der Influencer sich insoweit selbständig zum Handelsvertreter erheben kann, dass er nach Beendigung des Vertrags neben seiner ausgehandelten Vergütung einen Anspruch aus § 89b HGB geltend machen könnte. Ein solcher – geradezu betrügerischer – Versuch, sich eigenständig in den Schutzbereich der Handelsvertretervorschriften zu erheben, kann indes keinen Erfolg haben. Zunächst einmal besteht keine vertragliche Pflicht zum Tätigwerden, die die Installation eines Affiliate-Links einschließt. Der Influencer würde sich möglicherweise bemühen, für einen Unternehmer über diesen Link Geschäfte zu vermitteln, war aber vertraglich nicht dazu verpflichtet. Wer aber lediglich freiwillig Geschäfte für einen anderen abschließt oder vermittelt, ohne dazu vertraglich verpflichtet zu sein, ist kein Handelsvertreter, hat dementsprechend nicht die Rechte und Pflichten eines solchen.[1077] Zudem könnte der Influencer die Anzahl der nachzuweisenden Vertragsabschlüsse für § 89b HGB mangels – noch zu beleuchtender – Tracking-Möglichkeiten überhaupt nicht beziffern. Wenn kein taugliches Trackingwerkzeug installiert wurde, kann der Influencer etwaige Vertragsschlüsse kaum nachweisen. In einem solchen Fall erscheint auch die Anwendung des § 242 BGB für die Geltendmachung von Informationsansprüchen zur Führung dieses Nachweises fernliegend. Der Influencer ist daher gut beraten, sich stets an die vertraglich vereinbarten Spezifikationen und das Briefing zu halten. Denn ohnehin können sie sich nicht selbständig in den Status eines Handelsvertreters erheben, indem sie trotz des ausdrücklichen Ausschlusses der Verwendung eines Affiliate-Links bei der Beauftragung einen solchen in ihre Beiträge einbauen. In diesem Fall wird kein Handelsvertreterverhältnis begründet.

3. Versuch der Umgehung eines Handelsvertreterverhältnisses durch Anheimstellen der Nutzung von Affiliate-Links und reine Betätigungsmöglichkeit

Umgekehrt darf aber auch der Blickwinkel der Influencer beauftragenden Unternehmer nicht außer Acht gelassen werden. Im Gegensatz zu Arbeitnehmern gelten für Handelsvertreter grundsätzlich keine Schutzvorschriften aus dem BGB oder Spezialgesetzen wie dem KSchG, EntgFG oder ArbSchG. Zum Ausgleich dafür schützen die §§ 84ff. HGB den Handelsvertreter vor ungerechtfertigten Benachteiligungen. Doch was geschieht, wenn dem Influencer im Vertrag und im Briefing die Installation eines Affiliate-Links und damit die Wahl seiner Handlungsoption selbst überlassen wird? In diesem Fall läge jedenfalls keine vertragliche Pflichtverletzung vor, wenn der Influencer, ohne dass der Auftraggeber

1077 OLG Bamberg, MDR 1966, 55; Martinek/Bergmann, WRP 2006, 1047, 1060, Fn. 34.

von der möglichen Anwendung des Handelsvertreterrechts wusste, von Affiliate-Links Gebrauch macht. Die meist zu vage gehaltenen Influencer-Briefings erscheinen in diesem Zusammenhang problembehaftet. Denn sie geben einem Influencer zwar Vorgaben für die Art und Durchführung von Kooperationen, lassen ihm aber einen breit gefächerten kreativen Gestaltungsspielraum.[1078] So werden zwar sämtliche Inhalte geplanter Posts von den Werbetreibenden freigegeben, um eine Kampagne im Interesse der Marke umzusetzen, doch um die Authentizität des Influencers zu gewährleisten, entscheidet dieser selbst über das Aussehen des finalen Posts.[1079] Dies ebnet wiederum den Weg zum Handelsvertreterrecht, ohne dass auch nur eine Vertragspartei daran gedacht hätte. Daher ist der Intention der Vertragsparteien, ob es sich bei ihrer Zusammenarbeit um eine Affiliate-Marketing-Kooperation handeln soll, eine erhöhte Relevanz beizumessen. Besteht keine Verpflichtung zur Schaltung eines Affiliate-Links, sondern bleibt die Auswahl der Werbung dem Influencer überlassen, liegt kein Handelsvertreterverhältnis vor, da es an der Verpflichtung fehlt, sich um die Vermittlung einer zunächst unbestimmten Anzahl von Geschäftsabschlüssen zu bemühen.

Aus diesem Grund ist in der Vertragsgestaltung folgendes zu beachten, um eine Umgehung der handelsvertreterschützenden Vorschriften zu vermeiden: Eine Vereinbarung wie die, dass es einem Influencer selbst obliegt, für einen Unternehmer überhaupt tätig zu werden – beispielsweise indem er werbliche Beiträge mittels Affiliate-Links gestaltet – um nur dann beliebig vergütet zu werden, stellt keinen Handelsvertretervertrag, sondern gegebenenfalls einen Maklervertrag dar. Eine solche Abrede, die den Handelsvertreter von seiner Tätigkeitspflicht freistellt, ist zwar durchaus zulässig, entzieht dem Vertragsverhältnis jedoch seinen handelsvertreterrechtlichen Charakter.[1080] Die reine Möglichkeit, für einen Unternehmer tätig zu werden und das Anheimstellen etwaige Beiträge hochzuladen, kann daher nicht ausreichen, um die Vorschriften zum Schutz des Handelsvertreters zur Anwendung gelangen zu lassen. Dies darf jedoch nicht dazu führen, dass Unternehmer, in Kenntnis der Verpflichtungsvoraussetzungen, die Vorschriften der §§ 84ff. HGB umgehen können. Es ist vorstellbar, dass ein Unternehmer in diesem Bewusstsein einen Influencer beauftragt, werbliche Beiträge für sein Unternehmen zu posten. In diesem Fall könnte auch vertraglich festgehalten werden, dass der Influencer zum Hochladen

1078 A. A. Firsching/Bersch, Influencer Marketing für Unternehmen, S. 7, abrufbar unter: https://www.futurebiz.de/wp-content/uploads/2016/03/Influencer-Marketing-White-Paper-Futurebiz.pdf (zuletzt abgerufen am 28.08.2023). Diese gehen aufgrund des Briefings, der Zusammenarbeit und der Begleitung der Influencer nicht von einem Kontrollverlust aus.

1079 Nirschl/Steinberg, Einstieg in das Influencer Marketing, S. 36.

1080 Dehner, NJW 1993, 2225, 2226.

etwaiger Beiträge verpflichtet wird. Dagegen ist nicht ohne weiteres davon auszugehen, dass sich die Tätigkeitspflicht zwangsläufig auch auf die Verwendung eines Affiliate-Links bezieht. Der Unternehmer könnte die Regelungen zum Schutz des Handelsvertreters durch eine Nuance im Vertrag insoweit umgehen, als dass der Influencer bei fehlender Verpflichtung zur Nutzung eines Affiliate-Links – trotz einer generellen Handlungspflicht – nicht unter die Handelsvertreterregelungen fallen würde. So wurde in der Vergangenheit insbesondere mit unliebsamen Arbeitnehmern verfahren, die nicht als solche, sondern als »freie Mitarbeiter« behandelt wurden, um Lohnsteuer und Sozialversicherungsbeiträge einzusparen.[1081] Mitunter werden aber auch beauftragte Handelsvertreter bewusst als »freie Mitarbeiter« deklariert, um die rechtlichen Konsequenzen aus dem Handelsvertreterrecht – insbesondere des § 89b HGB – auszuschließen.[1082] Der EuGH hat dieses Problem erkannt und bereits 2019 judiziert:

> »Insoweit ist zum einen festzustellen, dass der Handelsvertreter nicht vom Schutz mit der Begründung ausgeschlossen werden kann, dass der Vertrag mit dem Unternehmer die Verrichtung anderer Tätigkeiten als der mit der Handelsvertretertätigkeit verbundenen Aufgaben vorsehe. Denn die gegenteilige Auslegung liefe darauf hinaus, es zuzulassen, dass sich der Unternehmer den zwingenden Bestimmungen der Richtlinie 86/653, insbesondere denen über seine Pflichten gegenüber dem Handelsvertreter, entzieht, indem er im Vertrag andere Tätigkeiten als die mit der Handelsvertretertätigkeit verbundenen Aufgaben vorsieht.«[1083]

In der Vertragsgestaltung ist die Verpflichtung zur Installation von Affiliate-Links demnach besonders zu berücksichtigen. Im Falle des Ausschlusses dieser Pflicht bestünde zwar eine Handlungsobliegenheit, nämlich das Posten von eigens kreierten Beiträgen, nicht aber im Hinblick auf die ständige Betrauung, sich um die Vermittlung und den Abschluss von Geschäften zu bemühen, wie es für die Annahme eines Handelsvertreterverhältnisses erforderlich ist.[1084] Findet die Pflicht zur Verwendung von Affiliate-Links hingegen Eingang in die Vertragsurkunde, liegen die Voraussetzungen für letzteres und somit auch ein Handelsvertreterverhältnis vor.

1081 Vgl. bezüglich des Problems der Scheinselbständigkeit zum Einsparen von Lohnsteuer und Sozialversicherungsbeiträgen Bodem, ArbRAktuell 2012, 213; Holthausen, RdA 2020, 92; Mette, NZS 2015, 721; insbesondere bei Handelsvertretern Küstner, BB 1999, 541; Oberthür/Lohr, NZA 2001, 126.

1082 Küstner/Thume/*Küstner* VertriebsR-HdB I Rn. 76.

1083 EuGH, ZVertriebsR 2019, 20, 24.

1084 BGH, NJW 1972, 251; EBJS/*Löwisch* HGB § 84 Rn. 108.

4. Der Abschluss eines Handelsvertretervertrags mit im Ausland – insbesondere in den Vereinigten Arabischen Emiraten – wohnhaften Influencern

Influencer zieht es zunehmend in steuerlich günstigere Destinationen dieser Welt. Dubai in den Vereinigten Arabischen Emiraten ist in dieser Hinsicht besonders beliebt, da es dem Influencer nach einer Zusammenarbeit ein höheres Nettoeinkommen aus dem Bruttoverdienst bietet, insbesondere aus einkommensteuerlicher Sicht. Fraglich ist in diesem Zusammenhang, welches Handelsvertreterrecht auf internationale Handelsvertreterverträge anwendbar ist. Dies hängt grundsätzlich von der ausdrücklichen oder stillschweigenden Parteivereinbarung ab.[1085] Gemäß Art. 19 Abs. 1 Nr. 1 Handelsvertretergesetz der Vereinigten Arabischen Emirate (HVG VAE), der den Grundsatz der Parteiautonomie normiert, gilt dies auch für in Dubai ansässige Influencer, sodass das anwendbare Recht grundsätzlich von den Parteien vereinbart werden könnte.[1086] Eingeschränkt wird dieser Grundsatz wiederum von Art. 27 Zivilgesetzbuch VAE, wonach das ausländische Recht nicht gegen Grundsätze der Scharia, der öffentlichen Ordnung oder der Grundsätze von Treu und Glauben verstoßen darf, wobei zu letztgenanntem auch das HVG VAE zählt.[1087] Ist eine Parteivereinbarung nicht ersichtlich, gilt der sogenannte hypothetische Parteiwille, bei dem es objektiv darauf ankommt, wo der Schwerpunkt des Vertragsverhältnisses liegt.[1088] Im Zweifelsfall bestimmen die Emirate diesen anhand des Wohnsitzes eines Influencers.

a) Lösung Rechtswahlklausel?

Als Konsequenz hieraus ergibt sich, dass Gerichte auch bei anderslautenden Vereinbarungen das emiratische HVG anzuwenden pflegen.[1089] Für Vertragskonstellationen, in denen deutschsprachige Influencer, die sich mit ihren Kooperationen auch primär an den deutschsprachigen Raum wenden sollen, ist es daher alles andere als ausgemacht, dass deutsches Vertrags- oder Handelsvertreterrecht Anwendung findet.[1090] Denn ein deutscher Handelsvertretervertrag,

1085 Piper, Höchstrichterliche Rechtsprechung zum Handelsvertreterrecht, Rn. 21.

1086 Rödl & Partner/*Reindel/Seiffert*, Handbuch internationales Handelsvertreterrecht, S. 388.

1087 Rödl & Partner/*Reindel/Seiffert*, Handbuch internationales Handelsvertreterrecht, S. 388.

1088 BGH, DB 1962, 834; Piper, Höchstrichterliche Rechtsprechung zum Handelsvertreterrecht, Rn. 21.

1089 Rödl & Partner/*Reindel/Seiffert*, Handbuch internationales Handelsvertreterrecht, S. 388.

1090 Insbesondere kann der praktisch höchst relevante Ausgleichsanspruch des § 89b HGB ausgeschlossen werden, soweit der Handelsvertreter seine Tätigkeit außerhalb des Europäischen Wirtschaftsraums (EWR) ausübt. Unterliegt der Handelsvertretervertrag deutschem Recht, so ergibt sich dies bereits aus § 92c Abs. 1 HGB. Wählen die Parteien das

der die ausschließliche Zuständigkeit deutscher Gerichte vorsieht, greift in die Justizhoheit des betreffenden ausländischen Staates ein, was die Mehrzahl dieser Staaten nicht duldet.[1091] Die Frage, welches materielle Recht einem internationalen Handelsvertretervertrag zugrunde zu legen ist, bestimmt sich dann nicht mehr nach der Vereinbarung der Parteien, sondern nach den Regeln zur Bestimmung des anwendbaren Rechts des jeweiligen Staates, dessen Gerichte von einer der Parteien zur Entscheidung über den Vertrag angerufen werden.[1092] Befasst sich also ein deutsches Gericht mit einer Streitigkeit aus einem internationalen Handelsvertretervertrag, wendet es insbesondere die Grundsätze des deutschen internationalen Privatrechts an.[1093] Wird folglich ein Gericht eines anderen Staates von einer der Parteien angerufen, so wird es die Frage, welches materielle Recht anwendbar ist, nach seinen eigenen Regeln des internationalen Privatrechts entscheiden und diese entsprechend anwenden.[1094] Zu beachten ist insbesondere, dass die Bereitschaft der Gerichte, ausländisches materielles Recht anzuwenden, gering ist, selbst wenn sie nach ihrem jeweiligen internationalen Privatrecht dazu verpflichtet wären.[1095] Daher lassen diese Gerichte häufig Klagen auch dann zu, wenn im Handelsvertretervertrag die ausschließliche Zuständigkeit der deutschen Justiz vereinbart wurde.[1096] Fehlt eine Rechtswahl, unterliegt der Handelsvertretervertrag dem Recht des Landes, zu dem er die engsten Verbindungen aufweist.[1097] Inzwischen ist allgemein anerkannt, dass dies im Zweifelsfall das Recht des Staates ist, in dem der Handelsvertreter seinen Sitz hat, da er dort die vertragstypische Leistung erbringt.[1098] Dementsprechend will man im Zweifel auch das dort vorliegende geltende Recht anwenden.[1099] Dies gilt auch

---

Recht eines Drittstaats, das keinen der Handelsvertreterrichtlinie entsprechenden zwingenden Ausgleichsanspruch normiert, ergibt sich die Ausschlussmöglichkeit hingegen aus Art. 9 Rom I-VO, da der Ausgleichsanspruch in der jeweils nationalen Umsetzung bei starkem Gemeinschaftsbezug international zwingendes Recht ist. Der Gemeinschaftsbezug liegt hingegen nicht vor, wenn der Handelsvertreter seine Tätigkeit nicht im EWR ausübt. Vgl. zu vorstehendem Teichmann/Wauschkuhn, ZVertriebsR 2012, 274, 281.

1091 Detzer/Ullrich, Gestaltung von Verträgen mit ausländischen Handelsvertretern und Vertragshändlern, Rn. 398.

1092 Rödl & Partner/*Felsner*, Handbuch internationales Handelsvertreterrecht, S. 3.

1093 Detzer/Ullrich, Gestaltung von Verträgen mit ausländischen Handelsvertretern und Vertragshändlern, Rn. 441; Rödl & Partner/*Felsner*, Handbuch internationales Handelsvertreterrecht, S. 3.

1094 Rödl & Partner/*Felsner*, Handbuch internationales Handelsvertreterrecht, S. 5.

1095 Rödl & Partner/Felsner, Handbuch internationales Handelsvertreterrecht, S. 5.

1096 Detzer/Ullrich, Gestaltung von Verträgen mit ausländischen Handelsvertretern und Vertragshändlern, Rn. 397.

1097 Detzer/Ullrich, Gestaltung von Verträgen mit ausländischen Handelsvertretern und Vertragshändlern, Rn. 452.

1098 Detzer/Ullrich, Gestaltung von Verträgen mit ausländischen Handelsvertretern und Vertragshändlern, Rn. 452.

1099 Eberstein, Der Handelsvertretervertrag, S. 182.

dann, wenn deutsche Influencer, die in den Emiraten ansässig sind, ihre Inhalte für deutsche Unternehmer und Follower produzieren. Denn auch wenn ein Handelsvertreter ausschließlich Geschäfte in einem Drittstaat vermittelt, ist seine Niederlassung für das anwendbare Recht entscheidend.[1100] Für deutsche Unternehmer birgt all das mehrere Gefahren. Am Beispiel Dubai wird dabei insbesondere eines deutlich: Das Recht der Vereinigten Arabischen Emirate ist protektionistischer Natur, schützt den Handelsvertreter also umfassender als das deutsche Recht.[1101] Das hat zur Folge, dass eine Kündigung von Handelsvertreterverträgen praktisch kaum möglich und wenn, stets mit hohen Abfindungszahlungen (meist drei Jahresprovisionen), verbunden ist.[1102] Gerichte der Vereinigten Arabischen Emirate würden im Zweifel auch kein deutsches Recht anwenden, sondern Klagen von Handelsvertretern zulassen, sogar wenn ein Vertrag mit Rechtswahlklausel vorliegt. Selbst mit Hinweis auf die Rechtswahlklausel und den Ausschluss von Abfindungen würden die Gerichte dem Handelsvertreter eine hohe Abfindung zusprechen und zu dem Ergebnis kommen, dass diese Klauseln unwirksam sind.[1103] Ein dahingehendes Urteil wäre in Deutschland in Anbetracht des § 328 Abs. 1 ZPO nicht vollstreckbar, in den Vereinigten Arabischen Emiraten hingegen schon.[1104]

Die Vertragskonstellation mit in Dubai ansässigen Influencern ist dabei insbesondere auch im Hinblick auf Art. 2 HVG VAE interessant. Demnach ist es Voraussetzung, dass eine natürliche Person Staatsangehöriger der Vereinigten Arabischen Emirate ist, um Handelsvertreter sein zu können.[1105] Auch die Eintragung ins Handelsvertreterregister des Wirtschaftsministeriums ist obligatorisch, damit das HVG VAE seinen Schutz für den Betroffenen entfaltet. Diese Anforderungen könnten für Influencer mit deutscher Staatsangehörigkeit, die in Dubai oder anderen Emiraten ansässig sind, in Zukunft relevant werden, wenn die Gerichte der Vereinigten Arabischen Emiraten Influencer dem Grunde nach als Handelsvertreter einstufen. Dann wären sie – jedenfalls mittelbar – dazu gezwungen, die Staatsangehörigkeit der Vereinigten Arabischen Emiraten anzunehmen, zumindest um sich auf die nationalen Vorschriften zu berufen.

1100 Detzer/Ullrich, Gestaltung von Verträgen mit ausländischen Handelsvertretern und Vertragshändlern, Rn. 452.

1101 Detzer/Ullrich, Gestaltung von Verträgen mit ausländischen Handelsvertretern und Vertragshändlern, Rn. 463; vgl. zum zwingenden Ausgleichsanspruch nach belgischem Recht trotz Rechtswahlklausel zugunsten bulgarischen Rechts Gräfe/Giesa, ZVertriebsR 2014, 29.

1102 Detzer/Ullrich, Gestaltung von Verträgen mit ausländischen Handelsvertretern und Vertragshändlern, Rn. 466.

1103 Detzer/Ullrich, Gestaltung von Verträgen mit ausländischen Handelsvertretern und Vertragshändlern, Rn. 466.

1104 Detzer/Ullrich, Gestaltung von Verträgen mit ausländischen Handelsvertretern und Vertragshändlern, Rn. 467.

1105 Rödl & Partner/*Reindel*/*Seiffert*, Handbuch internationales Handelsvertreterrecht, S. 385.

b) Gerichtsstands- und Schiedsklausel

Grundsätzlich bemisst sich die internationale Zuständigkeit eines Gerichts, das im Zusammenhang mit einem Handelsvertretervertrag angerufen wird, nach dem Prozessrecht eines jeden einzelnen Landes.[1106] Aus europäischer Sicht ist eine hiervon abweichende Gerichtsstandsvereinbarung[1107] jedoch grundsätzlich gemäß Art. 23 Abs. 1 EuGVVO möglich, da die Vorschrift voraussetzt, dass die Vertragsparteien die Vereinbarung ausdrücklich und schriftlich treffen, sie Rechtsstreitigkeiten aus einem bestimmten Rechtsverhältnis betrifft, und die Gerichte eines EU-Mitgliedstaats als zuständig vereinbart werden.[1108] Außerhalb des Geltungsbereichs der EuGVVO muss erforscht werden, ob das Prozessrecht desjenigen Landes, dessen Gericht als zuständig vereinbart wurde, die Verweisung unter Umständen gar nicht annimmt.[1109] Im speziellen Fall der Inanspruchnahme von Influencern, die ihren Wohnsitz in den Vereinigten Arabischen Emiraten haben, sind bei Rechtsstreitigkeiten über registrierte Handelsvertretungen gemäß Art. 6 HVG VAE ausschließlich die Gerichte der Vereinigten Arabischen Emirate zuständig,[1110] eine Annahme würde wohl nicht erfolgen. Nach deutscher Rechtsauffassung ist bei Fortbleiben einer ausdrücklichen oder stillschweigenden Vereinbarung über den Gerichtsstand der mutmaßliche oder hypothetische Parteiwille maßgeblich, der anhand des objektiven Schwerpunkts des Vertragsverhältnisses zu ermitteln ist.[1111] Dieser liegt regelmäßig am Tätigkeitsort des Handelsvertreters. Dass dies wiederum nur eine Zweifelsregelung ist, zeigt erneut das Beispiel der Inanspruchnahme deutscher Influencer, die im Ausland tätig sind, ihre Beiträge jedoch primär für den deutschen Markt und ihre deutschen Follower konstruieren: Hier würde die Auslegung des gemeinsamen Willens der Parteien wohl ergeben, dass ein deutscher Gerichtsstand für Rechtsstreitigkeiten gelten soll. Es kann nicht davon ausgegangen werden, dass sich ein deutscher Influencer grundsätzlich einer ausländischen Gerichtsbarkeit unterwerfen möchte. Insbesondere in einem solchen Fall empfiehlt es sich, vertraglich den Gerichtsstand am Sitz des Unternehmers und – trotz Unge-

1106 Detzer/Ullrich, Gestaltung von Verträgen mit ausländischen Handelsvertretern und Vertragshändlern, Rn. 415; Rödl & Partner/*Felsner*, Handbuch internationales Handelsvertreterrecht, S. 5.

1107 Für den Abschluss einer Gerichtsstandsvereinbarung müssten die Parteien entsprechend § 38 Abs. 1 ZPO jeweils Kaufmann sein. Nicht unumstritten ist die Frage, ob der Handelsvertreter mit dem Unternehmer, der nicht Kaufmann i. S. d. HGB ist, eine Gerichtsstandsvereinbarung abschließen kann. Vgl. dazu Röhricht/Graf von Westphalen/Haas/*Thume* HGB § 84 HGB Rn. 17.

1108 Rödl & Partner/*Felsner*, Handbuch internationales Handelsvertreterrecht, S. 6.

1109 Rödl & Partner/*Felsner*, Handbuch internationales Handelsvertreterrecht, S. 6.

1110 Rödl & Partner/*Reindel/Seiffert*, Handbuch internationales Handelsvertreterrecht, S. 388.

1111 Eberstein, Der Handelsvertretervertrag, S. 181.

wissheit der Erfolgsaussicht – die Anwendung deutschen Rechts ausdrücklich zu vereinbaren.[1112] Eine diesbezügliche Vertragsklausel[1113] könnte lauten:

> 11.5 Der Vertrag unterliegt dem Recht der Bundesrepublik Deutschland. Für alle Streitigkeiten aus der Vereinbarung ist, soweit nicht gesetzlich zwingend etwas anderes bestimmt ist, als Gerichtsstand Berlin vereinbart.

Existiert keine Vereinbarung über den Gerichtsstand, können Unternehmen aus den Staaten des Luganer Übereinkommens an ihrem Sitz verklagt werden, Handelsvertreter aus selbigen Ländern müssen das Unternehmen grundsätzlich vor deutschen Gerichten verklagen.[1114]

Schließlich ist es auch ratsam, eine Schiedsklausel zu vereinbaren. Denn während nur ca. 30 Länder zulassen, ihre Justiz durch die Vereinbarung deutscher Gerichte zu derogieren, sind es ca. 120 Staaten, die die Derogation ihrer Gerichte bei Schiedsklauseln zulassen.[1115] Zwar ist die Vereinbarung einer Schiedsklausel in den Vereinigten Arabischen Emiraten gemäß Art. 6 HGV ausgeschlossen.[1116] Insbesondere im Hinblick auf weitere arabische Länder ist eine solche Schiedsklausel jedoch empfehlenswert: Denn die Vollstreckung von Schiedssprüchen ist in arabischen Ländern in der Regel leichter, als die von Entscheidungen ausländischer Gerichte.[1117]

II. Während der Vertragslaufzeit relevante Vorschriften des Handelsvertreterrechts

Nach der hier vertretenen Auffassung können Influencer Handelsvertreter im Sinne des § 84 HGB sein. Dafür müssen die in den vorangegangenen Kapiteln untersuchten Voraussetzungen kumulativ vorliegen und im konkreten Fall dürfte keine Klassifizierung unter eine vom Handelsvertreter abweichende, im Vertrieb eingesetzte Berufsgruppe, naheliegender sein. Aus diesen neuen Erkenntnissen ergeben sich zahlreiche Ansatzpunkte, die in Zukunft bei Influencer-Marketing-Kooperationen berücksichtigt werden müssen. Die Einordnung als Handelsvertreter hat insbesondere während der Vertragslaufzeit weitrei-

1112 Eberstein, Der Handelsvertretervertrag, S. 182; Küstner/Thume/*Thume* VertriebsR-HdB I Rn. 2453.

1113 Auch diese und die folgenden Vertragsklauseln dieses Kapitels entstammen dem Erfahrungsschatz des Verfassers aus seiner Kanzleitätigkeit.

1114 Detzer/Ullrich, Gestaltung von Verträgen mit ausländischen Handelsvertretern und Vertragshändlern, Rn. 408.

1115 Detzer/Ullrich, Gestaltung von Verträgen mit ausländischen Handelsvertretern und Vertragshändlern, Rn. 400.

1116 Rödl & Partner/*Reindel*/*Seiffert*, Handbuch internationales Handelsvertreterrecht, S. 388.

1117 Emde, Vertriebsrecht, Vor § 84 Rn. 511.

chende Auswirkungen auf die jeweiligen Rechte und Pflichten der Vertragsparteien. Aber auch nach Beendigung der Zusammenarbeit können noch verschiedene Vorschriften des Handelsvertreterrechts auf die dann ehemaligen Vertragsparteien einwirken, worauf noch zu rekurrieren ist.

1. Provisionsanspruch nach § 87 HGB

> »Der Handelsvertreter hat einen Anspruch auf Provision für alle während des Vertragsverhältnisses abgeschlossenen Geschäfte, die auf seine Tätigkeit zurückzuführen sind oder mit Dritten abgeschlossen werden, die er als Kunden für Geschäfte der gleichen Art geworben hat«

heißt es in § 87 Abs. 1 S. 1 HGB. Die zweite Alternative schützt den Handelsvertreter vor Direktgeschäften des Unternehmens und honoriert die Werbung von Stammkunden, indem unwiderlegbar vermutet wird, dass die Tätigkeit des Handelsvertreters mitursächlich für Folgebestellungen des Kunden geworden ist.[1118] Darüber hinaus billigt § 87 HGB dem Handelsvertreter auch für solche Geschäfte Provisionsansprüche zu, die zwar vor Beendigung des Handelsvertretervertrags abgeschlossen, aber erst nach diesem Zeitpunkt ausgeführt wurden (sogenannte Überhangprovision).[1119]

Die Provision für die vom Handelsvertreter vermittelten Geschäfte (Vermittlungsprovision) ist eine Beteiligung an dem Wert der Geschäfte, die durch den Provisionsberechtigten zustande gekommen sind.[1120] Demnach ist sie erfolgsbezogen.[1121] Die Höhe der Provision ist frei verhandelbar.[1122] Ist sie nicht vertraglich bestimmt, gilt der übliche Satz als vereinbart, § 87b Abs. 1 HGB. Zur Bestimmung der Üblichkeit bedarf es einer Abwägung aller Umstände des Einzelfalls unter besonderer Berücksichtigung der Gepflogenheiten des jeweiligen Geschäftszweigs und des Standorts.[1123] Für die Beurteilung des Entstehungszeitpunkts des Provisionsanspruchs ist maßgeblich, dass der vermittelte Vertrag in das Erfüllungsstadium getreten ist, die bloße Vermittlung ist noch nicht ausreichend.[1124] Folglich gewährt der § 87 HGB dem Handelsvertreter zunächst nur eine Provisionsanwartschaft.[1125] Der endgültige Anspruch steht unter der

1118 Emde, BB 2022, 2563, 2567.
1119 Vgl. dazu BGH, NJW-RR 1998, 629, 630; Küstner, BB 1999, 541, 544.
1120 MüKoBGB/*Spinner* § 611a Rn. 662.
1121 Küstner, Der Handelsvertreter, S. 27; MüKoBGB/*Spinner* § 611a Rn. 662; Pletke/Schrader/Siebert/Thoms/Klagges/Teubert, B. Rn. 820.
1122 Vgl. BGH, NJW 1959, 1430, 1433.
1123 Alff, Neuere höchstrichterliche Rechtsprechung zum Handelsvertreterrecht, S. 34.
1124 Eberstein, Der Handelsvertretervertrag, S. 86.
1125 Thume, BB 2012, 975, 976.

aufschiebenden Bedingung der Ausführung des Geschäfts durch den Unternehmer, § 87a Abs. 1 S. 1 HGB. Darüber hinaus wird vertreten, dass der Provisionsanspruch auflösend bedingt durch die Nichtzahlung des Kaufpreises durch den Kunden ist, sodass der Anspruch entfallen würde, wenn der Kunde seiner Verpflichtung zur Zahlung des Kaufpreises nicht nachkäme.[1126] Das würde dazu führen, dass der Handelsvertreter eine bereits entrichtete Provision sogar zurückzuzahlen hätte, § 87a Abs. 2 Hs. 2 HGB.[1127] Daneben ist es möglich, dass der Kunde einen vom Handelsvertreter vermittelten Kaufvertrag storniert. Auch dann kann es vorkommen, dass der Unternehmer die für dieses Geschäft bereits gezahlte Provision zurückverlangt. Ist dies der Fall, hat der Unternehmer die Gründe für die Stornierung beweiskräftig darzulegen, sofern der Handelsvertreter die Stornierung bestreitet.[1128]

a) Abdingbarkeit des Provisionsanspruchs durch Pauschalvergütung?

Für Influencer hat sich ein Vergütungssystem herausgebildet, das durch individuelle Verhandlungen beeinflusst werden kann. Im Hinblick auf mögliche Provisionsansprüche zeigt sich in der Praxis, dass zahlreiche Influencer mit einem Fixum vergütet werden. Aber auch die typischen Provisionen als leistungs- und umsatzabhängige Vergütungen kommen wiederkehrend und regelmäßig vor. Eine entsprechende Vertragsklausel könnte wie folgt lauten:

> § 4 Vergütung
> (1) Im Falle der Vereinbarung einer Pauschalvergütung zahlt Unternehmer XY dem Influencer für die in Ziffer 2 erbrachten Leistungen und für etwaige dem Unternehmer XY an Postings eingeräumten Nutzungsrechten die in Anlage IV vereinbarte Vergütung.
> (2) Im Falle der Vereinbarung einer Leistungsvergütung zahlt Unternehmer XY dem Influencer eine Vergütung auf Basis des in der Anlage IV von den Parteien vereinbarten Vergütungsmodells (z. B. Pay-per-Sale/Pay-per-Click) und des von Unternehmer XY für die Influencer-Kampagne implementierten Trackings.

Häufig werden Influencer also pauschal entlohnt. In diesen Fällen vereinbaren die Parteien einen festen Betrag für vorgegebene Aktivitäten, wie das Posten einer Story oder eines dauerhaft sichtbaren Beitrags. Auf den ersten Blick scheint es in diesen Fällen klärungsbedürftig zu sein, ob Influencer und Unternehmer nicht durch pauschale Geldzahlungen mögliche Provisionsansprüche wirksam abbedingen und ob – wenn dies zutrifft – eine Einordnung in den Anwendungsbereich des § 84 HGB ohne solche Provisionsansprüche überhaupt denkbar ist.

1126 Eberstein, Der Handelsvertretervertrag, S. 86; Herden, NJW 1987, 1590, 1596; Hopt, Handelsvertreterrecht, § 87 Rn. 7, § 87a Rn. 1; dazu kritisch Thume, BB 2012, 975, 977.

1127 Vgl. auch Piper, Höchstrichterliche Rechtsprechung zum Handelsvertreterrecht, Rn. 52.

1128 Eberstein, Der Handelsvertretervertrag, S. 79.

Schließlich ist die Provision eines der markantesten Merkmale des Handelsvertreters und erfahrungsgemäß bei der Vermittlung von Geschäften üblich.[1129] Insbesondere in §§ 86b, 87, 87a, 87b, 87c und 89b HGB spricht das Gesetz eindeutig von Provisionen. Gleichzeitig kann allein aus der Tatsache, dass im Vertrag eine Provision als Vergütung vereinbart wurde, nicht zwangsläufig auf das Vorliegen eines Handelsvertretervertrags geschlossen werden. Sollte sich nun herausstellen, dass etwaige Regelungen zur jeweiligen Provision zwingendes Recht darstellen, wäre eine anderslautende Vereinbarung – und damit auch die Vereinbarung einer Festvergütung – nichtig.[1130] Gleichwohl wäre regelmäßig nicht der gesamte Vertrag als nichtig zu deklarieren. Vielmehr würde an die Stelle der nichtigen Vereinbarung die gesetzliche Regelung treten.[1131] Für die Frage nach dem Schicksal eines Handelsvertreterverhältnisses, wenn eine feste Vergütung vereinbart wurde, scheint daher die Abdingbarkeit der Provisionsansprüche von entscheidender Bedeutung zu sein. Beispielhaft für den zwingenden Charakter einer Vorschrift heißt es in § 85 S. 2 HGB: »Dieser Anspruch kann nicht ausgeschlossen werden.« Im Gegensatz zu § 85 HGB, der jeder Partei einen Anspruch darauf einräumt, dass der Inhalt des Vertrags, sowie spätere Vereinbarungen über den Vertrag, in eine von der anderen Partei unterzeichnete Urkunde aufgenommen werden, enthalten die Vorschriften über Provisionen keinen solchen Passus. Folglich ist unter anderem § 87 HGB nicht zwingend.[1132] Aus der Abdingbarkeit dieses Anspruchs ergibt sich also, dass Ansprüche des Handelsvertreters nach § 87 HGB (auch solche auf Überhangprovisionen) individualvertraglich wirksam ausgeschlossen werden können.[1133] Der § 87a Abs. 1 S. 2 HGB ermöglicht es den Parteien darüber hinaus – zumindest über den Zeitpunkt der Fälligkeit der Provision, wobei der Handelsvertreter mit der Ausführung des Geschäfts durch den Unternehmer einen Anspruch auf einen angemessenen Vorschuss hat, der spätestens am letzten Tag des Folgemonats fällig wird –, eine abweichende Vereinbarung zu treffen.[1134] Anderenfalls hätte der Gesetzgeber auch für diese Bestimmungen einen dem § 85 S. 2 HGB entsprechenden Passus im Gesetz implementiert. Allerdings müssen – bei einer entsprechenden Abweichung – die unabdingbaren Einschränkungsmöglichkeiten des § 87a HGB – insbesondere Absatz 3 – berücksichtigt werden. Dazu gehört die Unwirksamkeit von vertraglichen Vereinbarungen, die darauf hinauslaufen, dass dem Handelsvertreter ein unbedingter Provisionsanspruch nur zustehen soll, wenn und

1129 Küstner/Thume/*Küstner* VertriebsR-HdB I Rn. 78.

1130 BGH, NJW 1964, 350; Alff, Neuere höchstrichterliche Rechtsprechung zum Handelsvertreterrecht, S. 23; Westphal, Handelsvertretervertrag, Rn. 26.

1131 Westphal, Handelsvertretervertrag, Rn. 26.

1132 BGH, NJW 2010, 298, 299.

1133 EBJS/*Löwisch* HGB § 84 Rn. 59.

1134 Thume, BB 2012, 975, 977.

soweit der Unternehmer das provisionspflichtige Geschäft ausgeführt hat, sodass Provisionsrisiken jeglicher unterbliebener Geschäftsausführungen dem Handelsvertreter auferlegt werden würden.[1135] Denn aus § 87a Abs. 3 S. 1 HGB ergibt sich, dass der Handelsvertreter auch dann einen Anspruch auf Provision hat, »wenn feststeht, daß der Unternehmer das Geschäft ganz oder teilweise nicht oder nicht so ausführt, wie es abgeschlossen worden ist.« Ist eine Abweichung vom Wortlaut gesetzlich zulässig, so kann eine anderslautende Vereinbarung im Rahmen der Privatautonomie zumindest nicht dazu führen, dass der Handelsvertreter von den Vorschriften der §§ 84ff HGB ausgeschlossen und damit nicht geschützt wäre.

Auf den zweiten Blick wird jedoch deutlich, dass es auf die Abdingbarkeit von Provisionsansprüchen im Zweifelsfall gar nicht ankommt. Denn unabhängig von der Modifikation der Provisionsvereinbarungen können feste Vergütungsbestandteile insbesondere als Provisionsfixum oder garantierte Mindestprovisionen vereinbart werden[1136] ohne den Provisionscharakter zu beseitigen. Schon die Handelsvertreterrichtlinie eröffnet die Möglichkeit einer solchen Vergütung, wenn sie in Art. 6 Abs. 1 allgemein von »Vergütung« spricht und erst in Absatz 2 den Begriff der »Provision« definiert.[1137] Aus rechtlicher Sicht stellt das im Influencer-Marketing vorherrschende Provisionsfixum für gewöhnlich eine Provisionsgarantie dar, die dem Influencer unabhängig vom erzielten Vermittlungserfolg geschuldet wird.[1138] Die Provision muss folglich nicht zwingend an die Anzahl der Produktverkäufe gekoppelt sein. Ein solcher Sachverhalt steht daher einer Einordnung in die §§ 84ff. HGB nicht entgegen, wenngleich man bei einer Provision zunächst stets an einen prozentualen Anteil an bestimmten Produktumsätzen denken mag. Mögliche Pauschalzahlungen haben den Vorteil, dass sowohl für den Unternehmer Kostenrisiken als auch für den Influencer dessen Einnahmen schon im Vorfeld abgeschätzt werden können. In Verträgen mit deutschen Influencern lag die Fixprovision für eine Story (zumeist drei Sequenzen à 15 Sekunden) oder einen Beitrag zuletzt bei durchschnittlich 5.000,00 Euro netto pro einer Million Follower auf Instagram.[1139] Dabei ist ein stetiger Anstieg der Honorare zu verzeichnen, die marketingtreibende Unternehmen bereit sind, für Influencerwerbung zu entrichten. Das könnte auf die

1135 Thume, BB 2012, 975, 978.

1136 Hopt, Handelsvertreterrecht, § 87 Rn. 5; Küstner/Thume/*Küstner* VertriebsR-HdB I Rn. 2; Küstner, Der Handelsvertreter, S. 27; Piper, Höchstrichterliche Rechtsprechung zum Handelsvertreterrecht, Rn. 36; Thume, BB 2012, 975, 977.

1137 Vgl. dazu Kap. 6 II. 1a); vgl. auch Thume, BB 2012, 975, 977.

1138 Küstner/Thume/*Thume* VertriebsR-HdB I Rn. 739.

1139 Soll die Kooperation hingegen nach erzielter Aufmerksamkeit vergütet werden, kann eine Berechnung nach dem Tausender-Kontakt-Preis (TKP) erfolgen. Hierbei wird pro 1.000 Views ein bestimmter Betrag vereinbart (Pay-per-View), vgl. Götz, FamRZ 2019, 573, 574. In diesem Fall liegt ein Handelsvertreterverhältnis jedoch grundsätzlich fern.

anwachsende Professionalisierung der Influencer selbst, auf die häufiger anzutreffenden Managementagenturen, aber auch darauf zurückzuführen sein, dass Influencer zumeist auf mehreren Plattformen aktiv sind. Selbstredend wirkt es sich werterhöhend auf eine vereinbarte Fixprovision aus, wenn der Influencer sich in einem Vertrag dazu verpflichtet, auch auf anderen Plattformen Posts zu kreieren, die besagtes Produkt bewerben. Vor allem TikTok erfährt derzeit einen ungebrochenen Hype unter jungen Nutzern. Aus diesem Grund rückt die Plattform vermehrt in den Fokus der auftraggebenden Unternehmen. So wurde einem Influencer für eine Instagram Story à drei Sequenzen zuzüglich eines TikTok Videos jüngst 20.000,00 Euro netto gezahlt. Dem Influencer folgen 3,9 Millionen Follower auf TikTok und 2,2 Millionen Follower auf Instagram.[1140]

b) Möglichkeiten abgeschlossene Geschäfte gemäß § 87 Abs. 1 S. 1 HGB auf seine Tätigkeit »zurückzuführen«: Das »Tracking«

Bereits im Zusammenhang mit den von Martin Bahr geäußerten Zweifeln an der Anerkennung von Affiliates als Handelsvertreter wegen der fehlenden Möglichkeit, die Spuren von Kaufinteressenten im Internet zu verfolgen, wurde darauf hingewiesen, dass die Nachvollziehbarkeit von Geschäftsabschlüssen keine Frage der Einordnung einer Berufsgruppe in den Handelsvertreterstatus ist, sondern gemäß § 87 Abs. 1 S. 1 HGB eine Frage der »Zurückführung« konkreter Geschäfte auf die Tätigkeit einer Person.

Die Bedenken, die Bahr hegt, sind jedoch nachvollziehbar: Denn um die Frage zu beantworten, ob die §§ 84ff. HGB geeignet sind, online auftretende Berufsgruppen wie Influencer adäquat zu regeln, muss geprüft werden, ob der Nachweis von Geschäftsabschlüssen technisch überhaupt erbracht werden kann. Zwar müssen Influencer wie auch originäre Affiliates entgegen der Auffassung von Bahr keinen tatsächlichen Einfluss auf die »Bewegung« des Kunden im Internet haben, um überhaupt faktisch den Status eines Handelsvertreters erreichen zu können. Es muss aber sichergestellt werden, dass ein bestimmter Kauf tatsächlich durch die Nutzung eines vom Influencer gesetzten Affiliate-Links zustande gekommen ist und auf diesen zurückgeführt werden kann. In der Praxis existieren dafür verschiedene etablierte Lösungen, die ein fehlerfreies »Tracking« von Käufen, wie die Nachverfolgung im Englischen bezeichnet wird, gewährleisten können. Im Affiliate- und Influencer-Marketing haben sich Cookies[1141] und

1140 Stand des Vertragsschlusses im September 2022.

1141 Cookies werden definiert als »in einer Datei auf einem lokalen Rechner abgelegte Daten einer Website, die den Anwender, der an diesem Rechner das World Wide Web nutzt, eindeutig identifizieren und Informationen über sein Surf-Verhalten speichern können, sodass zwischen zwei Verbindungen des Anwenders zur Website die bisherigen Aktionen, die für die Website von Interesse sind, zwischengespeichert werden können«, vgl. Gabler

personalisierte Gutschein-Codes für die Rückverfolgung von vermittelten Geschäften durchgesetzt.[1142] Mit deren Hilfe beabsichtigt das beauftragende Unternehmen letztlich die Anzahl der Kunden zu ermitteln, die zweifelsfrei über den Link eines Influencers auf die Unternehmenswebsite gelangt sind oder während des Bezahlvorgangs einen persönlichen Gutscheincode eingegeben haben. Kommt es daraufhin zu einem Kauf, ist dieser auf die Aktion des Influencers zurückzuführen und sein Provisionsanspruch wird ausgelöst. In den genannten Fällen hätte der Influencer also ein monetäres Interesse daran, mit seinem Post und dem dazugehörigen Link nicht nur möglichst viele Follower zu erreichen, sondern diese auch zu einem Kauf zu animieren. Damit wird nicht zuletzt der Sorge Bahrs über die Unkontrollierbarkeit von Kundenbewegungen im Internet Rechnung getragen. Cookies und Gutscheincodes können auch nebeneinander bestehen. Besucht ein Interessent die Unternehmenswebsite nach dem erstmaligen Zugriff erneut, kann er anhand des auf seinem Rechner gespeicherten Cookies identifiziert werden, sodass auch Transaktionen, die nicht beim ersten Aufruf der Website stattfinden, einer Person zugeordnet werden können.[1143] Ein Problem der Rückverfolgbarkeit kann aber letztlich dennoch auftreten, wenn ein Besucher die Verwendung von Cookies auf seinem PC ausgeschaltet hat oder diese regelmäßig löscht.[1144] Dann kann das Cookie seinen Zweck, einen Kauf einem bestimmten Affiliate oder Influencer zuzuordnen, nicht mehr entfalten. Aus diesem Grund sind personalisierte Gutscheincodes neben dem Cookie-Tracking eine beliebte Identifikationsmethode im Influencer-Marketing. In diesem Fall erhält der Influencer einen Gutscheincode (enthält meist den Namen des Influencers sowie einen bestimmten Prozentsatz), den er mit seinen Followern – regelmäßig innerhalb einer Story – teilt. Der Kauf mit diesen Gutscheincodes läuft dann wie folgt ab: Nachdem ein Produkt in den Warenkorb gelegt wurde, aber bevor der Kaufvorgang abgeschlossen ist, eröffnet die Website des Unternehmens die Möglichkeit, einen Gutscheincode einzugeben. Gibt ein Follower nun diesen Code in das dafür vorgesehene Feld ein, wird der vereinbarte Prozentsatz während des Bezahlvorgangs abgezogen. Dieses beliebte Tool, bei dem die Follower von Influencern einen Rabatt (meist zwischen 10 % und 30 %) auf das Produkt oder die Produktlinie erhalten, eignet sich ebenfalls als Tracking-Option. So wird deutlich, ob ein Influencer tatsächlich kausal an einem

Wirtschaftslexikon, Stichwort Cookie, abrufbar unter: https://wirtschaftslexikon.gabler.de/definition/cookie-27577 (zuletzt abgerufen am 07.10.2023).

1142 Weitere derzeit verfügbare Tracking-Tools sind das URL-Tracking, das Session-Tracking und das Datenbank-Tracking, die allesamt das gleiche Ziel haben, einen Besucher und seine Transaktionen zu identifizieren und einem bestimmten Partner zuzuordnen, vgl. Lammenett, Praxiswissen Online-Marketing, S. 48–52.

1143 Lammenett, Praxiswissen Online-Marketing, S. 49.

1144 Lammenett, Praxiswissen Online-Marketing, S. 50.

Vertragsabschluss beteiligt war. Insbesondere können so auch Follower, die einen Gutscheincode nutzen, aber Cookies blockieren, einem bestimmten Influencer zugeordnet werden. Umgekehrt gilt dies natürlich auch für Follower, die ein Produkt über einen Affiliate-Link kaufen, dabei Cookies zulassen, aber keinen Gutscheincode verwenden.

Die Modemarke Lucie & Leo warb zuletzt beispielsweise mit einem persönlichen Gutscheincode von 25 % und einem Cookie mit einer Laufzeit von 30 Tagen um potentielle Influencer.[1145] In diesem Fall muss ein Interessent also entweder seinen Einkauf innerhalb von 30 Tagen nach seinem ersten Besuch des Webshops von Lucie & Leo abschließen oder den persönlichen Gutscheincode während des Bezahlvorgangs verwenden. Erfolgt ein Kauf innerhalb der Cookie-Frist oder mittels eines dieser Gutscheine, erhält der Influencer für jedes verkaufte Produkt eine Provision in Höhe von 15 % des Bruttopreises.[1146] Personalisierte Gutscheincodes sowie Cookies sind besonders hilfreich bei Kooperationen, bei denen mehrere Influencer zeitgleich beauftragt werden, dieselbe Produktlinie zu bewerben. Denn es kann sogar zu einer Art Konkurrenzkampf kommen, wenn Influencer aus demselben Genre gleichzeitig Produkte mit Gutscheincodes bewerben. Denkbar ist, dass ein Follower beider Influencer den Code zufällig auswählt, woraufhin der Produktkauf einem der Influencer zugeschrieben wird und der andere leer ausgeht. Dies ist jedoch ein typisches Risiko auch aller anderen Vermittler von Geschäften in der analogen Welt und bedarf keines Ausgleichs.[1147] Derjenige Cookie respektive Gutscheincode, der verwendet wurde, wird provisioniert. Anders verhält es sich, wenn beispielsweise die Cookielaufzeit eines Influencers zum Zeitpunkt eines möglichen Kaufs noch nicht abgelaufen ist, gleichzeitig aber der Gutscheincode eines anderen Influencers verwendet wird. In diesem Fall ist die Provision angemessen (im Zweifelsfall hälftig) zu teilen.[1148] Bei einem von mehreren Influencern mitverursachten Geschäft kann die Provisionspflicht des vertretenen Unternehmers im Hinblick auf das zustande gekommene Geschäft indes nicht zweimalig in voller Höhe entstehen.[1149] Denn die Weitläufigkeit der Mitursächlichkeit von Vermittlungshandlungen darf nicht dazu führen, dass ein Unternehmer verpflichtet wäre, jedem der Beteiligten eine volle Provision für das Geschäft zu zahlen und damit mit Vermittlungskosten belastet würde, die weit über seine Kalkulation hin-

1145 Vgl. Lucie&Leo, Influencer-Partnerprogramm, abrufbar unter: https://lucie-leo.com/pages/influencer-partnerprogramm (zuletzt abgerufen am 07.10.2023).

1146 Lucie&Leo, Influencer-Partnerprogramm, abrufbar unter: https://lucie-leo.com/pages/influencer-partnerprogramm (zuletzt abgerufen am 07.10.2023).

1147 Vgl. auch Hopt, Handelsvertreterrecht, § 87 Rn. 21.

1148 Vgl. zur Mitwirkung mehrerer Handelsvertreter Duden, Recht der Handelsvertreter, S. 28.

1149 Vgl. Küstner, Der Handelsvertreter, S. 34.

ausgehen.[1150] Eine doppelte Zahlungsverpflichtung des Unternehmers ist folglich ausgeschlossen.

Da für die Einordnung von Influencern nach § 84 HGB die Beeinflussung der Aktivitäten eines potentiellen Käufers im Internet nicht erforderlich ist, sondern lediglich die Nachverfolgung gewährleistet sein muss – was in den genannten Fällen der Installation von persönlichen Gutscheincodes oder Cookies problemlos möglich erscheint –, stehen die Bedenken von Bahr gegen die handelsvertreterrechtliche Einordnung von Affiliates einer Einordnung von Influencern in das Handelsvertreterrecht nicht entgegen. Darüber hinaus ergeben sich bis hierhin keine schlechthin untragbaren Ergebnisse bei der praktischen Anwendung des § 87 Abs. 1 S. 1 HGB. Denn seinem Wortlaut entsprechend kann grundsätzlich nachgewiesen werden, welche abgeschlossenen Geschäfte auf die Tätigkeit eines Influencers »zurückzuführen« sind.

c) Kausalitätsprobleme im Rahmen des § 87 HGB

Praktische Problemfelder ergeben sich auch aus der Weitläufigkeit der Kausalität von Vermittlungshandlungen, da diese, wenn der Vermittler die von ihm vertraglich geforderte Tätigkeit entfaltet hat, für den Vertragsschluss bekanntlich nur »mitursächlich« sein müssen.[1151]

aa) Fehlende Kausalität der Werbetätigkeit des Influencers für den Vertragsschluss wegen des Ablaufs einer nicht unerheblichen Zeit?

Zweifelhaft könnte die Kausalität der Tätigkeit eines potentiellen Handelsvertreters für den Vertragsschluss sein, wenn das Geschäft erst längere Zeit nach seiner Tätigkeit zum Abschluss gelangt.[1152] So wird auch von Teilen der Marketingliteratur vertreten, dass Affiliates nur dann einen Vergütungsanspruch hätten, wenn der Kunde die provisionierte Handlung sofort nach der erstmaligen Weiterleitung auf die Unternehmenswebsite ausführt.[1153] Handelt der Kunde also nicht sofort, sondern führt die gewünschte Handlung zu einem späteren Zeitpunkt unabhängig vom Affiliate direkt auf der Website des Anbieters aus, hätte

1150 Küstner, Der Handelsvertreter, S. 34; a. A. Meyer, Handelsvertreterrecht, S. 111, der davon ausgeht, dass jeder tätig gewordene Handelsvertreter einen Anspruch auf die volle Provision hat, soweit er innerhalb des ihm nach dem jeweiligen Handelsvertretervertrag obliegenden Aufgabenkreises gehandelt hat. Meyer nimmt dies für in der analogen Welt agierende Handelsvertreter an, wobei bspw. ein Handelsvertreter das Interesse eines Käufers weckt, ein Anderer Bedenken hinsichtlich der Finanzierung verstreut und ein dritter Handelsvertreter einen schwankenden Interessenten endgültig vom Kauf überzeugt.

1151 Vgl. Kap. 5 I.

1152 So Eberstein, Der Handelsvertretervertrag, S. 77.

1153 So Lammenett, Praxiswissen Online-Marketing, S. 49 beim URL-Tracking.

der Affiliate keinen Vergütungsanspruch.[1154] Bei konsequenter Anwendung dieser Sichtweise käme als technischer Parameter deshalb die Annahme eines bestimmten Zeitfensters in Betracht, in welchem der Geschäftsabschluss erfolgen muss. Dass ein interessierter, aber unentschlossener Follower eines Influencers einem Affiliate-Link folgt, sich aber erst Stunden, Tage, Wochen oder Monate später endgültig zum Kauf entschließt, ist ein lebensnaher und regelmäßig auftretender Sachverhalt. Aufgrund der zumeist jungen Gefolgschaft von Influencern erfährt in diesem Zusammenhang das Problem des Ansparens finanzieller Mittel für den Erwerb eines beworbenen Produkts eine erhöhte Relevanz. So müssen sich viele Minderjährige eine mehr oder minder teure Anschaffung zunächst ersparen und gegebenenfalls den gesetzlichen Vertreter von dieser Anschaffung überzeugen. Aber auch volljährige Internet-Nutzer sind keine Freunde spontaner Kaufentscheidungen: Drei bis vier Besuche einer Website lassen sich zumeist verzeichnen, bevor ein Kauf im Internet letztendlich getätigt wird.[1155] Dies kann eine Zeitspanne annehmen, die so weit vom erstmaligen Hochladen eines Beitrags entfernt ist, dass zumindest die 24-stündige Story gelöscht, unter Umständen sogar die Kooperation zwischen Unternehmer und Influencer längst beendet ist. Eine sofortige Ausführung der provisionierten Handlung liegt dann jedenfalls nicht mehr vor. Allerdings stellt bereits § 89b HGB klar, dass ein irgendwie gearteter Anspruch des Handelsvertreters auch nach Beendigung einer Zusammenarbeit nicht grundsätzlich ausgeschlossen ist.

(1) Nach Vertragsbeendigung abgeschlossenes Geschäft

Doch wie verhält sich § 87 HGB zu dieser Thematik? Die Vorschrift regelt den grundsätzlichen Provisionsanspruch des Handelsvertreters, der ihm für alle während des Vertragsverhältnisses abgeschlossenen Geschäfte zusteht, die auf seine Tätigkeit zurückzuführen sind oder mit Dritten abgeschlossen werden, die er als Kunden für Geschäfte der gleichen Art geworben hat. § 87 HGB enthält dabei tatsächlich eine zeitliche Begrenzung auf die Dauer des Vertragsverhältnisses: Nach § 87 Abs. 3 HGB hat der Handelsvertreter nur Anspruch auf Provision für ein nach Beendigung des Vertragsverhältnisses abgeschlossenes Geschäft,

> »wenn er das Geschäft vermittelt hat oder es eingeleitet hat, dass der Abschluss überwiegend auf seine Tätigkeit zurückzuführen ist, und das Geschäft innerhalb einer angemessenen Frist nach Beendigung des Vertragsverhältnisses abgeschlossen worden ist (§ 87 Abs. 3 Nr. 1 HGB) oder vor Beendigung des Vertragsverhältnisses das Angebot des Dritten zum Abschluss eines Geschäfts, für das der Handelsvertreter nach Absatz 1

1154 Lammenett, Praxiswissen Online-Marketing, S. 49.
1155 Lammenett, Praxiswissen Online-Marketing, S. 49.

Satz 1 oder Absatz 2 Satz 1 Anspruch auf Provision hat, dem Handelsvertreter oder dem Unternehmer zugegangen[1156] ist« (§ 87 Abs. 3 Nr. 2 HGB).

Das »Vermitteln« liegt nach der hier vertretenen Auffassung bei der Installation von Affiliate-Links vor. Das »überwiegende Zurückführen auf seine Tätigkeit« kann darüber hinaus wiederum durch das Tracking nachgewiesen werden. Für die »angemessene Frist« sieht die Rechtsprechung keine festen Laufzeiten oder Obergrenzen vor, jedoch nimmt der BGH an, dass ein Zeitraum von zwei Jahren zwischen Vertragsbeendigung und Geschäftsabschluss unter Umständen noch angemessen sein kann, wobei wiederum die Umstände des Einzelfalls und die Gegebenheiten der jeweiligen Branche entscheidend sind.[1157] Somit besteht zumindest eine gesetzliche Konkretisierung für Geschäfte, die nach Beendigung des Vertragsverhältnisses abgeschlossen wurden.

(2) Während der Vertragslaufzeit abgeschlossenes Geschäft

Etwas anderes gilt für Geschäfte, die während der Dauer des Vertragsverhältnisses, aber nachdem der produktbewerbende Beitrag gelöscht wurde, abgeschlossen wurden. In diesem Fall greift § 87 Abs. 3 HGB nicht. Die Tätigkeit des Handelsvertreters, hier des den Affiliate-Link verwendenden Influencers, muss für das Zustandekommen des Geschäfts bekanntlich kausal – genauer: mitursächlich – gewesen sein. Ob eine solche Mitursächlichkeit im Einzelfall anzunehmen ist, richtet sich nach Art und Umfang der vertraglich vereinbarten Mitwirkungspflichten des Handelsvertreters.[1158] Ursprünglich wurden Zweifel gehegt, ob die Tätigkeit eines Handelsvertreters auch dann noch als kausal für den Geschäftsabschluss angesehen werden kann, wenn das Geschäft erst eine erhebliche Zeit nach dem Besuch des Vertreters zum Abschluss gelangt.[1159] Wie der Begriff »Besuch« bereits andeutet, bezieht sich dieses Problem primär auf die analoge Welt, in der Interessenten die Ware haptisch erleben können. Denn bis zur verstärkten Internetwerbung war es üblich, dass Handelsvertreter die zu vermittelnden Produkte an der Haustür oder zumindest in einem präsenten Rahmen, zum Beispiel in Geschäftsräumen, anpriesen. Es liegt auf der Hand, dass dies gelten sollte, da in der analogen Welt eine rechtlich sichere Nachverfolgung – also ein Tracking – von Vermittlungsgeschäften nur schwerlich möglich erschien,

1156 Vgl. zum Zugang Walter, NJW 2019, 959, der den Begriff des Zugangs des § 87 Abs. 3 mit dem des § 130 Abs. 1 S. 1 BGB nicht gleichsetzen will, sondern dies für mit der Handelsvertreterrichtlinie unvereinbar hält. Für den Zugang ausreichend sei, dass das Angebot vor Ende des Handelsvertretervertrags in den Machtbereich des Empfängers gelangt. Auf eine potentielle Kenntnisnahme sei nicht abzustellen.

1157 BGH, BeckRS 1964, 105105; Piper, Höchstrichterliche Rechtsprechung zum Handelsvertreterrecht, Rn. 45.

1158 BAG, DB 1971, 779; Eberstein, Der Handelsvertretervertrag, S. 76.

1159 Eberstein, Der Handelsvertretervertrag, S. 77.

wenn nach dem betreffenden Besuch eine längere Zeit verstrichen war. Wenn nun aber in der digitalen Welt hinreichende Möglichkeiten bestehen, die (Mit-)Ursächlichkeit einer Vertreterhandlung nachzuweisen, dürfte der Zeitablauf so lange irrelevant sein, wie gleichzeitig glaubhaft gemacht werden kann, dass die provisionsbegründende Vermittlungshandlung noch während der Dauer des Vertragsverhältnisses ausgeübt wurde. Für die Tatsache, dass die Tätigkeit des Vermittlers für den Kunden kaufentscheidend war, müssen also bestimmte Beweismomente vorliegen. Diese Beweismomente können erneut die hier untersuchten Trackingmethoden darstellen. Bei der Verwendung personalisierter Gutscheincodes und der Installation von Cookies für eine bestimmte Dauer (maximal die Vertragslaufzeit) ist ein solches Tracking zweifelsfrei möglich. Für Cookies gilt dies zumindest so lange, wie der Kaufinteressent seine Cookie-Einstellungen nicht konservativ einstellt oder regelmäßig löscht.[1160] Im Idealfall treten beide Varianten nebeneinander auf. Steht keine der beiden Trackingmethoden zur Verfügung, ist die zweifelsfreie Nachvollziehbarkeit in der Tat nicht ohne weiteres gewährleistet, sodass nicht einfach eine Vermutung für die Kausalität gelten darf. Insbesondere kann zum Beispiel keine Vermutungsregel dahingehend aufgestellt werden, dass eine Person, die einen Kaufvertrag über ein von einem Influencer beworbenes Produkt abschließt und gleichzeitig Follower des Influencers ist, dieses Produkt zwangsläufig aufgrund der Werbung des Influencers erworben hat. Der Kauf kann dann nicht auf einen Influencer zurückgeführt werden, weshalb er in diesem Fall leer ausgeht.

bb) *Fehlende Kausalität, weil der Follower nicht exakt das beworbene Produkt erwarb?*

In der Praxis gibt es derzeit Marketingkooperationen, bei denen Influencer Affiliate-Links zu genau dem beworbenen Produkt, zu einer Produktlinie oder zur allgemeinen Startseite eines Onlineshops setzen. Mit dem vorstehenden Kausalitätsproblem bei erheblichem Zeitablauf geht daher ein weiteres einher: Löst ein Vertragsschluss zwischen Follower und Influencer einen Provisionsanspruch des Influencers aus, wenn letzterer vertraglich verpflichtet ist, ein ganz bestimmtes Produkt über einen Affiliate-Link zu bewerben, ein Interessent aber auf der unternehmenseigenen Website ein anderes Produkt kauft? Liegt hiernach eine mitursächliche Vermittlungshandlung des Influencers vor oder handelt es sich in dem Fall um eine bloße Kontaktherstellung ohne Vermittlungscharakter? Bahr vertritt bekanntlich die Auffassung, dass der Affiliate dem Interessenten durch

1160 Leitet ein Influencer einen Follower mittels Affiliate-Link auf einen Shop, tätigt der Follower den Kauf jedoch nicht innerhalb der Cookielaufzeit, von einem anderen Endgerät oder ohne Gutscheincode, kann der Influencer zwar dennoch Handelsvertreter sein, vgl. Duden, Recht der Handelsvertreter, S. 27 zu »ferne Ursache«. Jedoch wird ihm der Nachweis seiner Vermittlung nicht gelingen.

den Link lediglich die Möglichkeit eröffnet, einen Vertrag mit dem Merchant abzuschließen. Der Interessent könnte jedoch auch ein ganz anderes Produkt des Merchants erwerben, sodass der Affiliate hierauf keinerlei Einflussmöglichkeit hätte, er also als reiner Werbekörper aufträte.[1161] Für dieses Szenario ist zum einen erneut zu prüfen, ob der Einsatz von Cookies und Gutscheincodes dem Problem hinreichend Rechnung trägt. Zum anderen ist zu berücksichtigen, dass es unschädlich ist, wenn nicht die Bemühungen des Handelsvertreters allein, sondern zusätzliche Bemühungen des Unternehmers zum Geschäftsabschluss geführt haben. Dies ist zum Beispiel der Fall, wenn der Handelsvertreter lediglich die zum Vertragsabschluss führenden Verhandlungen initiiert hat.[1162] Darüber hinaus dürfte es im beiderseitigen Interesse der Parteien liegen, dass auch Vertragsabschlüsse über nicht explizit beworbene Produkte zustande kommen. In erster Linie sind jedoch die im Vertrag ausdrücklich niedergelegten Pflichten zu beachten, aus denen sich ergibt, für welche Käufe der Handelsvertreter eine Provision erhalten soll. Wird der Influencer dazu verpflichtet, ein bestimmtes oder wenige bestimmte Produkte zu bewerben, bekommt er diese regelmäßig zur Verfügung gestellt. Verlinkt er explizit darauf, so ist davon auszugehen, dass nur diese Produkte provisionspflichtig sind, wenngleich sich im Warenkorb weitere Produkte desselben Unternehmens befinden, etwa um Versandkosten zu vermeiden. Umgekehrt kann davon ausgegangen werden, dass sich die Provision auf alle Produkte bezieht, solange der Influencer eine ganze Produktlinie, ein Sortiment oder eine Kollektion, und nicht nur ein oder wenige Produkte im Speziellen anpreist. Ist eine solche Bewerbung von Kollektionen von Unternehmer und Influencer gewollt und vertraglich vereinbart, muss sich die Provision auch auf alle erworbenen Produkte beziehen. Andernfalls hätte der Unternehmer die Produkte bereits vertraglich spezifizieren können und müssen. Nach der überzeugenden Auffassung von Karl-Heinz Thume kann der Handelsvertreter auch dann provisionsberechtigt sein, wenn ihm zwar zunächst der Vertrieb bestimmter Erzeugnisse übertragen wurde, der Unternehmer daraufhin jedoch sein Programm erweitert und der Handelsvertreter ohne entsprechende Verständigung mit dem Unternehmer auch Produkte des neuen Sortiments bewirbt und hierüber Verträge vermittelt.[1163] Dies entspricht auch dem Wortlaut des § 87 Abs. 1 S. 1 Alt. 2 HGB und der gängigen Auffassung zu Nachbestellungen, die während der Laufzeit des Handelsvertretervertrags getätigt wurden, welche ebenfalls mittelbar auf die Tätigkeit des Handelsvertreters zurückzuführen sind.[1164] Nach § 87 Abs. 1 S. 1 Alt. 2 HGB hat der Handelsvertreter einen Anspruch

1161 Vgl. Kap. 5 VI. 2. b.

1162 BAG, DB 1969, 266; MüKoHGB/*Ströbl* HGB § 84 Rn. 72.

1163 Küstner/Thume/*Thume* VertriebsR-HdB I Rn. 440.

1164 Duden, Recht der Handelsvertreter, S. 28; Küstner/v. Manteuffel/Evers VertriebsR-HdB II Kap. I Rn. 5; Piper, Höchstrichterliche Rechtsprechung zum Handelsvertreterrecht, Rn. 42.

auf Provision auch für abgeschlossene Geschäfte, »die auf seine Tätigkeit zurückzuführen sind oder mit Dritten abgeschlossen werden, die er als Kunden für Geschäfte der gleichen Art geworben hat.« Gleiches muss gelten, wenn ein Werbender durch seine Produktwerbung einen Kunden überhaupt erst auf ein anderes Produkt aufmerksam macht, welches dieser dann erwirbt. Das Problem kann wiederum durch die Verwendung von Cookies und personalisierten Gutscheincodes entschärft werden. Jedenfalls dann, wenn ein Gutscheincode verwendet wird oder durch ein Cookie der vorherige Besuch der jeweiligen Unternehmenswebsite nachgewiesen werden kann, ist davon auszugehen, dass sich die Provision auf alle im Warenkorb befindlichen Produkte bezieht. Dem Unternehmer bliebe im Übrigen die Möglichkeit eröffnet, den Code technisch auf spezifische Produkte zu beschränken. Dementsprechend ist die Handlung des Influencers in Gestalt der Installation eines Affiliate-Links auf seinem Social-Media-Profil grundsätzlich mitursächlich für den Abschluss eines Kaufvertrags über ein vom Influencer beworbenes divergierendes Produkt, solange die Kooperation nicht ausdrücklich auf bestimmte Produkte bezogen ist, auch wenn noch weitere Klicks des Interessenten auf der Unternehmenswebsite erforderlich sind.

cc) Zwischenergebnis

Es bleibt daher festzuhalten, dass grundsätzlich weder der bloße Zeitablauf noch der Kauf eines anderen als dem beworbenen Produkt Auswirkungen auf die Kausalität der Handlung des Influencers hat, solange mit den genannten Trackingmethoden problemlos nachgewiesen werden kann, dass ein Kauf auf die Handlung beziehungsweise den Link des Bewerbers zurückzuführen ist. Insbesondere im Hinblick auf den weit auszulegenden Begriff der Mitursächlichkeit kann der Zeitablauf allein für den Provisionsanspruch eines Handelsvertreters jedenfalls nicht entscheidend sein, es sei denn, die Voraussetzungen von § 87 Abs. 3 HGB liegen vor. Die Vorschrift greift in Fällen ein, in denen das Vertragsverhältnis beendet ist. Nach Auffassung des BGH ist – je nach Einzelfallentscheidung – ein Zeitraum von mindestens zwei Jahren nach Vertragsbeendigung noch »angemessen«, innerhalb dessen ein Influencer bei Nachweis seiner Vermittlung noch einen Provisionsanspruch geltend machen kann. Lediglich ergänzend sei auf ein Urteil des BGH zum Anspruch aus § 89b HGB hingewiesen, nach welchem der Ablauf einer gewissen Zeitspanne auch dann für den Ausgleichsanspruch unschädlich ist, wenn Folgeaufträge typischerweise erst in einem größeren zeitlichen Abstand zu erwarten sind.[1165] Dies gelte insbeson-

1165 BGH, NJW 1985, 859; BGH, NJW 2011, 1143, 1144; so dem Grunde nach auch LG Hannover, ZVertriebsR 2019, 318, 320 soweit der Unternehmer in dieser Zeit auch noch Folgegeschäfte mit Stamm- oder Mehrfachkunden abschließen wird.

dere dann, wenn der Vermittlungstätigkeit komplexe und langwierige Verhandlungen vorausgegangen sind, der Zeitablauf also eine zwangsläufige Folge ist. Entsprechendes muss auch für den Anspruch aus § 87 HGB gelten, soweit die Nachverfolgbarkeit einer Handlung gewährleistet ist. Dabei ist zu berücksichtigen, dass § 87 HGB nicht als zwingende Vorschrift ausgestaltet, sondern modifizierbar oder sogar abdingbar ist.[1166] Im Ergebnis lässt sich die Konsequenz seiner Anwendung ohne weiteres auch auf Influencer und den Erwerb mit zeitlicher Zäsur übertragen.

2. Hilfsansprüche nach § 87c HGB

Wird die Handelsvertretereigenschaft von Influencern in einem konkreten Fall bejaht, stehen ihnen grundsätzlich auch die Hilfsansprüche aus § 87c HGB zur Vorbereitung und Durchsetzung des Provisionsanspruchs zu. Diese Ansprüche sollen den Handelsvertreter in die Lage versetzen, Klarheit über das Bestehen, sowie die Höhe der von ihm erworbenen Provisionsanwartschaften zu erlangen.[1167] Unter anderem ist der Unternehmer gemäß § 87c Abs. 1 HGB verpflichtet, dem Handelsvertreter ohne dessen Aufforderung eine Provisionsabrechnung zu erteilen. Diese ist in der Regel eine Aufstellung der Geschäfte, für die dem Handelsvertreter Provisionen zustehen, und soll ihn in die Lage versetzen, durch einen Vergleich mit seinen eigenen Unterlagen nachzuprüfen, ob ihm der Unternehmer alle verdienten Provisionen zugeschrieben hat.[1168] Nach § 87c Abs. 3 HGB hat der Handelsvertreter darüber hinaus einen Auskunftsanspruch gegen den Unternehmer. Dieser umfasst alle wesentlichen Umstände, die sich zwar nicht aus den Büchern des Unternehmers ergeben, aber für die Entstehung, Berechnung und Fälligkeit des Provisionsanspruchs von Bedeutung sind.[1169] Praktisch relevanter sind jedoch zwei hiervon zu unterscheidende Rechte des Handelsvertreters. Konkret handelt es sich dabei um den Anspruch auf Erteilung eines Buchauszugs gemäß § 87c Abs. 2 HGB über alle Geschäfte, für die ihm nach § 87 HGB eine Provision gebührt, sowie um den Anspruch auf Einsicht in die Geschäftsbücher des Unternehmers, § 87c Abs. 4 HGB.

Im Zusammenhang mit Influencern ist besonders zu beachten, dass der § 87c HGB auf Provisionen nach § 87 HGB ausgelegt ist. Teilweise wird daher vertreten, dass § 87c HGB bei reiner Umsatzbeteiligung sowie bei Fixum beziehungsweise

1166 Hopt, Handelsvertreterrecht, § 87 Rn. 19.
1167 Flohr/Wauschkuhn/*Fröhlich* Vertriebsrecht § 87c Rn. 7.
1168 Heymann/*Sonnenschein/Weitemeyer* HGB, § 87c Rn. 3; Hopt, Handelsvertreterrecht, § 87c Rn. 3.
1169 Heymann/*Sonnenschein/Weitemeyer* HGB, § 87c Rn. 14; Küstner/Thume/*Küstner* VertriebsR-HdB I Rn. 1515.

Festvergütung unanwendbar ist.[1170] Etwas anderes gilt wiederum bei der Beteiligung am Umsatz mit dem vom Handelsvertreter geworbenen Kunden, sowie bei einem zumindest teilweise leistungsabhängigen Provisionsanteil.[1171] Die Anwendbarkeit der Vorschrift ist deshalb stets im Einzelfall zu prüfen.

a) Anspruch auf Buchauszug, § 87c Abs. 2 HGB

Insbesondere der Anspruch auf Buchauszug ist für den Handelsvertreter von großer rechtlicher und praktischer Relevanz und wird von der Rechtsprechung zu seinen Gunsten sehr weit ausgelegt.[1172] Selbst wenn der Unternehmer nicht gemäß §§ 238–241a HGB zur Buchführung verpflichtet ist, trifft ihn der Anspruch.[1173] Dieser besteht grundsätzlich bis zu dem Zeitpunkt, zu dem feststeht, dass die dem Handelsvertreter möglicherweise zustehenden Provisionsansprüche nicht bestehen oder zum Beispiel verjährt sind.[1174] Letzteres rührt daher, dass der Hilfsanspruch auf Buchauszug gegenstandslos wird, wenn der Hauptanspruch aus § 87 HGB verjährt ist.[1175] Ein Buchauszug ist auch dann zu erteilen, wenn der Unternehmer die Provisionsansprüche des Handelsvertreters scheinbar ordnungsgemäß und vollständig abgerechnet hat.[1176] Auch ein unverhältnismäßig hoher Aufwand für die Erstellung des Buchauszugs führt nicht zum Wegfall des Anspruchs; der Unternehmer muss stets mit einem Auszugsverlangen rechnen und entsprechende Vorkehrungen treffen.[1177] Dagegen wird der § 87 Abs. 2 HGB als Nebenanspruch zum Hauptanspruch auf Provisionszahlung gegenstandslos, wenn feststeht, dass ein Provisionsanspruch überhaupt nicht entstehen kann.[1178] Inhaltlich ist der Buchauszug eine Zusammenstellung aller für die Berechnung der Höhe und Fälligkeit der Provision des Handelsvertreters relevanten Angaben aus den Büchern und Geschäftspapieren des Unternehmers.[1179] Demgemäß muss der Auszug die für die Berechnung, die Höhe und die Fälligkeit der Provision maßgebenden geschäftlichen Verhältnisse im Zeitpunkt seiner Erteilung – soweit sie aus den Büchern des Unternehmers ersichtlich sind

1170 HK-HGB/*J.Keßler* § 87c Rn. 2; Hopt, Handelsvertreterrecht, § 87c Rn. 2; Oetker/*Busche* HGB § 87c Rn. 3.
1171 Hopt, Handelsvertreterrecht, § 87c Rn. 2.
1172 Hopt, Handelsvertreterrecht, § 87c Rn. 13.
1173 HK-HGB/*J.Keßler* § 87c Rn. 16.
1174 Flohr/Wauschkuhn/*Fröhlich* Vertriebsrecht § 87c Rn. 8; Westphal, Handelsvertretervertrag, Rn. 195.
1175 OLG München, ZVertriebsR 2018, 176.
1176 Westphal, Handelsvertretervertrag, Rn. 195.
1177 Emde, BB 2009, 2714, 2715.
1178 Eberstein, Der Handelsvertretervertrag, S. 99.
1179 Heymann/*Sonnenschein/Weitemeyer* HGB, § 87c Rn. 9.

– übersichtlich und vollständig wiedergeben.[1180] Der Anspruch auf einen Buchauszug geht seinem Inhalt nach also erheblich über die Abrechnung nach § 87c Abs. 1 HGB hinaus.[1181] Dies wird nicht zuletzt dadurch deutlich, dass nicht nur die bereits ausgeführten, sondern auch die abgeschlossenen, aber erst noch auszuführenden Geschäfte in den Buchauszug einzustellen sind.[1182] In der Praxis müssen daher für jede einzelne Kundenbeziehung der Abschluss und die Ausführung, sowie die einzelnen Konditionen des Geschäfts im Buchauszug vollständig, klar und übersichtlich dargestellt werden.[1183] Der Unternehmer kann den Buchauszugsanspruch auch nicht dadurch umgehen, dass er dem Handelsvertreter Einsicht in seine Bücher anbietet.[1184] Hat der Unternehmer dem Handelsvertreter allerdings mit jeder Provisionsabrechnung sämtliche Angaben dargelegt, die er auch in einen Buchauszug hätte aufnehmen müssen, kann der Anspruch auf Buchauszug ausnahmsweise entfallen.[1185] Unstreitig entfällt der Anspruch auf Erteilung des Buchauszugs für den jeweiligen, der Abrechnung zugrunde liegenden Zeitraum darüber hinaus mit einer Einigung oder ausdrücklichen Anerkennung der Provisionsabrechnung zwischen Unternehmer und Handelsvertreter.[1186] Dies kann angenommen werden, wenn der Handelsvertreter eine Provisionsabrechnung widerspruchslos hingenommen hat.[1187] Für ein solches Anerkenntnis bedarf es jedoch grundsätzlich einer eindeutigen Willenserklärung des Handelsvertreters; bloßes Untätigbleiben genügt nicht.[1188]

b) Anspruch auf Bucheinsicht, § 87c Abs. 4 HGB

Erteilt der Unternehmer dem Handelsvertreter keinen Buchauszug oder bestehen begründete Zweifel an dessen Richtigkeit oder Vollständigkeit, so hat der Handelsvertreter das Recht, die Bücher des Unternehmers einzusehen, § 87c Abs. 4 HGB. Damit wird ihm die Möglichkeit gegeben, Angaben des Unternehmers, die für die Berechnung seiner Provisionsansprüche wesentlich sind, aber zweifelhaft oder unvollständig erscheinen, zu überprüfen.[1189] Das Bucheinsichtsrecht geht weiter als das Recht auf Erteilung eines Buchauszugs. Nur das

1180 BGH, BeckRS 1981, 30373535; Hopt, Handelsvertreterrecht, § 87c Rn. 15; Westphal, Handelsvertretervertrag, Rn. 196.
1181 HK-HGB/*J.Keßler* § 87c Rn. 16.
1182 Heymann/*Sonnenschein/Weitemeyer* HGB § 87c Rn. 9.
1183 Hopt, Handelsvertreterrecht, § 87c Rn. 15; Westphal, Handelsvertretervertrag, Rn. 196.
1184 Flohr/Wauschkuhn/*Fröhlich* Vertriebsrecht § 87c Rn. 10.
1185 Westphal, Handelsvertretervertrag, Rn. 198.
1186 Eberstein, Der Handelsvertretervertrag, S. 99; Küstner/Thume/*Küstner* VertriebsR-HdB I Rn. 1471.
1187 Eberstein, Der Handelsvertretervertrag, S. 100.
1188 Eberstein, Der Handelsvertretervertrag, S. 100.
1189 Flohr/Wauschkuhn/*Fröhlich* Vertriebsrecht § 87c Rn. 82.

Recht auf Bucheinsicht soll dem Handelsvertreter Gewissheit über jegliche für ihn in Betracht kommenden provisionspflichtigen Geschäfte verschaffen und damit der nachhaltigen Kontrolle der Provisionsabrechnung beziehungsweise des Buchauszugs dienen.[1190] Nachvollziehbarerweise bezieht sich dieser Anspruch just auf diejenigen Geschäftsbücher und Unterlagen, die für die Berechnung seines Provisionsanspruchs maßgeblich sind.[1191] Wurden jedoch Geschäfte nicht aufgenommen, kann es erforderlich sein, sämtliche Unterlagen über Geschäftsabschlüsse auf ihre Vollständigkeit zu überprüfen.[1192] Um in diesem Zusammenhang zu verhindern, dass der Handelsvertreter Kenntnis von Vorgängen erlangt, die nicht seine Tätigkeit betrifft, hat der Unternehmer ein Wahlrecht, ob er die Bucheinsicht dem Handelsvertreter selbst oder einem von ihm gewählten Wirtschaftsprüfer oder vereidigten Buchsachverständigen gewährt.[1193] Buchauszug und Bucheinsicht dürfen dem Handelsvertreter nicht gleichzeitig und gleichrangig gewährt werden (sogenanntes Kumulierungsverbot).[1194] Für das Verlangen eines Buchauszugs ist nach Ansicht des BGH kein Raum mehr, wenn der Handelsvertreter wegen der Verweigerung des Buchauszugs oder wegen begründeter Zweifel an dessen Richtigkeit respektive Vollständigkeit den Anspruch auf Bucheinsicht geltend macht und damit durchdringen würde.[1195] Aus diesem Grund muss sich der Handelsvertreter entscheiden, ob er auf Erteilung des Buchauszugs oder auf Bucheinsicht klagt.[1196] Denn für eine gleichzeitige Klage fehlt ihm das Rechtsschutzbedürfnis.[1197]

c) Zwischenergebnis

Soweit Influencer im Einzelfall als Handelsvertreter tätig werden, stehen ihnen also auch die Hilfsansprüche aus § 87c HGB zu. Die Anwendung der Norm ist konsequent und führt nicht zu unvertretbaren Ergebnissen. Ob ein Unternehmen einen Influencer oder einen analog auftretenden Handelsvertreter einsetzt, ändert nichts an den – partiell nicht einmal zwingend zu beachtenden – Buchführungspflichten des HGB. Ein Unternehmer muss daher auch unabhängig von diesen Pflichten stets in der Lage sein, die sich aus § 87c HGB ergebenden

1190 Eberstein, Der Handelsvertretervertrag, S. 103; Küstner/Thume/*Küstner* VertriebsR-HdB I Rn. 1476.
1191 Eberstein, Der Handelsvertretervertrag, S. 102.
1192 Heymann/*Sonnenschein/Weitemeyer* HGB, § 87c Rn. 17.
1193 Hopt, Handelsvertreterrecht, § 87c Rn. 27; Küstner/Thume/*Küstner* VertriebsR-HdB I Rn. 1509.
1194 BGH, NJW 1971, 1610, 1611; Emde, Vertriebsrecht, § 87c Rn. 174; Flohr/Wauschkuhn/*Fröhlich* Vertriebsrecht § 87c Rn. 10.
1195 BGH, NJW 1959, 1964.
1196 BGH, NJW 1971, 1610; Westphal, Handelsvertretervertrag, Rn. 203.
1197 Hopt, Handelsvertreterrecht, § 87c Rn. 21.

Anforderungen zu erfüllen. Die größte praktische Relevanz erfahren dabei die Ansprüche auf Erteilung eines Buchauszugs, beziehungsweise auf Einsicht in die Geschäftsbücher. Unternehmen, deren Marketing maßgeblich auf Kooperationen mit Influencern ausgerichtet ist, werden sich zukünftig vermehrt mit der Geltendmachung dieser Ansprüche konfrontiert sehen.

3. Künstlersozialabgabe

Ein weiteres Konfliktpotential in der Praxis birgt die Pflicht zur Entrichtung der Künstlersozialabgabe an die Künstlersozialkasse. Diese Pflicht ergibt sich aus dem Gesetz über die Sozialversicherung der selbständigen Künstler und Publizisten (KSVG). Die Künstlersozialkasse soll mithilfe des KSVG sicherstellen, dass selbständige Künstler und Publizisten einen ähnlichen Schutz durch die gesetzliche Sozialversicherung genießen wie Arbeitnehmer.[1198] Sie koordiniert für ihre Mitglieder die Beitragsabführung zur Krankenversicherung, sowie zur gesetzlichen Renten- und Pflegeversicherung, wobei die Künstler und Publizisten den vollen Leistungskatalog in Anspruch nehmen können, aber nur die Hälfte der fälligen Beiträge selbst zahlen müssen.[1199] Die Künstlersozialkasse stockt die Beträge zu 20 % aus Bundesmitteln und zu 30 % aus Sozialabgaben der Unternehmen auf, die künstlerische und publizistische Leistungen verwerten.[1200] Unternehmen, die mit Influencern kooperieren, müssen daher grundsätzlich eine Künstlersozialabgabe in Höhe von 5 % der an Influencer gezahlten Entgelte entrichten.

Welchen bemerkenswerten Einfluss es auf die Künstlersozialabgabepflicht hat, ob ein Influencer Handelsvertreter ist oder nicht, soll die folgende Untersuchung zeigen. Wer abgabepflichtig ist, regelt § 24 KSVG. Zu den Abgabepflichtigen zählen unter anderem Unternehmer, die für Zwecke ihres Unternehmens Werbung oder Öffentlichkeitsarbeit betreiben und dabei nicht nur gelegentlich Aufträge an selbständige Künstler oder Publizisten erteilen. Nach § 2 KSVG ist Künstler im Sinne dieses Gesetzes, »wer Musik, darstellende oder bildende Kunst schafft, ausübt oder lehrt.« Publizist ist, »wer als Schriftsteller,

1198 Künstlersozialkasse, Über uns, Die Künstlersozialkasse, abrufbar unter: https://www.kuenstlersozialkasse.de/die-ksk/die-kuenstlersozialkasse.html (zuletzt abgerufen am: 07.10.2023).

1199 Künstlersozialkasse, Über uns, Die Künstlersozialkasse, abrufbar unter: https://www.kuenstlersozialkasse.de/die-ksk/die-kuenstlersozialkasse.html (zuletzt abgerufen am: 07.10.2023).

1200 Künstlersozialkasse, Über uns, Die Künstlersozialkasse, abrufbar unter: https://www.kuenstlersozialkasse.de/die-ksk/die-kuenstlersozialkasse.html (zuletzt abgerufen am: 07.10.2023).

Journalist oder in ähnlicher Weise publizistisch tätig ist oder Publizistik lehrt.« Die Künstlersozialkasse prüft die Versicherungspflicht der Künstler und Publizisten, berechnet die Beitragsanteile, zieht diese ein und leitet sie an die Leistungsträger der Renten-, Kranken- und Pflegeversicherung weiter.[1201]

Der Begriff der künstlerischen oder publizistischen Tätigkeit ist weit auszulegen.[1202] Eine Definition des Kunstbegriffs sowie eine Abgrenzung des Personenkreises, erfolgt von Gesetzes wegen nicht.[1203] Ebenso lässt sich eine Aufzählung der unter den Kunstbegriff fallenden Berufe vermissen, da eine solche wohl der Vielfalt, Dynamik und Komplexität künstlerischer Erscheinungsformen entgegensteht.[1204] Nach Auffassung der Künstlersozialkasse sollen aus diesem Grund auch Influencer hierunter fallen, sofern ihre Beitragsgestaltung als künstlerisch im Sinne des KSVG bewertet werden kann. Die Künstlersozialkasse führt hierzu in ihren FAQs unter Nr. 25 aus:

> »Influencer sind Personen, die in sozialen Medien über bestimmte Themen berichten. Ihre Tätigkeiten werden von Interessenten – den Followern – verfolgt. Influencer mit einer großen Anzahl von Followern sind für Unternehmen als Werbepartner oder Markenbotschafter interessant. Wirbt ein Influencer mit selbst erstellten Werbefotos oder -videos, Werbetexten oder ähnlichen Werken für ein Unternehmen oder dessen Produkte, spricht man von Influencer Marketing. Das Entgelt, das der Auftraggeber für die Werbemaßnahme an den Influencer zahlt, ist abgabepflichtig und gehört daher zur Bemessungsgrundlage der Künstlersozialabgabe.«[1205]

Besonders interessant für Unternehmen, die mit Influencern kooperieren, ist eine von der Künstlersozialkasse selbst aufgestellte Ausnahmeregelung: Häufig engagieren Unternehmen Influencer für Affiliate-Kooperationen, bei denen die bereits erwähnten Affiliate-Links in einen Beitrag eingebettet werden. Sie versprechen sich davon höhere Verkaufszahlen, da die Hürde für mögliche Follower, einen Kauf zu tätigen, enorm gesenkt wird. Mit wenigen Klicks auf dem Smartphone gelangt der Nutzer von einer Instagram-Story zum beworbenen Produkt auf einer externen Website. Unabhängig von der Frage, ob Influencer in diesem Fall Handelsvertreter sind, hat sich diesbezüglich eine erstaunliche Rechtspraxis entwickelt: Denn Vergütungen an Influencer im Rahmen solcher

---

1201 Künstlersozialkasse, Über uns, Die Künstlersozialkasse, abrufbar unter: https://www.kuenstlersozialkasse.de/die-ksk/die-kuenstlersozialkasse.html (zuletzt abgerufen am: 07.10.2023).

1202 Küttner/*Ruppelt*, Künstlersozialversicherung, Rn. 12.

1203 Küttner/*Ruppelt*, Künstlersozialversicherung, Rn. 12.

1204 Küttner/*Ruppelt*, Künstlersozialversicherung, Rn. 12.

1205 Vgl. FAQs der Künstlersozialkasse, Nr. 25, abrufbar unter: https://www.kuenstlersozialkasse.de/unternehmen-und-verwerter/faq-unternehmen-und-verwerter (zuletzt abgerufen am 03.10.2023).

Affiliate-Kooperationen sollen nicht abgabepflichtig sein. Die Künstlersozialkasse äußert sich hierzu wie folgt:

»Provisionszahlungen im Rahmen einer Affiliate-Marketing-Kooperation unterfallen nicht der Bemessungsgrundlage der Künstlersozialabgabe, da Influencer in diesem Zusammenhang nicht unmittelbar für eine künstlerische/publizistische Leistung, sondern für die Zurverfügungstellung von Werbemöglichkeiten in sozialen Medien (Einbettung sog. Affiliate-Links) bezahlt werden.«[1206]

Der Gedanke hinter dem Ausschluss der Abgabepflicht bei Affiliate-Kooperationen ist zunächst auch nachvollziehbar. Nach § 1 KSVG sind selbständige Künstler und Publizisten in der allgemeinen Rentenversicherung, in der gesetzlichen Krankenversicherung und in der sozialen Pflegeversicherung versichert, wenn sie

»1. die künstlerische oder publizistische Tätigkeit erwerbsmäßig und nicht nur vorübergehend ausüben und
2. im Zusammenhang mit der künstlerischen oder publizistischen Tätigkeit nicht mehr als einen Arbeitnehmer beschäftigen, es sei denn, die Beschäftigung erfolgt zur Berufsausbildung oder ist geringfügig im Sinne des § 8 des Vierten Buches Sozialgesetzbuch.«

Folglich bedarf es zwangsläufig einer künstlerischen Tätigkeit, welche von der Künstlersozialkasse bei Affiliate-Marketing-Kooperationen aber angezweifelt wird. Die Künstlersozialkasse geht davon aus, dass bei diesen Kooperationen primär das Einrichten eines Affiliate-Links entlohnt wird und gerade nicht eine ansprechende Gestaltung etwaiger Social-Media-Beiträge. Daher würde eine künstlerische Tätigkeit im Sinne des Gesetzes von vornherein nicht vorliegen. Folgerichtig erscheint deshalb die jüngste Praxis der Künstlersozialkasse zu den Affiliate-Marketing-Kooperationen. So gab sie kürzlich unter Verweis auf ihre eigenen FAQs einem Einspruch statt, der damit begründet wurde, dass über 90 % der entrichteten Entgelte an Influencer im Rahmen von Affiliate-Marketing-Kooperationen gezahlt wurden. Der Einspruch wurde durch eine Aufstellung der an Influencer gezahlten Vergütungen, unterteilt nach Affiliate-Kooperationen und einfachen Influencer-Marketing-Aktivitäten, legitimiert. Die Künstlersozialkasse änderte ihren Bescheid ab und exkludierte in ihrer Entgeltzahlungsforderung nunmehr die für Affiliate-Marketing-Kooperationen gezahlten Vergütungen. Unternehmer werden aus diesem Grund zukünftig ab der ersten Zusammenarbeit mit Influencern in der Buchhaltung zwischen Affiliate-Marketing-Kooperationen und reinen Influencer-Kooperationen un-

1206 Vgl. FAQs der Künstlersozialkasse, Nr. 25, abrufbar unter: https://www.kuenstlersozialkasse.de/unternehmen-und-verwerter/faq-unternehmen-und-verwerter (zuletzt abgerufen am 03.10.2023).

terscheiden. Es sollte ihnen hierbei möglich sein, gegenüber der Künstlersozialkasse einen Nachweis darüber zu erbringen, welche Kooperationen tatsächlich inklusive Affiliate-Links stattgefunden haben. Eine lückenlose Buchhaltung spart hier bare Münze.

Fraglich erscheint jedoch die Überzeugungskraft dieser Argumentation. Denn die Ablehnung der künstlerischen Tätigkeit von Influencern bei Affiliate-Kooperationen bei zeitgleicher Bejahung derselben in reinen Influencer-Marketing-Kooperationen ist zumindest fragwürdig. So müssen Influencer auch bei vertraglicher Verpflichtung zur Platzierung eines Affiliate-Links ansprechende Posts verfassen beziehungsweise in mehreren Sequenzen positiv über das Produkt berichten. Der Unternehmer engagiert den Influencer nicht nur für die Möglichkeit der Installation eines Affiliate-Links, sondern, ebenso wie im klassischen Influencer-Marketing, auch für die ansprechende Gestaltung eines Social-Media-Beitrags. Der einzige Unterschied in der Gestaltung eines Posts mit Affiliate-Link ist ein mehr oder minder penetranter »Sticker«, dem besagter Link, über den der Follower auf die Unternehmenswebsite gelangt, zugrunde liegt und dessen Größe und Aussehen vom Influencer variabel verändert werden kann. Gestalterisch macht es für den Follower in der Regel keinen Unterschied, ob der Beitrag einen Affiliate-Link enthält oder nicht. Die Verwendung von Affiliate-Links hat auf die Erschaffung von Werken der darstellenden oder bildenden Kunst im Sinne des § 2 KSVG deshalb grundsätzlich keine hinreichenden Auswirkungen, die eine Anwendung der Vorschrift ausschließen. Eine Abgrenzung zwischen reinen Influencer-Marketing-Kooperationen, bei denen vertraglich lediglich das Hochladen eines Beitrags oder einer Story geschuldet wird und Affiliate-Marketing, ist für die Einordnung in das KSVG daher nach vorzugswürdiger Auffassung grundsätzlich nicht erforderlich. Dafür spricht auch die bereits erwähnte weite Auslegung des Künstlerbegriffs. Die selbständige künstlerische Tätigkeit ist durch das eigene Unternehmerrisiko und die freie Verfügungsmöglichkeit über Arbeitskraft und Arbeitszeit gekennzeichnet,[1207] die bei Influencern unabhängig von Affiliate-Marketing-Kooperationen gleichermaßen gegeben sind. Ob also die oben genannte Ausnahmeregelung zur Vermeidung der Künstlersozialabgabe nachhaltig und für die Zukunft Bestand haben wird, sollte mit Vorsicht betrachtet werden. Solange die Künstlersozialkasse jedoch so verfährt, ist (nachvollziehbar) davon auszugehen, dass Unternehmer diese für sie vorteilhafte Situation ausschöpfen und den Aufwand einer buchhalterischen Distinktion zwischen Affiliate-Kooperationen und reinen Influencer-Engagements in Kauf nehmen, sowie gegen vermeintlich zu pauschale Bescheide mittels Einspruch vorgehen.

1207 Küttner/*Ruppelt*, Künstlersozialversicherung, Rn. 12.

III. Die Vertragsbeendigung und die nach diesem Zeitpunkt relevanten Vorschriften des Handelsvertreterrechts

1. Kündigung des Handelsvertretervertrags, §§ 89, 89a, 90 HGB

Ein Handelsvertretervertrag kann auf bestimmte oder unbestimmte Zeit geschlossen werden. Soweit er auf bestimmte Zeit geschlossen wurde, das Vertragsende folglich im Vorhinein eindeutig bestimmt wurde, endet das Vertragsverhältnis mit dem Ablauf der vereinbarten Zeit, ohne dass es einer gesonderten Kündigung bedarf.[1208] Nur auf unbestimmte Zeit geschlossene Handelsvertreterverträge können daher gemäß § 89 HGB vor ihrem Ablauf durch fristgerechte Kündigung beendet werden.[1209] Nach § 90 Abs. 1 S. 1 HGB kann der Vertrag im ersten Jahr der Vertragsdauer mit einer Frist von einem Monat, im zweiten Jahr mit einer Frist von zwei Monaten und im dritten bis fünften Jahr mit einer Frist von drei Monaten zum Ende eines Kalendermonats gekündigt werden. Ab einer Vertragsdauer von fünf Jahren kann das Vertragsverhältnis gemäß § 89 Abs. 1 S. 2 HGB nur mit einer Frist von sechs Monaten gekündigt werden. Kürzere Fristen können weder individualvertraglich, noch in Allgemeinen Geschäftsbedingungen vereinbart werden.[1210] Verträge, die auf bestimmte Zeit geschlossen wurden, können einzig und allein aus einem wichtigen Grund gekündigt werden.[1211] Diese Kündigungsmöglichkeit ist in § 89a HGB geregelt. Ein wichtiger Grund im Sinne der Vorschrift liegt vor, wenn dem Kündigenden unter Berücksichtigung aller Umstände die Fortsetzung des Vertragsverhältnisses bis zum Ablauf der ordentlichen Kündigungsfrist nicht zugemutet werden kann.[1212] Einen Grund zur fristlosen Kündigung stellt in erster Linie die grob schuldhafte Verletzung etwaiger Vertragspflichten durch eine der Vertragsparteien dar.[1213] Im Influencer-Marketing dürfte ein solcher wichtiger Grund für den auftraggebenden Unternehmer insbesondere dann vorliegen, wenn sich ein Influencer beharrlich weigert, Beiträge für seinen Auftraggeber zu veröffentlichen.[1214] Die in § 89a HGB geregelte außerordentliche Kündigung muss nicht zwingend fristlos erfolgen, es ist ebenso zulässig, sie mit einer Frist zu verbinden, die jedoch nicht den Voraussetzungen des § 89 HGB unterliegt.[1215] Gemäß § 89a Abs. 1 S. 2 HGB können ferner keine vom Gesetz abweichenden vertraglichen Vereinbarungen

1208 Küstner, Der Handelsvertreter, S. 96.
1209 Küstner, Verträge mit Handelsvertretern, S. 15, Fn. 57.
1210 Emde, VersR 2001, 148.
1211 Küstner, Verträge mit Handelsvertretern, S. 15, Fn. 57.
1212 BGH, BeckRS 1983, 30391664; Semler, Handelsvertreter- und Vertragshändlerrecht, S. 43.
1213 Meyer, Handelsvertreterrecht, S. 93.
1214 Vgl. bzgl. § 626 BGB Zipfel, GRUR-Prax 2022, 163, 166.
1215 Küstner, Der Handelsvertreter, S. 97.

getroffen werden, das Recht ist allerdings ohne treuwidrige Verzögerung geltend zu machen.[1216]

2. Der Ausgleichsanspruch nach § 89b HGB

Die Annahme eines Handelsvertretervertrags im Sinne der §§ 84ff. HGB erscheint beim Abschluss von Verträgen mit Influencern auch deshalb möglich, wenn nicht sogar sinnvoll, da Handelsvertretern ein der Billigkeit entsprechender Vergütungsanspruch für die in der Vergangenheit liegende Absatzförderung zusteht, wenn diese beispielsweise so erfolgreich war, dass der Auftraggeber sie zukünftig in provisionseinsparender Weise nicht mehr benötigt und den handelsvertreterrechtlich einzuordnenden Vertrag kündigt.[1217] Ein solches Szenario erscheint auch auf Kooperationen mit Influencern übertragbar: Hat der Influencer über einen längeren Zeitraum den Absatz eines Unternehmers über Affiliate-Links gefördert, liegt es im Bereich des Möglichen, dass die Follower des Influencers auch unabhängig von ihrer Begeisterung für eine Influencer-Persönlichkeit zukünftig Produkte des Unternehmers erwerben. Kündigt der Unternehmer zwischenzeitlich das Vertragsverhältnis mit dem Influencer, hat dieser einen Kundenstamm geworben, für den er – verständlicherweise – eine monetäre Kompensation erwartet. Für diese Fälle hält das Handelsvertreterrecht ein besonderes Instrumentarium bereit, um entsprechende Probleme interessengerecht aufzulösen.

Dieses Instrument ist der Ausgleichsanspruch nach § 89b HGB, der dem Handelsvertreter unter bestimmten Voraussetzungen zusteht. Diese Vorschrift des Handelsvertreterrechts ist die in Praxis und Rechtsprechung bedeutendste,[1218] zugleich aber auch umstrittenste[1219] und am kontroversesten diskutierte und war bereits Gegenstand zahlreicher rechtswissenschaftlicher Publikationen und richtungsweisender Urteile.[1220] Auch im Verhältnis zwischen Handelsvertreter und Unternehmer ist Konfliktpotential vorprogrammiert, da der Anspruch gerade dann entsteht, wenn die Vertragsparteien ihre Zusammenarbeit beenden, was häufig erst nach mehreren Jahren geschieht.[1221] Der Ausgleichsanspruch ist

1216 Schmidt, Handelsrecht, § 27 Rn. 64.
1217 So für Galeristen Reinshagen, ZVertriebsR 2012, 281, 289f.
1218 Hopt, Handelsvertreterrecht, § 89b Rn. 1; Sturm/Liekefett, BB 2004, 1009; als wirtschaftlich wichtigste Norm des gesamten Vertriebsrechts bezeichnet Thume den § 89b HGB, vgl. Thume, VersR 2012, 665.
1219 Lilje, ZVertriebsR 2016, 211; der Vorschrift gegenüber besonders kritisch eingestellt Martinek, ZHR 161 (1997), 67, 74.
1220 Niklas, ZVertriebsR 2016, 362; Thume, BB 1999, 2309.
1221 Thume, VersR 2012, 665.

kein Versorgungsanspruch, aber auch kein reiner Vergütungsanspruch, da seine Entstehung und Begründung weitgehend von Billigkeitserwägungen bestimmt werden.[1222] Aus der Charakterisierung des § 89b HGB lässt sich ableiten, dass der Ausgleichsanspruch – unter Berücksichtigung der in § 89b Abs. 3 HGB geregelten Ausnahmen und bei Vorliegen aller Voraussetzungen der Vorschrift – grundsätzlich in allen Fällen der Beendigung des Vertragsverhältnisses zwischen Unternehmer und Handelsvertreter entsteht.[1223] Maßgeblicher Zeitpunkt und zugleich die erste Tatbestandsvoraussetzung ist daher die Beendigung des Handelsvertretervertrags.[1224] Im Übrigen ergeben sich die Anspruchsvoraussetzungen aus § 89b Abs. 1 Nr. 1 und Nr. 2 HGB. Neben die Voraussetzung der Vertragsbeendigung tritt eine weitere formelle Bedingung, nämlich, dass der Anspruch gemäß § 89b Abs. 4 S. 2 HGB überhaupt innerhalb eines Jahres nach Beendigung des Vertragsverhältnisses geltend gemacht wird. Hinzu kommen zwei materielle Voraussetzungen: der weit zu fassende – auch mittelbare geldwerte Vorteile erfassende[1225] – Unternehmervorteil[1226] und der Billigkeitsgrundsatz, der insbesondere den Provisionsverlust[1227] des Handelsvertreters berücksichtigen soll.[1228] Grundgedanke des Ausgleichsanspruchs nach § 89b HGB in seiner ursprünglichen Fassung ist entsprechend der Auffassung des BGH – unabhängig von dem zusätzlichen Kriterium der Billigkeit –, dass der Unternehmer durch die Tätigkeit des Handelsvertreters auch nach der Beendigung des Vertragsverhältnisses noch erhebliche Vorteile hat (Abs. 1 Nr. 1 a. F.) oder aber, dass der Handelsvertreter infolge der Vertragsbeendigung Provisionsansprüche ver-

1222 BGH, NJW 1957, 1029, 1031; BGH, NJW 1966, 1962; Küstner, VersR 2002, 513; Küstner, VersR 2004, 157; vgl. zu Zweck und Rechtsnatur des § 89b HGB vertiefend Hiekel, Der Ausgleichsanspruch des Handelsvertreters und des Vertragshändlers, S. 4–43.

1223 Eberstein, Der Handelsvertretervertrag, S. 122f.

1224 Hopt, Handelsvertreterrecht, § 89b Rn. 1.

1225 Emde, VersR 2013, 1333, 1339.

1226 In der Literatur werden Unternehmervorteile als »jeder nach Vertragsende dem Unternehmer verbleibende Nutzen aus der Werbeleistung des Vertreters, der durch die Vertragsbeendigung entsteht und durch die der Vertreter unmittelbar einen Nachteil erleidet« definiert, vgl. Lilje, ZVertriebsR 2016, 211, 219. Seit der HGB-Novelle im Jahr 2009 und der Verschiebung des Tatbestandsmerkmals der Provisionsverluste in die Billigkeitserwägung sei der Unternehmervorteil »Dreh- und Angelpunkt« für die Frage des Bestehens und der Höhe des Ausgleichsanspruchs, vgl. Gräfe/Boerner, ZVertriebsR 2017, 282; zur Bestimmung der Unternehmervorteile vgl. Lilje, ZVertriebsR 2016, 211.

1227 Bei den »entgehenden Provisionen« des § 89b Abs. 1 S. 1 Nr. 2 HGB kommt es nicht auf den Provisionsbegriff an. Es muss sich lediglich um eine Gegenleistung für den Handelsvertreter handeln, die für werbende, vermittelnde oder anschließende Tätigkeiten gewährt wird und die Entgelt für die Erweiterung des Kundenstamms ist, Emde, BB 2012, 3087, 3088.

1228 Küstner, VersR 2002, 513; Küstner/v. Manteuffel/Evers VertriebsR-HdB II Kap. II Rn. 206–211, nach deren aktuellster Auflage aus dem Jahr 1995, die folglich vor der letzten Gesetzesänderung (2009) erschien, der Provisionsverlust entsprechend § 89b Abs. 1 Nr. 2 HGB a. F. noch eine eigenständige Tatbestandsvoraussetzung war.

liert, die er bei Fortsetzung des Vertragsverhältnisses noch gehabt hätte (Abs. 1 Nr. 2 a. F.).[1229] Dabei geht das Gesetz – weiterhin nach Ansicht des BGH – davon aus, dass der Handelsvertreter bei unterstelltem Fortbestand des Vertragsverhältnisses noch eine Gegenleistung für diejenigen Vorteile erhalten hätte, die er zwar dem Unternehmer verschafft hat, die dieser aber nicht durch Provisionszahlungen für die einzelnen vermittelten Geschäfte abgegolten hat.[1230] Zu den dem Unternehmer verschafften Vorteilen gehört insbesondere die Zuführung neuer Kunden.[1231] Der Handelsvertreter erachtet den seinerseits für den Unternehmer geschaffenen Kundenstamm – von dem er sich jetzt verabschieden muss – als sein ureigenes Werk an, für welches er eine Gegenleistung erwartet.[1232] In seiner Grundsatzentscheidung vom 13.05.1957 begründete der BGH den Ausgleichsanspruch daher dahingehend, »daß der Handelsvertreter für einen auf seiner Tätigkeit beruhenden, ihm aber infolge der Beendigung des Vertragsverhältnisses nicht mehr vergüteten Vorteil, wie er in der Schaffung des Kundenstamms[1233] liegt, eine Gegenleistung erhält.«[1234]

> »Der Ausgleichsanspruch nach § 89b HBG dient dem Zweck, die Unternehmervorteile und Provisionsverluste auszugleichen, die sich daraus ergeben, dass der Unternehmer voraussichtlich für einige Zeit noch Folgegeschäfte mit solchen Kunden (Stamm- oder Mehrfachkunden) abschließen wird, zu denen der inzwischen ausgeschiedene Handelsvertreter eine Geschäftsbeziehung hergestellt hat, der Handelsvertreter aber an dieser Spätwirkung seiner früheren Vermittlungstätigkeit nicht mehr in Form von Provisionen partizipiert.«[1235]

Die Zubilligung eines Ausgleichsanspruchs entspricht damit dem aus § 354 HGB abzuleitenden Grundsatz, dass ein Kaufmann für seine Dienste grundsätzlich zu entlohnen ist.[1236] Eine Ausnahme bildet lediglich § 89b Abs. 3 HGB, der in seinen Nummern 1 bis 3 Umstände normiert, unter denen der Anspruch nicht bestehen soll. Für diese waren und sind durchweg Billigkeitserwägungen ausschlaggebend.[1237]

1229 BGH, NJW 1957, 1029, 1030f.; zur Berechnung der Anspruchshöhe vgl. Thume, BB 1999, 2309, 2312f.

1230 BGH, NJW 1957, 1029, 1031.

1231 BGH, NJW 1971, 1610, 1611; Eberstein, Der Handelsvertretervertrag, S. 122. Die Beweislast für die Werbung jeglicher Neukunden liegt als anspruchsbegründende Tatsache beim Handelsvertreter, vgl. Thume, BB 2020, 779, 780.

1232 Thume, BB 2020, 779.

1233 Altkunden können Neukunden gleichzustellen sein, wenn der Unternehmer seine Tätigkeit auf eine andere Branche ausweitet und der Handelsvertreter die Altkunden auch in dieser neuen Branche zur fortgesetzten Produktabnahme wirbt, vgl. Gräfe/Boerner, ZVertriebsR 2017, 282, 283; Thume, BB 2020, 779, 784.

1234 BGH, NJW 1957, 1029, 1031.

1235 BGH, NJW 2011, 1143, 1144.

1236 BGH, NJW 1957, 1029, 1031.

1237 Hopt, Handelsvertreterrecht, § 89b Rn. 52.

Eine zwischenzeitliche Veränderung hat das Handelsvertreterrecht durch das am 05.08.2009 in Kraft getretene Gesetz zur Neuregelung der Rechtsverhältnisse bei Schuldverschreibungen aus Gesamtemissionen und zur verbesserten Durchsetzbarkeit von Ansprüchen von Anlegern aus Falschberatung erfahren. Durch dieses wurde der § 89b Abs. 1 S. 1 Nr. 2 HGB dahingehend geändert, dass der Billigkeitsgrundsatz nunmehr bereits im Rahmen des § 89b Abs. 1 Nr. 2 HGB die entgangenen Provisionsansprüche (§ 89b Abs. 1 Nr. 2 HGB a.F.) ergänzt. Die Änderung ist auf das »Semen«-Urteil vom 26.03.2009 – C-348/07[1238] zurückzuführen, in dem der EuGH entschieden hat, dass § 89b Abs. 1 S. 1 HGB in der seit 1953 geltenden Fassung teilweise mit Art. 17 Abs. 2 lit. a der Handelsvertreterrichtlinie unvereinbar ist: Bei der Bemessung des Ausgleichsanspruchs sei allein auf den Unternehmervorteil und einen Billigkeitsaspekt abzustellen; Provisionsverluste seien kein eigenständiges Tatbestandsmerkmal.[1239] Mit der Gesetzesänderung wurde die bisher in der Praxis völlig untergeordnete Rolle der Unternehmervorteile in ihr Gegenteil verkehrt.[1240] Der überarbeitete, neue § 89b Abs. 1 Nr. 2 HGB sieht dementsprechend vor, dass der Handelsvertreter nach Beendigung des Vertragsverhältnisses vom Unternehmer einen angemessenen Ausgleich verlangen kann, wenn und soweit »die Zahlung eines Ausgleichs unter Berücksichtigung aller Umstände, insbesondere der dem Handelsvertreter aus Geschäften mit diesen Kunden entgehenden Provisionen, der Billigkeit entspricht.« Dieser Billigkeitsgrundsatz war bisher in § 89b Abs. 1 Nr. 3 HGB a.F. enthalten. Die »Billigkeit« ist ein in hohem Maße unbestimmter Rechtsbegriff, welcher als individuelles Wertungskriterium der Einzelfallgerechtigkeit dienen soll und dabei die individualisierte Gerechtigkeit in den Vordergrund stellt.[1241] Beim Billigkeitsgrundsatz handelt es sich um eine Anspruchsvoraussetzung, ohne deren Vorliegen der Ausgleichsanspruch nicht entsteht.[1242] Es kann daher mitnichten davon ausgegangen werden, dass es auf die Billigkeit nicht mehr ankommt, wenn bereits Unternehmervorteile und Provisionsverluste des Handelsvertreters vorliegen, oder dass der Ausgleich stets der Billigkeit entspricht, wenn diese Voraussetzungen erfüllt sind.[1243]

Andererseits ist denkbar, dass ein Ausgleichsanspruch auch ohne Provisionsverluste besteht, etwa wenn der Handelsvertreter für die Vermittlung langjähriger Geschäftsverbindungen[1244] jeweils nur eine einmalige Provision erhalten

1238 EuGH, EuZW 2009, 304.
1239 Vgl. hierzu Semler, BB 2009, 2327, 2328.
1240 Thume, BB 2021, 1672.
1241 Hiekel, Der Ausgleichsanspruch des Handelsvertreters und des Vertragshändlers, S. 67.
1242 Küstner/v. Manteuffel/Evers VertriebsR-HdB II Kap. II Rn. 876.
1243 Küstner/v. Manteuffel/Evers VertriebsR-HdB II Kap. II Rn. 877.
1244 In der Literatur ist umstritten, ob auch Dauerschuldverhältnisse eine ausgleichsfähige Geschäftsverbindung i.S.d. § 89b Abs. 1 S. 1 Nr. 1 HGB begründen. Vorzugswürdig ist die

hat, der Unternehmer hieraus aber nach Vertragsbeendigung mit dem vorhandenen Kundenstamm noch erhebliche Vorteile erzielen kann.[1245] Das ergibt sich seit der letzten Gesetzesänderung im Jahr 2009 bereits aus dem Wortlaut des § 89b Abs. 1 Nr. 2 HGB, der den Provisionsverlust nur noch als einen Umstand der Billigkeit qualifiziert. Ohne den Provisionsverlust als zwingende Anspruchsvoraussetzung kann der Ausgleichsanspruch des Handelsvertreters nunmehr auch die Höhe des Provisionsverlustes übersteigen, was vor der Gesetzesänderung nicht möglich war.[1246] Aus diesen Gründen ist in jedem Einzelfall zu prüfen, ob und in welcher Höhe dem Handelsvertreter ein Ausgleichsanspruch zusteht. Der Höhe nach begrenzt ist der Anspruch jedenfalls durch § 89b Abs. 2 HGB, wonach der Ausgleich höchstens eine Jahresprovision oder sonstige Jahresvergütung beträgt, die nach dem Durchschnitt der letzten fünf Jahre der Tätigkeit des Handelsvertreters berechnet wird; bei kürzerer Dauer des Vertragsverhältnisses ist der Durchschnitt während der Dauer der Tätigkeit maßgebend.

Der Anspruch auf einen angemessenen Ausgleich nach Beendigung des Vertragsverhältnisses gemäß § 89b HGB ist im Gegensatz zum Provisionsanspruch nach § 87 HGB nicht mehr abdingbar. So bestimmt § 89b Abs. 4 S. 1 HGB, dass der Anspruch nicht im Voraus – also vor Vertragsbeendigung[1247] – ausgeschlossen werden kann. Dies war nach der ursprünglichen Fassung der Norm aus dem Jahre 1953 in solchen Fällen noch möglich, in denen der Handelsvertreter keine Niederlassung in Deutschland hatte, jedoch deutsches Recht vereinbart wurde.[1248] Seit der Anpassung an die Handelsvertreterrichtlinie soll ein Abbedingen des Ausgleichsanspruchs nur noch in jenen Fällen möglich sein, in denen der Handelsvertreter seine Tätigkeit außerhalb[1249] der Europäischen Union und des

Bejahung der Frage, vgl. Emde, BB 2017, 1289, der Dauerschuldverhältnisse als »Paradigma einer Geschäftsverbindung« bezeichnet und in diesem Fall zurecht von einer »besonders festen [Geschäftsverbindung], die sogar durch einen Rahmenvertrag abgesichert ist« spricht. Dagegen streiten Ströbl/Wentzel, BB 2017, 390, 392. Maßgeblich wäre, ob der Handelsvertreter Stammkunden neu geworben oder diese intensiviert hat und der Unternehmer Folgegeschäfte dieser Stammkunden auch nach Vertragsbeendigung erwarten kann. Dies wäre bei Dauerschuldverhältnissen nicht grundsätzlich der Fall. Vgl. zur selben Frage im Rahmen von Ansprüchen aus § 87 Abs. 3 HGB Wauschkuhn/Fröhlich, BB 2010, 524.

1245 Thume, BB 2004, 2473, 2475.

1246 Thume, BB 2009, 2490, 2494.

1247 Piper, Höchstrichterliche Rechtsprechung zum Handelsvertreterrecht, Rn. 130.

1248 Thume, BB 2004, 2473, 2476.

1249 Vgl. zur Tätigkeit, die sowohl innerhalb als auch außerhalb der EU und ihrer Vorgänger ausgeübt wird (sog. gemischte Tätigkeit) Müller, NJW 1998, 17. Danach wäre der § 92c HGB auch dann anwendbar und der Ausgleichsanspruch könnte ausgeschlossen werden, wenn er sich auf die Tätigkeit außerhalb des europäischen Wirtschaftsraums bezieht.

Europäischen Wirtschaftsraums ausübt, § 92c Abs. 1 HGB.[1250] Zulässig sind jedoch ausgleichsmindernde Abreden im Rahmen von Abfindungsvereinbarungen und zwar auch vor Ablauf der Kündigungsfrist, wenn der Handelsvertreter seine Tätigkeit im Einvernehmen mit dem Unternehmer bereits vor diesem Zeitpunkt endgültig eingestellt hat.[1251]

Von besonderer praktischer Relevanz für den populären Ausgleichsanspruch nach § 89b HGB ist in diesem Zusammenhang auch die außerordentliche Kündigung gemäß § 89a HGB. Denn nach § 89b Abs. 3 Nr. 2 HGB entfällt der Ausgleichsanspruch, wenn der Unternehmer das Vertragsverhältnis gekündigt hat und die Kündigung durch ein schuldhaftes Verhalten des Handelsvertreters aus wichtigem Grund erfolgt ist. Auch wenn nach einer ordentlichen Kündigung noch während des Laufs der Kündigungsfrist eine weitere, nunmehr fristlose Kündigung wegen vertragswidrigen Verhaltens des Handelsvertreters ausgesprochen wird, kann der Ausgleichsanspruch zu Fall gebracht werden.[1252] Die Beendigung eines Handelsvertretervertrags durch eine Kündigung aus wichtigem Grund herbeizuführen, stellt daher für den Unternehmer eine verlockende Möglichkeit dar.[1253] Selten, aber nicht völlig ausgeschlossen ist, dass die Kündigung aus wichtigem Grund keine fristlose ist. So ist es möglich, dass ein Grund zwar »wichtig« im Sinne des § 89b Abs. 3 Nr. 2 HGB ist, jedoch eine fristlose Kündigung gemäß § 89a HGB nicht rechtfertigt.[1254]

Mit Blick auf die herrschende Trackingmethode der persönlichen Gutscheincodes muss der Unternehmer – ähnlich dem Verfall eines Cookies – darauf achten, den Code nach Beendigung einer Kooperation zu deaktivieren. Andernfalls läuft er Gefahr, sich im Rahmen der Geltendmachung von Ansprüchen nach § 89b HGB einem Beweisvorsprung des klagenden Influencers auszusetzen, wenn dieser versucht, den »erheblichen Vorteil« im Sinne des § 89b Abs. 1 Satz 1 Nr. 1 HGB nachzuweisen, da der Influencer die Weiterverwendung seines Gutscheincodes ohne weiteres durch einen Buchauszug oder Einsicht in die Geschäftsbücher nachweisen könnte.

Im Hinblick auf einen potentiellen Ausgleichsanspruch von Influencern und deren häufig anzutreffende Vergütung per Fixum bleibt festzuhalten, dass der Anspruch aus § 89b HGB grundsätzlich nicht ausgeschlossen ist, wenn der Handelsvertreter etwa nur eine Festvergütung und daneben keine oder nur unbedeutende Provisionsbezüge erhalten hat.[1255] Unabhängig von der Höhe der

1250 Vgl. Art. 1 Nr. 8 Durchführungsgesetz zu EG-Richtlinie vom 23.10.1989; Teichmann/Wauschkuhn, ZVertriebsR 2012, 274; Thume BB 2004, 2473, 2476.

1251 BGH, NJW 1971, 465.

1252 Semler, GWR 2010, 565.

1253 Semler, Handelsvertreter- und Vertragshändlerrecht, S. 43.

1254 Semler, Handelsvertreter- und Vertragshändlerrecht, S. 43.

1255 Küstner/v. Manteuffel/Evers VertriebsR-HdB II Kap. II Rn. 928.

Festvergütung entfällt ein Ausgleichsanspruch jedenfalls dann nicht vollständig, wenn der Unternehmer aus der Tätigkeit des Handelsvertreters weiterhin erhebliche Vorteile bezieht.[1256] Dafür spricht auch der Umstand, dass eine Vertragsbestimmung im Handelsvertretervertrag, wonach ein Teil der dem Handelsvertreter laufend zu zahlenden Vergütung auf den künftigen Ausgleichsanspruch angerechnet werden soll, im Zweifel gegen die zwingende Vorschrift des § 89b Abs. 4 Satz 1 HGB verstößt und daher in der Regel nichtig ist.[1257] Kontrollfrage ist stets, ob der jeweilige Vorteil im konkreten Fall nicht bereits durch die laufend entrichteten Provisionen abgegolten ist.[1258] Eine Anrechnung laufender Provisionen auf einen künftigen, potentiellen Handelsvertreterausgleich ist nach Auffassung des BGH nur dann wirksam, wenn sich feststellen lässt, dass die Parteien auch ohne die Anrechnungsabrede keine höhere Provision vereinbart hätten, als sich nach Abzug des zu verrechnenden Teils aus der Gesamtvergütung ergibt.[1259] Darüber hinaus dürfte eine ausgleichsmindernde Anrechnung der Festvergütung auch dann ausgeschlossen sein, wenn das Fixum Provisionscharakter hat und damit erfolgsabhängig ist.[1260] Die Anwendung der Vorschrift auf Influencer scheint unproblematisch. Die Kritik einzelner Autoren, die § 89b HGB zumindest auf Online-Plattformen nicht anzuwenden gedenken, ist zum einen nicht überzeugend, zum anderen aber auch nicht ohne weiteres auf Influencer übertragbar.[1261] Die Norm bleibt daher auch auf Influencer-Aktivitäten uneingeschränkt anwendbar.

IV. Verjährung der Ansprüche aus § 87 und § 89b HGB

Der Provisionsanspruch nach § 87 HGB sowie der Ausgleichsanspruch nach § 89b HGB unterliegen der dreijährigen Regelverjährung des § 195 BGB.[1262] Der Beginn der Verjährung richtet sich nach § 199 BGB.[1263] Er setzt die Kenntnis oder grob fahrlässige Unkenntnis von den den Anspruch begründenden Umständen und der Person des Schuldners voraus.[1264] Abweichende Regelungen, wie die

1256 Küstner/v. Manteuffel/Evers VertriebsR-HdB II Kap. II Rn. 928.

1257 BGH, NJW 1972, 477.

1258 Lilje, ZVertriebsR 2016, 211, 214; Thume, BB 2020, 779.

1259 BGH, NJW 1972, 477.

1260 Küstner/v. Manteuffel/Evers VertriebsR-HdB II Kap. II Rn. 929; vgl. zur Ausgleichsreduzierung aus Billigkeitserwägungen BGH, BB 2000, 736 m. Anm. Emde, BB 2000, 738f.; zur ausgleichsmindernden Auswirkung einer vom auftraggebenden Unternehmen finanzierten Altersvorsorge vgl. Küstner, VersR 2004, 157.

1261 Vgl. Kap. 5 V. 6.

1262 Oetker/*Busche* HGB § 87 Rn. 36, § 89b Rn. 50.

1263 BeckOK HGB/*Lehmann* HGB § 87 Rn. 57.

1264 Hopt/*Hopt* HGB § 87 Rn. 52, 53.

Verkürzung der Verjährungsfrist, sind in den Grenzen des § 202 BGB zulässig.[1265] Für § 89b HGB ist dessen Abs. 4 S. 2 insofern besonders zu beachten, als die dort geregelte Jahresfrist nicht unterschritten werden darf. In der Konsequenz darf die Verjährungsfrist nicht ablaufen, solange die Geltendmachung des Ausgleichsanspruchs nach § 89b Abs. 4 S. 2 HGB mangels Ablaufs der Ausschlussfrist noch möglich ist.[1266] Auch darf keine einseitige Verkürzung der Verjährungsfrist zu Lasten des Handelsvertreters erfolgen.[1267]

V. Haftungsfragen

1. Haftung des Unternehmers für den Handelsvertreter

Eine Zurechnung der als Handelsvertreter ausgeübten Handlungen des Influencers für den Unternehmer - und damit eine Haftung des Unternehmers - ist grundsätzlich dann gegeben, wenn der Influencer neben seiner Vermittlungstätigkeit typische Aufgaben seines Geschäftsherrn mit dessen Willen und Wollen wahrnimmt und damit in dessen Pflichtenkreis tätig wird.[1268] Eine überzeugende Begrenzung der Haftung des Unternehmers ließe sich demgegenüber dadurch erreichen, dass er nur für solche Rechtsverletzungen einzustehen hat, die durch Handlungen des Influencers begangen werden, welche der Unternehmer im Rahmen des ihm Möglichen und Zumutbaren hätte erkennen und verhindern können oder zu denen er angestiftet oder Beihilfe geleistet hat.[1269] Darüber hinaus beschränkt sich die Haftung des Unternehmers auf Handlungen des Influencers, die im Zusammenhang mit dem vereinbarten Vertragsverhältnis stehen, also dass die Affiliate-Links den vereinbarten Umfang haben und auf die vereinbarten Websites verweisen.[1270] Eine Haftung scheidet ferner vollständig aus, wenn eine Handlung außerhalb des Vertragsverhältnisses im privaten Bereich stattgefunden hat und eine geschäftliche Handlung nicht der betrieblichen Organisation des Auftraggebers zuzurechnen ist.[1271] Der Auftraggeber sollte zur Vermeidung von Haftungszurechnungen möglichst präzise vertragliche Regelungen treffen. Dazu gehört auch die Vereinbarung von Vertragsstrafen für

---

1265 BGH, NJW-RR 1991, 35; BeckOK HGB/*Lehmann* HGB § 87 Rn. 57; Oetker/*Busche* HGB § 89b Rn. 50.
1266 Oetker/*Busche* HGB § 89b Rn. 50.
1267 MüKoHGB/*Ströbl* HGB § 89b Rn. 262.
1268 EBJS/*Löwisch* HGB § 84 Rn. 137.
1269 HmbKommMedienR/von *Petersdorff-Campen* 29/53ff.; Jahnke, Influencer Marketing, S. 340.
1270 Jahnke, Influencer Marketing, S. 340f.
1271 BGH, GRUR 2009, 1167, 1171.

wettbewerbswidrige Handlungen des Influencers, da hierdurch deutlich gemacht wird, dass der Influencer außerhalb des Auftragsverhältnisses handelt.[1272]

Konträr zu gängigen Vergleichsportalen kommen beim Influencer-Marketing nicht die Betreiber der Social-Media-Plattform als Haftungssubjekt in Betracht, da nicht diese, sondern allein deren Nutzer etwaige Beiträge erstellen.[1273] Ein selbständiger Handelsvertreter tritt darüber hinaus nicht in Vertragsbeziehungen mit seinen Kunden, sondern vermittelt lediglich Geschäfte, weshalb seine Haftung gegenüber dem Kunden regelmäßig ausscheidet.[1274] Etwas anderes gilt für die Haftung als Vertreter ohne Vertretungsmacht nach § 179 BGB, wenn ein Abschlussvertreter die ihm erteilte Vertretungsbefugnis überschreitet.[1275] Zu klären ist jedoch, inwieweit und in welchem Umfang der Unternehmer für den Influencer als Handelsvertreter haftbar gemacht werden kann, wenn letzterer beispielsweise unwahre oder unpräzise Tatsachenbehauptungen aufstellt. Diese Frage gestaltet sich als besonders interessant im Vergleich zu der in dieser Arbeit noch zu erörternden Frage der Haftung für Handlungen sogenannter KI-Influencer. Im Folgenden wird daher zunächst die Haftung für natürliche Personen beleuchtet, bevor in einem Exkurs die Haftung für KI-basierte Influencer untersucht wird.

Der Unternehmer hat für das Verschulden seines Handelsvertreters bei der Vertragsanbahnung oder -durchführung nach § 278 BGB einzustehen.[1276] Täuschungshandlungen des Handelsvertreters gegenüber dem Kunden berechtigen diesen darüber hinaus gemäß § 123 BGB zur Anfechtung des Vertrags.[1277]

Speziell für Affiliates – die nach hiesiger Auffassung regelmäßig Handelsvertreter sein dürften – hat die Rechtsprechung entschieden, dass diese Beauftragte eines Unternehmers im Sinne des § 8 Abs. 2 UWG sind[1278] und Rechtsverstöße aus diesem Grund dem Auftraggeber zuzurechnen sind.[1279] Exemplarisch führt der BGH hierzu aus:

> »Dem Inhaber eines Unternehmens werden danach Zuwiderhandlungen seiner Beauftragten wie eigene Handlungen zugerechnet, weil die arbeitsteilige Organisation des Unternehmens die Verantwortung für die geschäftliche Tätigkeit nicht beseitigen soll. Der Unternehmensinhaber, dem die Geschäftstätigkeit seiner Beauftragten zu Gute kommt, soll sich bei seiner Haftung nicht hinter den von ihm abhängigen Dritten verstecken können. Der innere Grund für die Zurechnung der Geschäftstätigkeit des

1272 Schirmbacher/Ihmor, CR 2009, 245, 251.
1273 Benz/Kohler, ZfPW 2020, 490, 492.
1274 Emde, BB 2022, 2563, 2567.
1275 HK-HGB/*J.Keßler* § 84 Rn. 57.
1276 HK-HGB/*J.Keßler* § 84 Rn. 58.
1277 HK-HGB/*J.Keßler* § 84 Rn. 58.
1278 Sog. Beauftragtenhaftung, § 8 Abs. 2 UWG.
1279 BGH, GRUR 2009, 1167, 1170; Rauer/Kempf, WRP 2022, 817, 825.

> Beauftragten liegt vor allem in einer dem Betriebsinhaber zu Gute kommenden Erweiterung des Geschäftsbetriebs und einer gewissen Beherrschung des Risikobereichs durch den Betriebsinhaber.«[1280]

Der Begriff des Beauftragten im wettbewerbsrechtlichen Sinne ist grundsätzlich weit auszulegen.[1281] Auch nach Auffassung von Raimond Emde müsse ein Unternehmer deshalb für das Verhalten seines Handelsvertreters nach § 8 Abs. 2 UWG haften.[1282] Der Unternehmer müsste sich dann jede inhaltlich unrichtige Erklärung des von ihm mit der Vermittlung beauftragten Handelsvertreters zurechnen lassen.[1283]

Ähnlich hat der BGH auch bereits für das Markenrecht entschieden.[1284] Danach sollen Affiliates jedenfalls dann im Sinne des § 14 Abs. 7 MarkenG Beauftragte eines Unternehmens sein, wenn ihnen für jeden Besucher, der über einen Link zum Unternehmen gelangt und mit diesem ein Geschäft abschließt, eine Provision gezahlt wird und der jeweilige Werbepartner erst nach einer Überprüfung durch den Unternehmer selbst, der den Werbepartnern eine Auswahl für die Gestaltung der Werbemittel vorgibt, in das Partnerprogramm aufgenommen wird.[1285] Als Beauftragter soll dabei ebenfalls ein selbständiges Unternehmen gelten können.[1286] Auch ein selbständiger Influencer muss also unter den Begriff des Beauftragten fallen können. Für eine solche Haftung spricht darüber hinaus ein Vergleich mit dem Versicherungsrecht. Versicherungsunternehmen müssen sich bei der Zusammenarbeit mit Handelsvertretern alle von diesen abgegebenen Erklärungen zurechnen lassen, wenn die Äußerungen mit der Vermittlungstätigkeit in einem inneren Zusammenhang stehen.[1287] Ein solcher innerer Zusammenhang ist bereits dann anzunehmen, wenn der Versicherungsvermittler als Erfüllungsgehilfe Weisungen nicht befolgt.[1288] Selbst wenn der Versicherungsvertreter gegen etwaige Vorgaben des Versicherungsunternehmens verstößt oder sogar rechtswidrig beziehungsweise strafbar handelt, kann eine Zurechnung der Handlungen des Vertreters erfolgen.[1289]

Fraglich erscheint die Beauftragtenstellung des Influencers als Affiliate jedoch aus den folgenden, vom BGH aufgestellten Gesichtspunkten: Das höchste Zivilgericht führt aus, es wäre entscheidend,

1280 BGH, GRUR 2009, 1167, 1170.
1281 BGH, GRUR 1995, 605, 607; BeckOK UWG/*Haertel* UWG § 8 Rn. 148.
1282 Emde, BB 2022, 2563, 2567.
1283 Emde, BB 2022, 2563, 2567.
1284 BGH, MMR 2009, 827.
1285 Vgl. Hoeren/Sieber/Holznagel MultimediaR-Hdb/*Hoeren* Teil 18.2 Rn. 106.
1286 BGH, MMR 2009, 827, 829.
1287 Bürkle/*Schlierenkämper*, § 11 Versicherungsvertrieb, Rn. 52.
1288 Bürkle/*Schlierenkämper*, § 11 Versicherungsvertrieb, Rn. 53.
1289 Bürkle/*Schlierenkämper*, § 11 Versicherungsvertrieb, Rn. 53.

»dass der Werbepartner in die betriebliche Organisation des Betriebsinhabers in der Weise eingegliedert ist, dass der Erfolg der Geschäftstätigkeit des beauftragten Unternehmens dem Betriebsinhaber zu Gute kommt und der Betriebsinhaber einen bestimmenden, durchsetzbaren Einfluss auf diejenige Tätigkeit des beauftragten Unternehmens hat, in deren Bereich das beanstandete Verhalten fällt. Dabei kommt es nicht darauf an, welchen Einfluss sich der Betriebsinhaber gesichert hat, sondern welchen Einfluss er sich sichern konnte und musste. Der Unternehmensinhaber haftet daher gegebenenfalls auch für ohne sein Wissen und gegen seinen Willen von einem Beauftragten begangene Rechtsverstöße.«[1290]

Insofern wird auch für Handelsvertreter, die als Anzeigenvertreter lediglich Anzeigenaufträge für die von ihnen vertretenen Zeitungen entgegennehmen, angenommen, dass sie keine Beauftragten im Sinne des § 8 Abs. 2 UWG sind.[1291] Problematisch ist im Falle einer Zurechnung des Handelns von Influencern folglich insbesondere der bestimmende und durchsetzbare Einfluss auf den Influencer, den sich das auftraggebende Unternehmen sichern konnte und musste. Ein solcher Einfluss kann nicht in aller Pauschalität angenommen werden.[1292] Zwar existieren für Influencer die sogenannten Briefings, sowie vertraglich fixierte Pflichten beider Parteien, die weitergehende Beitragsgestaltung bleibt jedoch vollständig dem Influencer überlassen. Genau dies entspricht dem Wesen des Influencer-Marketings und macht eine Kooperation zwischen Influencer und Unternehmen aus. Eine bestimmende und durchsetzbare Einflussnahme auf den Influencer liegt daher im Zweifel nur dann vor, wenn der Pflichtenkreis des Influencers ausdrücklich und in seinem Umfang hinreichend Gegenstand des Vertrags geworden ist. Auf die Rechtsprechung des BGH zur Haftung von Unternehmern für Affiliates nach § 14 Abs. 7 MarkenG kann folglich nicht uneingeschränkt zurückgegriffen werden. Vielmehr ist insofern auf die konkreten vertraglichen Rechte und Pflichten abzustellen und zu prüfen, wie weitläufig die Eingliederung in die Vertriebsorganisation tatsächlich ist. Wenngleich nicht von vornherein ausgeschlossen ist, dass die vom BGH gezeichneten Parameter vorliegen und der Unternehmer damit für Rechtsverletzungen des Influencers haftet, ist für die Beantwortung dieser Frage stets eine Untersuchung im Einzelfall vorzunehmen.

1290 BGH, GRUR 2009, 1167, 1170.

1291 BeckOK UWG/*Haertel* UWG § 8 Rn. 148.

1292 Scherer, GRUR 2022, 1555, 1558; so auch Schirmbacher/Ihmor, CR 2009, 245, 250f. Diese ziehen noch eine Störerhaftung in Erwägung, wenn der Unternehmer zumutbare Prüfpflichten verletzt. Das wäre jedoch erst der Fall, wenn er Kenntnis von einem konkreten Verstoß des Publishers, hier also des Influencers hätte.

2. Exkurs: Haftung für KI-Influencer und ein Ausblick in die Zukunft

Der Status des Influencers als natürliche Person ist nicht in Stein gemeißelt. Insbesondere die rasante Entwicklung der künstlichen Intelligenz hat – vornehmlich im fernen Silicon Valley – innovative Tech-Unternehmen auf den Plan gerufen, die sich den technischen Fortschritt zu eigen machen und ihn monetarisieren wollen, indem sie analog nicht existente Avatare digital mit Kleidungsstücken von Modemarken »ausstatten«, sodass diese scheinbar unfehlbaren Avatare als Werbeträger für jene Marken fungieren. Ein lukratives Geschäft. Doch wie läuft eine solche Kooperation in der Praxis ab? Und was muss man sich unter den sogenannten Avataren vorstellen? Sind diese wirklich intelligent? Oder wird der Begriff »Künstliche Intelligenz« mittlerweile zu pauschal verwendet, sodass die Avatare lediglich als künstlich zu klassifizieren sind, ohne wirklich intelligent zu sein? Ist das Haftungssystem de lege lata in der Lage, die neuartigen Situationen adäquat zu regeln oder bedarf es eines revolutionären Haftungsrechts de lege ferenda? Das folgende Kapitel soll Licht in das Dunkel des an Aktualität kaum zu überbietenden Phänomens der vermeintlich KI-basierten Influencer bringen.

a) Künstliche Intelligenz: Definitionsansätze und Grundlagen

Der Terminus »Künstliche Intelligenz« ist aufgrund der ihm – noch immer – zunehmend zuteilwerdenden wissenschaftlichen und medialen Aufmerksamkeit, die er trotz teilweise berechtigter Kritik[1293] erfährt, aus dem öffentlichen Diskurs nicht mehr hinwegzudenken.[1294] Aufgrund der mannigfaltigen Interpretationsmöglichkeiten des Begriffs »Intelligenz« ist eine präzise Definition von Künstlicher Intelligenz dabei nicht ohne weiteres möglich.[1295] Schon die be-

1293 Kritisch insbesondere Herberger, NJW 2018, 2825, 2826, der empfiehlt, auf den Begriff zu verzichten, da die Betrachtung des Begriffs »intelligence« in seinem englischen Sprachumfeld als »die Fähigkeit, einer handelnden Instanz in einem breiten Umfeld von Rahmenbedingungen Ziele zu erreichen« verstanden werde, die deutsche Sprachfassung der »Intelligenz« jedoch ein »wesentlich weitergehendes Kompetenzspektrum« suggeriere. Ferner ist das englische Wort »artificial« nicht uneingeschränkt mit dem deutschen Wort »künstlich« vergleichbar. Zumindest nicht mit seinem modernen Verständnis. Dieses geht mehr in Richtung »gekünstelt«, gar »zielorientiert« »verdreht« oder »verbogen.« Die direkte Übersetzung ist eher zu vergleichen mit dem altdeutschen Sprachgebrauch. Deutlich machen dies auch Ory/Sorge, NJW 2019, 710, 713, die ein von KI konstruiertes Bild als »künstliche Kunst« betiteln. Würden diese Begriffe heute noch synonym verwendet werden können, bedürfte es dieser »Doppelung« nicht.

1294 Hinze, Haftungsrisiken des automatisierten und autonomen Fahrens, S. 4; Jakl, MMR 2019, 711, 712.

1295 Breidenbach/Glatz/*von Bünau*, Rechtshandbuch Legal Tech, Kap. 3 Rn. 5; Vogel, Künstliche Intelligenz und Datenschutz, S. 29.

griffliche Konturierung von »Intelligenz« ist problembehaftet. So ist bei der Qualifikation von Systemen als »intelligent« insbesondere dann Vorsicht geboten, wenn diese lediglich bestimmte Schrittabfolgen automatisiert vornehmen.[1296] Gleiches gilt für zwar bisweilen hochspezialisierte, aber gleichwohl vordefinierte Programmabläufe, wie sie in neuartigen Heizungssteuerungen zu finden sind, die z. B. beim Öffnen eines Fensters automatisch die Heizung abschalten.[1297] In diesen Fällen sind die Handlungen einer KI auf den Programmierer zurückzuführen, der sich bereits im Vorhinein überlegt hat, wie sich das System in einer bestimmten Situation verhalten und wie es darauf reagieren soll.[1298] Eine Konkretisierung des Begriffs wird daher teilweise auch mit dem Fokus auf »überraschende Fähigkeiten von Computern« vorgenommen.[1299] Sinnvoller erscheint jedoch eine stärker auf den technischen Hintergrund fokussierte Sichtweise. So könnte eine definitorische Annäherung über die Charakterisierung der grundsätzlichen Fähigkeiten und Limitationen von KI-Systemen geebnet werden: Die Basis bilden Algorithmen – also in Einzelschritte zerlegte Anweisungen –, die von einem Computer maschinell abgearbeitet und in Software abgebildet werden können, sowie Daten, da ein KI-System aus diesen sein Verhalten repliziert.[1300] Weitgehende Einigkeit dürfte zumindest darüber bestehen, dass eine KI kein Lebewesen sein, aber dem biologischen Vorbild insbesondere in der Eigenschaft der Lernfähigkeit ähneln kann.[1301] Insofern korrelieren die Ansichten, die KI als Wissenschaftsdisziplin zur Entwicklung von Computerprogrammen bezeichnen, die Verhaltensweisen aufweisen, welche Menschen als »intelligent« betiteln würden, wenn sie einer menschlichen Person anhaften würden.[1302] Letztlich erscheint es gewinnbringend, sich von einer statischen Definition zu lösen und sich auf eine Umschreibung dessen zu konzentrieren, was alles von Künstlicher Intelligenz umfasst ist.[1303] Diese Umschreibung könnte an die Fähigkeit von Systemen anknüpfen, die selbst qualitativ gewinnbringende Entscheidungen treffen und zur Entscheidungsfindung eine Vielzahl an Faktoren – die sie selbst wahrnehmen oder durch Programmierung vorgegeben sind – einbeziehen.[1304]

1296 Vogel, Künstliche Intelligenz und Datenschutz, S. 29.
1297 Vogel, Künstliche Intelligenz und Datenschutz, S. 35.
1298 Haagen, Verantwortung für Künstliche Intelligenz, S. 65.
1299 Breidenbach/Glatz/*von Bünau*, Rechtshandbuch Legal Tech, Kap. 3 Rn. 5.
1300 Breidenbach/Glatz/*von Bünau*, Rechtshandbuch Legal Tech, Kap. 3 Rn. 6.
1301 Hinze, Haftungsrisiken des automatisierten und autonomen Fahrens, S. 5. Aus diesem Grund gewann der Begriff des Machine Learning (dt. Maschinenlernen) zuletzt an Bedeutung. Apel/Kaulartz, RDi 2020, 24, bezeichnen dies bspw. als einen »besonders relevanten Bereich der Künstlichen Intelligenz«. Andere bezeichnen es als Schlüsseltechnologie im Forschungsfeld der Künstlichen Intelligenz, so Ringlage, Haftungskonzepte für autonomes Fahren – »ePerson« und »RmbH«, S. 35.
1302 Vogel, Künstliche Intelligenz und Datenschutz, S. 34.
1303 Haagen, Verantwortung für Künstliche Intelligenz, S. 72.
1304 Haagen, Verantwortung für Künstliche Intelligenz, S. 72.

Von existenzieller Bedeutung ist auch die Unterscheidung zwischen sogenannter »starker« und »schwacher« KI. Die starke KI ist dem Menschen insoweit nachempfunden, dass sie ihn in seiner vollumfänglichen intellektuellen Fertigkeit und emotionalen Empfindsamkeit widerspiegeln soll; Dabei geht es um nicht weniger als die Etablierung eines Systems mit Ich-Bewusstsein, auf dessen Grundlage die KI selbst Entscheidungen treffen sowie reflektieren kann.[1305] Dies, so eine nicht unprovokante These, sei möglich, weil jeder menschliche Bewusstseinsprozess nichts anderes als ein operationalisierbarer Rechenprozess sei und daher auch von einem Computer ausgeführt werden könne.[1306] Bislang handelt es sich hierbei jedoch um eine bloße Zukunftsvision.[1307] Von größerer Relevanz für die heutige Forschung ist vielmehr die schwache KI – häufig anzutreffen in der Sprach- und Bilderkennung –, die lediglich in der Lage ist, ganz konkrete Anwendungsprobleme algorithmisch zu lösen.[1308]

b) Haftung von KI-Systemen

Nachdem nun geklärt ist, welche definitorischen Anforderungen an »Künstliche Intelligenz« zu stellen sind, ist auf die Frage der Haftung für durch KI verursachte Schäden einzugehen. Haftung bedeutet in diesem Zusammenhang das Einstehenmüssen für eigenes oder fremdes Verhalten beziehungsweise die Verantwortlichkeit für ein (rechtswidriges) Verhalten aus einer Pflicht, verbunden mit etwaigen Leistungspflichten.[1309] Für eine potentielle Haftung sieht das Gesetz verschiedene Haftungstatbestände vor. Diese reichen von der vertraglichen Haftung des § 280 BGB über das Deliktsrecht und dessen § 823 BGB bis hin zum Produkthaftungsrecht mit § 1 ProdHaftG. Das Europäische Parlament hat in seiner Entschließung vom 16.02.2017 zum Thema »Zivilrechtliche Regelungen im Bereich Robotik« zwar konkrete Vorschläge zur Weiterentwicklung des Haftungssystems unterbreitet, dabei aber offengelassen, welche Personen unter welchen Voraussetzungen haften sollen.[1310] Als Haftungssubjekte kommen diejenigen in Betracht, die auf das KI-System Einfluss nehmen können, also ins-

1305 Hinze, Haftungsrisiken des automatisierten und autonomen Fahrens, S. 5f.

1306 Vogel, Künstliche Intelligenz und Datenschutz, S. 37.

1307 Vogel, Künstliche Intelligenz und Datenschutz, S. 37.

1308 Hinze, Haftungsrisiken des automatisierten und autonomen Fahrens, S. 6.

1309 Konertz/Schönhof, Das technische Phänomen »Künstliche Intelligenz« im allgemeinen Zivilrecht, S. 115.

1310 Vgl. Europäisches Parlament, Entschließung vom 16.02.2017, Allg. Grundsätze bzgl. der Entwicklung der Robotik und der Künstlichen Intelligenz zur zivilen Nutzung Nr. 2, 53, 57, 58, abrufbar unter: https://www.europarl.europa.eu/doceo/document/TA-8-2017-0051_DE.html (zuletzt abgerufen am 10.10.2023); Ebers/Heinze/Krügel/Steinrötter/*Ebers*, Künstliche Intelligenz und Robotik, § 3 Rn. 70f.

besondere Hersteller, Anbieter, Betreiber oder Nutzer der KI.[1311] Bereits an dieser Stelle ist darauf hinzuweisen, dass KI-Systeme selbst mangels eigener Rechtspersönlichkeit[1312] de lege lata nicht haften.[1313] Aber selbst wenn KI-Systeme de lege ferenda über eine solche verfügen würden, wäre für Geschädigte noch nicht viel gewonnen: So müssten die Systeme gleichermaßen über eine eigene Haftungsmasse verfügen, um für die von ihnen verursachten Schäden aufzukommen.[1314]

aa) Vertragliche Haftung gemäß § 280 Abs. 1 BGB

Beim Einsatz von KI-Systemen kann es zunächst zu Vertragspflichtverletzungen kommen, wobei beispielsweise Nacherfüllungsansprüche unabhängig vom Verschulden des Vertragspartners bestehen, während Schadensersatzansprüche auf die Verletzung einer Vertragspflicht gestützt werden, die der Schuldner zu vertreten hat.[1315] Als Einsatzgebiete kommen dabei sowohl der Vertragsschluss – etwa bei Verwendung einer KI zur effizienten Anpreisung eines Produkts im digitalen Raum mit anschließender Veräußerung – als auch die Vertragsdurchführung – etwa beim Portfoliomanagement einer Bank – in Betracht.[1316] Darüber hinaus kann die KI selbst der Verkaufsgegenstand sein, der von einem Unternehmen zum Beispiel in Form eines Produkts oder einer Software konstruiert und fabriziert, sowie durch Verkauf in Verkehr gebracht wird.[1317] Bei virtuellen Systemen und Software muss für die Einordnung in einen Vertragstypus unterschieden werden. Während bewegliche Sachen, die mit einer KI-Software

1311 Burchardi, EuZW 2022, 685, 686; Ebers/Heinze/Krügel/Steinrötter/*Ebers*, Künstliche Intelligenz und Robotik, § 3 Rn. 69.

1312 Vgl. zum Streitstand über die Erforderlichkeit bzw. Sinnhaftigkeit der Etablierung einer eigenen Rechtspersönlichkeit für KI-Systeme Kleiner, Die elektronische Person, insb. S. 145–151; derzeit keine Notwendigkeit für die Statusverleihung einer Rechtsperson an intelligente Agenten sehen Kainer/Förster, ZfPW 2020, 275, 298; gänzlich ablehnend Linke, MMR 2021, 200, 204; als frühestens dann gerechtfertigt, wenn die Zuordnung der Aktionen des Systems an eine Person nicht mehr möglich oder zumutbar wäre und der Rechtsverkehr dadurch beeinträchtigt würde Lohmann, ZRP 2017, 168, 171; die Zuerkennung einer eigenen Rechtspersönlichkeit weder de lege lata möglich noch de lege ferenda wünschenswert erachtend Riehm, RDi 2020, 42; a. A. Cornelius, MMR 2002, 353, 354, der eine solche zumindest in Betracht zieht.

1313 Freyler, NZA 2020, 284, 286f.

1314 Burchardi, EuZW 2022, 685, 686.

1315 Ebers/Heinze/Krügel/Steinrötter/*Wendehorst/Grinzinger*, Künstliche Intelligenz und Robotik, § 4 Rn. 77.

1316 Grapentin, Vertragsschluss und vertragliches Verschulden beim Einsatz von Künstlicher Intelligenz und Softwareagenten, S. 125f.; vgl. zur rechtsverbindlichen Verpflichtung einer Person durch Software, insb. der Abgrenzung zwischen elektronisch übermittelter, automatisierter und Computererklärung Weingart, Vertragliche und außervertragliche Haftung für den Einsatz von Softwareagenten, S. 162–172.

1317 Haagen, Verantwortung für Künstliche Intelligenz, S. 292.

ausgestattet sind, dem Kaufrecht unterliegen – wobei insbesondere Sicherheitslücken einen Mangel darstellen können[1318] –, kann diese auf die Verkörperung abstellende Argumentation nicht ohne weiteres auf rein virtuelle Systeme übertragen werden: Wird eine Software lediglich zum Download angeboten, handelt es sich bei dem damit verbundenen Kauf um einen Rechtskauf im Sinne des § 453 BGB; wird das System speziell nach den Vorgaben des Bestellers entwickelt und auf seine Bedürfnisse zugeschnitten, handelt es sich dabei um Individualsoftware und damit um einen Werkvertrag, bei dem die Konstruktion der Software den spezifischen Erfolg darstellt.[1319] Wird bloß eine Programmiertätigkeit geschuldet, also nicht die Software als solche, kann es sich auch um einen Dienstvertrag nach § 611 BGB handeln.[1320]

Als Grundsatz des privatautonom begründeten Schuldverhältnisses bestimmt § 280 BGB die Schadensersatzpflicht für jede vom Schuldner zu vertretende Pflichtverletzung.[1321] Ob eine solche vorliegt, kann unabhängig vom Einsatz einer KI beurteilt werden.[1322] Denn wenn eine Software versagt, sind die vertraglich übernommenen Pflichten nicht ordnungsgemäß erfüllt worden, sodass unzweifelhaft eine Pflichtverletzung vorliegt.[1323] Problematischer ist die Feststellung eines Vertretenmüssens. Beim Einsatz von KI-Systemen kommt sowohl ein Eigenverschulden nach § 276 BGB als auch ein Fremdverschulden gemäß § 278 BGB in Betracht. § 276 Abs. 1 S. 1 BGB bestimmt, was der Schuldner zu vertreten hat, nämlich Vorsatz und Fahrlässigkeit,

> »wenn eine strengere oder mildere Haftung weder bestimmt noch aus dem sonstigen Inhalt des Schuldverhältnisses, insbesondere aus der Übernahme einer Garantie oder eines Beschaffungsrisikos, zu entnehmen ist.«

Gemäß § 276 Abs. 2 BGB handelt der Schuldner fahrlässig, wenn er die im Verkehr erforderliche Sorgfalt außer Acht lässt. § 278 BGB bestimmt hingegen, dass dem Schuldner auch das Verschulden »seines gesetzlichen Vertreters und der Personen, deren er sich zur Erfüllung seiner Verbindlichkeiten bedient«, zuzurechnen ist. Angesichts der nicht selten weitgehend autonomen Handlungsweisen von KI-Systemen stellt sich die Frage, welche Pflichten dem Anwender auferlegt werden können und wie gleichzeitig die Risikoverteilung der Autonomie angemessen berücksichtigt werden kann.[1324] Denn je höher der Au-

1318 Raue, NJW 2017, 1841, 1843.
1319 Haagen, Verantwortung für Künstliche Intelligenz, S. 293f.
1320 BeckOGK/*Merkle* BGB § 631 Rn. 354.
1321 MüKoBGB/*Ernst* BGB § 280 Rn. 1.
1322 Kleiner, Die elektronische Person, S. 91.
1323 Weingart, Vertragliche und außervertragliche Haftung für den Einsatz von Softwareagenten, S. 152.
1324 Grapentin, Vertragsschluss und vertragliches Verschulden beim Einsatz von Künstlicher Intelligenz und Softwareagenten, S. 127.

tomatisierungsgrad der KI ist, desto weniger erscheint es sachgerecht, den Nutzer und andere Personen für Vertragsverletzungen und daraus resultierende Schäden verantwortlich zu machen.[1325] Soll der Einsatz Künstlicher Intelligenz grundsätzlich ermöglicht werden, kann von niemandem verlangt werden, die KI ständig zu überwachen oder sogar zu steuern, da der Zweck einer KI gerade darin besteht, selbständig zu handeln.[1326] Auch wenn der Einsatz von KI in einem Geschäftskreis die Regel darstellt und ein allgemeiner Konsens der Beteiligten über die Risiken besteht, kann von einem Verschulden kaum die Rede sein.[1327]

Steht ein Verschulden im Raum, erscheint zunächst eine Haftung nach § 278 BGB naheliegend, da der Anwender die für den Vertragsschluss und die Vertragsdurchführung wesentlichen Schritte der KI überlässt, diese folglich nicht mehr selbst vornimmt, sodass ein Verschulden gemäß § 276 BGB augenscheinlich häufig ausscheidet.[1328] Voraussetzung hierfür ist zum einen, dass die KI tatsächlich als Erfüllungsgehilfe im Sinne des § 278 S. 1 BGB zu qualifizieren ist, zum anderen muss diesen seinerseits ein Verschulden treffen. Eine direkte Anwendung der Vorschrift scheitert jedoch bereits an der Qualifikation einer KI als »Person«. Auch eine analoge Anwendung wird von der derzeit herrschenden Meinung abgelehnt, da der Erfüllungsgehilfe zwar nicht geschäftsfähig, aber rechts- und verschuldensfähig sein muss, was auf die KI nicht zutrifft.[1329] Ein eigenes Verschulden des Verwenders gemäß § 276 Abs. 1 S. 1 BGB beim Einsatz einer KI kann zum Beispiel im Vorfeld der eigentlichen Schädigungshandlung vorliegen, etwa wenn Fehler bei der Durchführung notwendiger Voreinstellungen auftreten.[1330] Eine Haftung aufgrund eigenen Fehlverhaltens ist zudem evident zu bejahen, wenn der Verantwortliche die KI mit Wissen und Wollen in schädigender Weise einsetzt.[1331] Auf den Begriff der Fahrlässigkeit des § 276 Abs. 1 S. 1 BGB wird im Rahmen der deliktischen Haftung noch gesondert einzugehen sein. Bereits an dieser Stelle sei jedoch darauf hingewiesen, dass die Anwendung der

1325 Ebers/Heinze/Krügel/Steinrötter/*Ebers*, Künstliche Intelligenz und Robotik, § 3 Rn. 69.

1326 Kleiner, Die elektronische Person, S. 94.

1327 Grapentin, Vertragsschluss und vertragliches Verschulden beim Einsatz von Künstlicher Intelligenz und Softwareagenten, S. 127f.

1328 Grapentin, Vertragsschluss und vertragliches Verschulden beim Einsatz von Künstlicher Intelligenz und Softwareagenten, S. 129.

1329 Ebers/Heinze/Krügel/Steinrötter/*Wendehorst/Grinzinger*, Künstliche Intelligenz und Robotik, § 4 Rn. 91; Grapentin, Vertragsschluss und vertragliches Verschulden beim Einsatz von Künstlicher Intelligenz und Softwareagenten, S. 131; Weingart, Vertragliche und außervertragliche Haftung für den Einsatz von Softwareagenten, S. 154f.; vgl. zum Problemaufriss ausführlich – eine analoge Anwendung im Einzelfall bejahend – Sommer, Haftung für autonome Systeme, S. 128–141.

1330 Ebers/Heinze/Krügel/Steinrötter/*Wendehorst/Grinzinger*, Künstliche Intelligenz und Robotik, § 4 Rn. 78.

1331 Grapentin, Vertragsschluss und vertragliches Verschulden beim Einsatz von Künstlicher Intelligenz und Softwareagenten, S. 131.

eigenen Fahrlässigkeitshaftung gegenüber der (analogen) Anwendung des § 278 BGB vorzugswürdig erscheint. Denn das Problem der mangelnden Rechts- und Verschuldensfähigkeit lässt sich nicht einfach ausblenden. Ein begründeter Fahrlässigkeitsvorwurf ist in der Praxis wesentlich leichter zu erheben und zu begründen, als die Voraussetzungen des § 278 BGB darzulegen. Denn derjenige, dessen Geschäft auf die Herstellung und Unterhaltung von KI-Systemen ausgerichtet ist und der durch dieses mitunter hohe Millionengewinne generiert, darf sich nicht mit dem Einwand exkulpieren können, dass ihm aufgrund des Autonomierisikos[1332] keine Sorgfaltspflichtverletzung anzulasten sei. Wer ein KI-basiertes System unterhält, muss auch in der Lage sein, dieses zu überwachen und bei Problemen einzuschreiten. Aus diesem Grund trifft den konkret Verantwortlichen – in der Regel den Hersteller der KI – eine Sorgfaltspflicht dahingehend, dass die KI für den Verwendungszweck überhaupt geeignet ist, regelmäßig überprüft, bei Bedarf aktualisiert und im Fall von Funktionsstörungen eingegriffen wird.[1333]

bb) Produzentenhaftung des Herstellers, § 823 Abs. 1 BGB

Es bleibt daher zu klären, wann insbesondere der Hersteller eines KI-Systems der deliktischen Haftung unterliegt. Diese kann sich für Schäden, die durch Fehlfunktionen des von ihm hergestellten intelligenten Systems verursacht werden, nach den Grundsätzen der deliktischen Haftung für Verkehrspflichten (sogenannte Produzentenhaftung) auf der Grundlage des § 823 Abs. 1 BGB ergeben.[1334] Die Haftung aus § 823 Abs. 1 BGB setzt eine schuldhafte, für den Schaden kausale, rechtswidrige Verletzung eines Rechtsguts oder sonstigen Rechts durch eine Handlung oder ein pflichtwidriges Unterlassen und die Kausalität dieser Handlung für die Rechts(guts)verletzung voraus.[1335] Als sonstiges Recht im Sinne der Vorschrift ist unter anderem das allgemeine Persönlichkeitsrecht anerkannt.[1336] Obsolet sind Ausführungen dazu, dass KI-Systeme dem Grunde nach Verletzungen des Lebens, des Körpers, der Gesundheit, der Freiheit, des Eigentums oder eines sonstigen Rechts eines anderen verursachen können, wobei alternativ nur der Verstoß gegen eines der vorstehenden Rechtsgüter vorliegen muss. Der Anwendungsbereich des § 823 Abs. 1 BGB bezieht sich auch auf Software als Produkt, da der Streit um die Sacheigenschaft von Software im

1332 Als »Autonomie-« oder »Intelligenzrisiko« wird die Gefahr von autonomen Fehlentscheidungen bezeichnet, vgl. Burchardi, EuZW 2022, 685; Ebers/Heinze/Krügel/Steinrötter/*Eichelberger*, Künstliche Intelligenz und Robotik, § 5 Rn. 5.

1333 Kleiner, Die elektronische Person, S. 94.

1334 Ebers/Heinze/Krügel/Steinrötter/*Eichelberger*, Künstliche Intelligenz und Robotik, § 5 Rn. 6.

1335 Hinze, Haftungsrisiken des automatisierten und autonomen Fahrens, S. 70.

1336 Grüneberg/*Sprau* § 823 Rn. 84.

Deliktsrecht in Divergenz zum Produkthaftungsgesetz keine Rolle spielt,[1337] worauf noch zu rekurrieren ist.

Nunmehr ist im Rahmen des Verschuldens auf die oben bereits aufgeworfene Frage der Fahrlässigkeit im Rahmen des § 276 Abs. 1, 2 BGB einzugehen. Ob der im Verkehr erforderliche Maßstab außer Acht gelassen wurde, hängt unmittelbar mit den Anforderungen zusammen, die an den Sorgfaltsmaßstab zu stellen sind. Hier werden verschiedene Ansätze vertreten, die vom menschlichen Verhalten als Vergleichsmaßstab über einen systembezogenen Sorgfaltsmaßstab bis hin zu öffentlich-rechtlichen Sicherheitsnormen wie dem Produktsicherheitsgesetz (ProdSG) oder technischen Regeln wie DIN-Normen reichen.[1338] Sorgfaltspflichtverletzungen können sich unter anderem aus einer Abweichung des KI-Systems von technischen Standards, aus einer fehlerhaften Programmierung oder Überwachung, aber auch aus einer fehlerbehafteten Anwendung ergeben.[1339] Umgekehrt ist der Einsatz eines dem technischen Standard entsprechenden KI-Systems nie sorgfaltswidrig, sofern das allgemeine Risiko eines Schadenseintritts nicht erhöht wird.[1340] Letztlich ist die konkrete Bestimmung eines Sorgfaltsmaßstabs im Hinblick auf die nicht umfassend geklärten Risiken aktuell kaum möglich; de facto ist davon auszugehen, dass dieser erst in künftigen Haftungsprozessen ausgelotet wird.[1341] Maßgeblicher Zeitpunkt für die Prüfung etwaiger Verstöße gegen Sorgfaltspflichten ist jedenfalls das Inverkehrbringen[1342] des Produkts, sodass ein Produkt nicht beispielsweise nachträglich fehlerhaft werden kann und der Hersteller für sogenannte »Entwick-

1337 Lehmann, NJW 1992, 1721, 1723; Spindler, NJW 2004, 3145; Steege, NZV 2021, 6, 7; vgl. zur Produzentenhaftung für das Inverkehrbringen speziell von Algorithmen und Datensätzen sowie unverkörperten autonomen Systeme Sommer, Haftung für autonome Systeme, S. 268f.

1338 Dazu ausführlich Ebers/Heinze/Krügel/Steinrötter/*Eichelberger,* Künstliche Intelligenz und Robotik, § 5 Rn. 14–18.

1339 Burchardi, EuZW 2022, 685, 686.

1340 Burchardi, EuZW 2022, 685, 687.

1341 So Ebers/Heinze/Krügel/Steinrötter/*Eichelberger,* Künstliche Intelligenz und Robotik, § 5 Rn. 17. Zumindest hat der BGH das Beweisrecht in der Produzentenhaftung dahingehend fortgebildet, dass gegenüber dem in Anspruch genommenen Hersteller eine echte Beweislastumkehr hinsichtlich seines Verschuldens und des Verschuldens seiner gesetzlichen Vertreter bzw. des rechtswidrigen Handelns seiner Verrichtungsgehilfen eintritt, wenn der Geschädigte nachgewiesen hat, dass sein Schaden durch einen objektiven Mangel oder Zustand der Verkehrswidrigkeit im Organisations- und Gefahrenbereich des Herstellers verursacht worden ist, BGH, NJW 1969, 269; BGH, NJW 1975, 1827, 1828.

1342 Das Inverkehrbringen eines Produkts liegt laut dem EuGH vor, »wenn es den vom Hersteller eingerichteten Prozess der Herstellung verlassen hat und in einen Prozess der Vermarktung eingetreten ist, in dem es in ge- oder verbrauchsfertigem Zustand öffentlich angeboten wird«, vgl. EuGH, NJW 2006, 825.

lungsrisiken« nicht einzustehen hat.[1343] Auch kann das Autonomierisiko evident nicht pauschal als Konstruktionsrisiko verbucht werden, was bedeuten würde, dass intelligente Systeme per se fehlerhaft sind.[1344] Gleichwohl muss sich in der Risikoverteilung niederschlagen, dass durch den Einsatz von KI-Systemen ein erhöhtes Gefahrenpotential für den Nutzer besteht, das – wenn überhaupt – nur vom Hersteller beherrscht werden kann.[1345] Auch wenn die Unbeherrschbarkeit eines KI-Systems keinen Konstruktionsfehler begründet, wenn das Risiko eines Schadenseintritts durch den Einsatz der KI reduziert wird,[1346] muss der Hersteller bei der Konstruktion, also der Programmierung als »Herzstück« einer jeden KI, besondere Sorgfalt walten lassen.[1347] Hinzu kommen die Einhaltung der Fabrikations- und Instruktionspflichten bis zum Inverkehrbringen des Produkts und eine Produktbeobachtungspflicht, um auch danach durch gegebenenfalls erforderliche Gefahrensteuerungsmaßnahmen an der Sicherheit des Produkts zu partizipieren.[1348] Denn die Praxistauglichkeit seines Produkts kann der Hersteller im Zweifel ohnehin erst mit dem Inverkehrbringen beurteilen.[1349] Ihn trifft daher eine – grundsätzlich sogar zeitlich unbeschränkte – Produktbeobachtungspflicht, die ihn als ultima ratio bis hin zum Produktrückruf verpflichtet.[1350] Maßstab sind die Maßnahmen, die ein sorgfältiger Hersteller ergriffen hätte, um eine Schädigung durch sein Produkt zu verhindern.[1351] Im Hinblick auf eine potentielle Herstellerhaftung für KI-Systeme ist es vorzugswürdig, die Sorgfaltspflichten an der Entwicklung intelligenter Systeme auszurichten, sodass man zu dem Ergebnis gelangt, dass das Haftungsrecht bereits de lege lata nicht per se überfordert, sondern bei differenzierter Betrachtung durchaus in der Lage ist, auf den technischen Fortschritt zu reagieren, womit sich ein Haftungssystem de lege ferenda[1352] als obsolet entpuppt.[1353]

1343 Ebers/Heinze/Krügel/Steinrötter/*Eichelberger,* Künstliche Intelligenz und Robotik, § 5 Rn. 19.

1344 Ebers/Heinze/Krügel/Steinrötter/*Eichelberger,* Künstliche Intelligenz und Robotik, § 5 Rn. 20.

1345 BGH, NJW 2014, 2106, 2108; Haagen, Verantwortung für Künstliche Intelligenz, S. 284; i.E. ebenfalls Burchardi, EuZW 2022, 685, 687.

1346 Burchardi, EuZW 2022, 685, 687.

1347 Haagen, Verantwortung für Künstliche Intelligenz, S. 284.

1348 Chibanguza/Kuß/Steege KI-Hdb/*Chibanguza* § 5 K. Rn. 18; Ebers/Heinze/Krügel/Steinrötter/*Eichelberger,* Künstliche Intelligenz und Robotik, § 5 Rn. 20f.

1349 Haagen, Verantwortung für Künstliche Intelligenz, S. 284.

1350 Chibanguza/Kuß/Steege KI-Hdb/*Chibanguza* § 5 K. Rn. 21; Ebers/Heinze/Krügel/Steinrötter/*Eichelberger,* Künstliche Intelligenz und Robotik, § 5 Rn. 19, 35, 40.

1351 Aufderheide/Dabrowski/*Wilhelmi,* Digitalisierung und Künstliche Intelligenz, S. 128.

1352 Vgl. zur Zweckmäßigkeit einer europäischen Betreiberhaftung Burchardi, EuZW 2022, 685; zur Gefährdungshaftung von Anwender und Hersteller de lege ferenda vgl. Zech, ZfPW 2019, 198, 214–216.

cc) *Verschuldenshaftung des Anwenders, § 823 Abs. 1 BGB*

Der § 823 Abs. 1 BGB kommt als Haftungstatbestand auch für ein weiteres potentielles Haftungssubjekt in Betracht: den Anwender. Der Anwender im Sinne der nachfolgenden Ausführungen zeichnet sich durch die Möglichkeit aus, über den Einsatz sowie den Betrieb des intelligenten Systems zu entscheiden.[1354] Hierunter können sowohl Betreiber als auch reine Nutzer fallen.[1355] Nach ständiger Rechtsprechung des BGH ist derjenige, der eine Gefahrenlage schafft oder andauern lässt, »grundsätzlich verpflichtet, die notwendigen und zumutbaren Vorkehrungen zu treffen, um eine Schädigung anderer möglichst zu verhindern.«[1356] Unproblematisch verwirklicht der Anwender § 823 Abs. 1 BGB, wenn er das KI-System gezielt zur Verletzung eines geschützten Rechtsguts respektive Rechts einsetzt.[1357] Praktisch relevanter werden aber auch hier die Fälle der Fahrlässigkeit sein, bei denen wiederum (Verkehrs-)Pflichtverletzungen den maßgeblichen Anknüpfungspunkt bilden.[1358] Diese Pflichten können sich bereits daraus ergeben, dass ein KI-System überhaupt in Betrieb genommen wird, etwa wenn dies trotz entsprechender Warnhinweise des Herstellers auf die Fehlerhaftigkeit des Produkts geschieht.[1359] Lediglich geringe Haftungsprobleme bergen Fälle, in denen die KI noch überwiegend menschlich determiniert ist, da der Betreiber dann für die Funktionsfähigkeit und die Vermeidung von Schädigungen Dritter verantwortlich ist und für daraus resultierende Rechtsgutsverletzungen nach § 823 Abs. 1 BGB haftet.[1360] Den Verkehrspflichten wird Genüge getan, wenn diejenigen zumutbaren Sicherheitsvorkehrungen getroffen werden, die ein umsichtiger, verständiger und in vernünftigen Grenzen vorsichtiger Dritter aus dem betroffenen Verkehrskreis für ausreichend halten würde, um Schädigungen zu verhindern.[1361] Je weniger Einfluss der Anwender auf ein Sys-

---

1353 Aufderheide/Dabrowski/*Wilhelmi*, Digitalisierung und Künstliche Intelligenz, S. 136; Ebers/Heinze/Krügel/Steinrötter/*Eichelberger*, Künstliche Intelligenz und Robotik, § 5 Rn. 58, 72; tendentiell auch Steege, NZV 2021, 6, 12 f.

1354 So definierend Ebers/Heinze/Krügel/Steinrötter/*Eichelberger*, Künstliche Intelligenz und Robotik, § 5 Rn. 50.

1355 Zech, ZfPW 2019, 198, 207.

1356 BGH, NZV 2014, 167, 168.

1357 Ebers/Heinze/Krügel/Steinrötter/*Eichelberger*, Künstliche Intelligenz und Robotik, § 5 Rn. 51; Konertz/Schönhof, Das technische Phänomen »Künstliche Intelligenz« im allgemeinen Zivilrecht, S. 119.

1358 Ebers/Heinze/Krügel/Steinrötter/*Eichelberger*, Künstliche Intelligenz und Robotik, § 5 Rn. 52 f.; vgl. zu Verkehrspflichten bei autonomen Systemen ausführlich Sommer, Haftung für autonome Systeme, S. 322–329.

1359 Ebers/Heinze/Krügel/Steinrötter/*Eichelberger*, Künstliche Intelligenz und Robotik, § 5 Rn. 53.

1360 Aufderheide/Dabrowski/*Wilhelmi*, Digitalisierung und Künstliche Intelligenz, S. 130.

1361 Weingart, Vertragliche und außervertragliche Haftung für den Einsatz von Softwareagenten, S. 179 f.

tem nehmen kann, desto weniger kann ihm ein Pflichtwidrigkeitsvorwurf gemacht werden.[1362] Bei KI-basierten autonomen Systemen ist im Wege einer Interessenabwägung zu prüfen, ob der Betrieb der KI einen Verstoß gegen eine Verkehrssicherungspflicht darstellt, etwa weil damit nicht hinnehmbare Gefährdungen Dritter verbunden sind.[1363] In jedem Fall sollte gelten: Je komplexer und spezieller die KI ist, desto höher muss der Sorgfaltsmaßstab des Anwenders sein, auch wenn er die KI ausschließlich als Hilfswerkzeug für seine eigentliche Tätigkeit einsetzt.[1364] Die Kausalität einer Pflichtverletzung lässt sich anhand der conditio-sine-qua-non-Formel, konturiert durch die Adäquanz und den Schutzzweck der Norm, feststellen und bereitet in der Regel keine Probleme: Kontrollfrage ist stets, ob die konkrete Verletzung ohne die Pflichtverletzung unterblieben wäre.[1365] Letztlich kommen Anwender als Haftungsadressaten nur dann in Betracht, wenn sie auf die KI Einfluss nehmen – respektive Einfluss nehmen können – und hieran anknüpfend die ihnen im Einzelfall obliegenden Pflichten verletzen, beispielsweise die KI nicht bestimmungswidrig einzusetzen und Sicherungsmaßnahmen nicht zu missachten.[1366]

dd) Produkthaftung des Herstellers, § 1 ProdHaftG

Für die Erwägung einer Produkthaftung nach der Produkthaftungsrichtlinie[1367] und dem sie umsetzenden Produkthaftungsgesetz ist Voraussetzung, dass ein Schaden gemäß § 1 Abs. 1 S. 1 ProdHaftG auf dem Fehler eines Produkts beruht. Dieser Fehler muss den Tod, die Verletzung des Körpers oder der Gesundheit oder die Beschädigung einer Sache verursacht haben. Das Produkthaftungsgesetz enthält insofern keine ausdrückliche Einschränkung der Haftung auf schuldhaftes Verhalten, sondern stellt insbesondere auf das Vorliegen eines Produktfehlers ab.[1368] Ausfluss dessen ist auch die höchstrichterlich implementierte Beweislastumkehr, wonach der Geschädigte lediglich zu beweisen hat, dass sein

1362 Zech, ZfPW 2019, 198, 207.

1363 Aufderheide/Dabrowski/*Wilhelmi*, Digitalisierung und Künstliche Intelligenz, S. 130.

1364 Konertz/Schönhof, Das technische Phänomen »Künstliche Intelligenz« im allgemeinen Zivilrecht, S. 121.

1365 Ebers/Heinze/Krügel/Steinrötter/*Eichelberger*, Künstliche Intelligenz und Robotik, § 5 Rn. 55.

1366 Sommer, Haftung für autonome Systeme, S. 329.

1367 Die Europäische Kommission veröffentliche am 28.09.2022 einen Vorschlag für eine neue Richtlinie über die Haftung für fehlerhafte Produkte (Produkthaftungsrichtlinie), vgl. Vorschlag für eine Richtlinie des Europäischen Parlaments und des Rates über die Haftung für fehlerhafte Produkte, COM (2022) 495 final, abrufbar unter: https://eur-lex.europa.eu/legal-content/DE/TXT/?uri=CELEX%3A52022PC0495 (zuletzt abgerufen am 10.10.2023). Vgl. diesbezüglich auch den Beitrag von Mayrhofer, RDi 2023, 20, die im Lichte dieser Richtlinie die Verantwortlichkeit derjenigen Nutzer von KI-Systemen untersucht, die die Systeme während ihrer Einsatzphase weitertrainieren.

1368 Ringlage, Haftungskonzepte für autonomes Fahren – »ePerson« und »RmbH«, S. 55.

Schaden auf der Fehlerhaftigkeit des Produkts beruht und der Organisationssphäre des Herstellers zuzurechnen ist.[1369] Dahinter steht die Überlegung, dass es dem Verbraucher häufig kaum möglich sein wird, dem Hersteller ein Verschulden bei Konstruktion oder Fabrikation nachzuweisen, da er keinerlei Einblick in dessen Produktionsprozess hat.[1370] Über die verhaltensbezogenen Sorgfaltspflichten wie bei Instruktion und Konstruktion erfährt das Verschuldenskriterium jedoch auch hier Relevanz.[1371] »Produkt« im Sinne des ProdHaftG ist nach § 2 ProdHaftG »jede bewegliche Sache, auch wenn sie einen Teil einer anderen beweglichen Sache oder einer unbeweglichen Sache bildet, sowie Elektrizität.« Dies dürfte zumindest bei in Hardware verkörperten intelligenten Systemen der Fall sein, da insoweit das Endprodukt maßgeblich ist.[1372] Streitig ist die Produkteigenschaft hingegen bei sicherheitsrelevanten Eigenschaften von Software und der damit verbundenen Einordnung von Software als (bewegliche) Sache.[1373] Da mittlerweile nicht mehr zwingend ein Datenträger erforderlich ist, sondern Software regelmäßig heruntergeladen werden kann, hilft das Vorhandensein eines Datenträgers bei der Frage der Produkteigenschaft oftmals nicht weiter, nach vorzugswürdiger Auffassung ist die Produkteigenschaft von Software ohne Datenträger jedoch zu negieren.[1374] Aus diesem Grund dürfte es sich auch bei dem eingangs erörterten Chatbot Tay nicht um ein Produkt im Sinne des Produkthaftungsrechts handeln.[1375] Ob ein Produktfehler ersichtlich ist, kon-

1369 Chibanguza/Kuß/Steege KI-Hdb/*Chibanguza* § 5 K. Rn. 7.

1370 Haagen, Verantwortung für Künstliche Intelligenz, S. 292.

1371 Ringlage, Haftungskonzepte für autonomes Fahren – »ePerson« und »RmbH«, S. 55.

1372 So Ebers/Heinze/Krügel/Steinrötter/*Eichelberger*, Künstliche Intelligenz und Robotik, § 5 Rn. 45; Schrader, NZV 2018, 489, 491; a. A. Kleiner, Die elektronische Person, S. 127, der die Einschränkung auf auf körperlichen Datenträgern verbreitete Software als »nicht sinnvoll« disqualifiziert. Dem ist aufgrund des eindeutigen Wortlauts der Vorschrift nicht beizupflichten. Software ist keine »bewegliche Sache« i. S. d. § 2 ProdHaftG und fällt nicht unter Elektrizität, weshalb de lege lata ein Datenträger als bewegliche Sache erforderlich ist, um den Anwendungsbereich des Gesetzes zu eröffnen. Vgl. zum Streitstand auch Hinze, Haftungsrisiken des automatisierten und autonomen Fahrens, S. 97–99.

1373 Software als Produkt i. S. d. ProdHaftG ablehnend Kment/Borchert, Künstliche Intelligenz und Algorithmen in der Rechtsanwendung, Rn. 261; Lutter, RdTW 2017, 281, 282; MüKoBGB/*Wagner* ProdHaftG § 2 Rn. 18f.; bzgl. Internet-Providern Beckmann/Müller, MMR 1999, 14, 17; hinsichtlich Computerprogrammen ebenfalls Graf v. Westphalen, NJW 1990, 83, 87; a. A. Aufderheide/Dabrowski/*Wilhelmi*, Digitalisierung und Künstliche Intelligenz, S. 121, der die Differenzierung zwischen Software auf einem Datenträger, die ein Produkt wäre, und solcher, die zum Download bereitsteht, somit kein Produkt darstellen würde, als willkürlich erachtet; so ebenfalls Steege, NZV 2021, 6, 7; bejahend ferner Lehmann, NJW 1992, 1721, 1724; Spindler, NJW 2004, 3145, 3149; vermittelnd Zech, NJW 2022, 502, 505, der die Produkteigenschaft von klassischer Software und trainierter KI zu bejahen vermag, diejenige von sonstigen Informationsgütern, insbesondere von Datensätzen jedoch ablehnt.

1374 Schrader, NZV 2018, 489, 491.

1375 Haagen, Verantwortung für Künstliche Intelligenz, S. 314.

statiert der § 3 ProdHaftG anhand der berechtigten Erwartungen an die Sicherheit des Produkts. Dabei ist nicht auf eine subjektive Sicherheitserwartung, sondern objektiv darauf abzustellen, ob das Produkt die Sicherheit bietet, die die in dem betreffenden Bereich herrschende Verkehrsauffassung für erforderlich hält.[1376] Die Sicherheitserwartungen, die § 3 ProdHaftG konturieren, entsprechen – jedenfalls hinsichtlich der Konstruktions- und Instruktionspflichten – den Verkehrspflichten des Herstellers im Rahmen der Produzentenhaftung gemäß § 823 Abs. 1 BGB.[1377] Wie bei der Produzentenhaftung muss der Hersteller auch bei der Produkthaftung nicht für ein Entwicklungsrisiko einstehen.[1378] Die Haftung des Herstellers ist ferner ausgeschlossen, wenn alternativ einer der in § 1 Abs. 2 Nr. 1–5 ProdHaftG aufgeführten Ausschlussgründe vorliegt, zum Beispiel wenn »nach den Umständen davon auszugehen ist, daß das Produkt den Fehler, der den Schaden verursacht hat, noch nicht hatte, als der Hersteller es in den Verkehr brachte« (§ 1 Abs. 2 Nr. 2 ProdHaftG). Von besonderer praktischer Relevanz ist auch § 1 Abs. 2 Nr. 5 ProdHaftG, der einen Haftungsausschluss für sogenannte Entwicklungsrisiken enthält, wenn er die Ersatzpflicht des Herstellers ausschließt, soweit der Fehler »nach dem Stand der Wissenschaft und Technik« zum Zeitpunkt des Inverkehrbringens nicht erkannt werden konnte.[1379] Dies dürfte zumindest bei selbstlernenden Systemen ausgeschlossen sein, da die Eigenschaft des Selbstlernens als solche erkennbar ist.[1380] Für den Hersteller ist das Produkthaftungsrecht hinsichtlich der Produktbeobachtungspflichten und der geschützten Rechtsgüter großzügiger als die deliktischen Haftungstatbestände: Etwaige Beobachtungspflichten sieht das ProdHaftG nämlich nicht vor, sodass die Produkthaftung nach dem ProdHaftG mit dem Inverkehrbringen des Produkts endet.[1381] Zudem umfasst der Schutzbereich nur Beeinträchtigungen des Lebens, des Körpers und der Gesundheit, sowie Schäden an anderen als der fehlerhaften Sache.

1376 BGH, NJW 2014, 2106, 2107.

1377 BGH, NJW 2014, 2106, 2107; Ebers/Heinze/Krügel/Steinrötter/*Eichelberger*, Künstliche Intelligenz und Robotik, § 5 Rn. 46.

1378 Ebers/Heinze/Krügel/Steinrötter/*Eichelberger*, Künstliche Intelligenz und Robotik, § 5 Rn. 46.

1379 Vgl. auch Chibanguza/Kuß/Steege KI-Hdb/*Chibanguza* § 5 K. Rn. 12. Dieser Ausschlusstatbestand ist auch der Grund dafür, dass die Schadensersatzpflicht des § 1 Abs. 1 S. 1 ProdHaftG – obwohl sie kein Verschulden voraussetzt – nicht unproblematisch als reine Gefährdungshaftung eingeordnet werden kann, vgl. Schrader, DAR 2022, 9, 10.

1380 Zech, ZfPW 2019, 198, 213.

1381 Hermann/Knauff/*Schrader*, Autonomes Fahren, S. 61.

ee) Zwischenergebnis

Durch die fortschreitende Autonomisierung von KI-Systemen dürfte die Haftung des Herstellers signifikant steigen, während diejenige des Betreibers abnehmen dürfte.[1382] Ob dies zukünftig zu einer Installation einer weitergehenden Gefährdungshaftung führt, nach der Hersteller autonomer Systeme verschuldensunabhängig für sämtliche Schäden einstehen müssen, bleibt abzuwarten.[1383]

c) Erscheinungsformen der KI-Influencer

Unter den Bezeichnungen »CGI Influencer«, »Avatar Virtual Influencer«, »Biodigital Influencer« oder »AI Influencer«[1384] sind virtuelle Influencer in letzter Zeit verstärkt in den Fokus der Marketingliteratur gerückt. Durch die neu gewonnene Aufmerksamkeit, die den virtuellen Influencern auf diese Weise zuteil wurde, konnten sie ihre Bekanntheit und Relevanz deutlich steigern. Während einige von ihnen als Bildkompositionen aus computergenerierten Elementen und realen Personen entstanden sind, wächst die Zahl der virtuellen Influencer, die auf KI basieren.[1385] Dabei handelt es sich um künstlich erzeugte Avatare mit eigener Social-Media-Präsenz.[1386] Den Avataren wird neben einem eigenen Aussehen auch eine virtuelle Persönlichkeit samt Stimme verliehen.[1387] Die Vorzüge einer Kooperation mit diesen virtuellen Influencern liegen auf der Hand: Die computergenerierten Charaktere lassen sich – optisch, aber auch in ihrem Verhalten – leicht an die Kommunikationsziele von Unternehmen anpassen und können – sobald sie vollständig auf KI basieren – sogar jederzeit auf Kooperationsanfragen sowie Kommentare reagieren.[1388] Zudem sind ihre Stimmungen vorhersehbar, wodurch das Risiko möglicher Skandale als unwahrscheinlicher gilt als bei der Zusammenarbeit mit menschlichen Influencern.

1382 Chibanguza/Kuß/Steege KI-Hdb/*Chibanguza* § 5 K. Rn. 29.
1383 Chibanguza/Kuß/Steege KI-Hdb/*Chibanguza* § 5 K. Rn. 29.
1384 Frese, construktiv, Virtuelle Influencer:innen – Ein zukunftsweisender Hype, abrufbar unter: https://www.construktiv.de/social-media/virtuelle-influencerinnen-chancenreicher-hype/ (zuletzt abgerufen am 10.10.2023).
1385 Frese, construktiv vom 09.01.2023, abrufbar unter: https://www.construktiv.de/social-media/virtuelle-influencerinnen-chancenreicher-hype/ (zuletzt abgerufen am 10.10.2023).
1386 Contentmanager.de Redaktion vom 14.12.2022, abrufbar unter: https://www.contentmanager.de/instagram/virtuelle-influencer-top-10-instagram-2022/ (zuletzt abgerufen am 10.10.2023).
1387 Contentmanager.de Redaktion vom 14.12.2022, abrufbar unter: https://www.contentmanager.de/instagram/virtuelle-influencer-top-10-instagram-2022/ (zuletzt abgerufen am 10.10.2023).
1388 Frese, construktiv, Virtuelle Influencer:innen – Ein zukunftsweisender Hype, abrufbar unter: https://www.construktiv.de/social-media/virtuelle-influencerinnen-chancenreicher-hype/ (zuletzt abgerufen am 10.10.2023).

Gleichzeitig sind sie kostengünstiger als diese.[1389] Unternehmen können sich die Vorzüge von virtuellen Influencer im Wesentlichen auf zwei Wegen zu eigen machen. Zum einen können sie Kooperationen mit bereits bestehenden Influencern eingehen und so von deren Reichweite und Image in einer bestimmten Community profitieren.[1390] Zum anderen können Unternehmen aber auch speziell für ihren Vertrieb einen virtuellen Influencer kreieren (lassen), der optimal als Markenbotschafter für ihre Unternehmensphilosophie agieren kann.[1391] Einer der bekanntesten marken- und unternehmensunabhängigen Influencer ist Lil Miquela, die einerseits Einblicke in ihr virtuelles Leben gewährt und andererseits ertragreiche Kooperationen mit Marken eingeht.[1392] Auch wenn es schwieriger ist, eine emotionale Bindung zu einem solchen virtuellen Influencer aufzubauen und ihre Authentizität daher im Vergleich zu menschlichen Influencern als weniger ausgeprägt wahrgenommen wird, werden sie langfristig einen Platz in den sozialen Medien einnehmen.[1393]

d) Mögliche Haftungkonstellationen für Hersteller von KI-Influencern

Mangels Subsumtionsmöglichkeit unter den Produktbegriff werden Hersteller nur in den seltensten Fällen für KI-Influencer nach dem ProdHaftG haften müssen. In Betracht kommt hingegen eine vertragliche Haftung nach § 280 BGB. Im Rahmen des Kaufrechts müsste der KI-Influencer eine »mangelhafte Sache«, mithin eine Sache im Sinne des § 90 BGB darstellen. Insoweit ist stets zu unterscheiden: Ist die KI als Software alleiniger Vertragsgegenstand ohne Verkörperung in einer Hardware, findet das Kaufrecht keine Anwendung.[1394] Von einer Verkörperung kann hingegen gesprochen werden, wenn die Software auf einem Datenträger gespeichert ist und dieser erworben wird.[1395] Kann im nächsten Schritt ein der KI anhaftender Mangel festgestellt werden, stehen dem Käufer die

1389 Frankfurter Rundschau vom 14.04.2023, abrufbar unter: https://www.fr.de/panorama/virtuelle-influencer-erobern-instagram-und-co-zr-92205019.html (zuletzt abgerufen am 10.10.2023).

1390 Contentmanager.de Redaktion vom 14.12.2022, abrufbar unter: https://www.contentmanager.de/instagram/virtuelle-influencer-top-10-instagram-2022/ (zuletzt abgerufen am 10.10.2023).

1391 Contentmanager.de Redaktion vom 14.12.2022, abrufbar unter: https://www.contentmanager.de/instagram/virtuelle-influencer-top-10-instagram-2022/ (zuletzt abgerufen am 10.10.2023).

1392 Mohr, zukunftsInstitut 2023, abrufbar unter: https://www.zukunftsinstitut.de/artikel/technologie/virtuelle-influencer/ (zuletzt abgerufen am 10.10.2023).

1393 Bender, Businessinsider vom 18.02.2023, abrufbar unter: https://www.businessinsider.de/wirtschaft/influencer/virtuelle-influencer-besteht-unser-instagram-feed-bald-nur-noch-aus-robotern-statt-echten-menschen/ (zuletzt abgerufen am 10.10.2023).

1394 Haagen, Verantwortung für Künstliche Intelligenz, S. 294f.

1395 Haagen, Verantwortung für Künstliche Intelligenz, S. 294f.

Rechte aus § 437 BGB zu. Hier kommt insbesondere der § 437 Nr. 3 BGB i.V.m. § 280 Abs. 1 BGB in Betracht. Gleiches gilt für vertragliche Ansprüche, wenn im Rahmen eines Werkvertragsverhältnisses (§ 631 BGB) eine KI nach den Vorstellungen des Bestellers entwickelt wurde. Die Rechte des Bestellers ergeben sich dann aus § 634 BGB, dessen Nr. 4 allerdings auch auf § 280 Abs. 1 BGB verweist. Hier ergeben sich die soeben dargestellten Probleme im Rahmen des Vertretenmüssens. Mangels Verschuldensfähigkeit kommt es nicht in Betracht, die KI als Erfüllungsgehilfen nach § 278 BGB zu qualifizieren und damit deren Handlungen ihrem Hersteller zuzurechnen. Diesem muss vielmehr infolge der Missachtung seiner Überwachungspflichten die Begründetheit eines Fahrlässigkeitsvorwurfs nachgewiesen werden. Das Autonomierisiko kann hier nicht zu einem globalen Haftungsausschluss führen. Schließlich kommt eine deliktische Haftung nach § 823 Abs. 1 BGB in Betracht. In Divergenz zum ProdHaftG ist für das Deliktsrecht zunächst anerkannt, dass Software eine schadensverursachende Sache sein kann, da der Produktbegriff des Deliktsrechts weiter zu verstehen ist als der des Produkthaftungsrechts.[1396] Zudem muss für eine Haftung aus § 823 Abs. 1 BGB überhaupt eine der dieser Norm immanenten Rechts(guts)-verletzungen vorliegen, was bei virtuellen KI-Influencern bereits erste Probleme aufwirft. Denn denkbare Vermögensschäden als solche werden vom Schutzzweck des § 823 Abs. 1 BGB nicht umfasst.[1397] Denkbar ist jedoch – soweit nicht die spezielleren Rechtsbehelfe nach dem MarkenG eingreifen – ein subsidiärer Rückgriff auf § 823 Abs. 1 BGB und damit auf eine Marke als »sonstiges Recht«.[1398] Ebenfalls in Betracht gezogen werden könnte ein Verstoß gegen das – gleichermaßen als »sonstiges« Recht im Sinne des § 823 Abs. 1 BGB anerkannte – Recht am eingerichteten und ausgeübten Gewerbebetrieb.[1399] Unberührt und auch Vermögensschäden umfassend bleibt eine Haftung nach § 823 Abs. 2 und § 826 BGB.[1400] Praktisch am kompliziertesten wird es für den Geschädigten, wenn es um den Nachweis eines Verschuldens des KI-Herstellers geht. Dieses beurteilt sich im Delikts- wie im Vertragsrecht gleichermaßen nach § 276 BGB, weshalb insoweit auf die Ausführungen zur vertraglichen Haftung verwiesen werden kann. Letztlich ist die Haftung des Herstellers stets im Einzelfall zu beurteilen und dürfte aus den hier genannten Gründen, insbesondere der in der Praxis komplizierten Nachweisbarkeit eines Verschuldens, eher selten in Betracht kommen. Zumindest muss ein Hersteller jedoch die Konstruktion seines KI-Systems besonders beaufsichtigen und auch nach dem Inverkehrbringen stich-

1396 Haagen, Verantwortung für Künstliche Intelligenz, S. 335.
1397 BGH, NJW 1964, 720, 722.
1398 So BeckOGK/*Spindler* BGB § 823 Rn. 177.
1399 So sollen insbesondere unternehmensbezogene Interessen durch das Recht am eingerichteten und ausgeübten Gewerbebetrieb geschützt sein, vgl. BGH, NJW 1984, 1956.
1400 Haagen, Verantwortung für Künstliche Intelligenz, S. 334.

probenartig auf seine Funktionalität und Fehlerfreiheit testen, um seiner Produktbeobachtungspflicht nachzukommen. Unterlässt er dies, kann eine Haftung seinerseits in Betracht kommen.

e) Zwischenergebnis

Literatur und Rechtsprechung werden sich vermehrt mit den zahlreichen hier untersuchten Fragestellungen auseinandersetzen müssen. Insbesondere die Fortschritte in der KI-Forschung sorgen zunehmend für Veränderungen im Bereich der Vermarktung von Produkten über das Internet. Personen- und Produktvorschläge auf Plattformen wie Instagram treffen den Geschmack der Nutzer offenbar mit nicht unerheblicher Genauigkeit. Das kommt nicht von ungefähr. Aufgaben, die grundsätzlich eigene Entscheidungen des Nutzers erfordern und daher traditionell dem Menschen vorbehalten waren, können zunehmend Maschinen überlassen werden.[1401] Vor diesem Hintergrund wird es für die Rechtswissenschaft weiterhin von großer Bedeutung sein, mit einem Rechtsgebiet Schritt zu halten, das ständig neuen technischen Veränderungen ausgesetzt ist. Juristen werden sich in naher Zukunft mit einer Vielzahl neuartiger Rechtsfragen auseinandersetzen müssen. Dafür sorgt nicht nur das Influencer-Marketing mit natürlichen Personen, auch virtuelle Influencer auf Basis von KI werden immer beliebter und gehen bereits profitable Kooperationen mit Marken ein. Die damit verbundenen Haftungsfragen sind für die jeweiligen Vertragsparteien von erhöhter Relevanz und bergen insbesondere aufgrund der nachhaltigen Veränderungen der Lernkurve von KI-Systemen neben Chancen auch bislang nicht überschaubare Risiken, da niemand weiß, wie sich KI fortentwickeln wird.

VI. Resümee

Kooperationen zwischen Unternehmen und Influencern bergen rechtliche Fragestellungen von der Vertragsanbahnung bis zur nachvertraglichen Haftung. Die hier aufgezeigten konkreten Probleme von Influencern im Zusammenhang mit ihrer Einordnung in den Anwendungsbereich der §§ 84–92c HGB, sowie Umgehungsversuche dieser Vorschriften sind in der Praxis zu erwarten beziehungsweise aktuell bereits zu beobachten. So hat die Frage der Künstlersozialabgabepflicht die rechtsberatende Praxis bereits erreicht. Zunehmend erhalten werbetreibende Unternehmen, die Influencer engagieren, für sie in Teilen überraschende Bescheide der ihnen noch unbekannten Künstlersozialkasse. Dies

1401 Meder, Rechtsmaschinen, S. 11.

rührt daher, dass das recht junge Konstrukt der Influencer in seiner Vertragsgestaltung und praktischen Anwendung noch nicht ausreichend erprobt ist. Verträge werden zum Teil mündlich geschlossen oder von juristischen Laien verfasst. Aber auch die durchschnittliche rechtsberatende Praxis wird derzeit kaum über nennenswerte Erfahrungen im korrekten Umgang mit Influencern verfügen. Dabei ist eine präzise Vertragsgestaltung die Achillesferse einer konfliktfreien Zusammenarbeit. Konfliktträchtig ist dabei unter anderem die Weitläufigkeit der Kausalität von Vermittlungshandlungen eines Handelsvertreters: Die auf einem Affiliate-Link beruhende Handlung des Influencers muss zumindest mitursächlich für den Vertragsschluss zwischen dem Follower und dem Unternehmer sein. Entscheidend für die Mitursächlichkeit der Vermittlung ist dabei stets, dass die Tätigkeit des Influencers nicht hinweggedacht werden kann, ohne dass das Zustandekommen des konkreten Geschäftsabschlusses in Zweifel gezogen werden kann.[1402] Die oben genannten Untersuchungen zu Kausalitätsfragen bei nicht unerheblichen Zeitabständen zwischen Vermittlungshandlung und Vertragsschluss, die korrekte Vereinbarung der Einbindung von Affiliate-Links, sowie die Tatsache, dass es nicht immer schädlich ist, wenn Follower ein vom beworbenen Produkt unterscheidbares gekauft haben, dürften wenigstens insoweit Licht in das Dunkel der rechtlichen Behandlung des Influencer-Marketings gebracht haben. Darüber hinaus versuchen immer mehr Nutzer sozialer Medien, sich als Influencer zu profilieren. Dies kann jedoch keinesfalls dazu führen, dass diese sich selbständig zum Handelsvertreter gerieren können. Zeitgleich darf die hier vorgenommene Schließung der handelsrechtlichen Forschungslücke nicht dazu führen, dass Unternehmer die Handelsvertretertätigkeit von Influencern durch Nuancen im Vertrag verhindern, um Provisions- und Ausgleichsansprüche zu vermeiden. Doch auch nach der Vertragsbeendigung reißen die rechtlichen Probleme und Unwägbarkeiten im Zusammenhang mit Influencer-Kooperationen nicht ab. Liegen die Voraussetzungen des § 84 HGB vor, sind unter anderem die Kündigungsvorschriften des Handelsvertreterrechts, § 89 und § 89a HGB, zu beachten. Die größte praktische Relevanz erfährt jedoch ein anderes Rechtskonstrukt: der Ausgleichsanspruch nach § 89b HGB. Die populärste und zugleich umstrittenste Vorschrift des deutschen Handelsvertreterrechts soll die nachhaltige Werbung eines Kundenstamms honorieren. Und zwar nach Beendigung des Handelsvertretervertrags. Hier sind Meinungsverschiedenheiten vorprogrammiert. An der generellen Einhaltung der Vorschrift wird der Unternehmer aber kaum vorbeikommen. Doch sind Verjährungsfragen in diesem Zusammenhang an der Tagesordnung. Zudem steht eine Haftung des Unternehmers für das Handeln des Influencers im

1402 MüKoHGB/*Ströbl* HGB § 87 Rn. 37.

Raum. Nicht nur natürliche Personen agieren als Influencer, auch der Einfluss von KI-basierten und virtuellen Influencern nimmt rasant zu.

7. Kapitel: Zusammenfassung der wesentlichen Ergebnisse

Kaum eine Marketingstrategie hat in den letzten Jahren eine solche Performance gezeigt wie das Influencer-Marketing. Deshalb nimmt es nicht Wunder, dass Influencer zunehmend in den Fokus von Literatur und Rechtsprechung in verschiedenen Rechtsgebieten gerückt sind. Die vorliegende Arbeit hat aufgezeigt, dass es sich bei Influencern keineswegs um ein »umfassend geklärtes Phänomen«[1403] handelt. Vielmehr führt die Vielschichtigkeit und Wandlungsfähigkeit der noch recht jungen Marketingstrategie zu komplexen Frage- und Problemstellungen, mit denen diese Berufsgruppe bislang nicht in Verbindung gebracht wurde. Eines dieser neuartigen rechtlichen Probleme war die seither kaum beachtete Frage, ob Kontrakte mit Influencern als Handelsvertreterverträge im Sinne des § 84 HGB ausgestaltet werden können. Letzteres ist nach den vorliegenden Erkenntnissen zu bejahen. Und es ist gewiss, dass Influencer häufiger Handelsvertreter sind, als sie selbst und auch die Unternehmen, die sie beauftragen, vermuten würden. Dass sich die Gerichte in Zukunft regelmäßig mit Influencern auseinandersetzen werden müssen, ist deshalb bereits zum jetzigen Zeitpunkt absehbar. Und diese Auseinandersetzung wird sich wohl nicht nur in Normen aus dem UWG wegen fehlerhafter Kennzeichnung von Werbebeiträgen erschöpfen. Es liegt nahe, dass mit der weiteren Erforschung und Sensibilisierung von Influencern der erste Rechtsanwalt einen Ausgleichsanspruch nach § 89b HGB für einen Influencer geltend machen oder einen Buchauszug über die vermittelten Geschäfte verlangen wird. Diese handelsrechtlichen Problemfelder werden daher in naher Zukunft auch vermehrt die Zivilgerichte beschäftigen.

1403 So Scherer, GRUR 2022, 1555, 1556.

I. Abschließende Voraussetzungen für die Annahme von Influencern als Handelsvertreter

Im Folgenden soll abschließend dargestellt werden, welche Voraussetzungen nach den hiesigen Erkenntnissen kumulativ vorliegen müssen, damit Influencer in den Anwendungsbereich des § 84 HGB fallen. Darüber hinaus soll aufgezeigt werden, welches Vorliegen von Umständen für die Einordnung unschädlich ist. Es wird darauf hingewiesen, dass es insoweit in erster Linie auf den im Vertrag implementierten Willen der Vertragsparteien und die tatsächliche Durchführung einer Kooperation ankommt. Insofern hängt es insbesondere von der Qualifizierung als Gewerbetreibender, vom Verständnis des Vermittlungsbegriffs sowie von der vertraglichen Tätigkeitspflicht und dem zeitlichen Umfang der Betrauung ab, ob Influencer im Einzelfall Handelsvertreter im Sinne des § 84 HGB sind.

1. »Gewerbetreibender«

Influencer üben regelmäßig ein Gewerbe im Sinne des § 84 HGB aus. Insbesondere eine Tätigkeit als Künstler wird nur in Ausnahmefällen vorliegen. Gleiches gilt für die Annahme einer freiberuflichen Tätigkeit, die jedoch zumindest häufiger anzutreffen sein wird als eine solche künstlerischer Art. Die Abgrenzung zwischen Künstlern respektive Freiberuflern und Gewerbetreibenden ist insofern relevant, als nach der historisch gewachsenen, (noch) herrschenden Auffassung eine zeitgleiche Tätigkeit als Künstler beziehungsweise Freiberufler und Gewerbetreibender - von wenigen intransparenten Sonderfällen abgesehen - ausgeschlossen ist. Nach einer in der Literatur aufstrebenden Auffassung schließen sich eine freiberufliche und eine gewerbliche Tätigkeit hingegen nicht aus. Das Ausschlussverhältnis beruhe auf nicht mehr als historisch-traditionellen Unterschieden zwischen Freiberuflichkeit und Gewerbe. Dieser Auffassung wird sich hier angeschlossen, da es im Übrigen keine stichhaltigen Argumente dafür gibt, Künstler und Freiberufler von der Gewerblichkeit auszuschließen.

2. »Selbständig«

Die Digitalisierung der Wirtschaft führt zu neuen Beschäftigungsformen, die nicht alle dem Schutz des Arbeitsrechts unterfallen oder dessen bedürfen.[1404] So liegt es auch im Marketing mit Influencern. Bei der weit überwiegenden Zahl ihrer Kooperationen mit Unternehmen sind sie als Selbständige zu qualifizieren. Denn sie übernehmen die Konzeption, Erstellung und Veröffentlichung ihrer Beiträge nach eigenem Ermessen und bleiben von tiefgreifenden Weisungen weitesgehend unberührt. Nur in Einzelfällen sind sogenannte »Corporate Influencer« anzutreffen, die als abhängig Beschäftigte im Auftrag und im Interesse ihres Arbeitgebers tätig werden.

3. Anforderungen an den Vermittlungsbegriff und der Einfluss auf die Preisgestaltung

Für eine Qualifikation als Handelsvertreter war ferner der Begriff des Vermittelns zu präzisieren. Wie bereits dargelegt, ist für das »Vermitteln« die Pflicht zur Förderung eines Geschäftsabschlusses durch Einwirkung auf einen Dritten entscheidend.[1405] Dabei genügt es für die Vermittlungstätigkeit im Sinne des § 84 HGB, dass sie für den Geschäftsabschluss mitursächlich ist, sie muss nicht die alleinige Ursache für den Geschäftsabschluss sein.[1406] Dies ist bereits dann anzunehmen, wenn der Handelsvertreter die zum Vertragsabschluss führenden Verhandlungen lediglich initiiert hat.[1407] Bei Installation der hier untersuchten Affiliate-Links handelt es sich nicht mehr um eine rein werbliche oder kontaktherstellende Tätigkeit, da einem Follower unmittelbar die Möglichkeit eröffnet wird, ein Produkt auf einer externen Unternehmenswebsite zu erwerben. Eine solche technische Weiterleitung genügt den Anforderungen des Vermittlungsbegriffs von § 84 HGB. Insbesondere ist – anders als in der Rechtsprechung Frankreichs und Großbritanniens – ein »Verhandeln« in Form einer Einflussnahme auf die Preisgestaltung einer Ware nicht erforderlich. Dies ergibt sich einerseits aus der Auslegung der Handelsvertreterrichtlinie, die insbesondere dem Schutz der in der Europäischen Union ansässigen Handelsvertreter dienen soll. Der Erreichung dieses Ziels ist eine weite Auslegung etwaiger Tatbestandsvoraussetzungen immanent. Denn wie soll ein möglichst weitreichender Schutz von Handelsvertretern gewährleistet werden, wenn man gleichzeig die ein-

1404 Schubert, RdA 2018, 200, 206.
1405 Vgl. bereits Kap. 5 I.; BGH, NJW 1983, 42; Koller/Kindler/Drüen/*Roth/Kindler* HGB § 84 Rn. 4.
1406 BGH, NJW 1980, 1793.
1407 BAG, DB 1969, 266; MüKoHGB/*Ströbl* HGB § 84 Rn. 72.

schlägigen Vorschriften eng auslegt? Andererseits hat mittlerweile auch der EuGH festgestellt, dass es für die Einstufung als Handelsvertreter nicht darauf ankommt, ob eine Person über die Möglichkeit verfügt, die Preise der Waren, deren Verkauf sie für den Unternehmer besorgt, zu ändern.[1408] Angesichts des technischen Fortschritts und im Einklang mit einem zunehmend internetbasierten Warenangebot umfasst die Handelsvertretertätigkeit nicht mehr nur den persönlichen Einsatz einer Person, sondern auch die Vermarktung von Produkten im Rahmen der fortschreitenden Digitalisierung.[1409] Liegen daher die Voraussetzungen des § 84 HGB kumulativ vor, kann nicht der fehlende Einfluss des Influencers auf die Preisgestaltung des Produkts dazu führen, dass er den Schutz der Vorschriften der §§ 84ff. HGB nicht genießt.

Auch ein vermeintlich bestehendes Leitbild des Handelsvertreters, durch unmittelbare Einwirkung auf den Kunden persönlich Geschäfte zu akquirieren, führt zu keinem anderen Ergebnis. Denn die Andersartigkeit eines Erscheinungsbildes kann nicht dazu führen, dass der Handelsvertreter, der sich bei seiner Tätigkeit beispielsweise moderner technischer Hilfsmittel bedient, von den Schutzvorschriften der §§ 84ff. HGB ausgeschlossen ist, wenn die Voraussetzungen der Vorschriften im Übrigen objektiv erfüllt sind. Dass die unmittelbare Einwirkung auf den Kunden keine konstitutive Wirkung auf das Handelsvertreterverhältnis entfaltet, zeigt bereits die Möglichkeit, Untervertreter in Anspruch zu nehmen. Darüber hinaus hat auch der BGH entschieden, dass die Kundenbetreuung ein dispositives Element darstellt. Denn es kann ausreichen, wenn sich eine Tätigkeit nach der Art der zugewiesenen Aufgaben auf den Absatz von Produkten auf Nachfrage und ohne persönliche Kundenbetreuung bezieht.[1410]

4. Pflicht zum Tätigwerden

Darüber hinaus darf es nicht dem Influencer überlassen werden, ob er tätig wird oder nicht. Aufgrund einer mangelnden Pflicht zum Tätigwerden wurde der Affiliate einst eher als Makler und nicht als Handelsvertreter eingestuft.[1411] Denn zu früherer Zeit hatten Affiliates keine Tätigkeitspflicht, sondern vielmehr nur die bloße Möglichkeit aktiv zu werden, was auf heutige Influencer nicht zutrifft. Üblich ist eine vertragliche Verpflichtung zur Erstellung eines möglichst werbewirksamen Social-Media-Beitrags inklusive eines Affiliate-Links. Dabei ist ein

1408 EuGH, ZVertriebsR 2020, 252.
1409 Dreyer/Haskamp, ZVertriebsR 2017, 359, 363.
1410 BGH, NJW-RR 1986, 709, 710.
1411 So Schirmbacher/Ihmor, CR 2009, 245, 247; Benz/Kohler, ZfPW 2020, 490, 504 Fn. 11, vgl. Kap. 5. VI. 4. 5.

besonderes Augenmerk darauf zu legen, dass die Installation eines Affiliate-Links nicht in das Belieben des Influencers gestellt wird. Die vertragliche Pflicht zum Tätigwerden muss den Link ausdrücklich umfassen. Andernfalls verpflichtet sich der Influencer nicht dazu, sich um die Vermittlung von konkreten Geschäftsabschlüssen zu bemühen, womit ein Handelsvertreterverhältnis abzulehnen wäre.

5. »Ständige Betrauung«

Ferner muss sich diese Tätigkeitspflicht in Abgrenzung zum Makler (§§ 652–655 BGB) und Handelsmakler (§§ 93–104 HGB) darauf beziehen, sich für einen Unternehmer während der Vertragslaufzeit fortlaufend um die Vermittlung einer zunächst unbestimmten Anzahl von Geschäften für den Unternehmer zu bemühen. Das Gegenstück hierzu bilden lediglich ständig wiederkehrende Vermittlungstätigkeiten aufgrund von Einzelaufträgen oder eine von vornherein begrenzte Anzahl von Aufträgen. Der Influencer erfüllt das Merkmal »ständige Betrauung« in der Regel dadurch, dass er mindestens für die Dauer des Vertrags gewährleistet, seinen Beitrag nach der Installation fortlaufend auf seinem Profil online zu halten. Durch die dauerhafte Abrufbarkeit seines Beitrags oder beispielsweise einer Story in den »Highlights«, die ebenso wie Beiträge zeitlich unbegrenzt im Profil sichtbar sind, können die Follower über einen Affiliate-Link dauerhaft auf die Unternehmenswebsite gelangen. Dies entspricht den Vorstellungen des BGH zu analog handelnden Handelsvertretern, für welche er entschied, dass das Offenhalten einer Tankstelle ebenso eine Handelsvertretertätigkeit darstellt wie von Lottoannahmestellen, von Reisebüros und von Verkaufsständen in Kaufhäusern. Sie alle bemühen sich allein durch das Offenhalten ihrer Ladenflächen, eine unbestimmte Anzahl von Verträgen zu vermitteln. Bei dauerhafter Onlinehaltung – ähnlich eines digitalen Showrooms – mit der anhaltenden Gewährleistung, über einen Affiliate-Link Kaufverträge abzuschließen, entfaltet ein Influencer folglich eine handelsvertretertypische Tätigkeit. Hierdurch und durch wiederkehrende Leistungen – unter Umständen in Verbindung mit sogenannten »Remindern« – ist deshalb eine ständige Betrauung anzunehmen.

6. Zeitablauf alleine unschädlich für Kausalität und Nachverfolgbarkeit

Auf Instagram haben sich Cookies und personalisierte Gutscheincodes als Identifikationsmethode etabliert. Diese »Tracking-Tools« ermöglichen es, Transaktionen einem bestimmten Influencer zuzuordnen. Ist eine rechtssichere Nachvollziehbarkeit durch das Tracking – also die Nachverfolgung von Geschäftsabschlüssen – möglich, führt der bloße Ablauf einer bestimmten Zeitspanne zwischen Vermittlungshandlung und Geschäftsabschluss nicht dazu, dass der Vermittler seinen Provisionsanspruch aus § 87 HGB verliert. Etwas anderes gilt nur dann, wenn ein bestimmter Zeitraum, in dem der Vertragsschluss stattgefunden haben muss, vertraglich vereinbart wurde oder die einzelfallabhängige zeitliche Obergrenze des § 87 Abs. 3 S. 1 Nr. 1 HGB für das Stadium nach Beendigung des Vertragsverhältnisses erreicht ist.

7. Umfang der Provision und Kausalität bei Kauf eines vom beworbenen unterschiedlichen Produkts

Des Weiteren bedarf es genauerer Vereinbarungen über den Umfang der provisionspflichtigen Tätigkeit. Begehren die Parteien übereinstimmend, dass nur die Vermittlung von Geschäften über bestimmte Produkte vergütet werden soll, so ist dies im Vertrag festzuhalten. Anderenfalls ist davon auszugehen, dass alle im Warenkorb befindlichen und nicht retournierten Produkte provisionspflichtig sind. Denn die Handlung des Influencers ist auch dann mitursächlich für den Kauf von Produkten desselben Herstellers, wenn er möglicherweise nur ein Produkt oder eine bestimmte Produktlinie beworben hat, da davon auszugehen ist, dass ein Follower, der mittels Cookie oder Gutscheincode identifiziert werden kann, erst durch den Influencer auf das gesamte Sortiment aufmerksam geworden ist. Beweisprobleme können durch das Tracking folglich entschärft werden, wenn sich beispielsweise ein Gutscheincode auf sämtliche Produkte eines Herstellers anwenden lässt. So kann durch technische Vorkehrungen eine Anpassung an die jeweiligen Vorstellungen erfolgen. Hat der Unternehmer einen Gutscheincode jedoch nicht technisch auf bestimmte einzelne Produkte beschränkt, sondern lässt sich dieser auf ein gesamtes Warensortiment anwenden, bezieht sich auch die Provisionspflicht auf die gesamte Produktlinie.

II. Praktikabilität der Handelsvertretervorschriften

Der Einsatz von Influencern als Handelsvertreter nach § 84 HGB verändert die Vertragsgestaltung, die jeweiligen Rechte und Pflichten, sowie die zu beachtenden Gesetze innerhalb dieser Marketingstrategie grundlegend. Nicht zuletzt deshalb ist es von überragender Bedeutung zu klären, ob die bestehenden Vorschriften auch neuartige Sachverhalte interessengerecht erfassen können oder ob es eines revolutionären Regelungskonzeptes bedarf.

1. Umfang des § 87 HGB: Das »Fixum«

Die handelsvertretertypische Vergütung ist die Provision. Bei Influencer-Marketing-Kooperationen – insbesondere unter Zuhilfenahme von Affiliate-Links – werden ebenfalls häufig Pauschalvergütungen vereinbart. Auch diese festen Bezüge werden jedoch insbesondere in Form von Provisionsfixum oder garantierten Mindestprovisionen von § 87 HGB umfasst und beseitigen nicht den Provisionscharakter der Vergütung.[1412] Typischerweise wird die Provision im Rahmen eines »Pay-per-Sale«-Programms dahingehend vereinbart, dass jeder vom Handelsvertreter vermittelte Geschäftsabschluss vergütet wird. Alternative Programme wie das Pay-per-Click-Modell, bei dem bereits jede Weiterleitung auf eine externe Website vergütet wird, finden im aktuellen Influencer-Marketing nahezu keine Anwendung.

2. »Zurückführbarkeit« eines Geschäftsabschlusses, § 87 Abs. 1 S. 1 HGB

Das »Tracking« als Mittel zur Nachvollziehbarkeit von Geschäftsabschlüssen ist zwar nach der vorliegenden Untersuchung kein wesentliches Element für die Einordnung einer Berufsgruppe in den Tatbestand des § 84 HGB. Es ist aber für die Beantwortung der Frage, ob das Handelsvertreterrecht die Tätigkeit von Influencern überzeugend erfassen kann, unerlässlich. Denn § 87 Abs. 1 S. 1 HGB sieht vor, dass der Handelsvertreter einen Anspruch auf Provision für alle während des Vertragsverhältnisses abgeschlossenen Geschäfte hat, die auf seine Tätigkeit »zurückzuführen« sind. Ein potentieller Provisionsanspruch nützt dem Anspruchsinhaber also nichts, wenn überhaupt nicht nachvollziehbar ist, in welchem Umfang er Geschäfte vermittelt hat. Durch die in dieser Arbeit beschriebenen Tracking-Tools – insbesondere Cookie-Tracking und personalisierte Gutscheincodes – ist ein Geschäftsabschluss zweifelsfrei gemäß § 87 Abs. 1 S. 1 HGB auf die Tätigkeit des Influencers zurückzuführen. Ist dies nicht der Fall, hat der Influencer keinen Anspruch auf seine Provision, da nicht rechtssicher festgestellt werden kann, dass er einen Geschäftsabschluss mitursächlich herbeigeführt hat. Dies kann dazu führen, dass ein Influencer keine Vergütung erhält, wenn sein Follower seine Cookie-Einstellungen konservativ handhabt, insbesondere regelmäßig löscht. Dies ist jedoch ein typisches Geschäftsrisiko und muss entschädigungslos hingenommen werden.

1412 Hopt, Handelsvertreterrecht, § 87 Rn. 5; Küstner/Thume/*Küstner* VertriebsR-HdB I Rn. 2; Küstner, Der Handelsvertreter, S. 27; Piper, Höchstrichterliche Rechtsprechung zum Handelsvertreterrecht, Rn. 36; Thume, BB 2012, 975, 977.

3. Hilfsansprüche, § 87c HGB

Mithin reicht das Tracking als Instrument der Nachvollziehbarkeit allein für eine erfolgversprechende Durchsetzung des Provisionsanspruchs nach § 87 HGB nicht aus. Hinzukommen muss ein rechtliches Werkzeug, das es dem Handelsvertreter ermöglicht, Zugang zu Informationen zu erhalten, die sich in der Sphäre des Unternehmers befinden. Die Rechte zur Geltendmachung dieser Informationen sind in § 87c HGB implementiert. Die Vorschrift verschafft dem Handelsvertreter die Möglichkeit, beispielsweise über den Buchauszug oder die Einsichtnahme in die Geschäftsbücher des Unternehmers Kenntnis über die exakte Anzahl der durch ihn vermittelten Geschäfte zu erlangen. Auf der Grundlage dieser Informationen kann der Handelsvertreter dann seinen Provisionsanspruch beziffern und gegebenenfalls gerichtlich durchsetzen. Die Anwendung dieser Bestimmung wirft keine Probleme auf, insbesondere keine, die dem Berufsbild des »Influencers« zuzuordnen sind.

4. Der Ausgleichsanspruch gemäß § 89b HGB

Schließlich ermöglicht § 89b HGB dem Handelsvertreter die Monetarisierung geworbener Stammkunden, von denen der Unternehmer auch nach Vertragsbeendigung weiter profitiert. Die Anwendung der Vorschrift auf Influencer stellt mitnichten ein unbilliges Ergebnis dar. Denn anders als bei Online-Plattformen, bei denen Kritiker argumentieren, dass sich ihre primäre Handlungspflicht auf die Bereitstellung einer IT-Infrastruktur bezieht, liegt die Handlungspflicht von Influencern in der nachhaltigen Kundengewinnung. Auch statische Argumente, wie das eines historisch gewachsenen Leitbildes, das gegen die Handelsvertretereigenschaft von online auftretenden Berufsgruppen – speziell von Onlineshop-Betreibern[1413] – sprechen würde, können erneut nicht verfangen. Denn ein solches Leitbild ist kaum ersichtlich und mehr als historisch gewachsene Gründe sprechen nicht dafür, den § 89b HGB einzig auf analog auftretende Mehrfirmenvertreter anzuwenden. Es wäre daher in hohem Maße inkonsequent, den Ausgleichsanspruch nicht auch auf Influencer-Kooperationen anzuwenden. Liegen also die Tatbestandsvoraussetzungen des § 89b HGB vor, sind auch Influencer Inhaber des populären und zugleich kontrovers diskutierten Ausgleichsanspruchs.

1413 So Dieselhorst/Grages, MMR 2011, 368, 369.

III. Resümee

> »Die Digitalisierung der Distribution bedroht massiv die klassische Mittlerfunktion des Handels zwischen Herstellern und Konsumenten und drängt die vertraute Absatzmittlung durch Fachhändler, Vertragshändler, Handelsvertreter, Kommissionsagenten oder Franchisenehmer und damit auch das Absatzmittlungsrecht zugunsten des Direktvertriebs im Wege des E-Commerce in vielen Branchen an den Rand. Allerdings haben sich die Absatzmittlungssysteme bislang ganz ordentlich behauptet. Vielleicht liegt die Zukunft in Kooperationsmodellen und in Mischsystemen zwischen Direktvertrieb und indirektem Systemvertrieb«.[1414]

So bezeichnet Michael Martinek die digitale Revolution im Handel hinsichtlich seiner Vertriebslandschaft. Man muss sich an den Gedanken gewöhnen, dass Handelsvertreter in heutigen Tagen nicht mehr nur reisend, also aus der Eigenart ihrer zu erbringenden Arbeitsleistung mobil,[1415] sondern auch digital auftreten. Die Entwicklung des Onlineshoppings hat ansehnlich aufgezeigt, dass immer mehr neue Vertriebsformen als Handelsvertreter eingestuft oder zumindest daraufhin überprüft werden können.[1416] Zahlreiche Online-Plattformen sowie Onlineshop-Betreiber stellen Handelsvertreter oder andere Vertriebsmittler dar.[1417] Insbesondere bei der Ersteinführung eines Produktes bietet sich ein Handelsvertretervertrag aufgrund der geringen Markteintrittskosten durch die Freiheit der Vergütungsgestaltung an.[1418] Immer häufiger erfolgen diese Produkteinführungen in unternehmenseigenen Onlineshops. Dabei spielt das Marketing eine bedeutende Rolle, um besagte Produkte bekannt und begehrenswert zu machen. Zunehmend werden mit diesen Werbeaktivitäten die ausschließlich digital auftretenden Influencer betraut. Und auch diese können je nach Vertragsgestaltung unter den § 84 HGB fallen. Das führt auch nicht zu unbilligen Ergebnissen. Mit dem Handwerkszeug, was ihnen die §§ 84–92c HGB zur Verfügung stellen, können Influencer in nachvollziehbarer Weise alle Rechte eines Handelsvertreters geltend machen. Somit hat das Internet der Bedeutung des Vertriebsrechts bis dato keinen Abriss getan. Im Gegenteil: Der Online-Vertrieb mit seinen mannigfaltigen Möglichkeiten gewinnt für Handelsvertreter stetig an Bedeutung.[1419] Das geltende Vertriebsrecht scheint für diese wachsende Bedeutung des Online-Vertriebs und die sich abzeichnenden Problemfelder mit neuartigen Berufsgruppen »gerüstet«[1420] zu sein. Bereits in der Evaluierung der

---

1414 Martinek, ZVertriebsR 2018, 139, 143.
1415 Reinartz, NZA-RR 2021, 457, 568.
1416 BeckOK HGB/*Lehmann* HGB § 84 Rn. 13; vgl. zur Vermittlungstätigkeit von Plattformen Dreyer/Haskamp, ZVertriebsR 2017, 359; Rohrßen, ZVertriebsR 2019, 153, 159.
1417 Emde, NJOZ 2018, 441.
1418 Emde, NJOZ 2018, 441, 445.
1419 Martinek, ZVertriebsR 2014, 273, 274; Semler, ZVertriebsR 2022, 37.
1420 So Emde/Valdini, BB 2016, 899, 903.

Handelsvertreterrichtlinie durch die EU-Kommission im Jahr 2016 war man sich bewusst, dass sich das Vertriebsrecht zunehmend in den Online-Bereich verlagern[1421] würde:

> »Der Markt für Handelsvertretungen wächst weiter und das Geschäftsmodell ist vor allem für die KMU,[1422] die im Ausland tätig werden möchten, trotz neuartiger alternativer Vertriebskanäle wie dem Online-Handel immer noch attraktiv.«[1423]

Erinnert man sich in diesem Zusammenhang noch einmal an das Zitat von Bromm, der bereits im Jahr 2000 zurecht ausführte, dass die zukünftige Entwicklung des Berufs des Handelsvertreters in hohem Maße davon abhängen wird, ob es der Handelsvertretung gelingt, sich ihre Beweglichkeit und Anpassungsfähigkeit in einer sich ständig verändernden wirtschaftlichen Welt zu erhalten,[1424] so bleibt festzustellen, dass ihr dies bislang geglückt ist. Der Online-Handel birgt Herausforderungen, auch für Gerichte bei der Einordnung von neuartigen Berufsgruppen in den Anwendungsbereich der §§ 84–92c HGB. Doch bislang gelingt es der Rechtsprechung, auch den Online-Bereich mit Hilfe dieser Normengruppe zu erfassen und überzeugend zu regeln. Insofern führen die Handelsvertretervorschriften weitgehend zu plausiblen und in sich konsistenten Ergebnissen und sind geeignet, eine Vielzahl der auftretenden und zu erwartenden Probleme nachhaltig interessengerecht zu lösen. Das Handelsvertreterrecht steht damit auf einem sicheren Fundament, sodass wesentliche gesetzgeberische Eingriffe in naher Zukunft nicht zu erwarten sind.[1425] Die eingangs geäußerte Befürchtung, dass das Handelsvertreterrecht ohne eine flexible Anpassung an neue Gegebenheiten in der Bedeutungslosigkeit versinken könnte, hat sich nicht bewahrheitet. Die Relevanz des Vertriebsrechts sollte aus diesem Grund auch in heutiger Zeit nicht unterschätzt werden.[1426] Raimond Emde bezeichnet das Recht der §§ 84ff. HGB sogar als »eines der wichtigsten Rechtsgebiete des Wirtschaftsrechts«.[1427] Auch für die Zukunft ist zu erwarten, dass das Vertriebsrecht – und insbesondere das Handelsvertreterrecht – innovativ und damit bedeutsam bleiben wird.[1428]

1421 Michael Martinek verwies zuvor bereits im Jahr 2014 auf »spektakuläre Zuwachsraten« des Online-Vertriebs und spricht von einem »klaren Schwerpunkt« den das Online-Vertriebsrecht im modernen Vertriebsrecht bildet, vgl. Martinek, ZVertriebsR 2014, 273, 274.

1422 KMU steht für kleine und mittlere Unternehmen.

1423 Thume, BB 2016, Nr. 51–52 »Die erste Seite«.

1424 Bromm, Die Entstehungsgeschichte des Berufs des Handelsvertreters, S. 137.

1425 Semler, ZVertriebsR 2022, 37, 39.

1426 Emde, ZIP 2022, 106.

1427 Emde, NJOZ 2018, 441.

1428 BeckOK HGB/*Lehmann* HGB § 84 Rn. 1; ebenfalls Semler, ZVertriebsR 2022, 37, der davon spricht, dass Handelsvertreter nach wie vor eine »bedeutende Rolle« beim Erwerb und Vertrieb von Waren und Dienstleistungen spielen würden; vgl. zu Vertriebsrecht und Innovation ausführlich Martinek, ZVertriebsR 2018, 139.

Quellen- und Literaturverzeichnis

Abrahamczik, Jürgen: Der Handelsvertretervertrag, München 1995.

Advidera: Glossar, Stichwort Reklame, abrufbar unter: https://www.advidera.com/glossar/reklame/.

Affiliate-Deals: Lexikon, Pay-per-Sale, abrufbar unter: https://www.affiliate-deals.de/lexikon/pay-per-sale/.

Ahrens, Hans-Jürgen: Influencer-Marketing – Regulierungsrahmen und Konsequenzen seiner Anwendung (Teil 1), GRUR 2018, S. 1211–1218.

Alain, Tanya: Influencer engagement: everything you need to know, Upfluence vom 31.01.2023, abrufbar unter: https://www.upfluence.com/influencer-marketing/influencer-engagement-everything-you-need-to-know.

Alber, Matthias/Arendt, Hendrik/Faber, Charlotte (u. a.): Beck'sches Steuer- und Bilanzrechtslexikon, 64. Edition, München 2023 (zit.: Beck'sches Steuer- und Bilanzrechtslexikon/*Bearbeiter*).

ALDI Nord: ALDI Nord präsentiert eigenes Influencer-Team, Newsroom vom 10.10.2019, abrufbar unter: https://www.aldi-nord.de/unternehmen/presse/aldi-nord-praesentiert-eigenes-influencer-team.html.

Alexander, Christian: Transparenz beim Influencer-Marketing – BGH-Rechtsprechung und UWG-Neuregelungen, ZUM 2022, S. 77–84.

Alff, Richard: Neuere höchstrichterliche Rechtsprechung zum Handelsvertreterrecht, Köln 1980.

Apel, Simon/Kaulartz, Markus: Rechtlicher Schutz von Machine Learning-Modellen, RDi 2020, S. 24–34.

Auer-Reinsdorff, Astrid/Conrad, Isabell: Handbuch IT- und Datenschutzrecht, 3. Auflage, München 2019.

Aufderheide, Detlef/Dabrowski, Martin (Hrsg.): Digitalisierung und Künstliche Intelligenz. Wirtschaftsethische und moralökonomische Perspektiven, Berlin 2020.

Bahr, Martin: Sind Affiliates von Partnerprogrammen Handelsvertreter? Affiliate & Recht, Nr. 2, abrufbar unter: https://www.dr-bahr.com/fileadmin/download/pp1_handelsvertreter.pdf.

Ders.: Der Handelsvertreter-Ausgleich – Ein Faß ohne Boden für Merchants?, Affiliate & Recht, Nr. 3, abrufbar unter: https://www.affiliateundrecht.de/aufsaetze/der-handelsvertreter-ausgleich-ein-fass-ohne-boden-fuer-merchants/.

Ders.: LG Düsseldorf: Wann der Affiliate keinen Anspruch auf Handelsvertreter-Ausgleich hat, Rechts-News Archiv, abrufbar unter: https://www.dr-bahr.com/news/wann-der-affiliate-keinen-anspruch-auf-handelsvertreter-ausgleich-hat.html.

Balke, Michaela/de Groot, Simone Evke: Der Handelsvertreterausgleich nach § 89 b HGB im Umbruch, NJOZ 2010, S. 1551–1556.

Barth, Günter: Der Kampf um die Werbung im Internet. Online-Werbung, ihre Blockade und Schutzmaßnahmen vor Werbeblockade auf dem Prüfstand des Lauterkeits- und Urheberrechts mit Bezügen zum Datenschutz- und Kartellrecht, Baden-Baden 2020.

Basedow, Jürgen/Hopt, Klaus J./Zimmermann, Reinhard (Hrsg.): Handwörterbuch des Europäischen Privatrechts, Band I, Tübingen 2009.

Bayerisches Landesamt für Steuern: Ich bin Influencer. Muss ich Steuern zahlen?, abrufbar unter: https://www.lfst.bayern.de/fileadmin/RESSOURCEN/INFORMATIONEN/Steuerinfos/Zielgruppen/Influencer/FAQ_BayLfSt_Influencer.pdf.

Beckmann, Kirsten/Müller, Ulf: Online übermittelte Informationen: Produkte i. S. d. Produkthaftungsgesetzes?, MMR 1999, S. 14–19.

Bender, Oskar Luis: Virtuelle Influencer: Besteht unser Instagram-Feed bald nur noch aus Robotern statt echten Menschen?, Businessinsider vom 18.02.2023, abrufbar unter: https://www.businessinsider.de/wirtschaft/influencer/virtuelle-influencer-besteht-unser-instagram-feed-bald-nur-noch-aus-robotern-statt-echten-menschen/.

Benz, Nina/Kohler, Julia Rebecca: Mein Freund, der Influencer? Haftung von Influencern nach §§ 311 Abs. 3, 280 Abs. 1, 241 Abs. 2 BGB, ZfPW 2020, S. 490–504.

Berndt, Ralph (Hrsg.): Managementkonzepte für kleine und mittlere Unternehmen, Heidelberg 2006.

Bernecker, Michael/Beilharz, Felix: Social Media Marketing. Strategien, Tipps und Tricks für die Praxis, 2. Auflage, Bergisch Gladbach 2012.

Beuth, Patrick: Twitter-Nutzer machen Chatbot zur Rassistin, Zeit Online vom 26.03.2016, abrufbar unter: https://www.zeit.de/digital/internet/2016-03/microsoft-tay-chatbot-twitter-rassistisch?utm_referrer=https%3A%2F%2Fwww.google.de.

Bodem, Marcus: Abwicklung gescheiterter freier Mitarbeiterverhältnisse aus arbeits-, sozial-, steuer- und strafrechtlicher Sicht, ArbRAktuell 2012, S. 213–216.

Borsch, Uwe: Der angemaßte Influencer – Markenpiraterie 2.0 – Aspekte und Möglichkeiten der Abwehr aufgezwungener Werbung, MMR 2018, S. 127–129.

Brandis, Peter/Heuermann, Bernd (Hrsg.): Ertragsteuerrecht – Kommentar zum Einkommensteuergesetz, Körperschaftsteuergesetz, Gewerbesteuergesetz, Außensteuergesetz, Investmentsteuergesetz, Umwandlungssteuergesetz und Nebengesetze, Band 2, 167. Ergänzungslieferung, München 2023.

Bräutigam, Peter/Rücker, Daniel/: E-Commerce. Rechtshandbuch, München 2017.

Breidenbach, Stephan/Glatz, Florian (Hrsg.): Rechtshandbuch Legal Tech, 2. Auflage, München 2021.

Bromm, Boris Franz Leo: Die Entstehungsgeschichte des Berufs des Handelsvertreters, Frankfurt am Main 2000.

Brown, Duncan/Hayes, Nick: Influencer Marketing. Who really influences your costumers, London/Ney York 2015.

Brtka, Roman/Witzmann, Markus: Der Einsatz von Influencer-Marketing in Social Media, GRUR-Prax 2021, S. 657–660.

Brunckhorst, Andreas/ Sterzinger, Christian: Umsatzsteuerliche Beurteilung von Bloggern, YouTubern und Podcastern, DStR 2018, S. 1743–1749.

Dies.: Ertragsteuerliche Beurteilung von Bloggern, Podcastern und Youtubern, DStR 2018, S. 1689–1694.

Bundesverband Digitale Wirtschaft e.V.: Umfrage zur Nutzung von Influencer Marketing 2018, abrufbar unter: https://www.bvdw.org/fileadmin/bvdw/upload/publikationen/full-service-digital-agentur/BVDW_Umfrage_Influencer_Marketing_11.2018.pdf.

Burchardi, Sophie: Risikotragung für KI-Systeme. Zur Zweckmäßigkeit einer europäischen Betreiberhaftung, EuZW 2022, S. 685–692.

Burdova, Carly: Was ist Web 3.0?, Avast vom 08.12.2022, abrufbar unter: https://www.avast.com/de-de/c-web-3-0.

Bürkle, Jürgen: Compliance in Versicherungsunternehmen. Rechtliche Anforderungen und praktische Umsetzung.

Busch, Rainer/Dögl, Rudolf/Unger, Fritz: Integriertes Marketing. Strategie, Organisation, Instrumente, 3. Auflage, Wiesbaden 2001.

Busemann, David/Gilson, Gert: Unsicherheiten über Abzugsteuern nach § 50a EStG bei der Zusammenarbeit mit Influencern, DStR 2019, S. 2178–2183.

Canaris, Claus-Wilhelm: Handelsrecht, 24. Auflage, München 2006.

Cayir, Fulya/Nohn, Corinna: Wie Influencer in den stationären Handel eindringen, Handelsblatt vom 25.06.2019, abrufbar unter https://www.handelsblatt.com/unternehmen/handel-konsumgueter/kosmetikprodukte-wie-influencer-in-den-stationaeren-handel-eindringen/24487762.html?ticket=ST-5280738-xvbKoLbyRrFIf3SR4QKq-ap1.

Centralvereinigung Deutscher Wirtschaftsverbände für Handelsvermittlung und Vertrieb e.V: Verbändereport 08/2009, Kompetenz für Vertrieb, abrufbar unter: https://www.verbaende.com/report/artikel/kompetenz-fuer-vertrieb-1875/.

Dies.: Vertriebsweg Handelsvertreter. Daten und Fakten 2022, abrufbar unter: https://cdh.de/institutionen/.

Cialdini, Robert Beno: Die Psychologie des Überzeugens. Wie sie sich selbst und Ihren Mitmenschen auf die Schliche kommen, 8. Auflage, Bern 2017.

Chibanguza, Kuuya/Kuß, Christian/Steege, Hans (Hrsg.): Künstliche Intelligenz. Recht und Praxis automatisierter und autonomer Systeme, Baden-Baden 2022.

Contentmanager.de: Virtuelle Influencer: Das sind die Top 15 auf Instagram 2022, Beitrag vom 14.12.2022, abrufbar unter: https://www.contentmanager.de/instagram/virtuelle-influencer-top-10-instagram-2022/.

Cornelius, Kai: Vertragsabschluss durch autonome elektronische Agenten, MMR 2002, S. 353–358.

Dannecker, Sophie: Kurzer Ausblick nach Frankreich. Französisches Parlament verabschiedet Gesetz zum Schutz von Kinder-Influencern, NZFam 2020, S. 1093–1094.

Deges, Frank: Quick Guide Influencer Marketing. Wie Sie durch Multiplikatoren mehr Reichweite und Umsatz erzielen, Wiesbaden 2018.

Dehner, Walter: Das Verflechtungsproblem im Maklerrecht. Bemerkungen zu BGH, NJW 1992, 2818, NJW 1993, S. 2225–2226.

Detzer, Klaus/Ullrich, Claus: Gestaltung von Verträgen mit ausländischen Handelsvertretern und Vertragshändlern, Heidelberg 2000.

Dieselhorst, Jochen/Grages, Jan-Michael: Der Onlineshop-Betreiber als Handelsvertreter? Anwendung der §§ 84ff. HGB auf Shopbetreiber im Internet, MMR 2011, S. 368–371.

Doberer, Kristin: Reingefallen – Influencer bewerben Fake-Produkt, Stuttgarter Zeitung vom 20. 05. 2021, abrufbar unter: https://www.stuttgarter-zeitung.de/inhalt.streich-von-youtuber-marvin-wildhage-reingefallen-influencer-bewerben-fake-produkt.5aa6e465-8f8f-437a-a25f-d26dc32aaad2.html.

Doliner, Franka: Instagram Reels: Was du wissen musst und wie du sie erstellst, t3n digital pioneers Ratgeber vom 06. 08. 2022, abrufbar unter: https://t3n.de/news/instagram-reels-wissen-erstellst-1488120/.

Döpfer, Eckhard: Die Handelsvertreterrichtlinie steht auf dem Spiel, ZVertriebsR 2014, S. 137–138.

Dreier, Thomas/Schulze, Gernot: Urheberrechtsgesetz Kommentar, 7. Auflage, München 2022.

Drescher, Ingo/Fleischer, Holger/Schmidt, Karsten (Hrsg.): Münchener Kommentar zum Handelsgesetzbuch, Band 1, 5. Auflage, München 2021.

Dreyer, Holger/Haskamp, Thomas: Die Vermittlungstätigkeit von Plattformen, ZVertriebsR 2017, S. 359–363.

Drossart, Ulrich: Überblick über neuere Entwicklungen der Rechtsprechung des Vertriebsrechts, ZVertriebsR 2018, S. 71–77.

Duden, Konrad: Recht der Handelsvertreter, 7. Auflage, München 1973.

Ebers, Martin/Heinze, Christian/Krügel, Tina/Steinrötter, Björn (Hrsg.): Künstliche Intelligenz und Robotik. Rechtshandbuch, München 2020.

Eberstein, Hans Hermann: Der Handelsvertretervertrag, 9. Auflage, Frankfurt 2008.

Eisenbrand, Roland: »Kauft den Schrott nicht!«: Auf Tiktok geht gerade »Deinfluencing« durch die Decke, OMR vom 31. 01. 2023, abrufbar unter: https://omr.com/de/daily/tiktok-deinfluencing/.

Emde, Raimond: Die Entwicklung des Vertriebsrechts im Zeitraum von September 1999 bis September 2000, VersR 2001, S. 148.

Ders.: ›Wichtiger Grund‹ nach §§ 89 a und b HGB ist gleich zu verstehen, BB 2000, S. 738–739.

Ders.: Rechtsprechungs- und Literaturübersicht zum Vertriebsrecht des Jahres 2008, BB 2009, S. 2714–2724.

Ders.: Das Handelsvertreterausgleichsrecht muss neu geschrieben werden. Folgen des EuGH-Urteils vom 26. 3. 2009, C-348/07, DStR 2009, 759, DStR 2009, S. 1478–1486.

Ders.: BB-Rechtsprechungs- und Literaturübersicht zum Vertriebsrecht des Jahres 2011 – Teil 2, BB 2012, S. 3087–3095.

Ders.: Der Ausgleichsanspruch des Versicherungs- und des Bausparvertreters, VersR 2013, S. 1333–1350.

Ders.: Vertriebsrecht. §§ 84 bis 92c HGB – Handelsvertreterrecht – Vertragshändlerrecht – Franchiserecht, 3. Auflage, Berlin/Boston 2014.

Ders.: Die Handelsvertreter-Richtlinie 1986 und ihre Folgen, ZVertriebsR 2014, S. 218–231.

Ders.: Der Ausgleichsanspruch des Handelsvertreters beim Vertrieb von Dauerschuldverhältnissen, BB 2017, S. 1289–1294.

Ders.: Weichenstellungen beim Entscheid über den Abschluss von Vertriebsverträgen, NJOZ 2018, S. 441–445.

Ders.: BB-Rechtsprechungsreport zum Vertriebsrecht 2021 – Teil I, BB 2022, S. 2563–2571.

Ders.: Vorgaben des Unternehmers zur CI eines Handelsvertreters – eine teure Unternehmerentscheidung?, ZIP 2022, S. 106–118.

Ders./Valdini, Daniel: Die Handelsvertreter-Richtlinie (Teil 1), ZVertriebsR 2016, S. 353–361.

Dies.: Online-Hotelportale als Handelsvertreter, BB 2016, S. 899–903.

Ernst, Stefan,/Seichter, Dirk: Die Verwertung von Domains durch Partnerprogramme und Domain-Parking, WRP 2006, S. 810–815.

Europäische Kommission: Evaluation of the council directive on the coordination of the laws of the member states relating to self-employed commercial agents (Directive 86/653/EEC) / Refit Evaluation, abrufbar unter: https://data.consilium.europa.eu/doc/document/ST-11893-2015-INIT/en/pdf.

Dies.: Vorschlag für eine Richtlinie des Europäischen Parlaments und des Rates über die Haftung für fehlerhafte Produkte vom 28. 09. 2022, abrufbar unter: https://eur-lex.europa.eu/legal-content/DE/TXT/?uri=CELEX%3A52022PC0495.

Europäisches Parlament: Entschließung vom 16. Februar 2017 mit Empfehlungen an die Kommission zu zivilrechtlichen Regelungen im Bereich Robotik (2015/2103(INL)), abrufbar unter: https://www.europarl.europa.eu/doceo/document/TA-8-2017-0051_DE.html.

Fabig, Philine: Vermittlungstätigkeit als Handelsvertreter auch ohne Verhandlungsspielraum (»Trendsetteuse«), jurisPR-HaGesR 10/2020 Anm. 1.

Faßmann, Manuel/Moss, Christoph: Instagram als Marketing-Kanal. Die Positionierung ausgewählter Social-Media-Plattformen, Wiesbaden 2016.

Federal Trade Commission: Disclosures 101 for Social Media Influencers, November 2019, abrufbar unter: https://www.ftc.gov/business-guidance/resources/disclosures-101-social-media-influencers.

Felser, Georg: Werbe- und Konsumentenpsychologie, 4. Auflage, Heidelberg 2015.

Firsching, Jan /Bersch, Andreas: Influencer Marketing für Unternehmen, Futurebiz vom März 2016, abrufbar unter: https://www.futurebiz.de/wp-content/uploads/2016/03/Influencer-Marketing-White-Paper-Futurebiz.pdf.

Fließ, Sabine/Haase, Michaela/Jacob, Frank/Ehret, Michael (Hrsg.): Kundenintegration und Leistungslehre. Integrative Wertschöpfung und Dienstleistungen, Solutions und Entrepreneurship, Wiesbaden 2015.

Flohr, Eckhard/Wauschkuhn, Ulf: Vertriebsrecht. Handelsvertreterrecht, Vertragshändlerrecht, Franchiserecht, Kommissionsrecht. Kommentar, 3. Auflage, München 2023.

Frankfurter Rundschau: Virtuelle Influencer erobern Instagram und Co., Beitrag vom 14. 04. 2023, abrufbar unter: https://www.fr.de/panorama/virtuelle-influencer-erobern-instagram-und-co-zr-92205019.html.

Freiling, Jörg/Kollmann, Tobias (Hrsg.): Entrepreneurial Marketing. Besonderheiten, Aufgaben und Lösungsansätze für Gründungsunternehmen, 2. Auflage, Wiesbaden 2015.

Frese, Franziska: Virtuelle Influencer:innen – Ein zukunftsweisender Hype, construktiv vom 09. 01. 2023, abrufbar unter: https://www.construktiv.de/social-media/virtuelle-influencerinnen-chancenreicher-hype/.

Freyler, Carmen: Robot-Recruiting, Künstliche Intelligenz und das Antidiskriminierungsrecht, NZA 2020, S. 284–290.

Fries, Peter: Influencer-Marketing. Informationspflichten bei Werbung durch Meinungsführer in Social Media, Wiesbaden 2019.

Fritzsche, Jörg/Münker, Reiner/Stollwerck, Christoph: Beck'scher Online-Kommentar zum UWG, 21. Edition, Stand: 01.07.2023, München 2023 (zit.: BeckOK UWG/*Bearbeiter* UWG).

Gabler Wirtschaftslexikon: Stichwort Cookie, abrufbar unter: https://wirtschaftslexikon.gabler.de/definition/cookie-27577.

Dass.: Stichwort E-Commerce, abrufbar unter: https://wirtschaftslexikon.gabler.de/definition/e-commerce-34215.

Dass.: Stichwort Soziale Medien, abrufbar unter: https://wirtschaftslexikon.gabler.de/definition/soziale-medien-52673.

Gerecke, Martin: Kennzeichnung von werblichen Beiträgen im Online-Marketing, GRUR 2018, S. 153–159.

Ders.: Teilen, Retweeten und Reposten. Zur urheber- und persönlichkeitsrechtlichen Zulässigkeit der Nutzung digitaler Inhalte auf Social-Media-Kanälen, GRUR 2019, S. 1120–1125.

Ders.: Die rechtliche Behandlung des Influencer Marketings – unverändert unbefriedigend, GWR 2021, S. 44–45.

Gersdorf, Hubertus/Paal, Boris (Hrsg.): Beck'scher Online-Kommentar zum Informations- und Medienrecht, 31. Edition, Stand: 01.02.2021, München 2021 zit.: BeckOK InfoMedienR/*Bearbeiter* RStV).

Geyser, Werner: The State of Influencer Marketing 2021: Benchmark Report, Influencer Marketing Hub, abrufbar unter: https://influencermarketinghub.com/influencer-marketing-benchmark-report-2021/.

Ders.: How to Use Influencers to Power Up Your Affiliate Marketing, Influencer Marketing Hub vom 25.03.2022, abrufbar unter: https://influencermarketinghub.com/influencers-affiliate-marketing/.

Glöckner, Jochen: Lauterkeitsrechtliche Schranken für Influencer in sozialen Medien, NJW 2021, S. 3427–3431.

Götz, Isabell: Kinderzimmer 4.0 – Ausverkauf der Kindheit?, FamRZ 2019, S. 573–575.

Grabs, Anne/Bannour, Karim-Patrick/Vogl, Elisabeth: Follow me! Erfolgreiches Social Media Marketing mit Facebook, Instagram und Co., 6. Auflage, Bonn 2021.

Gräfe, Gerald/Boerner, Timon: Aktuelle Entwicklungen beim Unternehmervorteil als Anspruchsvoraussetzung des Ausgleichsanspruchs nach § 89b Abs. 1 HGB – der neue »neugeworbene Stammkunde« und »intensivierte Altkunde«(?), ZVertriebsR 2017, S. 282–288.

Gräfe, Gerald/Giesa, Kai-Oliver: Von Ingmar zu Unamar – Welche Beschränkungen der Rechts- und Gerichtswahlfreiheit ergeben sich aus der Entscheidung des EuGH vom 17.10.2013, C-184/12?, ZVertriebsR 2014, S. 29–34.

Grapentin, Justin: Vertragsschluss und vertragliches Verschulden beim Einsatz von Künstlicher Intelligenz und Softwareagenten, Baden-Baden 2018.

Grüneberg, Christian: Bürgerliches Gesetzbuch, 82. Auflage, München 2023.

Gsell, Beate/Krüger, Wolfgang/Lorenz, Stephan/Reymann, Christoph: beck-online Großkommentar, Stand: 15.05.2023, München (zit.: BeckOGK/*Bearbeiter* BGB).

Guggenberger, Leonid: Einsatz künstlicher Intelligenz in der Verwaltung, NVwZ 2019, S. 844–850.

Haagen, Christian: Verantwortung für Künstliche Intelligenz. Ethische Aspekte und zivilrechtliche Anforderungen bei der Herstellung von KI-Systemen, Baden-Baden 2021.

Harte-Bavendamm, Henning/Henning-Bodewig, Frauke/Goldmann, Michael/Tolkmitt, Jan: Gesetz gegen den unlauteren Wettbewerb, 5. Auflage, München 2021.

Hau, Wolfgang/Poseck, Roman (Hrsg.): Beck'scher Online-Kommentar zum BGB, 56. Edition, Stand: 01.11.2022, München 2020 (zit.: BeckOK BGB/*Bearbeiter*, 56. Edition 01.11.2020, BGB).

Dies.: Beck'scher Online-Kommentar zum BGB, 67. Edition, Stand: 01.08.2023, München 2023 (zit.: BeckOK BGB/*Bearbeiter* BGB).

Häublein, Martin/Hoffmann-Theinert, Roland: Beck'scher Online-Kommentar zum HGB, 40. Edition, Stand: 01.07.2023, München 2023 (zit.: BeckOK HGB/*Bearbeiter* HGB).

Hauschka, Christoph/Moosmayer, Klaus/Lösler, Thomas: Corporate Compliance. Handbuch der Haftungsvermeidung im Unternehmen, 3. Auflage, München 2016.

Heidel, Thomas/Schall, Alexander (Hrsg.): Handelsgesetzbuch Handkommentar, 3. Auflage, Baden-Baden 2020 (zit.: HK-HGB/*Bearbeiter*).

Heine, Michael/Trinks, Matthias: Influencer-Besteuerung. Die steuerliche Beratung von Creator- und Influencer Mandaten, München 2023.

Heins, Markus: Anwendbarkeit rundfunkrechtlicher (Werbe-)Vorschriften auf Online-Videos. Fernsehähnliche Telemedien nach neuem MStV und AVMD-Richtlinie, MMR 2018, S. 794–797.

Ders./Lefeldt, Stefanie: Medienstaatsvertrag: Journalistische Sorgfaltspflichten für Influencer*innen. Macht im Netz VI: Zwischen Selbstregulierung und Aufsicht – Die Regelungen des RStV und MStV, MMR 2021, S. 126–130.

Hemmerich, Kristina/Günther, Johannes: Der kommerzialisierbare Teil des Namensrechts als Wirtschaftsgut 4.0 – Implikationen für die Berufsgruppe der Influencer, DStR 2021, S. 2321–2329.

Henning-Bodewig, Frauke: Influencer-Marketing – der »Wilde Westen des Werbens?«, WRP 2017, S. 1415–1421.

Henssler, Martin/Strohn, Lutz (Hrsg.): Gesellschaftsrecht. 5. Auflage, München 2021,

Herberger, Marie: Die Welt zu Gast im digitalen Kinderzimmer – ein Orientierungsversuch aus familienrechtlicher Sicht, jM 2020, S. 442–449.

Dies.: Wann haften Eltern gegenüber ihren Kindern?, jM 2021, S: 398–403.

Dies.: Arbeitsrechtliche Rahmenbedingungen für Corporate-Influencer, NZA 2022, S. 238–242.

Dies.: Kinder als Influencer – which way to go? Die beschränkte Generaleinwilligung als gangbarer Weg, CR 2022, S. 32–38.

Herberger, Maximilian: »Künstliche Intelligenz« und Recht – Ein Orientierungsversuch –, NJW 2018, S. 2825–2829.

Hermann, Martin/Knauff, Matthias (Hrsg.): Autonomes Fahren. Ethische, rechtliche und politische Perspektiven, Baden-Baden 2021.

Herzog, Roman/Scholz, Rupert/Herdegen, Matthias/Klein, Hans H. (Hrsg.): Grundgesetz Kommentar, Band VI, 100. Lieferung, München 2023 (zit.: Dürig/Herzog/Scholz/*Bearbeiter* GG).

Heun, Thomas: Werbung, Wiesbaden 2017.

Hiekel, Hans-Jürgen: Der Ausgleichsanspruch des Handelsvertreters und des Vertragshändlers, Frankfurt am Main 1985.

Hinze, Jonathan: Haftungsrisiken des automatisierten und autonomen Fahrens, Frankfurt am Main 2021.

Hoenike, Mark/Hülsdunk, Lars: Leistungskomponenten und Vertragsbeziehungen bei kommerziellen Musik-Download-Plattformen im Internet, MMR 2004, S. 59–66.

Hoeren, Thomas/Sieber, Ulrich/Holznagel, Bernd: Handbuch Multimedia-Recht. Rechtsfragen des elektronischen Geschäftsverkehrs, 58. Ergänzungslieferung, München 2022.

Hoffmann, Michel/Lex, Laura: Corporate Influencer & Social Media Guidelines. Aktuelle Rechtsfragen aus der Praxis, RDi 2021, S. 242–249.

Holthausen, Joachim: Statusfeststellung und Scheinselbstständigkeit – Ein Praxisbefund über Etikettenschwindel, Umgehungs-, Schein- sowie verdeckte Rechtsgeschäfte und ihre Folgen, RdA 2020, S. 92–101.

Hopt, Klaus: Handelsvertreterrecht. §§ 84–92c, 54, 55 HGB mit Materialien, 6. Auflage, München 2019.

Ders.: Handelsgesetzbuch, 42. Auflage, München 2023.

Horn, Norbert: Handelsgesetzbuch, Band 1, 2. Auflage, Berlin 1995 (zit.: Heymann/*Bearbeiter* HGB).

Höving, Maximilian: Das Vertriebsrecht und Social Media: (Wann) sind Influencer Handelsvertreter?, ZVertriebsR 2023, S. 158–163.

Hübner, Roberta: Subjektive Elemente der Liebhaberei, DStR 2013, S. 1520–1523.

Hummes, Wolfgang: Freier Beruf oder Gewerbe? Über die Sinnhaftigkeit einer traditionellen Unterscheidung im Recht, Göttingen 2019.

IHK München und Oberbayern: Influencer, Social Media und Steuern: Wer muss was wann zahlen?, Ratgeber Recht & Steuern, abrufbar unter: https://www.ihk-muenchen.de/de/Service/Recht-und-Steuern/Influencer-und-Steuern/.

Jaedtke, Kathleen: Affiliate-Netzwerke: Die 6 besten Anbieter im Vergleich, Hubspot vom 20.12.2021, abrufbar unter: https://blog.hubspot.de/marketing/affiliate-netzwerke.

Jahnke, Marlis: Influencer Marketing. Für Unternehmen und Influencer: Strategien, Plattformen, Instrumente, rechtlicher Rahmen, 2. Auflage, Wiesbaden 2020.

Jakl, Bernhard: Das Recht der Künstlichen Intelligenz. Möglichkeiten und Grenzen zivilrechtlicher Regulierung, MMR 2019, S. 711–715.

Janning, Johannes/Mäder, Fee/Hebbinghaus, Sophie-Christine: § 11 HWG und Social Media – Der Influencer als schleichwerbender Prominenter? Influencer Marketing im Pharmabereich, PharmR 2021, S. 49–53.

Jarass, Hans/Pieroth, Bodo: Grundgesetz für die Bundesrepublik Deutschland Kommentar, 17. Auflage, München 2022.

Jaworski, Stanislaus/Kraetzig, Viktoria: Influencer-Marketing: nicht nur lauterkeitsrechtlich eine Herausforderung, GRUR-Prax 2020, S. 302–304.

Jessen, Jan-Kristian: WEB 2.0, Social Web Und Social Media: Wording Der Online-Kommunikation, quäntchen + glück vom 05.12.2011, abrufbar unter: https://qundg.de/web-2-0-social-web-und-social-media-wording-der-online-kommunikation/.

Johannsen, Kurt/Henrich, Dieter/Althammer, Christoph: Familienrecht. Scheidung, Unterhalt, Verfahren, 7. Auflage, München 2020.

Joost, Detlev/Strohn, Lutz (Hrsg.): Handelsgesetzbuch, Band 1, 4. Auflage, München 2020 (zit.: EBJS/*Bearbeiter* HGB).

Kainer, Friedemann/Förster, Lydia: Autonome Systeme im Kontext des Vertragsrechts, ZfPW 2020, S. 275–305.

Kampf, Achim: Handelsvertreter und Insolvenz. Sach- und international insolvenzrechtliche Aspekte in Deutschland und Belgien, Mainz 2004.

k.at: Berufswunsch Influencer: 4 von 10 Erwachsenen träumen davon, Beitrag vom 12.09. 2022, abrufbar unter: https://k.at/lifestyle-explainer/berufswunsch-influencer-studie-erwachsene/402143745.

Kapp, Thomas/Schumacher, Anke: Die Delkredere-Haftung des Handelsvertreters im Kartellrecht, EuZW 2008, S. 167–170.

Kerst, Andreas: Abgrenzung zwischen Online-Versicherungsvermittler und Tippgeber, GWR 2014, S. 153.

Kiel, Christina/Solf, Peter: Leitfaden zur Kennzeichnung von Werbung auf Instagram, Influencer Marketing & Recht, Januar 2019, S. 1–24, abrufbar unter: https://www.ihk.de/blueprint/servlet/resource/blob/4791424/14df5079138283d4dd914afea8fd900c/leitfaden-werbung-auf-instagram-data.pdf.

Kilian, Karsten: Influencer sind die neuen Promis, absatzwirtschaft 7/8 2016, S. 76–79.

Kilian, Thomas/Langner, Sascha: Online-Kommunikation. Kunden zielsicher verführen und beeinflussen, Wiesbaden 2010.

Kleebinder, Hans-Peter: Mobility Industry goes Influencer Marketing, Marketing Review St. Gallen 2/2018, S. 58–65.

Klein, Franz/Orlopp, Gerd: Abgabenordnung einschließlich Steuerstrafrecht, 16. Auflage, München 2022 (zit.: Klein/*Bearbeiter* AO).

Kleiner, Cornelius: Die elektronische Person. Entwurf eines Zurechnungs- und Haftungssubjekts für den Einsatz autonomer Systeme im Rechtsverkehr, Baden-Baden 2021.

Klickermann, Paul: Influencer-Marketing im Fokus des Kennzeichnungsgebots: »Native Advertising« als innovative Werbeform für verändertes Nutzerverhalten – ein Rechtsprechungsüberblick, MMR 2020, S. 150–155.

Kment, Martin/Borchert, Sophie: Künstliche Intelligenz und Algorithmen in der Rechtsanwendung, München 2022.

Köberlein, Lilian: Influencer-Marketing und Vertriebsrecht, ZVertriebsR 2020, S. 221–224.

Dies.: Mehr Rechtssicherheit für Influencer? – Das Gesetz zur Stärkung des Verbraucherschutzes im Wettbewerbs- und Gewerberecht, ZVertriebsR 2021, S. 299–302.

Dies.: Kennzeichnungspflichten beim Influencer-Marketing: Die drei Influencer-Urteile des BGH, ZVertriebsR 2022, S. 102–108.

Köhler, Helmut/Bornkamm, Joachim/Feddersen, Jörn/Alexander, Christan: Gesetz gegen den unlauteren Wettbewerb, 41. Auflage, München 2023.

Koller, Ingo/Kindler, Peter/Drüen, Klaus-Dieter/Huber, Stefan/Stelmaszczyk, Peter/Bach, Nina: Handelsgesetzbuch Kommentar, 10. Auflage, München 2023.

Konertz, Roman/Schönhof, Raoul: Das technische Phänomen »Künstliche Intelligenz« im allgemeinen Zivilrecht. Eine kritische Betrachtung im Lichte von Autonomie, Determinismus und Vorhersehbarkeit, Baden-Baden 2020.

Kopp, Olaf: Social Media & soziale Netzwerke einfach erklärt, Aufgesang vom 02.08.2022, abrufbar unter: https://www.sem-deutschland.de/online-marketing-glossar/social-media/.

Korn, Klaus: Probleme bei der ertragsteuerrechtlichen Abgrenzung zwischen freier Berufstätigkeit und Gewerbe, DStR 1995, S. 1249–1256.

Kost, Julia F./Seeger, Christof: Influencer Marketing, 2. Auflage, München 2020.

Kreutzer, Ralf/Land, Karl-Heinz: Digitale Markenführung. Digital Branding im Zeitalter des digitalen Darwinismus, Wiesbaden 2017.

Künstlersozialkasse: FAQ Unternehmen und Verwerter, abrufbar unter: https://www.kuenstlersozialkasse.de/unternehmen-und-verwerter/faq-unternehmen-und-verwerter.

Küstner, Wolfram: Der Handelsvertreter, 2. Auflage, Stuttgart/ München 1977.

Ders.: Verträge mit Handelsvertretern, 5. Auflage, Heidelberg 1983.

Ders.: Aktuelle Probleme des Vertriebsrechts, BB 1999, S. 541–550.

Ders.: Handbuch des gesamten Außendienstrechts. Band 3, Heidelberg 1985.

Ders.: Im Versicherungsvertreterrecht kehrt keine Ruhe ein, VersR 2002, S. 513.

Ders.: Zur Problematik Ausgleichsanspruch und Altersversorgung, VersR 2004, S. 157.

Ders./Thume, Karl-Heinz: Handbuch des gesamten Außendienstrechts. Band 1, 3. Auflage, Heidelberg 2000.

Ders./v. Manteuffel, Kurt: Das neue Recht des Handelsvertreters, Stuttgart/ München 1990.

Ders./v. Manteuffel, Kurt/Evers, Jürgen: Handbuch des gesamten Außendienstrechts. Band 2, 6. Auflage, Heidelberg 1995.

Kutscher-Puis, Fabienne: Begriff des selbständigen Handelsvertreters, ZVertriebsR 2020, S. 255–257.

Lagrée, Paul/Cappé, Olivier/Cautis, Bogdan/Maniu, Silviu: Algorithms for Online Influencer Marketing, ACM Transactions on Knowledge Discovery from Data 2019, Vol. 3 Issue 1, S. 1–29.

Lammenett, Erwin: Praxiswissen Online-Marketing – Affiliate-, Influencer-, Content-, Social-Media, Amazon-, Voice-, B2B-, Sprachassistenten- und E-Mail-Marketing, Google Ads, SEO, 8. Auflage, Wiesbaden 2021.

Landmann, Robert von/Rohmer, Gustav: Gewerbeordnung und ergänzende Vorschriften, Band 1, 90. Ergänzungslieferung, München 2022.

Langner, Sascha: Zentrale Determinanten sozialer Beeinflussung und wesentliche Wirkungszusammenhänge mit Blick auf konsumentenseitige Wahrnehmungs- und Verhaltensprozesse, Hannover 2012.

Langner, Tobias/Esch, Franz-Rudolf/Bruhn, Manfred (Hrsg.): Handbuch Techniken der Kommunikation. Grundlagen – Innovative Ansätze – Praktische Umsetzungen, 2. Auflage, Wiesbaden 2018.

Laoutoumai, Sebastian: Einsatz von Corporate Influencern im Lichte der Influencer-Entscheidungen des BGH, RDi 2022, S. 340–347.

Ders.: Neuregelung zur Kennzeichnung von Influencer-Beiträgen, MMR-Aktuell 2022, S. 449138.

Ders./Cobe, Matondo: Anlageempfehlungen und Finanztipps von sog. »Finfluencern«, WRP 2022, S. 290–296.

Ders./Dahmen, Anna: Influencer Marketing – Neue Stars, alte Pflichten?!, K&R 2017, S. 29–33.

Leeb, Christina-Maria/Maisch, Marc: Social-Media-Stars und -Sternchen im rechtsfreien Raum?, ZUM 2019, S. 29–40.

Lehmann, Michael: Produkt- und Produzentenhaftung für Software, NJW 1992, S. 1721–1725.

Lehmann, Philipp: Lauterkeitsrechtliche Risiken beim Influencer Marketing, WRP 2017, S. 772- 775.

Leinemann, Ralf (Hrsg.): IT-Berater und soziale Medien, Heidelberg 2011.

Lettmann, Sabine: Schleichwerbung durch Influencer Marketing – Das Erscheinungsbild der Influencer, GRUR 2018, S. 1206–1211.

Lewanczik, Niklas: Endlich: Videos in Instagram Stories bis 60 Sekunden werden nicht mehr in Segmente aufgebrochen, onlinemarketing.de vom 26.09.2022, abrufbar unter: https://onlinemarketing.de/social-media-marketing/videos-instagram-stories-60-sekunden-nicht-unterteilt.

Lichtnecker, Florian: Neues aus dem Social Media-Marketing. Aktuelle wettbewerbs-, urheber- und markenrechtliche Problemstellungen, MMR 2018, S. 512–517.

Liesching, Marc: Beck'scher Online-Kommentar JMStV, 20. Edition, München 2021.

Lilje, Vinzent: Die Unternehmervorteile bei der Berechnung des Handelsvertreterausgleichs im Versicherungsvertrieb, ZVertriebsR 2016, S. 211–219.

Linke, Christian: Die elektronische Person. Erforderlichkeit einer Rechtspersönlichkeit für autonome Systeme?, MMR 2021, S. 200–204.

Linquia: The State of Influencer Marketing 2018. A look into how brands and agencies view the future of influencer marketing, abrufbar unter: https://www.linqia.com/wp-content/uploads/2017/12/Linqia-The-State-of-Influencer-Marketing-2018.pdf.

Lohmann, Melinda Florina: Ein europäisches Roboterrecht – überfällig oder überflüssig?, ZRP 2017, S. 168–171.

Lohmeier, Lena: Prognose zur Anzahl der Nutzer von Instagram weltweit bis 2026, statista vom 05.05.2023, abrufbar unter: https://de.statista.com/statistik/daten/studie/795086/umfrage/anzahl-der-nutzer-von-instagram-weltweit/.

Loschelder, Michael/Danckwerts, Rolf: Handbuch des Wettbewerbsrechts, 5. Auflage, München 2019 (zit.: Gloy/Loschelder/Danckwerts/*Bearbeiter*, UWG-Hdb.).

Lutter, Carina: Fragen der Produkthaftung im Hinblick auf den Betrieb unbemannter Schiffe, RdTW 2017, S. 281–286.

Mach, Stefanie: Influencer-Marketing: »Raus aus der Grauzone – hinein in die rechtliche Problemzone«, WRP 2018, S. 1166–1171.

Maier, Jakob/Meyer-Marsilius, Hans Joachim/Regul, Rudolf (Hrsg.): Der Handelsvertreter in den Ländern der EWG und der EFTA, Baden-Baden 1976.

Maier-Sohn, Katrin: Traumberuf Influencer? »Man muss jeden Tag Content liefern«, Stuttgarter Zeitung vom 09.09.2022, abrufbar unter https://www.stuttgarter-zeitung.de/inhalt.traumberuf-influencerin-mein-letzter-urlaub-ist-vier-fuenf-jahre-her.3ba70cdf-c546-4af8-8ee7-b9d52cb00b66.html?reduced=true.

Mallick, Rani/Weller, David: Aktuelle Entwicklungen im Influencer Marketing – Ein Blick aus der Praxis, WRP 2018, S. 155–161.

Marketinginstitut: Influencer Marketing – Der Einfluss von Meinungsmachern, Blogbeitrag vom 30.08.2021, abrufbar unter: https://www.marketinginstitut.biz/blog/influencer-marketing/#1_definition_influencer_marketing.

Martinek, Michael: Vom Handelsvertreterrecht zum Recht der Vertriebssysteme, ZHR Band 161 (1997), S. 67–101.

Ders.: Vertriebsrecht als Rechtsgebiet und Aufgabe – Zur Programmatik der neuen ZVertriebsR, ZVertriebsR 2012, S. 2–16.

Ders.: Neue Perspektiven zur Europäisierung des Handelsvertreterrechts – Plädoyer für eine Europäische Handelsvertreter-Verordnung -, ZVertriebsR 2014, S. 139–146.

Ders.: Ali Baba und die vierzig Räuber, ZVertriebsR 2014, S. 273–274.

Ders.: Vertriebsrecht und Innovation – Vertriebsvertragsrecht als Infrastruktur und Instrument für technische und administrative Innovationen, ZVertriebsR 2018, S. 139–147.

Ders./Bergmann, Andreas: Künstler-Repräsentanten, -Agenten und -Manager als Handelsvertreter: Konkurrenzvertretung und Interessenwahrnehmung als Grundlagenprobleme des Handelsvertreterrechts, WRP 2006, S. 1047–1060.

Ders./Semler, Franz-Jörg/Flohr, Eckhard: Handbuch des Vertriebsrechts, 4. Auflage, München 2016.

Mayrhofer, Ann-Kristin: Produkthaftungsrechtliche Verantwortlichkeit des »Trainer-Nutzers« von KI-Systemen, RDi 2023, S. 20–26.

Mediasmart: Die Geschichte der Werbung vom 16.03.2020, abrufbar unter: https://mediasmart.de/2020/03/geschichte-der-werbung/.

Meder, Stephan: Rechtsmaschinen, Köln 2020.

Ders.: Savignys Weg in die juristische Moderne. Romantik, Gender, Religion, Wissenschaft, Berlin 2023.

Ders.: Eugen Huber und die Historische Rechtsschule: Die Differenz von Gesetz und Gesamtrechtsordnung als Grundlage von Artikel 1 Abs. 2 ZGB (in Vorbereitung).

Melcher, Christian: Die Anwendung des Handelsvertreterrechts auf Kapitalanlageberater, BB 1981, S. 2101–2106.

Mette, Elisabeth: Brennpunkt Scheinselbständigkeit, NZS 2015, S. 721–727.

Metzger, Tim: Instagram: Neue Funktionen für die Dekstop-Browser-Version. App-Features nun auch am PC nutzbar, Allround-PC vom 20.04.2020, abrufbar unter: https://www.allround-pc.com/news/2020/instagram-neue-funktionen-fuer-die-dekstop-browser-version.

Meyer, Jürgen Adolf Ernst: Handelsvertreterrecht, Stuttgart/Wiesbaden 1978.

Mohr, Lucas: Virtuelle Influencer: Echt?!, zukunftsInstitut 2023, abrufbar unter: https://www.zukunftsinstitut.de/artikel/technologie/virtuelle-influencer/.

[m]Science: Spotlight Influencer 4.0, Studie vom Oktober 2019, abrufbar unter: https://www.schau-hin.info/fileadmin/content/Downloads/Sonstiges/_m_SCIENCE_Spotlight_Influencer_4.0.pdf.

Müller, Klaus J.: Ausschluß des Ausgleichsanspruchs des Handelsvertreters nach § 92 c I HGB, NJW 1998, S. 17–19.

Nerlich, Jörg/Kreplin, Georg/Rhode, Holger: Münchener Anwaltshandbuch Insolvenz und Sanierung, 4. Auflage, München 2023.

Nielsen: Die beste Werbung machen Freunde und Bekannte – Deutsche vertrauen auf persönliche Empfehlungen, Studie von Oktober 2015, abrufbar unter: https://www.nielsen.com/de/insights/2015/trust-in-advertising/.

Nier, Hedda: Produktwahrnehmung. Wo Social Media-Nutzer Produkte wahrnehmen, statista vom 14.12.2017, abrufbar unter: https://de.statista.com/infografik/12073/produktwahrnehmung-auf-social-media/.

Niklas, Martin: Der Ausgleichsanspruch des Franchisenehmers beim anonymen Massengeschäft, ZVertriebsR 2016, S. 362–366.

Nirschl, Marco/Steinberg, Laurina: Einstieg in das Influencer Marketing. Grundlagen, Strategien und Erfolgsfaktoren, Wiesbaden 2018.

Nolte, Steffen: Vertriebskanal Internet: Grenzen der Steuerungshoheit des Lieferanten und die Notwendigkeit von Vertragsstandards, BB 2014, S. 1155–1162.

Norbert, C.: Affiliate Marketing: Wie Influencer mit Links Geld verdienen, zuletzt aktualisiert am 19.07.2023, abrufbar unter: https://www.urheberrecht.de/affiliate-marketing/.

Nufer, Gerd/Beck, Maria: Influencer Marketing – das Marketing der Zukunft?, Reutlinger Diskussionsbeiträge zu Marketing & Management Nr. 2020–2, S. 1–31.

Nufer, Gerd/Kaps, Anne: Marketing mit Youtube, Reutlinger Diskussionsbeiträge zu Marketing & Management Nr. 2017-4, S. 1–20.

Nymoen, Ole/Schmitt, Wolfgang M.: Influencer. Die Ideologie der Werbekörper, 2. Auflage, Berlin 2021.

Oberthür, Nathalie/Lohr, Martin: Der Handelsvertreter im Arbeits- und Sozialversicherungsrecht, NZA 2001, S. 126–135.

Oetker, Hartmut: Handelsgesetzbuch Kommentar, 7. Auflage, München 2021.

Onlinemarketing-Praxis: Glossar, Merchant, abrufbar unter: https://www.onlinemarketing-praxis.de/glossar/merchant-advertiser-verkaeufer-haender.

Dies.: Glossar, Word-of-Mouth-Marketing, abrufbar unter: https://www.onlinemarketing-praxis.de/glossar/word-of-mouth-marketing-empfehlungsmarketing-mundpropaganda.

Orthmann, Jan-Peter/Schwiering, Sebastian: Big Data und Datenschutz – Rechtliche Herausforderungen und Lösungsansätze, NJW 2014, S. 2984–2989.

Ory, Stephan/Sorge, Christoph: Schöpfung durch Künstliche Intelligenz?, NJW 2019, S. 710–713.

Ott, Max: Apps effektiv managen und vermarkten. Die eigene App erfolgreich veröffentlichen: Von der Konzeption bis zur Vermarktung, Wiesbaden 2018.

Paschke, Marian/Berlit, Wolfgang/Meyer, Claus/Kröner, Lars: Hamburger Kommentar. Gesamtes Medienrecht, 4. Auflage, Baden-Baden 2020.

Pastor, Martina: Marketing im Influencer Zeitalter, kommunikation.medien Nr. 10 2019, S. 1–6.

Peifer, Karl-Nikolaus: Influencer-Marketing – Rechtlicher Rahmen und Regulierungsbedürfnis (Teil 2), GRUR 2018, S. 1218–1225.

Peifer, Karl-Nikolaus: Die neuen Transparenzregeln im UWG (Bewertungen, Rankings und Influencer), GRUR 2021, S. 1453–1461.

Piper, Henning: Höchstrichterliche Rechtsprechung zum Handelsvertreterrecht, Köln, 1987.

Pletke, Matthias/Schrader, Peter/Siebert, Jens/Thoms, Tina/Klagges, Rhea-Christina/Teubert, René: Rechtshandbuch Flexible Arbeit. Flexible Beschäftigungsverhältnisse, Personalanpassung, Vergütungssysteme, Arbeitszeitmodelle, Aufgabenänderung, 2. Auflage, München 2022.

Polyas: Wahllexikon, Stichwort Web 2.0, abrufbar unter: https://www.polyas.de/wahllexikon/web20.

PricewaterhouseCoopers: Zwischen Influencer und Werber – Wie Influencer unser Kaufverhalten beeinflussen, Studie 2019, abrufbar unter: https://store.pwc.de/de/publications/zwischen-entertainer-und-werber-wie-influencer-unser-kaufverhalten-beeinflussen.

Prumbs, Sabrina: Checkout on Instagram: Wie das neue Feature das Influencer-Marketing auf den Kopf stellen könnte, t3n digital pioneers Ratgeber vom 29.04.2019, abrufbar unter: https://t3n.de/news/checkout-instagram-neue-feature-1159202/.

Rathmann, Peggy: Medienbezogene Effekte von Product Placement. Theoretische Konzeption und empirische Analyse, Wiesbaden 2014.

Raue, Benjamin: Haftung für unsichere Software, NJW 2017, S. 1841–1846.

Rauer, Nils/Kempf, Anna-Lena: Influencer-Marketing – Rechtsprechung, Gesetzgebung und Vertragspraxis, WRP 2022, S. 817–825.

Reinartz, Oliver: Das Betriebsrätemodernisierungsgesetz, NZA-RR 2021, S. 457–470.

Reinshagen, Stefan: Galerievertretung als Vertriebsvertrag im Sinne der Vorschriften der §§ 84ff. HGB, ZVertriebsR 2012, S. 281–290.

Remmertz, Frank: Aktuelle Entwicklungen im Social Media-Recht. Überblick der relevanten Themen aus Unternehmenssicht, MMR 2018, S. 507–512.

Renner, Cornelius/Schmidt, André: Unterlassung von Handlungen Dritter? Die Erfolgshaftung im gewerblichen Rechtsschutz und Urheberrecht, GRUR 2009, S. 908–913.

Riefa, Christine/Clausen, Laura: Towards Fairness in Digital Influencers' Marketing Practices, EuCML 2019, S. 64–74.

Riehm, Thomas: Nein zur ePerson! Gegen die Anerkennung einer digitalen Rechtspersönlichkeit, RDi 2020, S. 42–48.

Ringlage, Philipp: Haftungskonzepte für autonomes Fahren – »ePerson« und »RmbH«?, Baden-Baden 2021.

Rödl & Partner (Hrsg.): Handbuch internationales Handelsvertreterrecht. Wettbewerbsvorteil auf ausländischen Märkten, 2. Auflage, Köln 2013.

Röhricht, Volker/Westphalen, Friedrich Graf von/Haas, Ulrich (Hrsg.): Handelsgesetzbuch Kommentar zu Handelsstand, Handelsgesellschaften, Handelsgeschäften, besonderen Handelsverträgen und internationalem Vertragsrecht, 5. Auflage, Köln 2019.

Rohrßen, Benedikt: Handelsvertreter als Ein- und Mehrfirmenvertreter sowie im Nebenberuf: Die Irrelevanz von Tätigkeitsort und -art(stationär, ambulant oder online), ZVertriebsR 2019, S. 153–159.

Röller, Jürgen: Personalbuch 2023, 30. Auflage, München 2023 (zit.: Küttner/*Bearbeiter*).

Roth, Markus: 150 Jahre Recht des Handlungsgehilfen: Vom ADHGB 1861 zum Arbeits(vertrags)gesetz(buch)?, RdA 2012, S. 1–14.

Roy, Arnaud: The State Of Influencer Engagement In 2015, Launchmetrics Blog vom 18.06.2015, abrufbar unter: https://www.launchmetrics.com/resources/blog/state-influencer-engagement.

Rozanski, Frank/Oonk, Lennard: Der Influencer – ein mysteriöses Ertragsteuersubjekt?, SAM 2023, S. 78–87.

Säcker, Franz Jürgen/Rixecker, Roland/Oetker, Hartmut/Limperg, Bettina: Münchener Kommentar zum Bürgerlichen Gesetzbuch, Band 2, 9. Auflage, München 2022 (zit.: MüKoBGB/*Bearbeiter* BGB).

Dies.: Münchener Kommentar zum Bürgerlichen Gesetzbuch, Band 5, 9. Auflage, München 2023 (zit.: MüKoBGB/*Bearbeiter* BGB).

Dies.: Münchener Kommentar zum Bürgerlichen Gesetzbuch, Band 6, 9. Auflage, München 2023 (zit.: MüKoBGB/*Bearbeiter* BGB).

Dies.: Münchener Kommentar zum Bürgerlichen Gesetzbuch, Band 7, 8. Auflage, München 2020 (zit.: MüKoBGB/*Bearbeiter* BGB).

Savigny, Friedrich Carl von: System des heutigen Römischen Rechts, Band I, Berlin 1840.

Schach, Klaus/Schultz, Michael/Schüller, Peter (Hrsg.): Beck'scher Online-Kommentar zum Mietrecht, 33. Edition, Stand: 01.08.2023, München 2023.

Schaub, Renate: Influencer und Lauterkeitsrecht – de lege lata und de lege ferenda, GRUR 2021, S. 1358–1364.

Dies.: Kennzeichnungspflichtige Gegenleistungen beim Influencer-Marketing, NJW 2022, S. 2510–2512.

Scheerer, Marie-Luise/Wionzeck, Lukas: Die Überlassung von Produkten an ausländische Influencer und Blogger bei der Umsatzsteuer, § 50a EStG und Tax Compliance, DStR 2021, S. 1449–1455.

Scherer, Inge: Rezeption kommerzieller Kommunikation in sozialen Netzwerken durch minderjährige Nutzer, WRP 2019, S. 277–283.

Dies.: Ansprüche gegen Fake-Influencer, GRUR 2022, S. 1555–1561.

Schimikowski, Peter: Versicherungsvertragsrecht, 6. Auflage, München 2017.

Schirmbacher, Martin: Online-Marketing- und Social-Media-Recht, 2. Auflage, Frechen 2017.

Ders./Ihmor, Markus: Affiliate-Werbung – Geschäftsmodell, Vertragsgestaltung und Haftung, CR 2009, S. 245–251.

Schmidt, Detlev: Die Reform des Rechts der Handelsvertreter von 1953, Frankfurt am Main, 1995.

Schmidt, Karsten: ›Unternehmer‹ – ›Kaufmann‹ – ›Verbraucher‹. Schnittstellen im ›Sonderprivatrecht‹ und Friktionen zwischen §§ 13, 14 BGB und §§ 1 ff. HGB, BB 2005, S. 837–842.

Ders.: Handelsrecht. Unternehmensrecht I, 6. Auflage, Köln 2014.

Schmidt, Sebastian/Kollmann, Sinja/Karl, Florian: Rasanter Aufstieg der Influencer – Neue Berufsgruppe im Fokus der Finanzverwaltung, DStR 2021, S. 765–772.

Schneider, Gerd/Toyka-Seid, Christiane: Soziale Medien/ Soziale Netzwerke/ Social Media, Bundeszentrale für politische Bildung 2023, abrufbar unter: https://www.bpb.de/kurz-knapp/lexika/das-junge-politik-lexikon/321140/soziale-medien-soziale-netzwerke-social-media/.

Schrader, Paul Tobias: Haftung für fehlerhaft zugelieferte Dienste in Fahrzeugen, NZV 2018, S. 489–496.

Ders.: Neujustierung der Gefährdungs- und Verschuldenshaftung bei der Fahrzeugautomatisierung, DAR 2022, S. 9–13.

Schreiber, Klaus: Der Ausgleichsanspruch des Handelsvertreters aus prozessualer Sicht, NJW 1998, S. 3737–3743.

Schubert, Claudia: Neue Beschäftigungsformen in der digitalen Wirtschaft – Rückzug des Arbeitsrechts?, RdA 2018, S. 200–206.

Schulze, Reiner: Bürgerliches Gesetzbuch. Handkommentar, 11. Auflage, Baden-Baden 2022 (zit.: HK-BGB/*Bearbeiter* BGB).

Schulze Eckel, Thomas: Die Rechtsstellung des Lotto-Toto-Annahmestellenleiters. Zugleich ein Beitrag zum Recht der Handelsvertretung, Osnabrück, 1993.

Schumacher, Pascal: Effektivität von Ausgestaltungsformen des Product Placement, Wiesbaden 2007.

Semler, Franz-Jörg: Handelsvertreter- und Vertragshändlerrecht, München 1988.

Ders.: EuGH »Semen« – Neues zum Ausgleichsanspruch oder mehr?, BB 2009, S. 2327–2329.

Ders.: Das neue Grundsatzurteil des EuGH zu § 89b HGB – Ausgleichsanspruch des Handelsvertreters trotz schwerwiegender Vertragsverletzung, GWR 2010, S. 565–568.

Ders.: Zum aktuellen Stand des Handelsvertreterrechts, ZVertriebsR 2022, S. 37–39.

Siegert, Gabriele/Brecheis, Dieter: Werbung in der Medien- und Informationsgesellschaft. Eine kommunikationswissenschaftliche Einführung, 3. Auflage, Wiesbaden 2017.

Sommer, Martin: Haftung für autonome Systeme. Verteilung der Risiken selbstlernender und vernetzter Algorithmen im Vertrags- und Deliktsrecht, Baden-Baden 2020.

Spindler, Gerald: Haftungsrechtliche Grundprobleme der neuen Medien, NJW 1997, S. 3193–3199.

Ders.: IT-Sicherheit und Produkthaftung – Sicherheitslücken, Pflichten der Hersteller und der Softwarenutzer, NJW 2004, S. 3145–3150.

Ders./Schuster, Fabian (Hrsg.): Recht der elektronischen Medien, 4. Auflage, München 2019.

Spörer, Tobias: Die Kraft der Gespräche. Empfehlungsmarketing online im Internet, Onlinemarketing-Praxis, abrufbar unter: https://www.onlinemarketing-praxis.de/social-media/empfehlungsmarketing-online-im-internet.

Statista: Umfrage unter Influencern zum Abschluss von Verträgen für Kampagnen weltweit 2017, 14.07.2016, abrufbar unter: https://de.statista.com/statistik/daten/studie/718966/umfrage/abschluss-von-vertraegen-fuer-kampagnen-im-influencer-marketing-weltweit/.

Staudinger, Julius von: J. von Staudingers Kommentar zum Bürgerlichen Gesetzbuch, Band 2, Köln 2021.

Steege, Hans: Auswirkungen von künstlicher Intelligenz auf die Produzentenhaftung in Verkehr und Mobilität, NZV 2021, S. 6–13.

Stoll, Xenia: Blauer Haken bei Instagram: So verifizieren Sie Ihren Account, Hubspot vom 23.02.2022, abrufbar unter: https://blog.hubspot.de/marketing/blauer-haken-instagram.

Ströbl, Albin/Wentzel, Cathrin: Der Ausgleichsanspruch beim Vertrieb von Dauerschuldverhältnissen, BB 2017, S. 390–394.

Stubb, Carolina/Nyström, Anna-Greta/Colliander, Jonas: Influencer marketing. The impact of disclosing sponsorship compensation justification on sponsored content effectiveness, Journal of Communication Management 2019, Vol. 23 No. 2, S. 109–122.

Sturm, Wolfgang/Liekefett, Kai Haakon: § 89 b HGB und Unternehmenskauf – Ausgleichsansprüche von Handelsvertretern nach Betriebsveräußerung durch Asset Deal, BB 2004, S. 1009–1016.

Suchhelden: Die URL: Was steckt dahinter, abrufbar unter: https://www.suchhelden.de/lexikon/url.php.

Suwelack, Felix: Schleichwerbung als Boombranche? Geltung und Wirksamkeit werberechtlicher Grundsätze beim Influencer-Marketing, MMR 2017, S. 661–665.

Teichmann, Johannes: Unterschied in Abgrenzung des Handelsmaklers vom Handelsvertreter (Versicherung), ZVertriebsR 2012, S. 111–112.

Ders./Wauschkuhn, Ulf: Die Anwendung der zwingenden Vorschriften der §§ 84ff. HGB auf Handelsvertreter und Vertragshändler im internationalen Kontext, ZVertriebsR 2012, S. 274–281.

Terhaag, Michael/Schwarz, Christian: Influencer-Marketing. Rechtshandbuch, Baden-Baden 2021.

Theile, Gustav: Für externe Links. Instagram entfernt Swipe-up-Funktion, Frankfurter Allgemeine Zeitung vom 24.08.2021, abrufbar unter: https://www.faz.net/aktuell/wirt

schaft/digitec/instagram-entfernt-swipe-up-funktion-fuer-externe-links-17499053.html.

Theobald, Elke/Haisch, Philipp: Brand Evolution. Moderne Markenführung im digitalen Zeitalter, Wiesbaden 2011.

Thume, Karl-Heinz: Einige Gedanken zum Ausgleichsanspruch nach § 89 b HGB, BB 1999, S. 2309–2315.

Ders.: Der Ausgleichsanspruch des Handelsvertreters gem. § 89 b HGB im Lichte der Europäischen Union, BB 2004, S. 2473–2478.

Ders.: Der neue § 89b Abs. 1 HGB und seine Folgen, BB 2009, S. 2490–2495.

Ders.: Zur richtlinienkonformen Anwendung der §§ 84ff. HGB im gesamten Vertriebsrecht, BB 2011, S. 1800–1804.

Ders.: Der alte und der neue Ausgleichsanspruch des Versicherungsvertreters und der anderen Vertriebsmittler, VersR 2012, S. 665–670.

Ders.: Der Provisionsanspruch des Handelsvertreters: Grenzen der Vertragsgestaltung, BB 2012, S. 975–982.

Ders.: 30 Jahre europäisches Handelsvertreterrecht – eine krisenerprobte Erfolgsgeschichte, BB 2016, Heft 51–52 »Die erste Seite«.

Ders.: Zum Ausgleichsanspruch des handelsvertreterähnlichen Vertriebsmittlers, BB 2016, S. 578–584.

Ders.: Der ausgleichsrelevante alte Neukunde des § 89b HGB, BB 2020, S. 779–785.

Ders.: Beim Ausgleichsanspruch kehrt keine Ruhe ein: Berechnung anhand der Unternehmervorteile gem. § 89b Abs. 1 Nr. 1 HGB, BB 2021, S. 1672–1680.

Timmermann, Daniel/Berndt, Bianca: Werbekennzeichnungspflicht von Influencer-Kommunikation. Politischer Handlungsbedarf und kritische Analyse des Regelungsvorschlags des BMJV, WRP 2020, S. 996–1002.

Troge, Thorsten: Herausforderung: Influencer-Marketing, GRUR-Prax 2018, S. 87–89.

Unilever: Unilever calls on industry to increase trust, transparency and measurement in influencer marketing, Pressemitteilung vom 18.06.2018, abrufbar unter: https://www.unilever.com/news/press-and-media/press-releases/2018/unilever-calls-on-industry-to-increase-trust-transparency-and-measurement-in-influencer-marketing/.

Unternehmer.de: Lexikon, Stichwort Pay-per-Lead, abrufbar unter: https://unternehmer.de/lexikon/online-marketing-lexikon/pay-per-lead.

Veith, Jürgen/Gräfe, Jürgen/Gebert, Yvonne (Hrsg.): Der Versicherungsprozess. Ansprüche und Verfahren. Praxishandbuch, 4. Auflage, Baden-Baden 2020.

Vogel, Paul: Künstliche Intelligenz und Datenschutz. Vereinbarkeit intransparenter Systeme mit geltendem Datenschutzrecht und potentielle Regulierungsansätze, Baden-Baden 2022.

Vögele, Alexander/Borstell, Thomas/Bernhardt, Lorenz: Verrechnungspreise. Betriebswirtschaft, Steuerrecht, 5. Auflage, München 2020.

Walter, Stephan: Zugang ist nicht gleich Zugang – Nachvertraglicher Provisionsanspruch des Handelsvertreters und Unionsrecht, NJW 2019, S. 959–964.

Wank, Rolf: Selbständige und angestellte Handelsvertreter, ZVertriebsR 2022, S. 207–211.

Wauschkuhn, Ulf/Fröhlich, Joachim: Der nachvertragliche Provisionsanspruch des Handelsvertreters, BB 2010, S. 524–529.

Weber, Klaus (Hrsg.): Rechtswörterbuch, 30. Edition, Stand: 01.04.2023, München 2023.

Weber-Grellet, Heinrich: Einkommensteuergesetz, 42. Auflage, München 2023 (zit.: Schmidt/*Bearbeiter*, EStG).

Weiden, Henrike: Aktuelle Berichte – April 2020, GRUR 2020, S. 361–362.

Weingart, Rowena Angelika: Vertragliche und außervertragliche Haftung für den Einsatz von Softwareagenten. Unter Berücksichtigung der technischen Möglichkeiten und des gesamtwirtschaftlichen Nutzens, Baden-Baden 2022.

Westphal, Bernd: Die Handelsvertreterrichtlinie und deren Umsetzung in den Mitgliedstaaten der Europäischen Union, Köln 1994.

Ders.: Handelsvertretervertrag, 2. Auflage, Köln 2000.

Ders.: Die rechtliche Einordnung eines Tankstellenvertrages unter die englischen »Commercial Agents Regulations 1993« und das Europäische Kartellrecht, ZEuP 2002, S. 828–833.

Westphalen, Friedrich Graf von: Das neue Produkthaftungsgesetz, NJW 1990, S. 83–93.

Willems, Constantin: Influencer als Unternehmer. Überlegungen zu § 2 Abs. 1 Nr. 6 UWG und §§ 14, 112 BGB, MMR 2018, S. 707–711.

Wolff, Norbert: Handelsvertreter. Mehr als nur Warenvertreter, WiM 12/2008, S. 14, abrufbar unter: https://www.ihk-nuernberg.de/de/IHK-Magazin-WiM/WiM-Archiv/WIM-Daten/2008-12/index.html.

Wurdack, Michael: Handelsvertreter als Dienstleistungsunternehmer. Rechtliche Möglichkeiten und rechtliche Problemfelder für den handelsvertretervertraglichen Ausbau von Dienstleistungsangeboten vor dem Hintergrund anderer moderner Vertriebssysteme, Bamberg 1995.

Wurster, Bettina: Handelsrecht: Kein Änderungsbedarf für die Handelsvertreterrichtlinie, EuZW 2015, S. 612.

Zech, Herbert: Künstliche Intelligenz und Haftungsfragen, ZfPW 2019, S. 198–219.

Ders.: Haftung für Trainingsdaten Künstlicher Intelligenz, NJW 2022, S. 502–507.

Zipfel, Valentin: Fristlose Kündigung von Influencer-Verträgen gemäß § 627 BGB, GRUR-Prax 2022, S. 163–166.

Zurstiege, Guido: Medien und Werbung, Wiesbaden 2015.

Beiträge zu Grundfragen des Rechts

Herausgegeben von Stephan Meder

Die drei Grundfragen des Rechts, die vor gut zweihundert Jahren der Rechtsgelehrte Gustav Hugo formulierte – »Was ist Rechtens?«, »Wie ist es Rechtens geworden?« und »Ist es vernünftig, daß es so sey?« – stellen sich bis heute. Die Frage nach dem geltenden Recht zielt heute nicht nur auf dessen Prinzipien und Regeln, sondern auch auf das Verhältnis von Gesetz und Recht, juristischer Geltung und sozialer Wirklichkeit. Die Frage nach der Geschichte des Rechts betrifft auch das sich wandelnde Verhältnis zwischen den Rechtsquellen sowie das Verhältnis von Tradition und Gegenwartsbezug der Rechtsinhalte. Die Frage nach den richtigen Inhalten des Rechts bezieht sich heute vor allem auf das rechtliche Verhältnis zwischen der größtmöglichen Freiheit des Einzelnen und dem notwendigen Mindestmaß sozialer Gleichheit und Gemeinwohlbindung des Rechts. So sind die Grundfragen des Rechts niemals von lediglich theoretischer Bedeutung, sondern haben einen unmittelbar praktischen Bezug zur Rechtsentstehung, Rechtsauslegung und Rechtsanwendung. Antworten auf diese Fragen versuchen aus unterschiedlichen Perspektiven die Beiträge dieser Reihe zu geben.

Weitere Bände dieser Reihe:

Stephan Meder (Hg.)
Geschichte und Zukunft des Urheberrechts IV
2024, 310 Seiten, gebunden, ISBN 978-3-8471-1714-8

Robin Leon Gogol
Kolonialrecht und Provenienzforschung
Untersuchung einer kamerunischen Federkrone
2023, 217 Seiten, gebunden, ISBN 978-3-8471-1630-1

Stephan Meder (Hg.)
Geschichte und Zukunft des Urheberrechts III
2022, 278 Seiten, gebunden, ISBN 978-3-8471-1453-6

Susanne Beck / Stephan Meder (Hg.)
Jenseits des Staates?
Über das Zusammenwirken von staatlichem und nicht-staatlichem Recht
2021, 230 Seiten, gebunden, ISBN 978-3-8471-1367-6

Christian Holzmann
Die »Fehleridentität« bei der Anfechtung wegen Eigenschaftsirrtums unter besonderer Berücksichtigung des Insolvenzverfahrens
2022, 211 Seiten, gebunden, ISBN 978-3-8471-1359-1

Janina Schaffert
Der familienrechtliche Ausgleichsanspruch
Die Geschichte einer Fehlkonstruktion
2021, 200 Seiten, gebunden, ISBN 978-3-8471-1257-0

Vandenhoeck & Ruprecht Verlage

V&R unipress

Unsere allgemeinen Geschäftsbedingungen, Preise sowie weitere Informationen finden Sie unter www.vandenhoeck-ruprecht-verlage.com.